1

웹 프론트엔드 개발자를 위한 필독서!

자바스크립트+jQuery
완전정복 스터디

웹 프론트엔드 개발자를 위한 필독서!

자바스크립트+jQuery
완전정복 스터디 1 (기초편)

지은이 김춘경 (딴동네)

펴낸이 박찬규 | 엮은이 김윤래 | 표지디자인 Arowa & Arowana

펴낸곳 위키북스 | 전화 031-955-3658, 3659 | 팩스 031-955-3660
주소 경기도 파주시 문발로 115, 311호(파주출판도시, 세종출판벤처타운)

가격 27,000 | 페이지 600 | 책규격 188x240mm

1쇄 발행 2015년 10월 16일
2쇄 발행 2016년 04월 10일
3쇄 발행 2016년 11월 10일
4쇄 발행 2017년 10월 20일
5쇄 발행 2020년 10월 05일
ISBN 979-11-5839-012-9 (93000)

등록번호 제406-2006-000036호 | 등록일자 2006년 05월 19일
홈페이지 wikibook.co.kr | 전자우편 wikibook@wikibook.co.kr

이 도서의 국립중앙도서관 출판시도서목록 CIP는
e-CIP 홈페이지 http://www.nl.go.kr/cip.php에서 이용하실 수 있습니다.
CIP제어번호 CIP2015026407

웹 프론트엔드 개발자를 위한 필독서!

자바스크립트 + jQuery
완전정복 스터디

김춘경(딴동네) 지음

1

기초편

위키북스

웹 프론트엔드 개발자를 위한 필독서!

자바스크립트+jQuery
완전정복 스터디
시리즈

『자바스크립트+jQuery 완전정복 스터디』는

독자 개인의 실력과 목표에 맞게 공부할 수 있도록

총 3권으로 구성돼 있습니다.

전체 구성을 살펴보고 참고할 수 있게끔

'목차'와 '찾아보기'는 책 3권 모두의 내용을 담았습니다.

책 구성에 관한 자세한 내용은

목차 뒤에 나오는 '둘러보기'를 참고하세요.

목차와 찾아보기

목차와 찾아보기는

시리즈 3권 모두에 동일하게 들어가 있습니다.

참고로, 해당 내용이 담긴 책의 목차는 진하게 표시해서 앞에 넣었고,

다른 책에 해당하는 목차는 조금 흐리게 표시하여 뒤에 담았습니다.

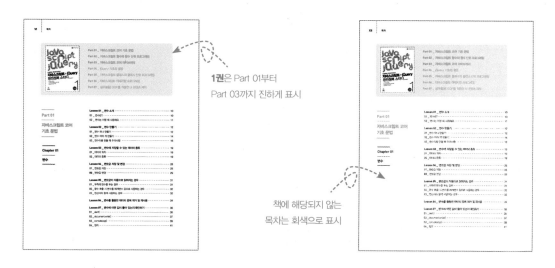

1권은 Part 01부터
Part 03까지 진하게 표시

책에 해당되지 않는
목차는 회색으로 표시

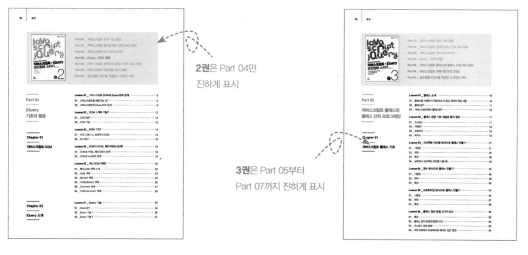

2권은 Part 04만
진하게 표시

3권은 Part 05부터
Part 07까지 진하게 표시

Part 01

**자바스크립트 코어
기초 문법**

Chapter 01

변수

Chapter 02

기본 연산자

APPENDIX 01

초보자를 위한 함수와 클래스

Chapter 03

형변환

Part 03

자바스크립트 코어 라이브러리

Chapter 01

타이머 함수

Chapter 02

Math 클래스

Part 04

**jQuery
기초와 활용**

Chapter 01

자바스크립트 DOM

Chapter 02

jQuery 소개

Chapter 03

노드 다루기 – 노드 찾기

Chapter 09

애니메이션 효과 다루기

Part 05

자바스크립트 클래스와 클래스 단위 프로그래밍

Chapter 01

자바스크립트 클래스 기초

Part 06

자바스크립트 객체지향 프로그래밍

Chapter 01

객체지향 프로그래밍 기초

Chapter 06

객체지향 프로그래밍 특징 04 – 다형성

Chapter 07

합성

감사의 글

프로그래밍을 시작한 입문자에게는 이해심 많은 좋은 길잡이가 되어 줄 수 있는 책을 집필하고 싶었으며, 초급 실무자에게는 중급 실무자로 거급날 수 있는 멋진 사수가 되어 줄 수 있는 책이 되기를. 중급 실무자에게는 객체지향 프로그래밍과 같은 보다 넓은 프로그래밍 세상이 있다는 것을 보여줄 수 있는 아주 멋진 책을 집필해보겠다는 목표를 가지고 집필한 지 약 2년이란 시간이 흐른 것 같습니다. 다행히 초반에 계획했던 목표는 어느 정도 이뤘다고 자신 있게 말할 수 있을 만큼 이번 책은 저에게 정말 뜻 깊은 책이 될 것 같습니다.
지금 느끼는 만족감이 부디 이 책을 선택한 분들에게도 전달되었으면 하는 간절한 마음을 가져봅니다.

끝으로 이 책이 나올 수 있게 가장 큰 힘이 되어 준 우리 가족에게 감사를 전합니다. 또, 열화와 같은 성원을 보내준 우리 웹동네 회원분들에게도 지면을 빌어 감사의 마음을 전합니다. –꾸벅–

2쇄를 마치며

드디어 기다리던 2쇄가 나오게 되었습니다. 먼저 책을 구입해주신 분들에게 고마움을 전합니다. 귀중한 시간을 쪼개어 웹동네 오탈자 신고란에 글을 남겨주신 웹동네 회원 분들에게도 감사한 마음을 전합니다. 남겨주신 오탈자는 2쇄에 모두 적용했습니다.

2016년 3월 30일 남김

3쇄를 마치며

약 6개월 만에 3쇄가 나오게 되었습니다. 3쇄에서는 2쇄에 남아 있던 몇 가지 오타를 수정했습니다. 책을 구입해주신 독자분들에게 다시한번 고마움을 전합니다.
앞으로 출간될 웹동네 도서도 많은 사랑 부탁드립니다.

2016년 10월 28일 남김

4쇄를 마치며

3쇄 출간 후 약 1년여 만에 4쇄를 출간하게 되었습니다. 이 기쁨을 독자분들과 함께 나누고자 합니다.
2018년도 계획하고 있는 개정판에서 다시 만나 뵙겠습니다.

2017년 10월 12일 남김

01 _ 시리즈 내용

이번 시리즈는 웹 프론트엔드 개발자를 위한 "자바스크립트+jQuery 완전정복 스터디" 시리즈로서 다음과 같이 총 7부로 구성돼 있으며 난이도 기준으로 총 4개의 스터디 영역으로 나눠져 있습니다.

전체 스터디 맵 공지: 원의 크기는 난이도를 나타냅니다.

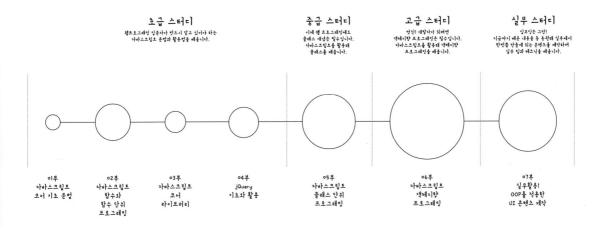

초급 스터디
웹프로그래밍 입문자가 반드시 알고 있어야 하는 자바스크립트 문법과 활용법을 배웁니다.

중급 스터디
이제 웹 프로그래밍에도 클래스 개념은 필수입니다. 자바스크립트를 활용해 클래스를 배웁니다.

고급 스터디
멋진! 개발자가 되려면 객체지향 프로그래밍은 필수입니다. 자바스크립트를 활용해 객체지향 프로그래밍을 배웁니다.

실무 스터디
입으로는 그만! 지금까지 배운 내용을 총 총전해 실무에서 한번쯤 만들어 되는 콘텐츠를 제작하며 실무 입과 테크닉을 배웁니다.

01부
자바스크립트
코어 기초 문법

02부
자바스크립트
함수와
함수 단위
프로그래밍

03부
자바스크립트
코어
라이브러리

04부
jQuery
기초와 활용

05부
자바스크립트
클래스 단위
프로그래밍

06부
자바스크립트
객체지향
프로그래밍

07부
실무활용!
OOP를 적용한
UI 콘텐츠 제작

초급 스터디

01부: 자바스크립트 코어 문법
핵심내용: 변수, 연산자, 형변환, 조건문 if, 조건문 switch, 반복문 for, 반복문 while
총 스터디 예상 시간: 58시간

02부: 자바스크립트 함수 단위 프로그래밍
핵심내용: 함수 소개, 일반 함수, 익명 함수, 중첩 함수, 콜백 함수, 클로저, 함수 사용법
총 스터디 예상 시간: 80시간

둘러보기

03부: 자바스크립트 코어 라이브러리

핵심내용: 타이머 함수, Math 클래스, String 클래스, Date 클래스, Array 클래스

총 스터디 예상 시간: 92시간

04부: jQuery 기초부터 실무까지

핵심내용: 자바스크립트 DOM이란?, jQuery란?, 노드 다루기, 스타일 다루기, 속성 다루기, 이벤트 다루기, 위치/크기 관련 속성 다루기, 효과 다루기

총 스터디 예상 시간: 69시간

중급 스터디

05부: 자바스크립트 클래스 단위 프로그래밍

핵심내용: 클래스 소개, 오브젝트 리터럴 방식으로 클래스 만들기, 함수를 활용한 클래스 만들기, 프로토타입을 활용한 클래스 만들기, 인스턴스 메서드/클래스 메서드, 패키지

총 스터디 예상 시간: 88시간

고급 스터디

06부: 자바스크립트 클래스 단위 프로그래밍

핵심내용: 절차지향 프로그래밍vs.객체지향 프로그래밍, 객체지향 프로그래밍 3가지 기본 문법, 객체지향 프로그래밍 4가지 기본 특성, 추상화, 캡슐화, 상속, 다형성, 합성, 미션

총 스터디 예상 시간: 120시간

실무활용 스터디

07부: 실무활용

핵심내용: 클래스단위+jQuery플러그인, 객체지향 프로그래밍+jQuery플러그인 방식의 Bar메뉴 만들기, 폴더 아코디언 메뉴 만들기, 이미지 슬라이더 만들기, 탭패널 만들기

총 스터디 예상 시간: 88시간

02 _ 시리즈 구성

7부의 내용은 개인의 실력과 목적에 맞게 선택해서 스터디할 수 있게 3권으로 나누어 구성돼 있습니다.

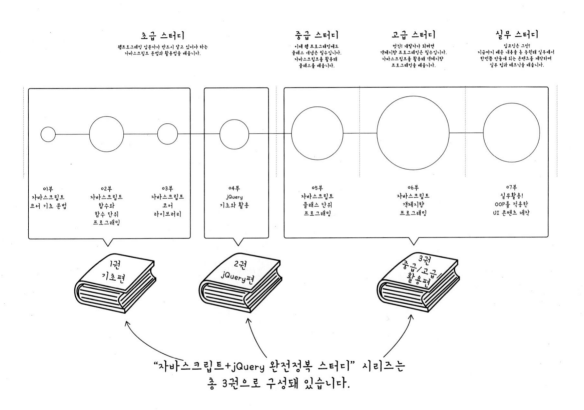

초급 스터디
웹프로그래밍 입문자나 반드시 알고 싶어야 하는
자바스크립트 문법과 활용법을 배웁니다.

중급 스터디
이때 웹프로그래밍에도
클래스 개념은 필수입니다.
자바스크립트를 활용해
클래스을 배웁니다.

고급 스터디
멋진! 개발자가 되려면
객체지향 프로그래밍은 필수입니다.
자바스크립트를 활용해 객체지향
프로그래밍을 배웁니다.

실무 스터디
입프닝은 그만!
지금까지 배운 내용을 총 동원해 실무에서
만면틀 만들 때 되는 콘텐츠을 제작하며
실무 팁과 테크닉을 배웁니다.

01부
자바스크립트
코어 기초 문법

02부
자바스크립트
함수와
함수 단위
프로그래밍

03부
자바스크립트
코어
라이브러리

04부
jQuery
기초와 활용

05부
자바스크립트
클래스 단위
프로그래밍

06부
자바스크립트
객체지향
프로그래밍

07부
실무활용!
OOP를 적용한
UI 콘텐츠 제작

1권
기초편

2권
jQuery편

3권
중급/고급
활용편

"자바스크립트+jQuery 완전정복 스터디" 시리즈는
총 3권으로 구성돼 있습니다.

03 _ 대상 독자

01권: 자바스크립트 기초편(Part 01 ~ Part 03)

- 자바스크립트를 이제 막 배우는 초보자

- 자바스크립트를 배우고 싶은데, 사수가 없어서 뭐부터 어떻게 학습해야 할지 모르는 초보 실무자

- 뭔가 스스로 만들어보고 싶은데 로직 구현이 안 되어 어려워하는 초보자

- 웹프로그래밍을 체계적으로 배우고 싶은 초보자

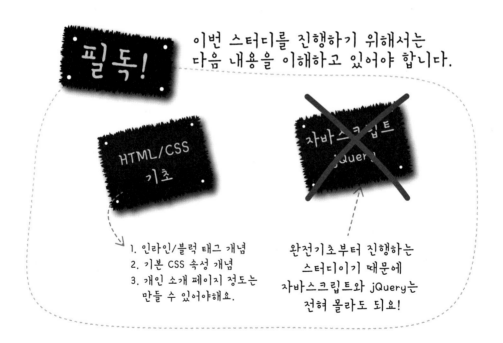

02권: jQuery편(Part 04)

- jQuery를 이제 막 배우는 초보자

- jQuery를 체계적으로 배우고 싶은 초보자

- 실무를 위해 반드시 알고 있어야 하는 핵심 내용을 배우고 싶은 초보 실무자

- 실무에서 jQuery를 제대로 활용하고 싶은 초보 실무자

- jQuery 최적화 방법을 배우고 싶은 초보 실무자

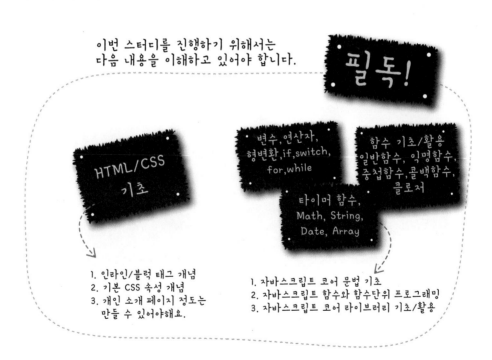

이번 스터디를 진행하기 위해서는
다음 내용을 이해하고 있어야 합니다.

필독!

HTML/CSS
기초

변수, 연산자,
형변환, if, switch,
for, while

함수 기초/활용
일반함수, 익명함수,
중첩함수, 콜백함수,
클로저

타이머 함수,
Math, String,
Date, Array

1. 인라인/블럭 태그 개념
2. 기본 CSS 속성 개념
3. 개인 소개 페이지 정도는
   만들 수 있어야해요.

1. 자바스크립트 코어 문법 기초
2. 자바스크립트 함수와 함수단위 프로그래밍
3. 자바스크립트 코어 라이브러리 기초/활용

03권: 자바스크립트+jQuery 중급/고급/활용편(Part 05 ~ Part 07)

- 자바스크립트+jQuery를 활용해 탭메뉴 정도는 쉽게 만들 수 있는 실무자

- 자바스크립트 클래스를 제대로 정복하고 싶은 독자

- 자바스크립트를 활용한 객체지향 프로그래밍(OOP)를 제대로 정복하고 싶은 개발자

- jQuery 플러그인 제작방법을 제대로 정복하고 싶은 사용자

- 자바스크립트 객체지향 프로그래밍 기반 UI 콘텐츠를 제작하고 싶은 디자이너

04 _ 이 책만이 가진 특징

1. 개인/단체 스터디에 최적화된 책입니다.

혹시! 개인/단체 스터디에 적합한 책을 찾고 있나요? 그럼 제대로 찾았습니다. 이 책은 기획 단계에서부터 개인과 단체 자바스크립트+jQuery 스터디를 목적으로 제작되었기 때문에 개인 학습에서는 빈틈없는 과외 선생님이 될 것이며 단체 학습에서는 팀을 이끄는 팀장 같은 길잡이가 될 것입니다.

2. 난이도 기준으로 초급/중급/고급/실무 단계로 구성돼 있습니다.

혹시! 이제 막 자바스크립트를 시작한 초보인데 클래스나 함수를 보고 있지 않나요? 이러면 안 됩니다! 프로그래밍은 배우는 순서가 있습니다.

이 책은 이제 막 시작하는 초급자를 위한 초급 단계와 일반 실무자의 실력 향상을 위한 중급/고급/실무 단계로 구성돼 있습니다. 개인의 실력과 목적에 맞게 선택해서 스터디를 진행할 수 있습니다.

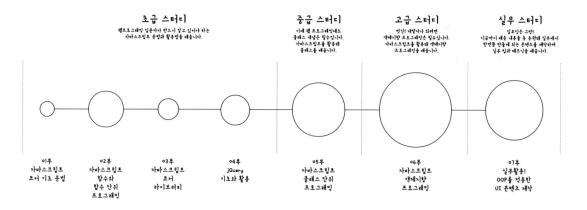

3. 학습하기 쉽게 하나의 장은 여러 개의 레슨으로 구성돼 있습니다.

하루 분량을 정해서 학습하고 싶은데 분량이 너무 많아서 어떻게 해야 할지 모르겠다고요?

걱정마세요! 이 책은 학습할 주제를 거부감 없이 진행할 수 있게 하나의 장을 여러 개의 레슨으로 나눠 구성돼 있답니다. 하루 학습 분량을 레슨별로 잡아 스터디를 진행하면 끝!

둘러보기

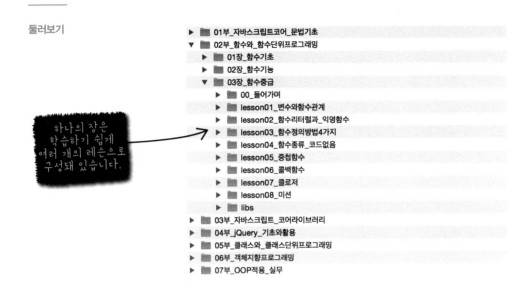

하나의 장은
학습하기 쉽게
여러 개의 레슨으로
구성돼 있습니다.

4. 실무 이론과 실무 중심 예제가 가득합니다.

학습할 이론이 실무에서 사용되는 예를 들어 설명하기 때문에 학습해야 하는 목적이 생기고 빠르게 이해할 수 있습니다. 이론 습득 후 실무에서 한 번쯤 접하거나 만들게 되는 예제를 다룹니다.

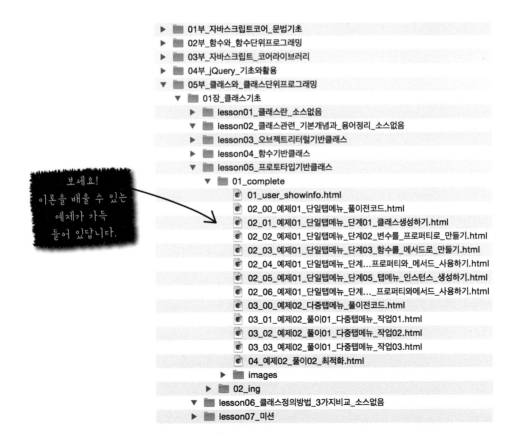

보세요!
이론을 배울 수 있는
예제가 가득
들어 있답니다.

5.학습한 내용을 검증할 수 있는 검증 미션!

학습한 내용을 제대로 이해하고 있는지 알고 싶다고요?

걱정마세요. 각 장 마지막에는 지금까지 학습한 내용을 제대로 이해하고 있는지 검증할 수 있는 미션으로 채워져 있답니다. 미션을 스스로 풀 수 있다면 여러분은 앞에서 진행한 내용을 모두 정복했다고 판단해도 좋습니다.

예제 소스

01. 예제 소스 다운로드하기

예제 소스 코드는 웹동네 웹사이트에서 내려받을 수 있습니다.

www.webdongne.com

위키북스 홈페이지에서도 예제 소스 코드를 내려받을 수 있습니다.

www.wikibook.co.kr

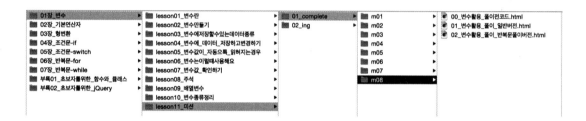

각 장의 소스 폴더를 보면01_complete폴더와 02_ing 폴더가 있습니다.

01_complete 폴더에는 작성할 코드가 미리 입력된 예제 파일이 들어 있으며, 02_ing폴더에는 여러분의 풀이를 기다리고 있는 연습 예제 파일이 들어 있습니다.

연습 예제 파일은 기본적인 〈html〉 태그와 구문이 입력돼 있지만 핵심적인 부분은 비어 있는 상태입니다. 바로 여러분이 할 일은 연습 예제 파일을 열어 예제를 푸는 것입니다.

만약 풀이 도중 도저히 모르겠다 싶으면 그때 complete폴더에 들어있는 완료소스파일을 참고하면 됩니다.

문장과 소스에 오타가 없게끔 최선을 다했지만 책을 보는 도중에 만날 수도 있습니다. 이점 미리 죄송하다는 말씀을 드립니다. 혹시나 잘못된 부분을 만나게 되면 아래 웹동네 홈페이지에 신고해 주시면 고맙겠습니다. 더불어 의견이나 질문 등도 남겨 주시면 고맙겠습니다.

웹동네 홈페이지: www.webdongne.com

마지막으로 이 책을 선택해 주신 독자분들께 감사합니다.

기초
스터디편
소개

기초 스터디 영역은 다음과 같이 총 4개의 영역으로 구성돼 있습니다.

전체 스터디 맵
공지: 원의 크기는 난이도를 나타냅니다.

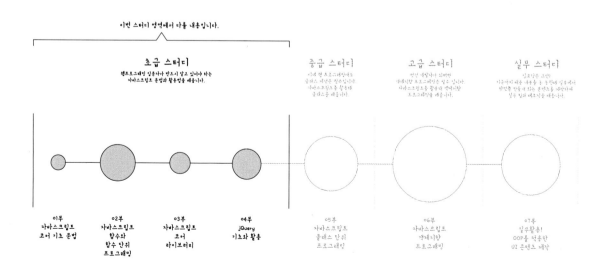

이번 스터디 영역에서 다룰 내용입니다.

초급 스터디
프로그래밍 입문자가 반드시 알고 싶어나 하는
자바스크립트 문법과 활용법을 배웁니다.

중급 스터디
이후 앱 프로그래밍이나
클래스 개념은 필수입니다.
자바스크립트를 활용해
클래스을 배웁니다.

고급 스터디
한발 생활하나 더여면
객체지향 프로그래밍은 필수 입니다.
자바스크립트를 활용한 객체지향
프로그래밍을 배웁니다.

실무 스터디
실무들은 그만!
이론만이 쌓은 내용을 총 동원해 실무에서
만든을 만들게 되는 콘텐츠를 제작하여
모두 힘과 테크닉을 배웁니다.

01부
자바스크립트
코어 기초 문법

02부
자바스크립트
함수와
함수 단위
프로그래밍

03부
자바스크립트
코어
라이브러리

04부
jQuery
기초과 활용

05부
자바스크립트
클래스 단위
프로그래밍

06부
자바스크립트
객체지향
프로그래밍

07부
실무활용!
OOP를 적용한
UI 콘텐츠 제작

01부

자바스크립트 코어 기초 문법

이 책에서는 가장 먼저 자바스크립트 코어 기초를 배우게 됩니다. 특히 조건문(if, switch)과 반복문(for, while)을 제대로 정복해야 합니다. 만약 이 부분을 건성건성 했다가는 아무것도 진행할 수 없게 됩니다.

핵심 주제: 변수, 연산자, 초보자를 위한 함수와 클래스, 형변환, 초보자를 위한 jQuery, 조건문 if, 조건문 switch, 반복문 for, 반복문 while

총 예상 스터디 시간: 58시간

02부

자바스크립트 함수 단위 프로그래밍

초보분들이 함수를 어렵게 생각하는데요. 함수는 정말 쉬운 일종의 포장 기술일 뿐입니다. 단, 01부 자바스크립트 코어 기초 문법을 제대로 마스터했다는 가정하에 말이지요.

02부에서는 01부에서 배운 문법으로 만들어진 구문을 함수를 이용해 재사용하는 방법과 코드 영역을 만드는 방법을 배우게 됩니다.

핵심 주제: 함수 소개, 일반 함수, 익명 함수, 중첩 함수, 콜백함수, 클로저, 함수 사용법

총 예상 스터디 시간: 80시간

03부

자바스크립트 코어 라이브러리

자바스크립트 코어 라이브러리 중 실무를 진행하기 위해 반드시 알고 있어야 하는 핵심 내용을 예제 중심으로 배우게 됩니다.

핵심 주제: 타이머 함수, Math 클래스, String 클래스, Date 클래스, Array 클래스

총 예상 스터디 시간: 92시간

04부

jQuery 기초

jQuery 역시 수많은 기능 중에서 실무를 진행하기 위해 반드시 알고 있어야 하는 핵심 내용을 다양한 예제를 풀어 보면서 배우게 됩니다.

핵심 주제: 자바스크립트 DOM 개념, jQuery 기능, 노드 다루기, 스타일 다루기, 속성 다루기, 이벤트 다루기, 위치/크기 관련 속성 다루기, 효과 다루기

총 예상 스터디 시간: 69시간

자바스크립트 코어
기초 문법

전체 스터디 맵   공자: 원의 크기는 난이도를 나타냅니다.

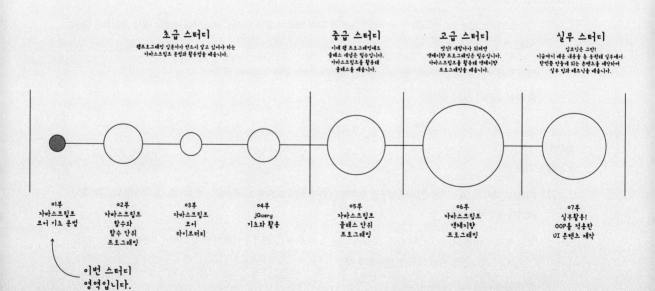

초급 스터디
웹프로그래밍 입문자가 반드시 알고 있어야 하는
자바스크립트 문법과 활용법을 배웁니다.

중급 스터디
이제 웹 프로그래밍에도
클래스 개념은 필수입니다.
자바스크립트를 활용해
클래스를 배웁니다.

고급 스터디
멋진 개발자가 되려면
객체지향 프로그래밍은 필수입니다.
자바스크립트를 활용해 객체지향
프로그래밍을 배웁니다.

실무 스터디
입코딩은 그만!
지금까지 배운 내용을 총 동원해 실무에서
한번쯤 만들게 되는 콘텐츠를 제작하며
실무 감각 테크닉을 배웁니다.

01부
자바스크립트
코어 기초 문법

02부
자바스크립트
함수와
함수 단위
프로그래밍

03부
자바스크립트
코어
라이브러리

04부
jQuery
기초와 활용

05부
자바스크립트
클래스 단위
프로그래밍

06부
자바스크립트
객체지향
프로그래밍

07부
실무활용!
OOP를 적용한
UI 콘텐츠 제작

이번 스터디
영역입니다.

01.
길잡이

이번 영역은 웹 프론트엔드 개발자가 되기 위해 가장 먼저 알아야 하는 자바스크립트 코어 문법 기초 영역입니다. 먼저 다음 지도와 표를 보며 이번 영역에서 배울 내용을 간단히 살펴보겠습니다.

공지:
원의 크기는 난이도를 나타냅니다.
앞으로 갈수록 조금씩 어려워지니 차근차근 따라오세요.

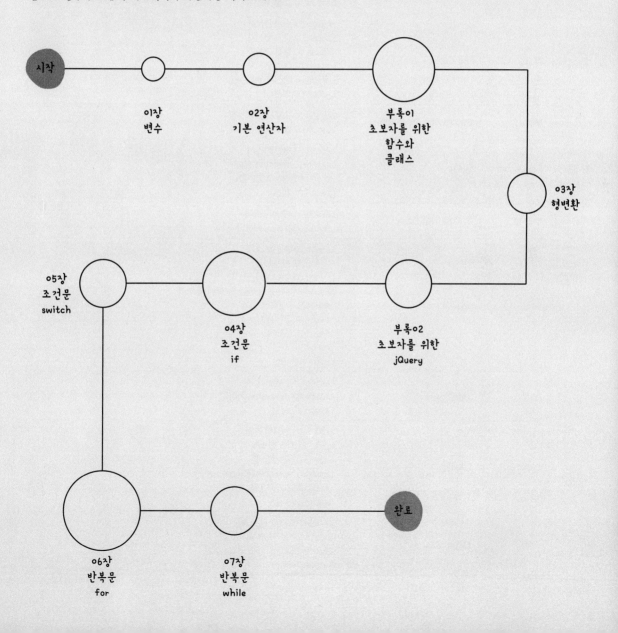

01부: 자바스크립트 코어 문법 기초편은 정말 중요합니다. 이 내용을 이해하지 못한다면 이 후 등장하는 내용으로 넘어가더라도 어렵게 느껴질 것입니다. 그러니 이제 막 프로그래밍을 시작하는 초보자에게는 다소 어려울 수 있지만 가능하면 여러 번을 봐서라도 반드시 정복할 수 있길 바랍니다. 정복 유무 테스트를 위해 각 장마다 미션이 준비돼 있습니다. 미션을 스스로 풀수 있다면 해당 부분을 정복했다고 판단해도 됩니다.

02.
스터디 일정
작성하기

프로그래밍 개발 공부의 가장 좋은 방법은 빠른 시일 내에 이론을 정복하고 이 내용을 바탕으로 간단한 실무 샘플을 만들어 보는 것입니다.

이를 좀더 효과적으로 진행하는 방법은 자기 수준과 자신의 환경에 맞는 스터디 시간표를 만들어 진행하는 것입니다. 다음에 등장하는 학습진행 표는 주위에 물어볼 사람이 없다든지 아니면 혼자 해야 하는 초보자를 위해 만들었습니다. 여러분의 상황에 맞게 스터디 일정을 잡아보세요.

장	주제	예상 진행시간	시작일	종료일
01장	변수	06시간		
02장	기본 연산자	03시간		
부록 01	초보자를 위한 함수와 클래스	04시간		
03장	형변환	03시간		
부록 02	초보자를 위한 jQuery	02시간		
04장	조건문 if	12시간		
05장	조건문 switch	02시간		
06장	반복문 for	24시간		
07장	반복문 while	02시간		

자! 이제 스터디를 위한 모든 준비가 끝났습니다.

그럼 시작해볼까요?!

CHAPTER 01

변수

공지:
원의 크기는 난이도를 나타냅니다.
앞으로 갈수록 조금씩 어려워지니 차근차근 따라오세요.

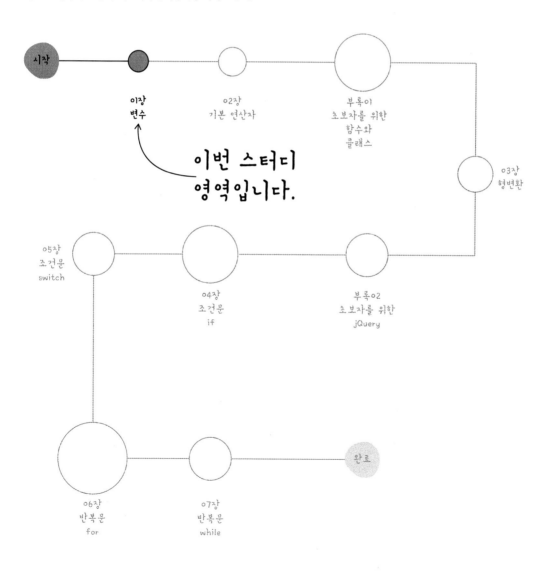

이장
변수

02장
기본 연산자

부록01
초보자를 위한
함수와
클래스

03장
형변환

이번 스터디
영역입니다.

05장
조건문
switch

04장
조건문
if

부록02
초보자를 위한
jQuery

06장
반복문
for

07장
반복문
while

들어가며

드디어 시작이군요! 여러분이 처음 배울 내용은 변수입니다. 변수에 대해 미리 간단하게 소개하자면 다음과 같습니다.

변수는 데이터를 보관하는 장소입니다.
필요할 때 언제든지 사용할 수 있습니다.

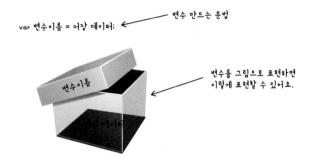

var 변수이름 = 저장 데이터; ← 변수 만드는 문법

변수이름

변수를 그림으로 표현하면
이렇게 표현할 수 있어요.

변수	설명	다루는 장
전역변수	전역에서 사용하는 데이터를 담는 변수이며 어디서든 접근해서 사용 가능합니다. 이제 막 스크립트를 시작한 초보라면 전역변수를 가장 많이 만들게 됩니다.	이번 장
지역변수	특정 영역에서만 사용할 수 있는 변수입니다. 주로 함수 내부에 만들어지는 변수입니다.	02부 01장 함수
매개변수(파라미터)	함수 외부에서 함수 내부로 데이터를 전달하기 위한 용도로 사용하는 변수입니다.	02부 01장 함수
멤버변수(프로퍼티)	클래스 내부에 만들어지며 주로 객체에서 사용하는 정보를 담는 변수입니다.	05부 01장 클래스

왠지 많아 보이죠? 그렇다고 이제 막 시작하는 여러분이 처음부터 이 모든 걸 배울 필요는 없습니다. 모든 건 순서가 있는 법! 표 내용은 여러분에게 지금부터 오르려고 하는 산의 등산로를 보여주려는 의도일 뿐 다른 건 없습니다. 그럼 변수가 과연 무엇에 사용하는 도구인지 알아보는 걸 시작으로 자바스크립트를 정복해 나가겠습니다.

이번 장에서 배울 내용은 다음과 같습니다.

시계 톱니바퀴처럼 프로그래밍을 이루는 요소들은 모두 각자의 역할이 있습니다. 이번 레슨에서는 변수가 무엇이고 어떻게 사용되는지 알아봅니다.

01 _ 변수란?

변수는 물건을 보관했다가 필요할 때 다시 꺼내 사용하는 일종의 창고입니다. 창고와 변수의 차이점이라면 보관하는 내용이 물건 대신 데이터라는 점만 다른 거죠.

간단히 정리해 보면 변수는 다음과 같습니다.

- 변수는 데이터를 저장하는 장소
- 변수는 데이터를 읽고 쓰고 할 수 있는 장소

변수를 그림으로 정리하면 다음처럼 표현할 수 있습니다.

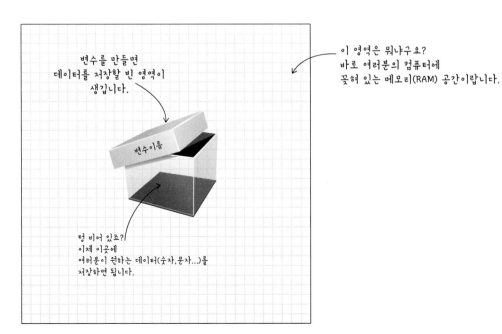

02 _ 변수는 이럴 때 사용해요.

우리는 잠시 후에 변수를 직접 만들어 볼 텐데요. 그 전에 실무에서 변수가 어떻게 사용되고 있는지 살펴
보겠습니다.

- 특정 사이트의 로그인 상태 유무를 변수에 저장합니다.

- 사용자가 선택한 메뉴항목도 변수에 저장합니다.

- 사이트에 멋지게 출력돼 있는 메뉴 항목 역시 처음엔 배열 변수에 저장된 내용입니다.

- 슈팅게임에서 현재 기록 중인 게임 점수도 변수에 저장합니다.

- 슈팅게임에서 현재 남아있는 캐릭터의 에너지 역시 변수에 저장돼 있습니다.

- 쇼핑몰 장바구니에 담겨 있는 상품목록 역시 변수에 저장돼 있습니다.

- 화면 가득 출력된 게시물 목록도 배열변수에 저장돼 있는 내용을 출력한 거랍니다.

이처럼 변수는 여러분이 주로 사용하고 있는 서비스나 페이지에서 없어서는 안 될 중요한 요소로 사용되
고 있습니다. 이 정도면 막연하게 느껴졌던 변수가 어떤 건지 조금이나마 이해했을 것입니다.

Lesson
02 / 변수 만들기

자! 그럼 앞에서 변수가 무엇인지 그리고 어디에 사용하는 것인지 자세히 알아봤으니 실제 변수(창고)를 만들어보죠.

메모 _ 사람이 사용하는 언어마다 고유의 문법이 있듯 프로그래밍 언어 역시 각기 다른 그들 나름의 문법이 있습니다. 자바스크립트 역시 다양한 문법을 제공하며 이 문법에 맞게 프로그래밍을 해야 합니다.

이에 따라 이 책에서는 가급적 문법을 쉽게 숙지할 수 있게 다음과 같은 순서로 진행할 것입니다.

1. 문법 소개   2. 문법 설명
3. 문법을 이해할 수 있는 예제   4. 문법 예제 설명

---

01 _ 변수 하나 만들기

문법   `var 변수이름 = 값;`

변수를 만드는 가장 일반적인 방법입니다. 우리가 사용하는 언어로 문법을 번역하자면 "자바스크립트 엔진에게 변수를 하나 만든 후 여기에 값을 저장해 주세요"라고 작성한 것입니다.

변수 이름 만드는 방법은 잠시 후 03절에서 자세히 다루기로 하고 var와 세미콜론의 정체에 대해 설명해 보겠습니다.

▪ var의 정체

var는 변수 선언을 의미하는 키워드입니다. 풀어 설명하면 자바스크립트 엔진은 소스를 해석하는 도중 var라는 키워드를 만나면 "음~ 여기는 변수를 만들라는 말이군!"으로 해석해 변수를 만들게 됩니다.

여기서 키워드(keyword)라는 단어가 등장하는데요. 키워드는 이미 특정한 목적으로 만들어져 있는 자바스크립트 요소라고 보면 됩니다. 잠시 후 배울 if, for와 같은 조건문과 반복문 역시 키워드이며 이외에도 수많은 키워드가 있습니다.

■ ;(세미콜론)의 의미

문장 맨 뒤에 붙이는 세미콜론은 문장의 끝을 의미합니다.

자바스크립트 엔진은 소스를 해석하는 도중 세미콜론을 만나면 "음~ 여기가 하나의 문장(구문)이 끝나는 곳이군!"으로 해석해서 다음 줄로 이동해 다른 코드를 해석하기 시작합니다.

정리하자면 변수는 "=" 연산자를 기준으로 var에 의해서 "변수이름"으로 변수가 만들어지고 이후 우측에 있는 데이터가 변수에 저장(대입)됩니다.

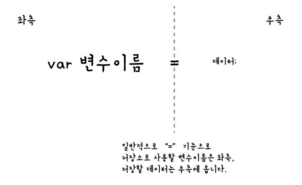

다음으로 이론에 맞는 예제를 만들어 보겠습니다. 먼저 연습 예제 파일을 열어주세요.

메모: 예제 작성하는 방법 _ 모든 장의 소스 폴더를 보면 다음과 같이 01_complete 폴더와 02_ing 폴더가 있습니다.

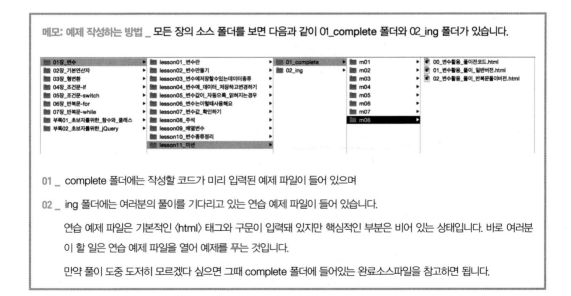

01 _ complete 폴더에는 작성할 코드가 미리 입력된 예제 파일이 들어 있으며

02 _ ing 폴더에는 여러분의 풀이를 기다리고 있는 연습 예제 파일이 들어 있습니다.

연습 예제 파일은 기본적인 〈html〉 태그와 구문이 입력돼 있지만 핵심적인 부분은 비어 있는 상태입니다. 바로 여러분이 할 일은 연습 예제 파일을 열어 예제를 푸는 것입니다.

만약 풀이 도중 도저히 모르겠다 싶으면 그때 complete 폴더에 들어있는 완료소스파일을 참고하면 됩니다.

예제 01 **여러분의 나이가 담긴 변수 age를 만들어 주세요.**

풀이 _ 01부/01장/lesson02/01_complete/01.html

```
var age=30;
```

설명

혹시 예제를 읽으며 "음 var를 이용해서 변수를 만들면 되겠군"이라는 생각이 떠올랐나요?

이렇게 생각한 분이라면 현재 자바스크립트를 제대로 공부하고 있습니다.

자바스크립트 엔진이 방금 여러분이 작성한 코드를 해석하면 변수 age에는 여러분의 눈엔 보이진 않지만 다음과 같은 정보가 담기게 됩니다.

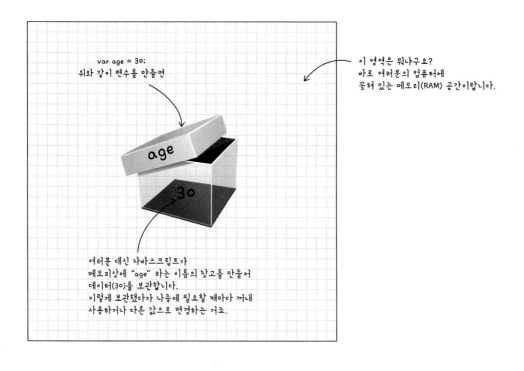

02 _ 변수 여러 개 만들기

이번에는 한 단계 업그레이드해서 여러 개의 변수를 만들어 보겠습니다. 한 개든 두 개든 변수 만드는 방법은 같으니 쉽게 이해할 수 있을 겁니다.

변수 여러 개를 만드는 방법은 두 가지가 있습니다.

방법 01 _ var를 이용해서 여러 줄로 변수 구분을 하는 경우

```
문법   var 변수이름1 = 데이터;
       var 변수이름2 = 데이터;
       . . . .
```

이 내용은 굳이 설명을 하지 않아도 될 만큼 쉽게 이해할 것입니다. 그냥 다음 줄에 다른 이름으로 변수를 만드는 거죠. 10개든, 100개든, 1000개든 계속해서 변수를 만들 수 있습니다.

예제 02 **여러분의 이름과 나이를 저장한 변수를 만들어 주세요.**

풀이 _ 01부/01장/lesson02/01_complete/02.html

```
var name = "ddandongne";
var age = 30;
```

방법 2 _ 콤마(,)를 이용해서 변수 구분을 하는 경우

```
문법   var 변수이름1 = 데이터[, 변수이름2 = 데이터...];
```

뭔가 복잡해 보이죠? 하지만 자세히 보면 꼭 그렇지도 않답니다. 변수 선언을 의미하는 키워드 var를 하나 작성한 후 콤마(,)를 이용해서 변수이름 = 값을 쌍으로 계속해서 작성했을 뿐입니다.

[ ]의 의미는 내부에 들어있는 내용을 생략해도 된다는 의미입니다. 이는 변수이름=값을 하나 이상 작성할 수도 있다는 의미입니다.

예제 03 **여러분의 이름과 나이를 저장한 변수를 콤마(,)를 이용해서 만들어 주세요.**

풀이 _ 01부/01장/lesson02/01_complete/03.html

```
var name = "ddandongne", age = 30;
```

설명

그럼 둘 중 어느 방법을 많이 사용할까요? CSS를 많이 사용하는 분이라면 첫 번째 방법이 익숙할 것 같습니다. 사실 정답은 없습니다. 취향에 맞게 둘 중 아무거나 사용하면 됩니다. 이 책에서는 두 방법 중 가독성이 좋은 방법1을 사용해 변수를 만들 것입니다.

03 _ 변수이름 만들 때 주의사항

변수이름을 만들 때는 다음과 같이 총 5가지 정도 주의해야 할 내용이 있습니다. 실습 파일을 오픈한 후 예제를 직접 입력하며 다음 내용을 읽어 주세요.

01 _ 숫자로 시작하면 안돼요.

```
var 1st = 10; // 에러
```

숫자로 시작하는 변수를 만들면 에러가 발생하여 브라우저가 자바스크립트를 실행할 수 없을 것입니다.

02 _ 대소문자 구분: name과 Name은 완전히 다른 변수입니다.

```
var name = "ddandongne";
var Name = "ddandongne";
```

자바스크립트는 변수 이름이 모두 같더라도 대소문자가 다르면 완전히 다른 변수로 해석합니다. 물건을 보관하는 창고로 비유해서 설명하자면 다른 이름의 창고가 두 개 만들어지는 거죠. 이 내용은 초보자가 초기에 가장 많이 실수하는 내용이니 꼭 기억하세요.

```
var name = "ddandongne";
var Name = "ddandongne";
```

보이죠?
이렇게 다른 창고가 두개 만들어져요.

03 _ 변수는 대문자가 아닌 소문자로 시작하세요.

```
var Name = "ddandongne";
대신
var name = "ddandongne";
```

자바스크립트에서 변수를 대소문자 구분 없이 만들 수 있습니다. 다만 일반적으로 자바스크립트에서는 변수를 소문자로 시작합니다. 일종의 암묵적으로 만들어진 규칙이라 보면 됩니다. 참고로 JAVA, C#과 같은 일반 언어 역시 변수이름은 대부분 소문자로 시작합니다.

04 _ 변하지 않는 환경 변수의 값을 담는 상수 변수는 모두 대문자로 만들어 주세요.

```
var DB_NAME = "webdongne";
var ADMIN_ID = "ddandongne";
```

DB이름이나 관리자 아이디처럼 한 번 저장한 후 변경하면 안 되는 값이 있습니다. 이런 상수 값을 담는 변수는 다른 변수와 구분이 될 수 있게 변수 이름을 모두 대문자로 만듭니다. 04부에서 배울 Math 객체의 Math.PI 역시 상수 값으로 정의돼 있습니다.

JAVA와 같은 고급 언어는 이런 상수 값을 만들 수 있는 방법을 문법적으로 지원합니다. 문법적으로 지원한다는 의미는 상수 변수가 한 번 만들어지면 수정할 수 없게 되며 만약 값을 변경하려 하면 언어 자체에서 에러를 발생시켜 버립니다. 아쉽게도 자바스크립트는 변수를 대문자로 만든다고 해서 값을 못 바꾸거나 하진 않습니다. 마음만 먹으면 다른 값으로 변경할 수 있습니다. 하지만 일종의 무언의 약속인 것이죠. 그러니 여러분도 대문자로 된 변수를 만나게 되면 다음처럼 생각하면 됩니다.

"음. . . 값을 변경하면 안 되는 변수군. 그냥 사용하기만 하라는 의미군."

05 _ 여러 단어가 조합되는 경우 다음과 같이 낙타 표기법(camelcase)으로 작성해 주세요.

```
var userName = "ddandongne";
var selectMenuIndex = 1;
```

이 내용 역시 일종의 관행일 뿐 반드시 이렇게 해야하는 건 아닙니다. 변수 userName을 username으로 만들어도 되고 user_name이라고 만들어도 됩니다.

06 _ 자바스크립트에서 이미 정의된 예약어(키워드)를 사용하면 안돼요.

예약어 목록

```
break, case, catch, continue, default, delete, do, else, finally, for, function, if, in
instanceof, new, return, switch, this, throw, try, typeof, var, void, while, with
```

```
var class = "test1";   // 에러
var for = "test2";     // 에러
var if = "test3";      // 에러
```

앞 절에서도 잠깐 언급한 내용인데 혹시 생각나나요? 이는 자바스크립트가 특정 용도로 미리 예약해 둔 키워드 이름으로는 변수를 만들 수 없습니다. "그럼 혹시 저런 키워드를 모두 외워야 하나요?"와 같은 질문을 할 독자 분이 있을 것 같아서 언급 해드리자면 전혀 그렇지 않습니다. 시간이 지나면 자동으로 알게 되는 내용이며 여러분이 사용하는 에디터에서 "이거 사용하면 안돼요"라고 다 알려주기 때문에 굳이 외울 필요는 없습니다.

지금까지 변수 만드는 방법 대해서 알아봤습니다. 휴~ 그냥 아무렇게 만들면 되지 지켜야 할 약속까지 있다니! 왠지 외워야 할 것 같은 느낌까지 드는데요. 처음엔 모든 게 낯선 법! 조금 지나면 "내가 이런 하찮은 것을 고민했었단 말야!"라며 자신도 모르게 익숙해질 것입니다.

자! 이렇게 해서 변수 만드는 방법에 대해 배워봤습니다. 다음 장에서는 이렇게 만든 변수에 저장할 수 있는 데이터와 저장 방법에 대해서 자세히 배워보겠습니다.

Lesson
03 / # 변수에 저장할 수 있는 데이터 종류

변수에는 숫자와 문자뿐 아니라 함수와 클래스까지 저장할 수 있답니다. 이번 레슨에서는 변수에 어떤 내용을 저장할 수 있는지 알아보죠.

01 _ 데이터 위치

먼저 다음 이미지에서 데이터가 어디에 위치하는지 확인해 주세요. 일반적으로 변수(저장소)는 "="를 기준으로 좌측에 오고 데이터는 우측에 옵니다.

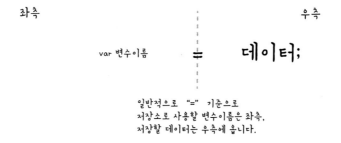

02 _ 데이터 종류

변수에 저장할 수 있는 데이터 종류는 다음과 같이 총 8개 정도 됩니다.

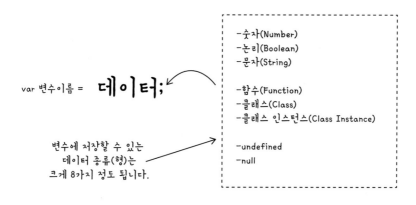

여기서 데이터형이란? 변수에 저장(보관)할 수 있는 값을 의미합니다. 자바스크립트에서 변수에 저장할 수 있는 데이터는 다음과 같습니다.

데이터형	범위	예	추가 설명
숫자형(Number)	±5.0×10−324±1.7×10308	`var age=30;` `var weight=60.25;`	초보자용 이해 필수
문자형(String)	"문자열"	`var name= "ddandongne";`	초보자용 이해 필수
논리형(Boolean)	true(참), false(거짓)	`var isLogin=false;`	초보자용 이해 필수
특수형(undefined)	변수는 선언했지만 값이 아직 할당되지 않은 상태	`var username;   // 기본값 undefined`	초보자용 이해 필수
특수값(null)	값이 아직 없다는 의미. 일반적으로 undefined와 같은 의미로 사용	`var myClass = null;`	초보자용 이해 필수

함수(Function)		`function showMenu(){`
		`}`
		`var func = showMenu;`
			초중급자용

클래스(Function)		`function MyClass(){`
		`}`
		`var myClass = MyClass;`
			중급자용

객체(Object)		`function MyClass(){`
		`}`
		`var myClass = new MyClass();`
			중급자용

표에서 함수와 클래스 그리고 클래스의 인스턴스는 난이도가 있는 내용이니 초보인 여러분은 지금 이해 할 필요는 없습니다. 이 내용들은 이 책의 2부와 3부에서 자세히 다룰 것이니 지금은 그냥 변수에 저장 할 수 있는 내용이 숫자, 문자, 논리형 이외에도 이런 게 있구나 정도로만 생각하고 넘어가면 됩니다.

숫자형(Number)의 범위 역시 ±5.0×10−324±1.7×10308 라고 되어 있어 뭔가 어렵게 느껴지는데요. 이 내용 역시 그냥 아주 큰 숫자까지 저장할 수 있구나 정도로 생각하고 가벼운 마음으로 넘어가면 됩니다. 사실 자바스크립트에서는 실제 코딩 할 때 "이렇게 큰 숫자가 변수에 저장될까?"라는 고민을 하면서 사용하진 않는답니다.

자! 그럼 여러분이 반드시 알아야 하는 기본형에 대해서 하나씩 알아보죠.

숫자형(Number)

```
var score=100;
```

숫자형은 여러분이 일상 생활에서 사용하는 일반적인 숫자라고 이해하면 됩니다.

숫자형은 크게 정수형과 실수형으로 나눠 집니다. 10진수와 실수형은 일반적으로 사용하는 숫자이며 16진수는 글자색이나 배경색을 나타낼 때 주로 사용합니다.

자료형	내용	예
정수형 10진수	일상 생활에서 사용하는 숫자이며 소수점이 없음	var age= 30;

정수형 16진수	0x로 시작하며 숫자 0~9와 문자 A~F를 사용해서 모든 숫자를 표현함. 주로 색상 값을 나타낼 때 사용함	var color = 0xF00; // 빨간색
		var color="#f00";

실수형	소수점을 갖는 숫자	var weight = 60.6; // 몸무게

숫자형 변수는 실무에서 다음과 같이 사용합니다.

- 여러분의 나이, 몸무게와 같은 숫자 정보를 저장할 때 숫자형을 사용합니다.
- 슈팅게임에서 현재 기록중인 게임 점수를 저장할 때 숫자형 변수를 사용합니다.
- 슈팅게임에서 현재 남아있는 에너지를 저장할 때도 역시 숫자형 변수를 사용합니다.
- 홈페이지 메뉴에서 현재 선택된 메뉴 인덱스 값을 저장할 때도 숫자형을 사용합니다.

예제 01 **여러분의 나이 몸무게를 각각 age, weight 변수에 담아주세요.**

풀이 _ 01부/01장/lesson03/01_complete/01.html

```
var age=28;

var weight=61.5;
```

문자형(String)

```
var userName="웹동네";
```

문자열이란? 일상생활에서 사용하는 글자를 프로그래밍 동네에서는 문자열이라고 부를 뿐 다른 차이는 없습니다.

이런 문자형 변수는 실무에서 다음과 같이 사용합니다.

- 홈페이지의 메뉴 항목과 같은 글자 정보를 저장할 때 문자형 변수를 사용합니다.
- 여러분의 홈페이지에 로그인할 때 사용하는 아이디와 패스워드도 문자형 변수에 담아 사용합니다.
- 게시판의 게시물 제목, 날짜, 글쓴이 본문 등 모두 문자형 변수에 담아 사용합니다.
- 여러분의 이름, 닉네임, 주소 정보를 담을 때도 문자형 변수를 사용합니다.

예제 02 여러분의 아이디를 id라는 변수에 저장해 주세요.

풀이 _ 01부/01장/lesson03/01_complete/02.html

```
var id="ddandongne";
```

예제 03 여러분의 나이를 age라는 변수에 문자열 값으로 저장해 주세요.

풀이 _ 01부/01장/lesson03/01_complete/03.html

```
var age="30";
```

돌발질문!

1. var age=30과
2. var age="30"은 같은 걸까요?

정답:

1과 2는 완전히 다른 내용입니다. 1은 숫자형 30을 의미하며 2는 문자열 30을 의미합니다.
보다 자세한 내용은 연산자에서 다시 설명하겠습니다.

논리형(Boolean)

```
var login=true;
```

프로그래밍을 하다 보면 참(true,1)이냐 거짓(false,0)이냐를 저장해야 하는 경우가 많습니다. 이런 데이터를 프로그래밍 동네에서는 논리형이라고 합니다. 논리형에는 오직 참(true,1)과 거짓(false,0) 두 가지 값이 존재하며 다음과 같은 경우를 예로 들 수 있습니다.

True(참) 의미 내용	False(거짓) 의미 내용
맞음	틀림
1	0
같음	다름(같지 않음)
진실	거짓
로그인 했음	로그인 안 했음

논리형 변수는 실무에서 다음과 같이 사용합니다.

- 현재 로그인 상태 여부를 저장할 때 논리형 변수를 사용합니다.

- 체크박스 선택여부를 저장할 때 논리형 변수를 사용합니다.

예제 04 **현재 날씨가 추운지 아닌지 cold 변수에 담아 표현해 주세요.**

풀이 _ 01부/01장/lesson03/01_complete/04.html

```
var cold = true;
```

예제 05 **로그인 유무를 login 변수에 담아보세요.**

풀이 _ 01부/01장/lesson03/01_complete/05.html

```
var login = true;
```

> **메모** _ 잠시 후면 여러분에게 정신적인 고통을 줄 무시무시한 undefined와 null이 등장합니다. 이제 막 스크립트를 시작하는 여러분에게는 아주 어렵게 느껴질 것입니다. 모든 건 시간이 해결해주는 법! 지금은 어렵겠지만 이 책이 끝날 때 즈음 자연스럽게 해결될 것입니다. 그러니 지금 단계에서는 이해하지 못한다고 자책하기보다는 가벼운 마음으로 한번 읽고 넘어가는 것을 추천해 드립니다.
> 필자 또한 어려운 이론적인 부분보다 좀더 쉽게 느껴질 수 있는 핵심 내용만을 뽑아 설명하겠습니다.

undefined

첫 번째 난 코스인 undefined입니다. 변수에 undefined가 저장되어 있다면 이것은 일반적으로 변수를 만든 후 초기화하지 않은 상태를 의미하며 다음과 같은 경우에 해당합니다.

> **메모** _ 다음 예제는 undefined를 설명하기 위한 예제이며 이를 위해서 아직 배우지 않은 함수, 함수 호출, 매개변수, 클래
> 스, 객체 등이 등장합니다. 이 경우 역시 고민하지 말고 가벼운 마음으로 한번 읽고 넘어가길 바랍니다.

예제 06 **변수를 선언하고 그 변수에 값을 대입하지 않는 경우**

풀이 _ 01부/01장/lesson03/01_complete/06.html

```
var data1;
alert("data1 = "+data1);
```

실행결과

```
data1 = undefined
```

설명

변수를 선언한 후 아무런 값을 넣지 않은 경우 변수에는 undefined이라는 값이 기본적으로 저장됩니다.

alert()은 알림창을 출력해주는 기능으로 변수에 들어 있는 내용을 확인할 수 있습니다. alert()에 대해서는 lesson 7에서 자
세히 배웁니다.

예제 07 **함수 인자 값 없이 함수를 호출하는 경우**

풀이 _ 01부/01장/lesson03/01_complete/07.html

```
function myFunc(data1){
    alert("data1= "+ data1);
}

myFunc("value1"); ❶
myFunc(); ❷
```

실행결과

```
data1 = value1
data1 = undefined
```

설명

예제를 실행하면 다음과 같이 해석 됩니다.

❶의 경우 data1 = "value1"를 넣은 것과 일치합니다.

❷의 경우 data1 = undefined를 넣은 것과 일치합니다.

즉, 매개변수(인자)가 있는 함수를 인자 값 없이 호출하는 경우에도 해당 매개변수에 undefined가 저장됩니다.

예제 08 **존재하지 않는 객체의 프로퍼티에 접근하는 경우**

풀이 _ 01부/01장/lesson03/01_complete/08.html

```
function MyClass (){
    this.name="ddandongne";
}
var test1 = new MyClass();
alert("test1.name = "+test1.name);
alert("test1.userName = "+test1.userName);
```

실행결과

```
test1.name = ddandongne
test1.userName = undefined
```

설명

왠지 어려워 보이죠? 바로 자바스크립트 문법의 끝판왕인 클래스 활용 예제입니다. 여기에서 test1.name은 객체의 프로퍼티로서 일종의 변수라고 생각하면 됩니다. test1.name 대신 this.userName과 같이 객체에 존재하지 않는 변수를 접근하는 경우에도 undefined이 출력됩니다. 결론을 미리 이야기하자면 여러분이 변수에 다음처럼 undefined 값을 직접 넣는 일은 거의 없을 것입니다.

```
var username = undefined;
```

즉 "변수를 선언하고 값을 아무것도 넣지 않으면 undefined이 기본값으로 들어간다!"라고 정리하면 됩니다. 이어서 undefined와 유사한 null 값을 알아볼 텐데요. 여러분이 null 내용까지 읽고 알아야 할 핵심은 undefined와 null의 차이점입니다.

null

null의 뜻은 아무것도 참조하고 있지 않다라는 의미가 담겨 있으며 주로 객체를 담을 변수를 초기화할 때 많이 사용합니다. 다음 내용을 봐주세요.

예제 09 null 값으로 데이터를 초기화하는 경우

소스: 01부/01장/lesson03/01_complete/09.html

```
// 숫자 변수 초기화
var data1 = 0;

// 문자 변수 초기화
var data2 = "";

// 논리형 변수 초기화
var data3 = false;

// 객체 변수 초기화
var data4 = null;
```

설명

일반적으로 초기화와 동시에 변수를 만들게 되는데 이때 초깃값을 보면 앞으로 이 변수가 어떤 데이터형을 저장할 변수인지 알 수 있습니다.

예를 들어 data3=false의 경우 초깃값이 false로 초기화된 걸로 보면 앞으로 이 변수에는 true 또는 false가 저장될 것을 알 수 있습니다. 뜬금없이 문자열이 들어 갈 수도 있겠지만 그럴 일은 거의 없을 것입니다.

이처럼 초깃값으로 null을 넣었다는 의미는 소스코드 어디에선가 이 변수에 클래스의 인스턴스를 대입할 거라는 것을 알 수 있습니다. 다음처럼 말이죠

```
var data3 = null;
. . . . . . .
data3 = new MyClass();
```

자! 그럼 이쯤에서 undefined와 null을 정리해보면 undefined는 변수의 기본 초깃값이며 null은 객체를 담을 변수를 초기화 할 때 사용하는 값입니다.

그리고 앞으로 여러분은 이 책에서 뿐 아니라 실무에서도 undefined보다 null을 자주 사용할 것입니다.

이렇게 해서 우리의 첫 번째 난코스인 undefined와 null 설명을 마치겠습니다.

> 메모 _ 많은 초보자분들이 실수하는 부분이 있는데요.
>
> 변수에 숫자, 문자만을 저장할 수 있다고 생각하는데요.
>
> 이뿐 아니라 함수, 클래스, 클래스의 인스턴스도 저장할 수 있습니다.

나중에 배울 데이터

변수에는 위에서 배운 숫자, 문자, 논리 값 이외에도 이 책 후반부에서 배울 함수와 클래스 그리고 클래스 인스턴스를 저장할 수 있습니다. 함수와 클래스는 초보자에게 상당히 어려운 내용이니 이 책에서는 기본적인 내용을 좀더 배우고 난 후 함수와 클래스를 배우겠습니다.

Lesson
04 / 변숫값 저장 및 변경

이번 레슨에서는 변숫값 저장과 변경에 대해 자세히 다룹니다. 초보자라면 한 번쯤 고민해야만 할 내용을 선별해서 작성했으니 꼭 읽어보길 바랍니다.

01 _ 변숫값 저장

변수에는 상수뿐 아니라 또 다른 변수 자체를 저장할 수 있습니다. 이때 구문을 어떻게 해석해야 하는지 알아보죠.

문법	var 변수A = 데이터; ❶
	var 변수B = 변수A; ❷
	var 변수C = 변수A + 데이터+변수B; ❸

❶은 데이터가 변수A에 저장되는 건 쉽게 알 수 있습니다.

❷의 경우 초보자들이 실수를 많이 하는데 다음 그림처럼 변수B에 변수A가 저장되는 것이 아니라 변수B에 변수A에 들어있는 값이 복사돼 저장됩니다.

var 변수A = 10;
var 변수B = 변수A;

변수B

변수A

변수B에 변수A가 통채로
들어가는게 아니에요.

❸은 ❶과 ❷가 합해진 경우입니다.

정리하면 자바스크립트 엔진은 다음과 같이 해석해 처리합니다.

해석 전

```
var data1 = 10;
var data2 = data1;
var data3 = data1+20+data2;
```

해석 후

```
var data1 = 10;
var data2 = 10;
var data3 = 10+20+10;
```

예제 01 변수 data1를 만든 후 숫자 데이터 1234를 저장해 주세요. 그리고 변수 data2를 만든 후 data1의 값을 저장해 주세요.

풀이 _ 소스: 01부/01장/lesson04/01_complete/01.html

```
var data1 = 1234;
var data2 = data1;
```

02 _ 변숫값 변경

문 법	`var 변수이름 = 데이터;`
	`변수이름 = 신규 데이터1;`
	`변수이름 = 신규 데이터2;`

변수에 저장돼 있는 값을 다른 값으로 변경하는 방법은 비교적 간단합니다. var를 붙이지 않은 상태에서 변수에 값을 대입해주면 됩니다.

예제 02 변수 data1을 만든 다음 초깃값을 10으로 한 후 데이터를 다시 20으로 또 다시 한 번 30으로 변경해 주세요.

풀이 _ 소스: 01부/01장/lesson04/01_complete/02.html

```
var data1 = 10;
data1 = 20;
data1 = 30;
```

돌발질문!

다음 1과 2의 차이점이 무엇인지 작성해 주세요.

1. ```
var data1 = 10;
var data1 = 20;
var data1 = 30;
```

2. ```
var data1 = 10;
data1 = 20;
data1 = 30;
```

정답:

1, 2번 모두 data1에 최종적으로 30이라는 값이 저장된다는 점은 같습니다. 하지만 이 둘은 완전히 다릅니다.

1번의 경우 data1이라는 똑같은 저장공간이 세 번 만들어지는 것이고

2번의 경우 data1이라는 저장공간은 딱 한 번 만들어진다는 것이 가장 큰 다른 점입니다.

var data1=10;

첫 번째 만든 창고

var data1=20;

첫 번째 만든는 없어지고

첫 번째 만든 창고와 똑같은 창고를
새로 만듭니다.

실무에서 1번처럼 작성하는 일은 없어야 합니다.

Lesson 05 / 변숫값이 자동으로 읽혀지는 경우

이번 레슨에서는 변숫값이 언제 읽혀져 사용되는지 알아봅니다. 변수는 다음과 같은 경우에 값이 자동으로 읽혀집니다.

   01. 우측에 변수를 두는 경우

   02. 함수 호출 시 변수를 매개변수(파라미터) 값으로 사용하는 경우

   03. 연산자와 함께 사용하는 경우

01 _ 우측에 변수를 두는 경우(변수에 들어있는 값이 읽혀 다른 변수에 대입하는 경우)

문 법	변수A = 변수B(우측에 있을 때)

"Lesson 04 변숫값 저장 및 변경"에서 다룬 것처럼 우측에 변수를 두면 변수 자체가 넘어가는 것이 아니라 변수 안에 들어 있는 데이터가 복사되어 좌측 변수에 저장됩니다.

> **메모 _** 좀더 정확히 설명하자면 변수 안에 들어 있는 데이터 중 숫자, 문자, 논리 데이터만이 복사되며 아직 배우지 않은 배열, 함수, 객체 데이터 등은 실제 데이터가 들어 있는 주소가 복사됩니다. 내용이 조금 어렵죠? 내용이 초보자에게는 조금 어려운 내용이니 일단 읽고 넘어가도 됩니다.

예제 01 **다음 구문이 어떻게 해석되는지 설명해 주세요.**

풀이 _ 소스: 01부/01장/lesson05/01_complete/01.html

```
var name = "ddandongne";
var temp = name;
```

설명

name 변수에 들어 있는 값이 복사돼 temp 변수에 대입된답니다.

02 _ 함수 호출 시 변수를 매개변수 값으로 사용하는 경우

> 문 법   함수(변수A);

아직 배우지 않은 함수 호출과 함께 변수를 사용하는 경우에도 값이 복사되어 매개변수(파라미터)로 넘어 갑니다. 함수, 함수호출, 매개변수는 함수 부분에서 자세히 다룹니다.

예제 02   **다음 구문이 어떻게 해석되는지 설명해 주세요.**

풀이 _ 소스: 01부/01장/lesson05/01_complete/02.html

```
function test1(userName){
    alert("userName = "+userName);
}

var name = "ddandongne";
test1(name);
```

설명

test1(name); 을 호출하면 test1("ddandongne")로 변경됩니다.

> 메모 _ 함수에 대해서는 2부에서 자세히 다룹니다.

03 _ 연산자와 함께 사용하는 경우

> 문 법   변수A = 변수B 연산자 변수C;

2장에서 배울 연산자와 함께 변수를 사용하는 경우에도 변수에 저장된 값이 자동으로 읽혀져서 사용됩 니다.

[예제 03]　**다음 구문이 어떻게 해석되는지 설명해 주세요.**

풀이 _ 소스: 01부/01장/lesson05/01_complete/03.html

```
var num1 = 10;
var num2 = 20;
var result = num1+num2;
alert(result);
```

var result = num1+num2를 호출하면 var result = 10+20으로 변경되어 계산됩니다.

Lesson 06 / 변수를 활용한 데이터 중복 제거 및 재사용

이번 레슨에서는 지금까지 배운 변수가 실무에서는 주로 어떻게 사용되는지 알아봅니다.

여기서 질문!

여러분이 생각하기에 실무에서 변수를 주로 어떻게 사용할 것 같나요? 그냥 데이터만 저장하는 용도로? 물론 빼놓을 수 없는 첫 번째 용도이긴 합니다. 하지만 변수의 가장 큰 힘은 데이터 재사용성에 있습니다. 우선 예제 하나를 살펴보죠. 예제의 해결책을 여러분도 같이 고민해 보세요.

메모 _ 예제에서 document.write() 메서드는 웹페이지에 html 태그를 출력해주는 기능을 합니다. 이 메서드는 Lesson 07 에서 자세히 다룹니다.

예제 01 변수 활용하기

다음 내용에서 딴동네님 대신 짱아님으로 출력되게 변경해 주세요. 또한, 이름을 계속해서 변경할 예정이 니 좀 쉽게 작업할 수 있게 만들어 주세요.

소스 _ 01부/01장/lesson06/01_complete/ 01.html

```
document.write("딴동네님 안녕하세요. 자바스크립트 동네에 오신 것을 환영합니다.", "<br>");
document.write("딴동네님 안녕하세요. 자바스크립트 동네에 오신 것을 환영합니다.", "<br>");
document.write("딴동네님 안녕하세요. 자바스크립트 동네에 오신 것을 환영합니다.", "<br>");
document.write("딴동네님 안녕하세요. 자바스크립트 동네에 오신 것을 환영합니다.", "<br>");
document.write("딴동네님 안녕하세요. 자바스크립트 동네에 오신 것을 환영합니다.", "<br>");
```

풀이 01: 변수를 사용하지 않은 경우 소스 _ 01부/01장/lesson06/01_complete/01_01.html

```
document.write("짱아님 안녕하세요. 자바스크립트 동네에 오신 것을 환영합니다.", "<br>");
document.write("짱아님 안녕하세요. 자바스크립트 동네에 오신 것을 환영합니다.", "<br>");
document.write("짱아님 안녕하세요. 자바스크립트 동네에 오신 것을 환영합니다.", "<br>");
document.write("짱아님 안녕하세요. 자바스크립트 동네에 오신 것을 환영합니다.", "<br>");
document.write("짱아님 안녕하세요. 자바스크립트 동네에 오신 것을 환영합니다.", "<br>");
```

설명

변수를 사용하지 않고 한다면 "딴동네"라는 글자를 모두 "짱아"로 변경해야 합니다. 만약 출력 내용이 5번이 아닌 100 번이라면 이와 같은 작업을 100번 해야 합니다.

이런 문제는 변수를 사용하면 아주 쉽게 해결할 수 있습니다. 풀이 02를 봐 주세요.

풀이 02: 변수를 사용한 경우 소스 _ 01부/01장/lesson06/01_complete/01_02.html

```
var name ="짱아";
document.write(name+"님 안녕하세요. 자바스크립트 동네에 오신 것을 환영합니다.", "<br>");
document.write(name+"님 안녕하세요. 자바스크립트 동네에 오신 것을 환영합니다.", "<br>");
document.write(name+"님 안녕하세요. 자바스크립트 동네에 오신 것을 환영합니다.", "<br>");
document.write(name+"님 안녕하세요. 자바스크립트 동네에 오신 것을 환영합니다.", "<br>");
document.write(name+"님 안녕하세요. 자바스크립트 동네에 오신 것을 환영합니다.", "<br>");
```

설명

변수에 변경할 데이터를 저장한 후 재사용함으로써 중복해서 해야 할 내용을 쉽게 처리할 수 있습니다. 만약 다른 이름으로 또다시 변경해야 한다면 "딴동네"라는 변숫값 대신 다른 값으로 변경하면 됩니다.

이처럼 변수는 데이터를 보관하는 것뿐만 아니라 코드 내용 중 변경해야 하거나 중복되는 데이터가 있는 경우 해결하기 위한 방법으로 많이 사용합니다. 이점 꼭 명심하세요.

Lesson 07 / 변수에 어떤 값이 들어 있는지 확인하기

이번 레슨에서는 변수 내부에 어떤 값이 저장돼 있는지 우리 눈으로 직접 확인하는 방법을 배워보겠습니다. 여러 가지 방법이 있지만 가장 일반적인 방법 3가지를 살펴보겠습니다.

01. alert()

02. document.write()

03. console.log()

01 _ alert()

alert() 함수는 특정 정보를 사용자에게 메시지 창으로 알려주기 위해 주로 사용합니다. 로그인 시 패스워드를 잘못 입력한 경우 "패스워드를 잘못 입력하였습니다. 확인 후 다시 시도해 주세요."와 같은 메시지를 alert()을 이용해서 출력합니다. 이런 기능을 가진 alert() 함수를 이용하면 변수의 내용을 쉽게 눈으로 확인할 수 있습니다. 특히 자바스크립트 기초 문법을 배울 때 문법 테스트용으로 유용하게 사용할 수 있습니다.

사용법은 다음과 같습니다.

문 법   alert(데이터);

설명

alert()에 여러분이 확인하고 싶은 변수를 "데이터"에 넣어주면 됩니다.

예제 01 name 변수에 저장된 값을 alert() 함수를 이용해서 알림창으로 출력해 주세요.

풀이 소스 _ 01부/01장/lesson07/01_complete/01.html

```
var name = "ddandongne";
alert(name);
```

실행화면

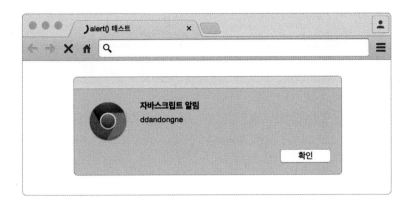

02 _ document.write()

Document라는 객체에서 제공하는 write() 기능은 HTML 문서의 body 영역에 〈div〉와 같은 HTML 태그 내용을 출력해 줍니다. 브라우저 화면에 출력할 수 있는 기능 때문에 주로 프로그래밍 문법 테스트용으로 초보일 때 많이 사용합니다. 사용법은 다음과 같습니다.

문 법	`document.write(데이터[, 데이터….]);`

설명

document.write()에 여러분이 확인하고 싶은 변수를 "데이터"에 넣어주면 됩니다. 여기서 객체라는 말이 등장하는데요. 간단히 설명하면 객체는 수많은 기능이 포장돼 있는 보물 상자입니다. 내부가 어떻게 되었건 누가 만들었건 상관없이 우리는 보물 상자에 들어 있는 기능을 가져다 사용하는 것이죠.

참고로 객체라는 개념은 초보자가 배우기에 아직 어려운 내용입니다. 이 책에서는 부록 01에서 간단히 알아본 후 03부에서 아주 자세히 살펴볼 예정입니다.

예제 02 name 변수에 저장된 값을 document.write()를 이용해서 문서 영역에 출력해 주세요.

풀이 소스 _ 01부/01장/lesson07/01_complete/02.html

```
var name = "ddandongne";
document.write("name = "+name);
```

실행화면

예제 03 이름과 나이가 담긴 변수 내용을 화면에 출력해 주세요.

풀이 소스 _ 01부/01장/lesson07/01_complete/03.html

```
var name = "ddandongne";
var age = 30;

document.write("name = ",name, " age = ", age,"<br>"); ❶
document.write("name = "+name+ " age = "+ age+"<br>"); ❷
```

실행화면

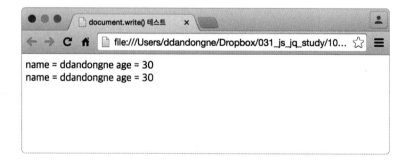

설명

document.write()를 이용해 변숫값을 확인할 때 ❶처럼 콤마(,)를 이용해 데이터를 각각 넘겨도 되며 ❷처럼 데이터를 하나의 문자열로 만들어 넘겨도 됩니다.

❶, ❷를 정확하게 이해하려면 함수와 함수 호출 그리고 매개변수를 이해하고 있어야 합니다. 이 역시 초보자에게 아직 어려운 내용이니 넘어가길 바랍니다.

03 _ console.log()

개발을 하다 보면 문법적으로 전혀 문제가 없음에도 불구하고 어떤 경우에는 정상적으로 동작하고 어떤 경우에는 동작이 제대로 안 될 경우가 있습니다. 프로그래밍 동네에서는 이를 논리적인 오류인 버그라고 부르고 이 버그를 찾아 없애는 작업을 디버깅이라고 합니다.

console.log() 기능은 앞의 두 가지 기능과는 달리 전문 디버깅 도구입니다.

console.log() 기능은 웹킷 엔진을 사용하는 브라우저인 크롬과 사파리에서만 사용 가능하며 출력값은 모든 디버깅 기능을 가지고 있는 인스펙터(Inspector) 화면의 콘솔영역에 출력됩니다.

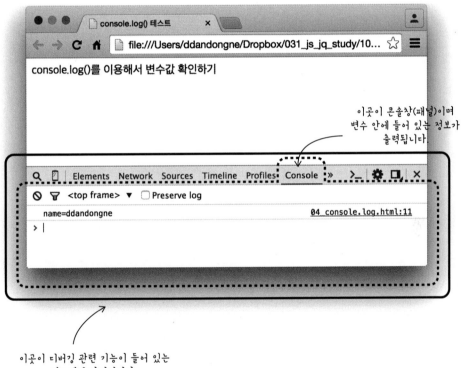

이렇게 멋진 console.log()를 이용하면 변수 내용을 확인할 수 있습니다. 또, 앞으로 여러분이 개발을 하면서 가장 많이 사용할 기능이기도 합니다. 인스펙터 기능을 활성화하는 방법은 아래 메모를 참고하세요.

하지만 자바스크립트를 이제 막 배우는 초보 단계에서는 이 기능보다는 alert()이나 document.write()를 이용하는 것이 더 편할 것입니다.

console.log() 사용법은 다음과 같습니다.

문 법	console.log(데이터[, 데이터….])

설명

document.write()와 같이 출력할 변수나 데이터를 "데이터" 부분에 넣어 줍니다.

> 메모 _ 파이어 폭스에서는 웹킷 엔진을 사용하는 브라우저의 디버깅 기능과 동일한 firebug라는 디버깅 도구를 제공하며 MS의 인터넷 익스플로러에서도 IE Inspector라는 디버깅 도구를 제공합니다. 이 책에서는 크롬, 사파리에서 제공하는 디버깅 기능을 사용합니다.

예제 04 name 변수에 저장된 값을 console.log()를 이용해서 웹킷 브라우저의 인스펙터 창의 콘솔 영역에 출력해 주세요.

풀이 소스 _ 01부/01장/lesson07/01_complete/04.html

```
var name = "ddandongne";
console.log("name = "+name);
```

실행화면

04 _ 정리

지금까지 배운 변숫값 확인 방법 3가지를 정리하면 다음과 같습니다.

기능	전문디버깅 기능	주용도
alert(변수이름)	X	사용자에게 특정 정보를 팝업 창을 이용해 알려주고 싶을 때 사용합니다. 자바스크립트 초보 시절 변숫값을 확인하기 위해 잠시 사용합니다.
document.write(변수이름)	X	body 영역에 HTML 태그 정보를 출력할 때 사용합니다. 자바스크립트 초보 시절 변숫값을 확인하기 위해 잠시 사용합니다.
console.log(변수이름)	O	전문 디버깅 함수로서 특정 변수의 값을 확인할 때 사용합니다. 자바스크립트 초보 시절부터 계속해서 사용합니다.

메모 _ 인스펙터 패널 활성화하는 방법

구글 크롬 브라우저에서 콘솔창을 활성화하는 방법입니다.

1. 먼저 console.log()가 포함된 html 파일을 크롬 브라우저에서 열어줍니다.

2. 크롬 브라우저에서 브라우저 메뉴를 활성화한 후, 도구 메뉴의 서브 메뉴에서 개발자 도구 메뉴를 선택합니다.

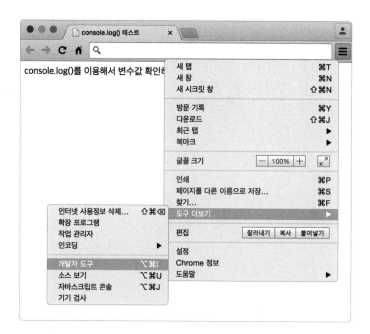

3. 활성화된 인스펙터 창의 메뉴에서 Console을 클릭하면 아래와 같이 콘솔창을 볼 수 있습니다.

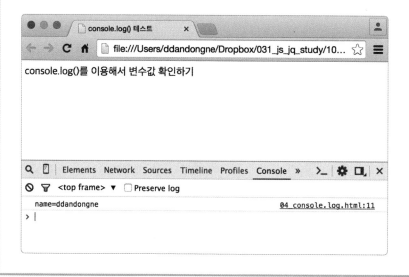

08 / 주석

주석은 프로그래밍에서 반드시 필요한 요소 중에 하나입니다. 이번 레슨에서는 주석의 사용 목적에 대해 알아봅니다.

01 _ 주석이란? – 한 줄로 말해요

자바스크립트 주석의 용도는 HTML/CSS의 주석과 동일합니다. 주로 작성한 코드에 설명을 달아놓기 위해서 사용하며 실행이 되지 않는 소스입니다. 또한 주석은 다른 개발자와의 협업이나 유지보수를 위해 반드시 필요한 프로그래밍의 일부분입니다.

02 _ 주석 만드는 방법 2가지

자바스크립트에서 제공하는 주석은 두 가지가 있습니다.

    01. 한 줄 주석

    02. 여러 줄 주석

1 _ 한 줄 주석

문 법	// 여기에 설명을 입력해 주세요.

설명

간단한 주석을 작성할 때 사용하며 //를 입력한 다음 남기고 싶은 내용을 작성해 줍니다.

예제 01 어떤 용도로 사용하는 변수인지 알 수 있게 한 줄 주석을 달아 주세요.

```
var age = 10;
var weight = 55.2;
var name = "ddandongne";
```

풀이 소스 _ 01부/01장/lesson08/01_complete/01.html

```
// 사용자 나이를 저장하는 변수
var age = 10;
// 사용자 몸무게를 저장하는 변수
var weight = 55.2;
// 사용자 이름을 저장하는 변수
var name = "ddandongne";
```

2 _ 여러 줄 주석

| 문 법 | ```
/*
여기에 설명을 입력해 주세요.
*/
``` |
| --- | --- |

설명

긴 주석을 작성할 때 사용하며 /* */를 입력한 후 이 내부에 주석을 작성해 줍니다.

예제 02 **어떤 용도로 사용하는 함수인지 여러 줄 주석을 이용해서 설명을 달아 주세요.**

```
function showInfo(age, weight, name) {
    document.write("age="+age, "weight="+weight, "name="+name);
}
```

풀이 소스 _ 01부/01장/lesson08/01_complete/02.html

```
/*
 * 설명 화면에 사용자 정보를 출력하는 함수
 * 매개변수:
 *  age : 나이
 *  weight : 몸무게
 *  name : 사용자 이름
 * 리턴값 : 없음
 */

function showInfo(age, weight, name) {
    document.write("age="+age, "weight="+weight, "name="+name);
}
```
```

03 _ 주석 활용

앞에서 주석의 정의를 알아봤다면 이번에는 주석을 실무에서는 어떤 용도로 사용하는지 몇 가지 예를 들어 배워보겠습니다. 내용을 생각하며 하나씩 천천히 읽어보세요.

01. 다른 사람과의 공동 업무 진행을 위해서 여러분이 만든 소스가 어떤 기능을 하는지 작성할 때도 주석을 사용합니다.

02. 자신이 작성한 소스를 어느 정도 시간이 지난 후 다시 분석하기 위해서도 주석을 사용합니다.

```
/*
 * 설명 텍스트를 좌우로 스크롤하는 함수입니다.
 * 매개변수:
 *  strText: 스크롤을 적용할 텍스트 내용
 *  speed: 스크롤 속도
 * 리턴값:
 *  없음
 */
function scrollText(strText, speed)
{
    ....
}
```

03. 라이브러리의 용도, 만든 날짜 그리고 만든 이 등의 정보를 남길 때도 주석을 사용합니다.

```
 jQuery.js 부분의 주석 내용
/*!
 * jQuery JavaScript Library v1.8.0
 * http://jquery.com/
 *
 * Includes Sizzle.js
 * http://sizzlejs.com/
 *
 * Copyright 2012 jQuery Foundation and other contributors
 * Released under the MIT license
 * http://jquery.org/license
 *
 * Date: Thu Aug 09 2012 16:24:48 GMT-0400 (Eastern Daylight Time)
 */
(function( window, undefined ) {
var
. . . . .
```

04. 개발 도중 특정 구문을 실행하고 싶지 않을 때도 주석을 사용합니다.

```
/*
function scrollText(){

    .....

}


scrollText()
*/
```

05. 파일의 용도를 설명할 때도 주석을 사용합니다.

```
myLib.js 시작부분
/*
파일명      : myLib.js(파일명을 입력)
작성자      : 딴동네(작성자 이름을 입력, 작성자 모두 적어주면 되요)
설명        : 이 라이브러리는 모모 용도로 만들어졌습니다.(라이브러리의 설명)


저작권      : 딴동네 컴퍼니(저작권 표시)
이력사항 : (업데이트 정보 작성)
'            날짜 : 수정자
'              1. 수정 사유:
*/
```

06. 함수 용도를 설명할 때도 주석을 사용합니다.

```
/********************************************************************
함수명      : 함수이름 입력
작성자      : 함수 작성자 이름 입력
설명        : 함수 목적 설명
리턴값      : 함수 반환값 입력
매개변수
    매개변수명      : 변수 정의를 입력

        . . . .
이력사항
    날짜 : 수정자
      1. 수정 사유

********************************************************************/
```

> **메모**
>
> ```
> /*****************************************************************************
>
> ******************************************************************************/
> ```
>
> 의 용도는? 다른 건 없구요. "이건 주석이다"라고 눈에 띄게 보이도록 하기 위해서 이렇게 장식을 주로 한답니다. 필자 역시 주석용으로 사용하는 멋진 텍스트가 있답니다.

주석의 용도가 참으로 다양하죠? 이처럼 주석은 여러분이 프로그래밍을 하며 유용하게 사용할 도구입니다. 그러니 주석 다는 습관을 초보 시절부터 갖길 바랍니다.

Lesson
09 / 배열

앞 레슨까지 여러분은 기본적인 변수 내용을 모두 배웠습니다. 이쯤에서 앞에서 다루지 않고 미뤄뒀던 배열 데이터형에 대해 알아보죠. 참고로 배열은 알아야 할 내용이 많기 때문에 이번 레슨에서 초보자가 반드시 알아야 할 내용을 배운 후 04부 자바스크립트 코어 라이브러리 배열(Array) 편에서 자세히 다루겠습니다.

01 _ 배열이란?

일반 변수는 데이터를 하나만 저장할 수 있는 반면, 배열 변수는 변수 하나에 여러 개의 데이터를 담을 수 있는 특별한 데이터형입니다.

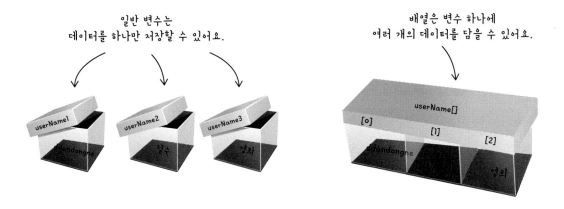

예를 들어 사용자 이름과 같은 연관 있는 데이터를 일반 변수에 담는다면 다음과 같이 여러 개의 변수를 만들어 저장해야 합니다.

```
// 일반 변수로 표현한 경우
var userName1 = "ddandongne";
var userName2 = "철수";
var userName3 = "영희";
```

배열을 이용하면 다음과 같이 하나의 변수에 모두 담을 수 있습니다.

```
// 배열로 표현한 경우
var userName = ["ddandongne","철수","영희"];
```

정리하면 배열은 연관 있는 데이터를 하나로 묶어 관리할 때 주로 사용합니다.

02 _ 배열 생성

> **문 법** `var 변수이름 = [데이터[,...]];`

설명

배열 데이터를 만드는 방법은 대괄호([ ])에 데이터를 넣어 표현합니다. 데이터 항목은 콤마(,)를 이용해 구분합니다.

예제 01 **"ddandongne", "철수", "영희" 이름 정보를 담은 배열 만들기**

```
var userName = ["ddandongne","철수","영희"];
```

또한 배열에는 여러 개의 데이터형을 혼합해서 보관할 수 있습니다.

예제 02 **본인의 이름, 나이, 취미 정보를 담은 배열 만들기**

```
var userInfo = ["ddandongne", 30, "독서"];
```

> **메모 _** 배열은 다음과 같은 방법으로도 만들 수 있습니다.
>
> ```
> var 변수이름 = new Array(데이터[,...]);
> ```
>
> 왠지 어려워 보이죠? 이에 대해서는 04부 자바스크립트 코어 라이브러리 배열 편에서 자세히 다룹니다.

03 _ 배열 요소 접근

만들어진 배열 요소는 다음과 같이 접근하면 됩니다.

> **문 법** `배열이름[n];`

설명

n은 배열 요소의 index를 나타냅니다. 값은 0부터 시작해 배열 크기 −1까지의 값을 가집니다.

예제 03 **다음 배열 요소를 하나씩 출력해 주세요.**

```
var userName = ["ddandongne","철수","영희","아영","정희","선희","영자","병철"];
```

풀이 소스 _ 01부/01장/lesson09/01_complete/03_01.html

```
var userName = ["ddandongne","철수","영희","아영","정희","선희","영자","병철"];
document.write("userName[0] = "+userName[0],"<br>");
document.write("userName[1] = "+userName[1],"<br>");
document.write("userName[2] = "+userName[2],"<br>");
document.write("userName[3] = "+userName[3],"<br>");
document.write("userName[4] = "+userName[4],"<br>");
document.write("userName[5] = "+userName[5],"<br>");
document.write("userName[6] = "+userName[6],"<br>");
document.write("userName[7] = "+userName[7],"<br>");
```

설명

n은 배열 인덱스 값을 의미하며 인덱스 값은 0부터 시작합니다.

인덱스 값을 이용해 배열에 저장되어 있는 정보에 접근할 수 있습니다.

04 _ 배열을 사용하는 이유

그럼 여기서 질문을 하나 해볼게요. 배열은 왜 사용할까요?

이해를 돕기 위해 앞에서 풀이한 이름 출력 예제를 가지고 설명해 보겠습니다.

배열을 사용하지 않은 풀이 소스
01부/01장/lesson09/01_complete/03_02.html

```
var userName1 = "ddandongne";
var userName2 = "철수";
var userName3 = "영희";
var userName4 = "아영";
var userName5 = "정희";
var userName6 = "선희";
```

배열을 사용한 풀이 소스
01부/01장/lesson09/01_complete/03_03.html

```
var userName = ["ddandongne", "철수", "영희",
      "아영", "정희", "선희", "영자", "병철"];

for(var i=0; i<userName.length; i++)
    document.write("userName["+i+"] =
                    "+userName[i], <br>");
```

```
var userName7 = "영자";
var userName8 = "병철";

document.write("userName1 = "+userName1,"<br>");
document.write("userName2 = "+userName2,"<br>");
document.write("userName3 = "+userName3,"<br>");
document.write("userName4 = "+userName4,"<br>");
document.write("userName5 = "+userName5,"<br>");
document.write("userName6 = "+userName6,"<br>");
document.write("userName7 = "+userName7,"<br>");
document.write("userName8 = "+userName8,"<br>");
```

풀이에서도 확인할 수 있는 것처럼 먼저 배열을 사용했을 때 좋은 점은 앞에서도 언급한 것처럼 배열을 이용하면 변수를 8개를 만들지 않아도 됩니다. 이것만으로도 배열을 사용하기 위한 충분한 이유가 될 수 있지만 배열을 사용하는 가장 큰 이유는 바로 배열의 가장 친한 친구인 반복문과 함께 사용하면 더욱 뛰어난 능력을 갖게 되기 때문입니다.

방금 확인한 것처럼 배열과 반복문을 같이 사용하는 경우 코드를 간결하게 처리할 수 있습니다. 일반 변수를 이용해서는 처리할 수 없는 기능이지요. 참고로 여기서 등장한 반복문 for는 아직 몰라도 됩니다.

이렇게 해서 초보자가 알아야 할 가장 기본적인 배열에 대해 다뤄 봤습니다. 배열은 앞에서도 언급한 것처럼 3부 자바스크립트 코어 라이브러리 편에서 좀더 자세히 다룹니다.

드디어 1장 마지막 부분에 도착했군요. 지금쯤이면 변수 만드는 것쯤 어렵지 않게 해결할 수 있을 것입니다. 자! 그럼 지금까지 미뤄뒀던 변수 종류를 설명할 때가 된 것 같습니다.

01 _ 변수 종류

1장 길잡이 부분에서도 언급했지만 사실 여러분이 지금까지 만든 변수는 거의 대부분 전역변수에 해당하며 변수는 아래와 같이 사용 범위에 따라 총 4개의 변수로 나눠 사용합니다.

표 1.10-1 사용 범위에 따른 변수 종류

변수	설명	등장 영역
전역변수	전역에서 사용하는 데이터를 담는 변수이며 어디서든 접근해서 사용 가능합니다. 이제 막 스크립트를 시작한 초보라면 전역변수를 가장 많이 만들게 됩니다.	이번 장
지역변수	특정 영역에서만 사용할 수 있는 변수입니다. 주로 함수 내부에 만들어지는 변수입니다.	02부 01장 함수
매개변수(파라미터)	함수 외부에서 함수 내부로 데이터를 전달하기 위한 용도로 사용하는 변수입니다.	02부 01장 함수
멤버변수(프로퍼티)	클래스 내부에 만들어지며 주로 객체에서 사용하는 정보를 담는 변수입니다.	05부 01장 클래스

변수 종류가 이렇게 많다니? 놀라셨죠? 괜찮습니다. 이번 레슨에서의 목적은 다양한 변수가 있다는 것을 여러분에게 미리 체험시켜 주는 것이니만큼 지금부터 나오는 내용을 읽고 이해를 못 해도 됩니다. 각 변수에 대한 설명은 이들이 등장할 때 자세히 다루겠습니다.

자! 그럼 사파리에 사는 동물들을 구경하는 것처럼 변수들을 구경해보죠.

02 _ 전역변수

소스 _ 01부/01장/lesson10/01_complete/01.html

```
<script>
    var globalV = "전역변수"; ❶
```

```
    window.onload=function(){
        global2 = "전역변수"; ❷
    }

    function func1(){
        var local1 = "지역변수"; ❸
    }

</script>
```

설명

❶ 이 위치의 변수는 모두 전역변수입니다.

❷ 함수 내부에서 var 없이 변수에 값을 대입하면 전역변수로 만들어집니다. 즉, global2 = "전역변수";는 window.global2 ="전역변수"와 같습니다.

❸ local1은 지역변수입니다.

03 _ 지역변수

소스 _ 01부/01장/lesson10/01_complete/02.html

```
<script>
    var globalV = "전역변수";

    window.onload=function(){
        var local1 = "지역변수"; ❶
    }

    function func1(){
        var local1 = "지역변수"; ❷
    }

    function func2(){
        document.write(globalV);
    }
</script>
```

설명

❶ local1은 지역변수이며 오직 onload() 함수 영역에서만 사용할 수 있습니다.

❷ local1 역시 func1에서만 사용할 수 있는 지역변수입니다. ❶과 변수 이름이 같더라도 다른 영역에서 만들어진 변수이기 때문에 완전히 다른 변수입니다.

지역변수는 함수를 다룰 때 등장합니다.

04 _ 매개변수

소스 _ 01부/01장/lesson10/01_complete/03.html

```
<script>

    var globalV = "전역변수";

    window.onload=function(){
        var local1 = "지역변수";
        func1(100,200);
    }


                    ❶     ❷
    function func1(num1, num2){
        var local1 = "지역변수";

        document.write("매개변수 num1="+num1+", num2="+num2);
    }

</script>
```

설명

❶, ❷는 매개변수 또는 파라미터라고 부릅니다. 주로 함수 외부에서 함수 내부로 데이터를 전달할 때 사용합니다. 매개변수는 지역변수와 마찬가지로 함수 내부에서만 사용할 수 있습니다.

특이한 점은 var를 사용하지 않고 변수를 만든다는 것입니다.

매개변수 역시 함수를 다룰 때 등장합니다.

05 _ 멤버변수

소스 _ 01부/01장/lesson10/01_complete/04.html

```
<script>

    function MyClass(){
        this.name = "멤버변수";   ❶
    }

    MyClass.prototype.showName=function(){ ❷
        document.write("name = ", this.name);
    }

    var objClass = new MyClass();
    objClass.showName();

</script>
```

설명

코드가 왠지 어려워 보이죠? 이 코드는 여러분이 거의 마지막에 배울 클래스 문법을 활용한 코딩입니다.

코드 내용 중 ❶을 보면 변수처럼 name이 있는데요. 이 변수를 멤버변수라고 부릅니다. 이 변수는 MyClass라는 클래스에서 만들어지고 사용하기 때문에 멤버변수라고 부른답니다.

이와 동일하게 ❷는 멤버함수 또는 메서드라고 부릅니다.

멤버변수는 클래스를 다룰 때 등장합니다.

06 _ 정리

어떤가요? 아마도 배우지 않은 문법들 사이에 변수가 만들어져서 코드를 읽는 데 어려움이 좀 있었을 것입니다. 그렇다고 너무 걱정 마세요. 이렇게 차근차근 배워 나가면 어느덧 여러분도 모르게 실력이 늘어있는 자신을 발견하게 될 것입니다.

Lesson 11 / 미션

드디어 결전의 시간이 왔습니다. 미션은 여러분이 이번 장에서 배운 내용을 제대로 학습했는지 테스트하는 영역입니다. 만약 아무것도 참고하지 않고 이번 장의 모든 미션을 여러분 스스로 풀 수 있다면 변수를 정복했다고 판단하면 됩니다.

미션 풀이 방법

처음 미션을 시작하는 만큼 미션을 진행하는 방법에 대해 안내해 드리겠습니다.

순서 1: 먼저 책에는 미션과 풀이가 함께 작성돼 있기 때문에 미리 풀이를 보게 되면 풀이 내용이 풀이 도중에 자꾸 생각나 스스로 푸는 의미가 없어집니다. 그러니 미션을 보기 전에 일단 책을 덮어주세요.

순서 2: 이 후 해당 미션의 ing 폴더에서 연습 소스 코드 파일을 열어 하나씩 미션을 풀어 나가면 됩니다. 만일을 위해 complete 폴더에 풀이가 완료된 소스 코드 파일을 넣어 뒀으니 비상 시 참고하면 됩니다.

자! 그럼 책을 덮고 시작해볼까요!?

미션 01   변수 정의

여러분이 생각하는 변수란? 무엇인지 설명해 주세요.

풀이 소스 _ 01부/01장/lesson11/01_complete/m01/01.html

- 데이터를 저장하는 공간
- 데이터를 읽고 쓰고 하는 공간
- 데이터를 저장했다가 필요할 때 사용할 수 있는 공간

설명

다른 사람이 물어보면 꼭 이렇게 대답할 수 있어야 합니다.

미션 02   변수 문법

가장 기본적인 변수 선언 문법을 작성해 주세요.

풀이 소스 _ 01부/01장/lesson11/01_complete/m02/01.html

```
var 변수이름 = 값;
```

설명

"변수를 만들어야 하는데!?"라고 생각되면 망설임 없이 바로 변수 선언을 의미하는 var가 나올 수 있게 변수 선언 문법을 외우고 있어야 합니다.

미션 03   변수에 저장할 수 있는 데이터

변수에 저장할 수 있는 데이터를 모두 나열해 주세요.

풀이 소스 _ 01부/01장/lesson11/01_complete/m03/01.html

- 숫자, 논리, 문자, 함수, 클래스, 클래스 인스턴스, null, undefined

설명

풀이에서 배열 순서가 달라도 됩니다.

초보자인 여러분은 01부에서 함수, 클래스, 클래스 인스턴스를 직접 활용해서 코드를 작성하진 않겠지만 변수에 이것들을 저장할 수 있다는 점은 꼭 기억하고 있어야 합니다.

미션 04   단일 변수 만들기 1

자신의 ID를 변수에 저장한 후 document.write()를 이용해서 화면에 출력해 주세요.

풀이 소스 _ 01부/01장/lesson11/01_complete/m04/01.html

```
var id = "ddandongne";
document.write(id);
```

설명

변수를 안다면 본인의 아이디가 담긴 변수쯤은 눈을 감고도 만들 수 있어야 합니다.

미션 05 　 단일 변수 만들기 2

현재 날씨가 추운지 안 추운지 cold라는 변수에 담아 document.write()를 이용해서 출력해 주세요.

풀이 소스 _ 01부/01장/lesson11/01_complete/m05/01.html

```
var cold = false;
document.write("cold = ", cold);
```

설명

논리형도 숫자와 문자형만큼 많이 사용하니 꼭 알아두세요.

미션 06 　 다중 변수 만들기

본인의 이름, 나이, 직업, 주소 정보를 변수에 담아 화면에 document.write()를 이용해서 출력해 주세요.

풀이 소스 _ 01부/01장/lesson11/01_complete/m06/01.html

```
var name = "딴동네";
var age = 20;
var job = "개발자";
var address = "서울시 금천구 가산동";

document.write("name = "+name, "<br>");
document.write("age = "+age, "<br>");
document.write("job = "+job, "<br>");
document.write("address = "+address, "<br>");
```

설명

변수를 알고 있다면 여러 개의 변수도 쉽게 만들 줄 알아야 합니다.

미션 07   변숫값 확인

다음 예제를 실행하면 a, b는 어떤 값이 출력될까요?

소스 _ 01부/01장/lesson11/01_complete/m07/01.html

```
var a = 10;
var b = a;
a = 30;
document.write("a = "+a+", b = "+b);
```

풀이

```
a = 30, b = 10
```

설명

var b=a에서 a 자체가 들어가는 게 아닌 a에 들어있는 값 10이 복사되어 들어가기 때문에 a=30으로 변경된다 하더라도 b에는 영향을 미치지 않습니다.

미션 08   변수 활용

풀이 전 코드를 요구사항에 맞게 변수를 활용해 만들어 주세요.

요구사항

딴동네와 웹동네를 각각 짱아, 자바스크립트동네로 변경해 주세요. 또, 이 내용은 계속해서 다른 내용으로 변경할 예정입니다.

풀이 전 코드: 소스 _ 01부/01장/lesson11/01_complete/m08/00.html

```
document.write("1. 딴동네님! 웹동네에 오신 것을 환영합니다.", "<br>");
document.write("2. 딴동네님! 웹동네에 오신 것을 환영합니다.", "<br>");
document.write("3. 딴동네님! 웹동네에 오신 것을 환영합니다.", "<br>");
document.write("4. 딴동네님! 웹동네에 오신 것을 환영합니다.", "<br>");
document.write("5. 딴동네님! 웹동네에 오신 것을 환영합니다.", "<br>");
```

풀이 소스 _ 01부/01장/lesson11/01_complete/m08/01.html

```
var name = "짱아";
var data ="자바스크립트";
document.write("1. "+name+"님! "+data+"동네에 오신 것을 환영합니다.", "<br>");
document.write("2. "+name+"님! "+data+"동네에 오신 것을 환영합니다.", "<br>");
document.write("3. "+name+"님! "+data+"동네에 오신 것을 환영합니다.", "<br>");
document.write("4. "+name+"님! "+data+"동네에 오신 것을 환영합니다.", "<br>");
document.write("5. "+name+"님! "+data+"동네에 오신 것을 환영합니다.", "<br>");
```

설명

변수 활용 잊지 않으셨죠? 변수를 사용하는 가장 큰 이유는 바로 데이터 재사용이라는 것을 잊지 말아주세요.

메모 _ 아직 반복문은 배우진 않았지만 미리 경험한다는 생각으로 for문을 이용해서 좀더 간결하게 만들어 보겠습니다.

소스 _ 01부/01장/lesson11/01_complete/m08/02.html

```
var name = "짱아";
var data = "자바스크립트";
for(var i=1;i<=5;i++)
    document.write(i+". "+name+"님! "+data+"동네에 오신 것을 환영합니다.", "<br>");
```

훨씬 간단하죠? for문은 06장에서 자세히 배웁니다.

CHAPTER 02

기본 연산자

공지:
원의 크기는 난이도를 나타냅니다.
앞으로 갈수록 조금씩 어려워지니 차근차근 따라오세요.

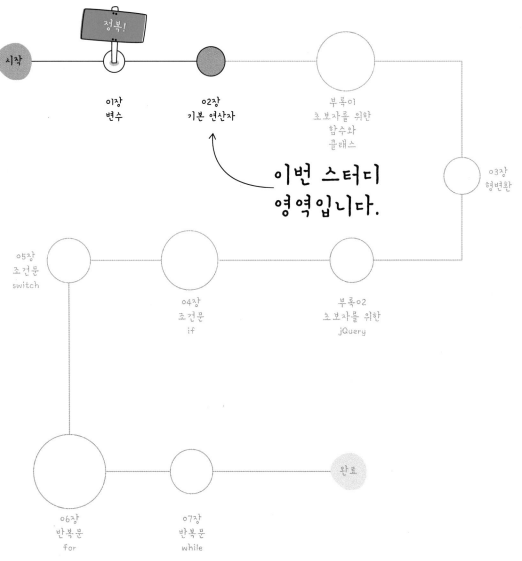

들어가며

이번 장에서 배울 내용은 연산자입니다. 자바스크립트 프로그래밍 동네에서 제공하는 연산자는 일반 실생활에서 사용하는 사칙연산자(더하기 빼기 나누기 곱하기) 이외에도 다양한 연산자를 제공합니다.

이 책에서는 다음 표에서처럼 기본 연산자는 이번 장에서 모두 다루며 나머지 연산자는 연산자와 연관된 기능과 문법이 등장할 때 다룹니다. 이렇게 진행하는 이유는 조건 연산자와 논리 연산자는 일반적으로 if와 같은 조건문과 짝꿍을 이뤄 사용하기 때문에 이 연산자들은 조건문을 배울 때 같이 배우는 게 가장 이상적이기 때문입니다.

연산자	설명	다루는 장
+, −, *, /, %, ()	기본 사칙연산자	1부 2장
+	문자열 연산자	1부 2장
+=, −=, /=, %=	복합 연산자	1부 2장
++, ──	증감 연산자	1부 2장
==,), ⟨ !)=, ⟨=, !=, ==	조건 연산자	1부 3장 조건문
&&, ‖	논리 연산자	1부 3장 조건문
.	접근 연산자	5부 1장 클래스

이번 장에서 배울 내용은 다음과 같습니다.

Lesson 01 숫자 연산자

Lesson 02 문자 연산자

Lesson 03 복합 연산자

Lesson 04 증감 연산자

Lesson 05 연산자 우선순위

Lesson 06 미션

잠깐만요.

연산자를 진행하기 전에 여러분이 알아둬야 할 중요한 사항이 하나 있습니다. 프로그래밍 문법은 여러분이 학창시절에 배운 수학과 비슷합니다. 더하기 빼기를 알아야 곱하기 나누기를 할 수 있으며 곱하기 나누기를 할 줄 알아야 방정식과 같은 것을 배울 수 있는 것처럼 프로그래밍 문법 역시 가장 기본적인 변수 개념을 알고 있어야 기본 연산자를 이해할 수 있습니다.

또한 다음 장에 등장하는 형변환 역시 변수와 기본 연산자를 알아야 형변환을 진행할 수 있습니다. 그러니 변수에 대해 아직 이해를 못한 분이 있다면 다시 이전 장으로 돌아가 변수를 다시 한 번 복습하기를 추천해 드립니다.

Lesson
01 / 숫자 연산자

이번 레슨에서는 기본 연산자 중 숫자와 관련 있는 연산자를 다룹니다.

01 _ 숫자 연산자 종류

숫자 관련 기본 연산자는 다음과 같이 5가지가 있습니다.

연산자	기능	예
+	더하기	var a= 10+20;
−	빼기	var a=10−20;
*	곱하기	var a=10*20;
/	나누기	var a=10/20;
%	나머지	var a=10%20;

02 _ 사용법

문 법	var 변수 = 숫자 데이터 연산자 데이터[숫자, 연산자 . . . .]

설명

프로그래밍에서 사칙연산은 초등학교 시절 배운 더하기, 빼기, 곱하기, 나누기와 동일합니다.

문법에서 데이터 위치에는 일반적으로 10과 같은 상수와 변수를(함수 호출도 올 수 있음), 연산자 위치에는 숫자 연산자 등이 올 수 있습니다.

숫자 연산자는 어렵지 않은 내용이니 바로 예제를 다뤄보겠습니다.

03 _ 예제

예제 01 10이 저장돼 있는 변수 a와 숫자 20, 그리고 30을 더해서 변수 result에 저장한 후 결과값을 화면에 출력해주세요.

풀이: 소스 _ 01부/02장/lesson01/01_complete/01.html

```
var a = 10;
var result = a+20+30;
document.write("result = "+result);
```

설명

풀이처럼 숫자 연산자를 이용해 여러 개의 값을 더할 수 있습니다.

예제 02 50이 저장돼 있는 변수 a와 20이 저장돼 있는 변수 b를 곱한 값을 다시 10으로 나눈 값을 result에 저장해주세요.

풀이: 소스 _ 01부/02장/lesson01/01_complete/02.html

```
var a = 50;
var b = 20;
var result = a*b/10;
document.write("result = "+result);
```

설명

여러 개의 숫자 연산자를 같이 사용할 수도 있습니다. 이때 주의해야 할 사항이 하나 있는데요. 연산자 우선순위란 것이 있어서 우선순위가 높은 연산자부터 계산이 이뤄진다는 점입니다. 연산자 우선순위는 이 장의 후반부에서 자세히 살펴보겠습니다.

예제 03 숫자 5를 2로 나누었을 때 나머지 값이 몇인지 result에 저장한 후 결과값을 화면에 출력해주세요.

풀이: 소스 _ 01부/02장/lesson01/01_complete/03.html

```
var result = 5%2;
document.write("result = "+result);
```

설명

나머지 연산자는 두 수의 나누기 연산 후 나머지 값을 구하고자 할 때 사용하는 연산자입니다. 프로그래밍 동네에서는 사칙연산자만큼 아주 유용하고 자주 사용되는 연산자입니다. 초보자의 경우 종종 나누기 연산자와 헷갈려 하는 연산자이지요.

예제 04 **나머지(%) 연산자를 이용해서 숫자 5가 짝수인지 홀수인지 알아내는 구문을 작성해주세요.**

풀이: 소스 _ 01부/02장/lesson01/01_complete/04.html

```
var result = 5%2;
if(result==0)
    alert("짝수");
else
    alert("홀수");
```

설명

느닷없이 아직 배우지 않은 조건문 if가 등장했네요. 가급적 아직 배우지 않은 문법을 등장시키지 않으려고 했지만 이번에는 % 연산자 설명을 위해 어쩔 수 없이 등장시켰습니다. 예제처럼 if와 %를 이용하면 2로 나누어 나머지가 0이면 짝수, 1이면 홀수라는 것을 알 수 있습니다. 이 외에도 나머지 연산자는 이미지 갤러리 제작 시 한 줄에 5개씩 이미지를 배열할 때도 유용하게 사용합니다(나머지를 이용한 이미지 갤러리 예제는 6장 반복문 for에서 만나게 됩니다. 기대해 주세요).

Lesson
02 / 문자 연산자

자바스크립트 프로그래밍 동네에서는 숫자뿐 아니라 문자도 합칠 수 있답니다. 단, 빼는 문자열 연산자는 없습니다.

01 _ 문자열 기본 연산자 종류

연산자	기능	예
+	문자열 더하기	var a= "자바"+"스크립트"

문자열 기본 연산자인 +를 사용하면 문자열을 합칠 수 있습니다. 문자열 연산자는 오직 + 연산자뿐이며 다음 예제처럼 문자열을 빼는 - 연산자는 없습니다.

즉, 다음과 같은 구문은 실행할 수 없습니다.

```
var str1 = "자바스크립트";
var str2 = "자바";
var result = str1 - str2;
```

02 _ 사용법

문 법	var 변수 = 문자열 또는 변수 + 문자열 또는 변수[+ 문자열 또는 변수 ....]

설명

문자열 연산자 사용 방법은 숫자 연산자와 동일합니다. 예제를 이용해서 자세히 알아보죠.

03 _ 예제

예제 01 문자열 "안녕하세요."가 들어 있는 변수 str1과 "자바스크립트입니다." 문자열을 더한 값을 result에 저장한 후 결과값을 화면에 출력해주세요.

풀이: 소스 _ 01부/02장/lesson02/01_complete/01.html

```
var str1 = "안녕하세요.";
var result = str1+"자바스크립트입니다.";
document.write("result = "+result);
```

설명

숫자를 더하는 것과 같이 두 개의 문자열을 하나로 합할 때 + 연산자를 사용합니다.

Lesson 03 / 복합 연산자

프로그래밍 동네는 반복과 중복을 굉장히 싫어하며 가급적 짧게 표현하는 것을 좋아합니다. 앞으로 계속해서 배우겠지만 무언가를 반복하기 위해서 사용하는 for문, 구문 중복을 없애기 위해서 사용하는 함수와 클래스처럼 연산자 역시 비교적 짧게 표현하고자 할 때 사용하는 문법이 바로 복합 연산자랍니다.

01 _ 복합 연산자 종류

복합 연산자는 대입 연산자(=)와 다른 연산자를 하나로 묶어 간단하게 표현할 때 주로 사용합니다.

연산자	기능	예
+=	a=a+10을 a+=10으로 간결하게 표현	var a=5; a+=10;
-=	a=a-10을 a-=10으로 간결하게 표현	var a=5; a-=10;
*=	a=a*10을 a*=10으로 간결하게 표현	var a=5; a*=10;
/=	a=a/10을 a/=10으로 간결하게 표현	var a=5; a/=10;
%=	a=a%10을 a%=10으로 간결하게 표현	var a=5; a%=10;

02 _ 사용법

문 법	var 변수 = 값; 변수 복합 연산자 데이터(숫자 또는 변수);

설명

복합 연산자를 이용하면 사칙연산을 다음과 같이 짧게 표현할 수 있습니다.

변경 전

```
var a = 10;
a=a+1;
```

변경 후

```
var a = 10;
a+=1;
```

예제를 이용해 복합 연산자를 좀더 자세히 알아보죠.

03 _ 예제

예제 01 다음 내용을 복합 연산자를 이용해 간단하게 표현해주세요.

소스 _ 01부/02장/lesson03/01_complete/01.html

```
var a = 10;
a = a+10;
document.write("a = "+a);
```

풀이

```
var a = 10;
a+=10;
document.write("a = "+a);
```

설명

예제에서처럼 복합 연산자를 사용할 수 있는 경우는 대입 연산자를 기준으로 좌측과 우측 변수가 같은 경우에만 사용할 수 있습니다.

변수A = 변수A + 데이터;

이외에는 사용하고 싶어도 사용할 수가 없습니다. 이 규칙은 다른 복합 연산자에도 적용됩니다.

Lesson
04 / 증감 연산자

증감 연산자는 하나의 변수에 1을 더하거나 빼는 구문을 간편하게 표현하고자 할 때 주로 사용합니다. 참고로 증감 연산자는 개발하면서 아주 많이 사용하게 되니 잘 알아두길 바랍니다.

01 _ 증감 연산자 종류

증감 연산자는 다음과 같이 2가지가 있습니다.

연산자	기능	예
++	a=a+1을 a++ 또는 ++a으로 간결하게 표현	var a=10; a++; // 결과 a=11
--	a=a-1을 a-- 또는 --a으로 간결하게 표현	var a=10; a--; // 결과 a=9

02 _ ++ 연산자

문법	var 변수 =값; 변수++;

설명

증감 연산자 ++를 이용하면 변수에 1을 더하는 것을 짧게 표현할 수 있습니다.

예제 01 **다음 내용을 증감 연산자를 이용해서 짧게 표현해주세요.**

소스 _ 01부/02장/lesson04/01_complete/01_00.html

```
var a = 10;
a+=1;
document.write("a = "+a);
```

풀이: 소스 _ 01부/02장/lesson04/01_complete/01_01.html

```
var a = 10;
a++;
document.write("a = "+a);
```

03 _ -- 연산자

문 법	var 변수 =값; 변수--;

설명

증감 연산자 --를 이용하면 변수에 1을 빼는 것을 짧게 표현할 수 있습니다.

예제 02 다음 내용을 증감 연산자를 이용해서 짧게 표현해주세요.

풀이전 코드: 소스 _ 01부/02장/lesson04/01_complete/02_00.html

```
var a = 10;
a = a-1;
document.write("a = "+a);
```

풀이: 소스 _ 01부/02장/lesson04/01_complete/02_01.html

```
var a = 10;
a--;
document.write("a = "+a);
```

04 _ 전위 연산자와 후위 연산자

앞의 --, ++ 연산자를 설명할 때 ++, -- 연산자를 변수 뒤에 두고 사용했는데요. 사실은 변수 앞에도 연산자가 올 수가 있습니다.

이때 변수 앞에 증감 연산자가 오면 전위 연산자라고 부르며

예) ++변수

변수 뒤에 증감 연산자가 오면 후위 연산자라고 부릅니다.

   예) 변수++

이 두 연산자는 다음과 같이 사용할 경우 결과는 모두 동일합니다.

전위 연산자 예

```
var a = 0;
++a;
alert("a="+a);
```

실행결과

   a=1

후위 연산자 예:

```
var a = 0;
a++;
alert("a="+a);
```

실행결과

   a=1

이 경우에 전위 연산자든 후위 연산자든 결과값이 같기 때문에 둘 중 아무거나 사용해도 됩니다. 그럼 결과도 같은데 왜 두 가지 연산자를 만들어 놨을까요? 이 내용은 다음 절에서 좀더 자세히 살펴보죠.

05 _ 전위 연산자와 후위 연산자 차이점

전위 연산자와 후위 연산자는 거의 같은 것처럼 보이지만 사실 이 둘은 아주 큰 차이점을 가지고 있습니다. 바로 전위 연산자와 후위 연산자를 사용한 결과값을 다른 변수에 대입하는 경우, 결과값이 완전히 달라지게 됩니다. 다음 예제를 이용해 차이점을 설명하겠습니다.

예제 03 전위 연산자를 사용하는 경우 a와 b는 각각 몇이 저장되어 있을까요?

소스 _ 01부/02장/lesson04/01_complete/03.html

```
var a = 1;
var b = ++a;
```

정답은 a=2, b=2 입니다.

이유는 자바스크립트 엔진이 해석 전 내용을 해석 후 내용으로 변형해 해석하기 때문입니다.

해석 전
```
var a = 1;
var b = ++a;
```

해석 후
```
var a = 1;
a = a+1;
var b = a;
```

즉, 전위 연산자를 사용하는 변수는 자기 자신을 먼저 증가시키기 때문에 a와 b가 같은 값이 됩니다.

예제 04 후위 연산자를 사용하는 경우 a와 b는 각각 몇이 저장되어 있을까요?

소스 _ 01부/02장/lesson04/01_complete/04.html

```
var a = 1;
var b = a++;
```

정답은 a=2, b=1 입니다.

이유는 자바스크립트 엔진이 해석 전 내용을 해석 후 내용으로 변형해 해석하기 때문입니다.

해석 전
```
var a = 1;
var b = a++;
```

해석 후

```
var a = 1;
var b = a;
a = a+1;
```

즉, 후위 연산자를 사용하는 변수는 값을 먼저 좌측 변수에게 넘겨준 후 자기 자신을 증가시키기 때문에 a와 b가 다른 값이 됩니다.

이처럼 전위 연산자와 후위 연산자는 비슷해 보이지만 완전히 다른 결과를 얻을 수 있기 때문에 주의해서 사용해야 합니다.

실제 작업에서는 일반적으로 이 둘 중 후위 연산자를 많이 사용합니다. 조금 있으면 반복문 for를 만나게 되는데요. for문과 후위 연산자는 다음 예제와 같이 거의 고래 등에 붙어서 따라다니는 작은 물고기처럼 항상 같이 사용되는 것을 볼 수 있을 것입니다.

```
var name = "짱아";
var data = "자바스크립트";
for(var i=1;i<=5;i++)
    document.write(i+". "+name+"님! "+data+"동네에 오신 것을 환영합니다.", "<br>");
```

Lesson 05 / 연산자 우선순위

프로그래밍 동네에서 연산자를 동시에 여러 개 사용하는 경우 연산자마다 정해진 우선순위에 따라 계산됩니다.

연산자 우선순위란? 앞의 Lesson 01에서 배운 숫자 기본 연산자의 곱하기 연산자에서 경험한 것처럼 여러 개의 연산자를 동시에 사용하는 경우 실행되는 연산의 순서를 말합니다.

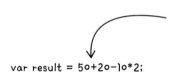

연산자에는
우선 순위가 정해져 있어서
정해진 우선 순위별로
연산이 이뤄진답니다.

`var result = 50+20-10*2;`

자바스크립트 연산자 우선순위는 다음과 같습니다.

우선순위	연산자	계산 방향	설명
1	(), []	좌→우	괄호 / 대괄호
2	!, ~, ++, −	우→좌	부정 / 증감 연산자
3	*, /, %	좌→우	곱셈 / 나눗셈 연산자
4	+, -	좌→우	덧셈 / 뺄셈 연산자
5	≪, ≫, ⋙	좌→우	비트 단위의 시프트 연산자
6	⟨, ⟨=, ⟩, ⟩=	좌→우	관계 연산자
7	==, !=	좌→우	관계 연산자
8	&	좌→우	비트 단위 논리 곱 연산자
9	^	좌→우	비트 단위 논리 부정 연산자
10	¦	좌→우	비트 단위 논리 합 연산자
11	&&	좌→우	논리 곱 연산자
12	¦¦	좌→우	논리 합 연산자
13	?:	우→좌	조건부 연산자
14	=, +=, -=, *=, /=, %=, ≪=, ≫=, &=, ^=, ¬=	우→좌	대입 / 할당 연산자

먼저 위의 표를 보면 아직 우리가 배우지 못한 연산자들이 많이 등장합니다. 처음 보는 연산자들이 많죠? 괜찮습니다. 아직 배우진 않았지만 앞에서 배운 더하기 빼기와 같은 연산자일 뿐입니다. 이 연산자에 대해서는 앞으로 하나씩 배워 나갈 예정이니 일단은 가벼운 마음으로 넘어가길 바랍니다.

우선순위 연산자 표를 보는 방법은 먼저 우선순위 값이 낮을수록 가장 먼저 계산됩니다. 만약 같은 우선순위의 연산자인 경우 결합 형태에 적혀 있는 것처럼 왼쪽 우선 또는 오른쪽 우선에 따라 계산이 진행됩니다.

자, 그럼 앞에서 해석하지 못했던 다음 내용을 우선순위 표를 참조해가며 해석해보죠.

```
var result = 50+20-10*2;
```

먼저 앞의 우선순위 연산자 표를 살펴보면 곱하기의 우선순위가 더하기 빼기의 우선순위보다 높기 때문에 먼저 실행됩니다.

다음으로 더하기 빼기는 우선순위가 같기 때문에 왼쪽에서부터 오른쪽으로 값이 계산됩니다.

즉, 다음과 같은 순서로 값이 계산돼 최종 결과값 50이 result 변수에 저장됩니다.

물론 연산자 우선순위표를 어쩌다 참고해야 하는 경우는 아주 가끔 있지만 외워서 개발하는 개발자는 거의 없습니다.

왜냐면 아래 내용처럼 어정쩡하게 내버려 두는 게 아니라

```
var result = 50+20-10*2;
```

괄호 "()"를 이용해서 연산 순위를 분명하게 설정해 사용하기 때문입니다.

```
var result = 50+20-(10*2);
```

연산자 우선순위를 보면 괄호는 가장 높은 우선순위를 가지고 있기 때문에 대부분 개발할 때 괄호를 이용해 우선순위를 개발자의 의도에 맞게 설정해서 사용하게 됩니다. 아셨죠?

자! 이렇게 해서 기본 연산자에 대해 모두 살펴봤습니다.

다음으로 마지막 관문인 미션을 통해 지금까지 진행한 내용을 다시 한 번 살펴보겠습니다.

Lesson 06 / 미션

이번 미션 역시 1장에서 진행한 방법과 동일하게 진행하면 됩니다. 그럼 지금부터 책을 덮고 02_ing 폴더의 문제 파일을 열어 풀어주세요.

미션 01　문자열 연산자 활용하기

여러분의 이름을 각각 한 글자씩 나누어 변수에 담은 후 이 내용을 다시 하나의 변수에 담아 화면에 출력해주세요.

풀이: 소스 _ 01부/02장/lesson06/01_complete/m01/01.html

```
var name1 = "딴";
var name2 = "동";
var name3 = "네";
var name = name1+name2+name3;
document.write(name);
```

설명

변수와 연산자를 알고 있다면 이제는 이런 미션 정도는 눈을 감고도 풀 수 있어야 합니다.

이번 미션 풀이는 비교적 간단하기 때문에 풀이 설명을 하지 않고 넘어가겠습니다.

미션 02　복합 연산자 활용하기

복합 연산자를 이용해 풀이 전 코드를 간단하게 표현해주세요.

풀이 전 코드: 소스 _ 01부/02장/lesson06/01_complete/m02/00.html

```
var a = 10;
a = a+20;
document.write("a = "+a);
```

풀이: 소스 _ 01부/02장/lesson06/01_complete/m02/01.html

```
var a = 10;
a+=20;
document.write("a = "+a);
```

설명

변수 자기 자신에 데이터를 더하거나 뺄 때 복합 연산자를 이용하면 좀더 간단하게 구문을 표현할 수 있다는 점 꼭 기억하세요.

미션 03   증감 연산자 활용하기

증감 연산자를 이용해 풀이 전 코드를 간단하게 표현해주세요.

풀이 전 코드: 소스 _ 01부/02장/lesson06/01_complete/m03/00.html

```
var a = 10;
a = a+1;
document.write("a = "+a);
```

풀이: 소스 _ 01부/02장/lesson06/01_complete/m03/01.html

```
var a = 10;
a++;
document.write("a = "+a);
또는
var a = 10;
++a;
document.write("a = "+a);
```

설명

변수 자기 자신에 1을 더하거나 뺄 때 증감 연산자를 이용하면 구문을 좀더 간결하게 작성할 수 있습니다. 미션의 경우 연산 결과값을 다른 변수에 저장하지 않기 때문에 전위 연산자와 후위 연산자 둘 중 아무거나 사용해도 됩니다.

미션 04   전위 연산자 테스트

다음 코드가 실행되면 변수 a, b에는 어떤 값이 저장될까요?

소스 _ 01부/02장/lesson06/01_complete/m04/01.html

```
var a = 10;
var b = ++a;
document.write("a="+a,"b="+b);
```

풀이

```
a=11, b=11;
```

설명

증감연산자에서 배운 것처럼 var b=++a는 다음과 동일하게 때문에

```
a = a+1;
var b = a;
```

a=11, b=11이 됩니다.

미션 05   후위 연산자 테스트

다음 코드가 실행되면 변수 a, b에는 어떤 값이 저장될까요?

소스 _ 01부/02장/lesson06/01_complete/m05/01.html

```
var a = 10;
var b = a++;
document.write("a="+a,"b="+b);
```

풀이

```
a=11, b=10
```

설명

var b = a++는 다음과 동일하기 때문에

```
var b = a;
a = a+1;
```

a=11, b=10이 됩니다.

다시 한 번 언급하자면 증감 연산자의 결과값을 변수에 저장하는 경우 후위 연산자냐, 전위 연산자냐에 따라 값이 달라지기 때문에 주의해서 사용해야 합니다.

APPENDIX 01

초보자를 위한 함수와 클래스

공지:
원의 크기는 난이도를 나타냅니다.
앞으로 갈수록 조금씩 어려워지니 차근차근 따라오세요.

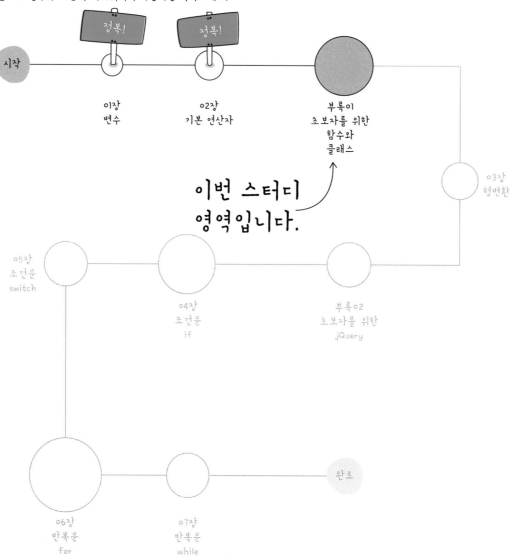

들어가며

이제 막 더하기 곱하기를 배웠는데 갑자기 미적분이 등장해버리는 아주 황당한 일이 벌어진다든지 또는 이제 막 ABCD를 읽기 시작했는데 갑자기 독해 문제를 푸세요,라는 어처구니 없는 일이 일어나기도 하는 것처럼, 여러분은 이와 유사한 황당한 일을 잠시 후면 3장에서 당하게 될 것입니다.

바로 이제 막 변수와 연산자를 배운 여러분에게는 너무 어려운 함수와 클래스가 등장하기 때문이지요. 그렇다고 아직 변수도 익숙하지 않은데 다음 장부터 바로 함수와 클래스 문법을 다루기도 그렇고 참 애매한 상황에 처해 있습니다.

그래서 이 책에서는 이 문제를 해결하기 위해 3장부터 등장하는 함수와 클래스 구문을 직접 만들진 못하더라도 이해하고 읽을 수 있게 도와주는 내용을 정규 코스가 아닌 특별히 부록으로 이번 장에 담았습니다.

최대한 이해하기 쉽게 작성하긴 했지만 초보자에게는 워낙 고급 기술이다 보니 다소 어려울 수 있다는 점을 미리 알려드립니다.

다시 한 번 언급하지만 이번 장의 목적은 함수와 클래스를 직접 만드는 게 아닙니다. 그저 함수와 클래스 구문을 읽고 이해할 수 있는 방법을 배우는 것입니다. 그러니 이해하기 어려운 내용이 등장하더라도 포기하지 말고 가벼운 마음으로 읽고 넘어가길 바랍니다.

참고로 함수는 2부에서 클래스는 5부에서 자세히 배웁니다.

이번 장에서 배울 내용은 다음과 같습니다.

Lesson 01 초보자를 위한 함수
Lesson 02 초보자를 위한 클래스

초보자를 위한 함수

요약하자면 함수는 일종의 포장 기술입니다. 특정 기능을 하는 구문의 집합을 재사용하기 위해 포장하거나 그룹을 구분하기 위해 묶을 때 주로 사용하는 개념입니다. 이번 레슨에서는 초보자 눈높이에 맞춰 함수 개념과 용어 그리고 사용법을 학습합니다.

01 _ 함수란?

천원짜리 지폐를 넣으면 100원짜리 동전 10개가 나오는 동전 교환기처럼 프로그래밍 동네에서도 특정 기능을 하는 구문을 독립된 부품으로 만들어 언제든지 필요로 할 때 사용하는 기능이 있습니다. 이 기능이 바로 함수입니다.

정리하자면 함수는 특정 기능을 하는 구문(알고리즘, 로직)을 묶어 재사용하는 문법입니다. 일종의 포장방법이라고 말할 수도 있습니다.

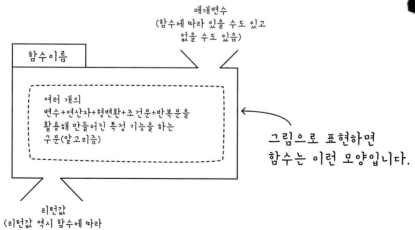

매개변수
(함수에 따라 있을 수도 있고
없을 수도 있음)

함수이름

여러 개의
변수+연산자+형변환+조건문+반복문을
활용해 만들어진 특정 기능을 하는
구문(알고리즘)

그림으로 표현하면
함수는 이런 모양입니다.

리턴값
(리턴값 역시 함수에 따라
있을 수도 있고 없을 수도 있음)

02 _ 함수는 이럴 때 사용해요.

예를 들어 구구단 중 3, 7, 9단을 출력하는 예제를 만든다고 해보죠. 이해를 돕기 위해 함수 사용 전과 후로 나눠 코드를 작성해 보겠습니다.

1 _ 함수 사용 전

먼저 3단을 출력해보죠. 1장과 2장에서 배운 변수와 연산자를 이용하면 다음과 같이 풀 수 있습니다.

소스 _ 01부/부록01/lesson01/01_complete/01_01.html

```
var dan = 3;
document.write(dan+" * 1 = "+(dan*1), "<br>");
document.write(dan+" * 2 = "+(dan*2), "<br>");
document.write(dan+" * 3 = "+(dan*3), "<br>");
document.write(dan+" * 4 = "+(dan*4), "<br>");
document.write(dan+" * 5 = "+(dan*5), "<br>");
document.write(dan+" * 6 = "+(dan*6), "<br>");
document.write(dan+" * 7 = "+(dan*7), "<br>");
document.write(dan+" * 8 = "+(dan*8), "<br>");
document.write(dan+" * 9 = "+(dan*9), "<br>");
```

이어서 7단을 출력해보죠.

음... 막상 7단을 출력하려고 보니 앞에서 출력했던 내용에서 3을 7로 바꿔주면 쉽게 해결할 수 있다는 걸 알 수 있습니다. 그럼 기존 내용을 그대로 복사해 붙인 후 3을 7로 변경해주죠. 다음처럼 말이죠.

소스 _ 01부/부록01/lesson01/01_complete/01_02.html

```
var dan = 7;
document.write(dan+" * 1 = "+(dan*1), "<br>");
document.write(dan+" * 2 = "+(dan*2), "<br>");
document.write(dan+" * 3 = "+(dan*3), "<br>");
document.write(dan+" * 4 = "+(dan*4), "<br>");
document.write(dan+" * 5 = "+(dan*5), "<br>");
document.write(dan+" * 6 = "+(dan*6), "<br>");
document.write(dan+" * 7 = "+(dan*7), "<br>");
document.write(dan+" * 8 = "+(dan*8), "<br>");
document.write(dan+" * 9 = "+(dan*9), "<br>");
```

동일한 방법으로 코드를 복사해 9단도 출력해주죠.

소스 _ 01부/부록01/lesson01/01_complete/01_03.html

```
var dan = 9;
document.write(dan+" * 1 = "+(dan*1), "<br>");
document.write(dan+" * 2 = "+(dan*2), "<br>");
document.write(dan+" * 3 = "+(dan*3), "<br>");
document.write(dan+" * 4 = "+(dan*4), "<br>");
document.write(dan+" * 5 = "+(dan*5), "<br>");
document.write(dan+" * 6 = "+(dan*6), "<br>");
document.write(dan+" * 7 = "+(dan*7), "<br>");
document.write(dan+" * 8 = "+(dan*8), "<br>");
document.write(dan+" * 9 = "+(dan*9), "<br>");
```

이렇게 해서 3, 7, 9단을 출력해 봤습니다. 만약 2단과 8단을 추가로 출력해야 한다면 어떻게 해야 할까요? 맞습니다. 지금 했던 방식과 동일하게 기존 코드를 복사해 붙인 후 숫자만 바꿔주면 됩니다.

그럼 이어서 함수를 이용해 구구단을 출력해 보겠습니다.

2 _ 함수 사용 후

먼저 특정 기능을 하는 코드 구문을 담을 빈 함수를 다음과 같이 만듭니다.

소스 _ 01부/부록01/lesson01/01_complete/02_01.html

```
function print99DAN(){

    // 이곳에 특정 기능을 하는 구문이 위치하게 될 거에요.

}
```

다음으로 특정 구구단을 출력하는 구문(알고리즘)을 함수 내부에 작성해 줍니다.

소스 _ 01부/부록01/lesson01/01_complete/02_02.html

```
function print99DAN(dan){
    // 이곳에 특정 기능을 하는 구문이 위치하게 될 거에요.
```

```
        document.write(dan+" * 1 = "+(dan*1), "<br>");
        document.write(dan+" * 2 = "+(dan*2), "<br>");
        document.write(dan+" * 3 = "+(dan*3), "<br>");
        document.write(dan+" * 4 = "+(dan*4), "<br>");
        document.write(dan+" * 5 = "+(dan*5), "<br>");
        document.write(dan+" * 6 = "+(dan*6), "<br>");
        document.write(dan+" * 7 = "+(dan*7), "<br>");
        document.write(dan+" * 8 = "+(dan*8), "<br>");
        document.write(dan+" * 9 = "+(dan*9), "<br>");
}
```

함수 작성은 여기서 끝입니다. 동전 교환기로 비유한다면 여러분은 지금 동전 교환기를 만든 것입니다.

마지막으로 동전 교환기에 천원 권 지폐를 넣듯 원하는 구구단을 넣어 함수 호출이란 것을 해줍니다.

소스 _ 01부/부록01/lesson01/01_complete/02_03.html

```
print99DAN(3);
print99DAN(7);
print99DAN(9);
```

지금까지 코드를 모두 입력했다면 3, 7, 9단이 정상적으로 출력되는지 실행해보세요. 3, 7, 9단이 멋지게 출력되는 걸 확인할 수 있을 겁니다.

어떤가요? 함수 사용 전 코드와 눈짐작으로 비교해도 함수 사용 후 코드가 훨씬 더 간결하고 깔끔하다는 걸 알 수 있습니다.

만약 2단과 8단을 추가로 출력해야 한다면 기다란 코드 구문을 복사해 사용한 함수 사용 전 방식과 달리 다음과 같이 추가로 함수를 두 번 호출해주면 됩니다.

소스 _ 01부/부록01/lesson01/01_complete/02_04.html

```
print99DAN(2);
print99DAN(8);
```

지금까지 다룬 함수 사용 전과 후 내용을 그림으로 표현해 정리하면 다음과 같습니다.

1. 함수 사용 전   2. 함수 사용 후

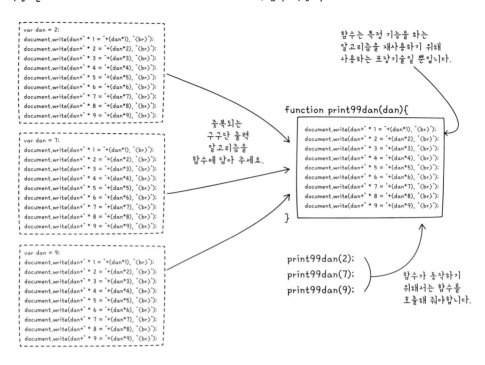

이 정도면 함수가 무엇인지 대략 감을 잡을 수 있을 것입니다. 이어서 함수를 만들지는 못하더라도 읽고 해석하기 위해 반드시 필요한 함수와 관련 있는 내용을 몇 가지 더 배워보겠습니다

03 _ 함수 생김새

변수 만들 때 var 키워드를 사용한 것처럼 함수는 function이라는 키워드를 이용해서 만듭니다.

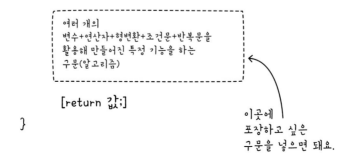

왠지 외계어를 보는 것처럼 낯설기만 하죠? 괜찮습니다. 지금 우리의 목표는 함수를 공부하는 게 아니라 함수의 용도와 개념을 이해하는 것이니 문법 같은 건 몰라도 됩니다. 참고로 함수는 02부에서 자세히 배웁니다. 혹시 02부에 도착하기 전 만나는 예제에서 이 구분을 보게 되면 전혀 긴장하지 말고 특정 기능을 포장했구나, 하고 가벼운 마음으로 넘어가세요.

04 _ 함수 호출

함수만 만든다고 해서 함수가 자동으로 동작하진 않습니다. 함수를 가전제품으로 비교한다면 전원을 연결하지 않은 상태로 있는 것과 마찬가지입니다. 함수를 동작시키기 위해서는 함수 호출이라는 것을 해야 합니다. 방법은 아주 간단합니다.

함수이름 다음에 괄호를 열고 닫고 해주면 됩니다.

```
함수이름 ();
```

함수이름은 보통 영단어 조합으로 이뤄지며 주로 동사로 시작합니다.

함수를 호출하면 함수 내부에 포장된 로직은 그때부터 동작하기 시작합니다.

지금까지 작성한 코드 중 다음 코드들은 모두 함수 호출이었습니다.

```
alert()
document.write()
console.log()
```

정리하자면 앞으로 여러분이 만나게 될 구문 중 영단어조합+()를 만나게 되면 특정 기능을 하는 함수 호출이라고 해석하면 됩니다. 단, for()와 같은 키워드 단어는 제외합니다.

05 _ 매개변수

함수가 호출되어 실행되기 시작하면 함수 내부는 함수 외부에서 접근할 수 없게 됩니다.

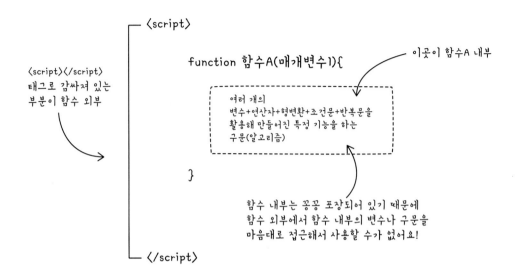

이때 함수 외부에서 함수 내부로 값을 전달하는 방법이 딱 하나 있는데 바로 매개변수를 이용하는 것입니다. 매개변수라는 이름에서 알 수 있듯이 일종의 외부 데이터를 함수 내부로 전달하는 매개체 역할을 하는 변수입니다.

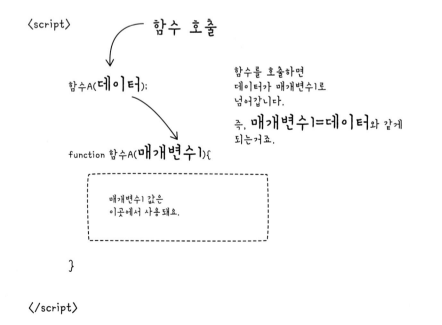

매개변수의 위치는 다음과 같이 괄호 안에 위치합니다.

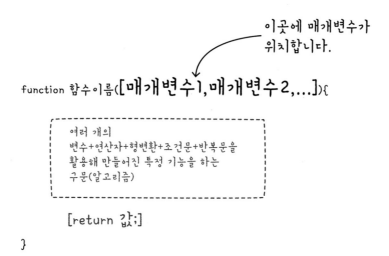

매개변수는 함수에 따라 없을 수도 있고 1개 이상 있을 수도 있습니다. 이는 함수를 만든 개발자의 의도에 따라 결정됩니다. 만약 함수에 매개변수가 2개라면 함수를 호출할 때 2개의 값을 전달하면 됩니다.

앞의 99단 출력 예제의 print99DAN() 함수는 매개변수가 하나이기 때문에 다음과 같이 호출한 이유입니다.

```
print99DAN(3);
```

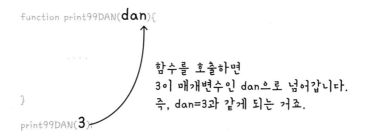

동전교환기로 설명하면 동전을 바꾸기 위해 넣는 천원 권 지폐를 넣는 입구가 매개변수 이며 천원 권 지폐가 매개변수 값이 됩니다.

06 _ 리턴값

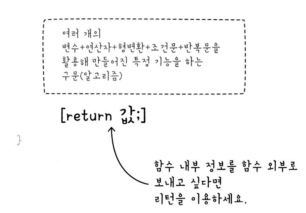

```
function 함수이름([매개변수1,매개변수2,...]){
```

여러 개의
변수+연산자+형변환+조건문+반복문을
활용해 만들어진 특정 기능을 하는
구문(알고리즘)

[return 값;]

}

함수 내부 정보를 함수 외부로
보내고 싶다면
리턴을 이용하세요.

리턴값은 매개변수와 반대의 개념이라 보면 됩니다. 매개변수는 함수 외부에서 함수 내부로 데이터를 전달하기 위해 사용하는 통로라면 리턴값은 함수 내부에서 함수 외부로 데이터를 보내기 위해 사용하는 통로입니다. 이렇게 함수 내부에서 보내오는 리턴값을 받고 싶은 경우는 다음과 같이 하면 됩니다.

```
var 변수이름 = 함수이름([매개변수1값. . . .]);
```

예를 들어 다음과 같이 두 수의 합을 계산해 외부로 알려주는 sum()이라는 함수를 만들 때 리턴값을 유용하게 사용할 수 있습니다.

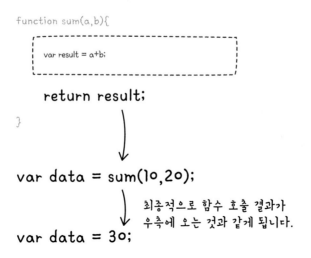

```
function sum(a,b){
```

var result = a+b;

return result;

}

var data = sum(10,20);

최종적으로 함수 호출 결과가
우측에 오는 것과 같게 됩니다.

var data = 30;

앞의 99단 출력예제를 이용해 설명하자면, print99DAN() 함수는 리턴값이 없는 함수입니다. 이처럼 리턴값이 있는 함수도 있고 없는 함수도 있답니다. 동전 교환기의 경우 100원 짜리 동전 10개가 리턴값이 됩니다.

07 _ 함수 종류

함수는 크게 자바스크립트 코어 함수와 사용자 정의 함수 두 가지 분류로 나눌 수 있습니다.

1 _ 자바스크립트 코어 함수(라이브러리)

자바스크립트에서는 가장 기본이 되는 기능을 미리 구현해 제공해줍니다. 배열을 만드는 기능이라든지 숫자를 문자로 바꿔주는 기능, 특정 시간마다 이미지가 변경되도록 만들 때 사용하는 타이머 함수 같은 기능을 하는 함수를 모아둔 것을 자바스크립트 코어 라이브러리라고 합니다.

앞에서 사용한 alert()과 document.write() 모두 자바스크립트 코어 라이브러리 기능입니다.

자바스크립트 코어 라이브러리는 4부에서 자세히 다룹니다.

2 _ 사용자 정의 함수

사용자 정의 함수는 말 그대로 사용자가 필요로 해서 만드는 함수입니다. 앞에서 만든 print99DAN()도 사용자 정의 함수에 해당됩니다.

사용자 정의 함수는 2부에서 자세히 다룹니다

08 _ 핵심 내용

앞 절까지 함수에 대한 개념과 용어에 대해 알아봤습니다.

이 책에서는 함수를 배우기 전까지 가급적 직접 함수를 만들어 사용하진 않을 것입니다. 대신 자바스크립트가 제공하는 함수는 3장 형변환부터 바로 사용하게 됩니다. 달리 말하면 3장부터 여러분은 함수를 만들지는 못하더라도 코드에서 어떤 게 함수 구문인지 해석할 수 있어야 하고 함수를 호출해서 사용할 수 있어야 합니다. 이게 바로 이번 장의 가장 큰 목적이라고 말했습니다.

마지막으로 지금까지 만든 예제에서 함수 호출을 찾는다면 대략 3가지 정도 됩니다.

```
alert("메시지")
console.log("메시지");
document.write("메시지");
```

살펴보면 모두 영단어조합+()로 되어 있는 걸 알 수 있습니다. 바로 함수 호출이지요. 앞으로 이런 구문을 만난다면 여러분은 다음과 같이 생각하면 됩니다.

"음… 어떤 기능을 하는 함수 호출이군"

지금 단계에서 여러분은 딱! 이 정도만 함수를 이해하고 있으면 됩니다.

/ 초보자를 위한 클래스

이번 레슨에서는 초보자 눈높이에 맞춰 클래스 개념과 용어 그리고 사용법을 학습합니다.

01 _ 클래스란?

함수가 특정 기능을 하는 구문(알고리즘, 로직)을 묶을 때 사용하는 문법이라면, 클래스는 연관 있는 변수와 함수를 하나로 묶을 때 사용하는 문법입니다.

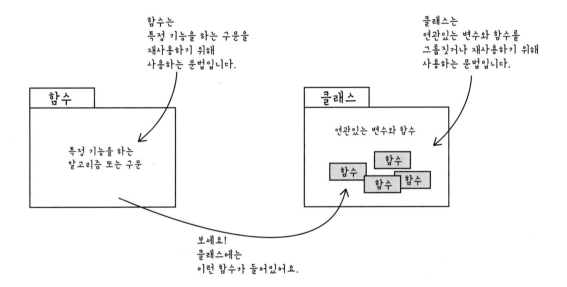

예를 가지고 설명하자면 탭패널을 구현하는 경우 다음과 같이 탭패널과 연관있는 변수와 함수를 TabPanel 클래스 내부에 구현하는 것입니다.

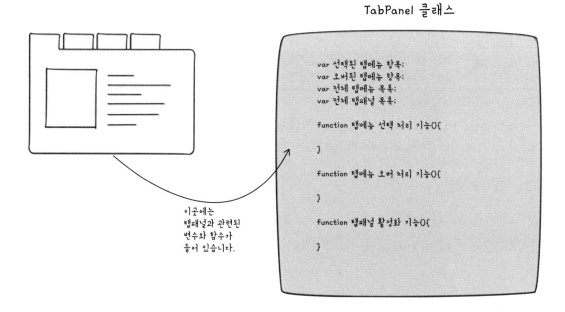

TabPanel 클래스

```
var 선택된 탭메뉴 항목;
var 오버된 탭메뉴 항목;
var 전체 탭메뉴 목록;
var 전체 탭패널 목록;

function 탭메뉴 선택 처리 기능(){

}

function 탭메뉴 오버 처리 기능(){

}

function 탭패널 활성화 기능(){

}
```

이곳에는
탭패널과 관련된
변수와 함수가
들어 있습니다.

그럼 연관있는 변수와 함수를 클래스에 담아 구현하면 어떤 장점이 있을까요? 이 내용은 다음 절에서 자세히 알아보죠.

02 _ 클래스는 이럴 때 사용해요

이제 막 프로그래밍 동네에 이주해 온 분이라면 아직 잘 모르겠지만 실무 개발을 하다 보면 앞에서 배운 함수들이 적게는 수백 개에서 많게는 수천 수만 개가 기본으로 만들어집니다. 이렇게 많아지다 보면 특정 코드를 찾기도 어렵고 수정하기도 어려워져 관리하기가 너무 힘들어집니다. 그리고 큰 프로젝트는 여러 사람이 협업을 이뤄 진행하게 되는데 이때 함수가 많아지다 보면 개발자들마다 동일한 함수 이름을 만들어 충돌이 발생하는 사태까지 발생해버립니다.

예를 들어 다음과 같은 UI 요소가 가득 담긴 페이지를 만든다고 할 때,

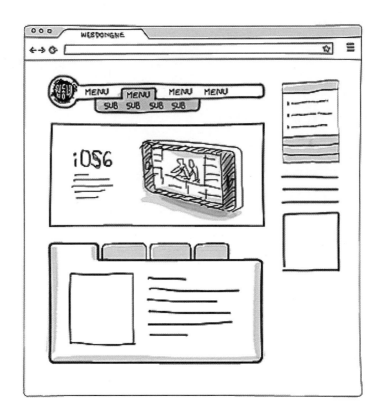

먼저 구현해야 할 UI 요소를 정리해보면 다음과 같을 것입니다.

01. 2단 메뉴

02. 이미지 슬라이더

03. 탭 패널

04. 아코디언 메뉴

05. 롤링 배너

휴~ 많군요.

이제 구현을 해야 할 텐데 아마도 일반적인 방법으로 이들을 코딩하면 다음과 같이 수많은 변수와 함수가 만들어집니다.

```javascript
var $selectMainMenu=null;
var aryMainMenuData =[
    {
        title:"main1",
        link:"http://",
        sub:["m1_sub1","m1_sub2","m1_sub3"]
    },{
        title:"main2",
        link:"http://",
        sub:["m2_sub1","m2_sub2","m2_sub3"]
    },
    .....
];


var $selectTabMenu=null;
var aryTabMenuData =[
    {
        title:"main1",
        link:"http://"
    },
    {
        title:"main2",
        link:"http://"
    },
     .....
];
function mainMenu(){}
function selectMainMenu(){}
function tabMenu(){}
function selectTabMenu(){}
.....


var $selecAccordionMenu=null;
var aryAccrodionMenuData =[
    {
        title:"main1",
        link:"http://"
    },
    {
        title:"main2",
```

```
            link:"http://"
        }
        .....
    ];

    var aryImageData = [
        {
            url:"img1.jpg",
            link:"http://"
        },
        {
            url:"img2.jpg",
            link:"http://"
        },
        {
            url:"img3.jpg",
            link:"http://"
        },
        ....
    ];
    function accordionMenu(){          }
    function selectAccordionMenu(){    }
    .....

    function imagSlider(){ }
    function autoImageSlider(){ }
    .....
```

지금까지 내용을 정리해보면 함수 기반 코딩은 다음과 같은 단점이 있습니다.

- 코드가 구분 없이 작성돼 있기 때문에 문제 발생 시 모래밭에서 잃어버린 진주를 찾는 것처럼 문제 발생 코드를 쉽게 찾을 수 없습니다.

- 큰 프로젝트는 여러 사람이 협업을 이뤄 진행하게 되는데 이때 개발자끼리 똑같은 이름을 가진 변수와 함수를 만들면 충돌하는 문제점이 발생합니다.

예를 좀더 들자면 만약 우리나라 전국이 8도가 아닌 하나의 도로 돼 있다고 생각해보세요. 특정 이름을 가진 사람을 찾기가 정말 힘들어질 것입니다. 아니면 설탕과 소금이 섞여 있다고 생각해보세요. 생각만해도 끔찍하죠?

현실 세계에서도 이를 해결하기 위해 시, 도, 군이란 개념을 둬 관리하듯이 프로그래밍 동네 역시 연관 있는 요소들을 포장해 관리하는 문법을 제공하는데 이 기능이 바로 클래스입니다.

클래스를 이용하면 이리저리 널브러져 있는 코드를 다음과 같이 부품별로 만들 수 있습니다.

클래스 MainMenu

```
var $selectMainMenu=null;
var aryMainMenuData =[{
    title:"main1",
    link:"http://",
    sub:["m1_sub1","m1_sub2","m1_sub3"]
},{
    title:"main2",
    link:"http://",
    sub:["m2_sub1","m2_sub2","m2_sub3"]
},
.....
];

function mainMenu(){}
function selectMainMenu(){ }
.....
```

클래스 TabMenu

```
var $selectTabMenu=null;
var aryTabMenuData =[{
    title:"main1",
    link:"http://"
},{
    title:"main2",
    link:"http://"
},
.....
];

function tabMenu(){ }
function selectTabMenu(){ }
.....
```

클래스 ImageSlider

```
var aryImageData = [{
    url:"img1.jpg",
    link:"http://"
}, {
    url:"img2.jpg",
    link:"http://"
},
{
    url:"img3.jpg",
    link:"http://"
},
....
];

function imagSlider(){ }
function autoImageSlider(){ }
.....
```

클래스 Accordion

```
var $selecAccordionMenu=null;
var aryAccrodionMenuData =[
    {
    title:"main1",
    link:"http://"
},{
    title:"main2",
    link:"http://"
},
.....
];

function accordionMenu(){ }
function selectAccordionMenu(){ }
.....
```

정리하자면 위에서 예로 들었던 UI 요소가 가득 담긴 웹페이지를 다음과 같이 클래스 단위로 만드는 것입니다.

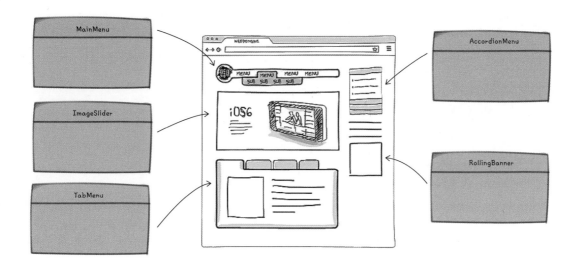

바지는 바지만 양말은 양말만 따로 모아 가지런히 정리한 것처럼 보이지 않나요?

이렇게 해 놓으면 이제 더 이상 양말을 찾기 위해 이리저리 헤메지 않아도 되는 것처럼 탭 메뉴와 관련된 기능을 수정하거나 찾고 싶다면 TabMenu 영역에서 찾으면 됩니다.

더욱 멋진 건 코딩이 이렇게 되어 있다면 여러분이 만든 코드를 다른 사람도 쉽게 찾거나 수정할 수 있게 된다는 점입니다. 자! 그럼 클래스가 뭔지 그리고 왜 필요한지 지금까지 자세히 알아봤으니 이어서 클래스를 만들지는 못하더라도 읽고 해석하기 위해 반드시 필요한 클래스와 관련 있는 내용을 몇 가지 더 배워보겠습니다.

03 _ 클래스 생김새

5부 클래스에서 자세히 알아보겠지만 자바스크립트에서 클래스를 만드는 방법은 3가지 정도 제공합니다. 이중에서 초보인 여러분이 좀더 쉽게 이해할 수 있는 함수 방식을 이용해 클래스를 표현해 보겠습니다. 예를 들어 간단한 사칙연산 기능을 하는 계산기를 자바스크립트 클래스 문법으로 표현하면 다음과 같이 표현할 수 있습니다.

소스 _ 01부/부록01/lesson02/01_complete/step00.html

```
function Calculator(){
    this.add = function(a,b){
        alert("두 수의 합은 "+(a+b)+"입니다.");
    }
```

```
this.sub =function(a,b){
    alert("두 수의 차는 "+(a-b)+"입니다.");
}

this.mul=function(a,b){
    alert("두 수의 곱은 "+(a*b)+"입니다.");
}

this.div=function(a,b){
    alert("두 수의 나눈 값은 "+(a/b)+"입니다.");
}
}
```

위의 코드를 일단 살펴보세요. 어떤가요? 아직 뭔지 잘 모르겠지만 여러 기능(함수)이 Calculator라는 곳에 포장돼 있는 느낌과 동시에 뭔가 깔끔하다는 느낌이 들지 않나요?! 네 좋습니다. 앞의 함수에서와 마찬가지로 5부 클래스를 배우기 전까지 여러분이 지금처럼 클래스를 직접 만들어 사용하진 않을 것이기 때문에 "음. 이런 클래스는 이런 구조로 되어 있군~"하며 가벼운 마음으로 넘어가면 됩니다.

앞에서 언급한 것처럼 클래스는 단순한 포장 기술입니다. 위의 코드에서도 알 수 있는 것처럼 Calculator라는 클래스는 사칙연산을 하는 함수를 포장하기 위한 용도로 사용하고 있습니다.

04 _ 인스턴스와 객체

함수를 사용하기 위해 함수 호출을 해줘야 하듯 클래스를 사용하려면 일반적으로 인스턴스라는 것을 생성해야 합니다. 이때 new라는 키워드를 사용합니다.

```
var tabMenu = new TabMenu();
```

인스턴스 만드는 일 역시 클래스를 배우기 전까지 여러분이 직접 인스턴스를 생성하는 구문을 직접 작성할 일은 없겠지만 new를 이용해 인스턴스를 만드는 구문을 보게 될 것이므로 눈여겨 보길 바랍니다.

그리고 인스턴스를 다른 말로 객체라고도 부릅니다.

05 _ 메서드와 프로퍼티

일반 변수, 함수를 클래스 내부에 들어 있는 변수, 함수와 구분하기 위해 클래스 내부에 있는 변수를 프로 퍼티라고 부르며 함수를 메서드라고 부릅니다. 물론 용도가 다르긴 하지만 일단 이렇게 이해하고 있으면 됩니다.

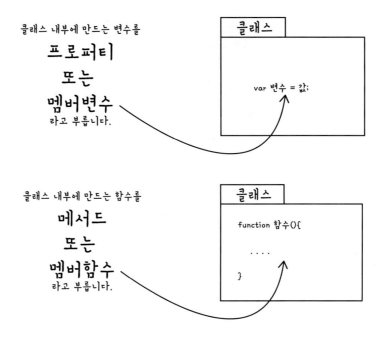

06 _ 클래스 내부에 들어 있는 함수(메서드)를 호출하는 방법

자! 이번 레슨에서 가장 중요한 부분이 등장했습니다. 지금까지 다룬 클래스 내용은 모두 잊더라도 지금 부터 설명하는 내용은 반드시 이해하고 있어야 합니다. 그럼 설명을 시작해보겠습니다.

함수와 마찬가지로 클래스 역시 클래스 외부에서 클래스 내부의 변수(프로퍼티)와 함수(메서드)를 마음 대로 접근할 수 없습니다.

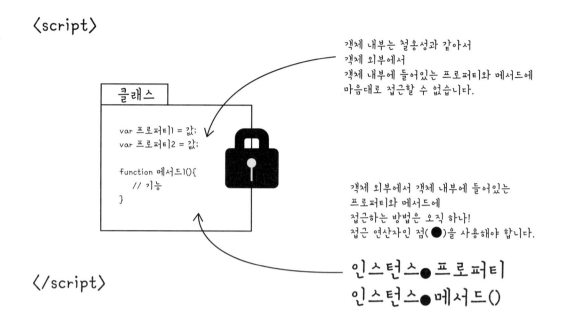

이때! 접근하는 방법이 딱! 하나 있는데 바로 접근 연산자(.)를 활용하는 것입니다.

정리해서 설명하면 접근 연산자(.)는 클래스 내부에 들어 있는 변수와 함수에 접근할 때 사용하는 연산자입니다. 달리 표현하면 클래스 내부에 들어있는 변수와 함수에 접근하기 위해서는 반드시 접근 연산자를 사용해야 합니다.

예를 들어 설명해 보겠습니다. 다음 내용은 앞에서 살짝 다룬 사칙연산을 하는 간단한 계산기 클래스입니다.

소스 _ 01부/부록01/lesson02/01_complete/step00.html

```
function Calculator(){
    this.add = function(a,b){
        alert("두 수의 합은 "+(a+b)+"입니다.");
    }
    this.sub =function(a,b){
        alert("두 수의 차는 "+(a-b)+"입니다.");
    }

    this.mul=function(a,b){
```

```
            alert("두 수의 곱은 "+(a*b)+"입니다.");
        }

        this.div=function(a,b){
            alert("두 수의 나눈 값은 "+(a/b)+"입니다.");
        }
    }
```

클래스 내부를 살펴보면 보면 총 4개의 사칙연산 함수가 포장돼 있는 걸 확인할 수 있습니다. 이때 4개의 함수 중 두 수의 합을 알려주는 기능인 add() 함수를 사용하고 싶다면 다음과 같은 순서를 거쳐야 합니다.

단계 01 _ 인스턴스 만들기

계산기에 들어 있는 함수를 사용하려면 여러분은 new라는 키워드를 이용해 계산기 클래스의 인스턴스를 만들어야 합니다.

소스 _ 01부/부록01/lesson02/01_complete/step01.html

```
var cal1 = new Calculator();
```

단계 02 _ 접근 연산자를 이용한 함수(메서드) 호출

다음으로 접근 연산자를 이용해 원하는 기능인 add() 함수에 접근해서 호출해 줍니다.

소스 _ 01부/부록01/lesson02/01_complete/step02.html

```
var cal1 = new Calculator();
cal1.add(10,20);
```

어떤가요? 아마도 함수의 개념을 잘 이해하지 못한 여러분에게는 위의 코드와 설명이 어렵게 느껴질 것입니다.

정리하자면 클래스 내부에 들어 있는 기능을 이용하기 위해서는 "인스턴스 생성 후 접근 연산자를 이용해 사용한다."라고 알고 있으면 됩니다.

07 _ 해석하기

앞 절까지 여러분은 다음 구문을 해석하기 위해 알아야 할 클래스 개념과 용어에 대해 모두 배웠습니다.

```
document.write();
console.log();
```

그럼 지금까지 배운 내용을 바탕으로 위의 내용을 해석해보죠.

1 _ document.write();

위의 구문을 만나면 여러분은 다음과 같이 해석하면 됩니다.

"어! 점 앞에 영단어가 있고 점 뒤에는 함수 호출을 의미하는 괄호가 있는 것을 보니 점(.)이 접근 연산자 군! 그럼 앞의 document는 객체이고 이 안에는 수많은 기능(함수)이 있을 텐데, 이 중에서 write()라는 함수를 호출한 거군"

어떤가요? 구문이 좀 읽혀지나요? 다음 구문도 동일한 방법으로 해석해보죠.

2 _ console.log();

해석해보면 console이라는 객체의 기능 중 log()라는 함수를 사용한 것입니다.

정리하면 앞으로 나오는 코드에서 다음과 같은 구문을 만나게 되면 방금 해석한 것처럼 읽을 줄 알면 됩니다.

```
영단어조합+점(.)+함수이름();
```

자! 이 정도 설명이면 클래스에 대해 어느 정도 이해했으리라 봅니다.

다시 한 번 언급하자면 함수와 마찬가지로 클래스를 본격적으로 배우기 전까지는 여러분이 직접 클래스를 만들거나 인스턴스를 만들지는 않을 것입니다. 하지만 어쩔 수 없이 클래스를 배우기 전에 클래스에 들어 있는 프로퍼티(변수)나 메서드(함수)에 접근해서 사용하는 구문을 사용하게 되기 때문에 최소 클래스와 관련된 구문을 읽거나 해석할 줄은 알아야 합니다.

그럼 여기서 형변환을 진행하기 위한 준비를 마치겠습니다.

CHAPTER 03

형변환

공지:
원의 크기는 난이도를 나타냅니다.
앞으로 갈수록 조금씩 어려워지니 차근차근 따라오세요.

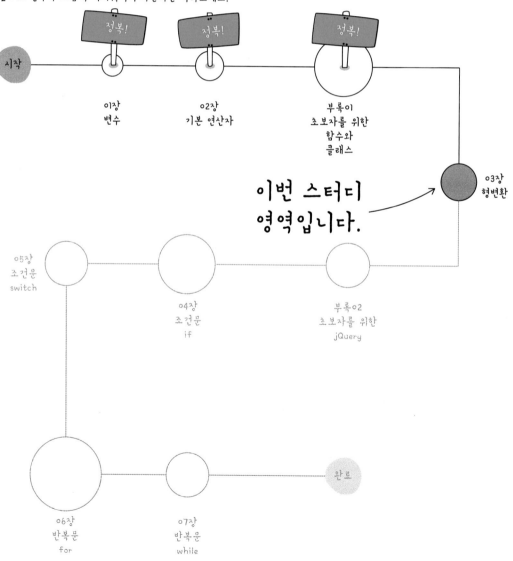

들어가며

이번 장에서 배울 내용은 형변환입니다. 이제 막 프로그래밍을 배우는 초보자에게는 앞에서 배운 변수와 연산자는 어느 정도 쉬울 수 있지만 형변환은 다소 어렵게 느껴질 수 있다는 점을 미리 알려드립니다.

이번 장에서 배울 내용은 다음과 같습니다.

Lesson

01 / 형변환 소개

프로그래밍 동네에 등장하는 용어는 대부분 용어에서 어느 정도 뜻을 알 수 있습니다. 형변환 역시 말 그대로 형을 변환한다는 뜻을 가지고 있습니다. 이번 레슨에서는 형변환 종류와 방법에 대해 학습합니다.

01 _ 형변환이란?

프로그래밍을 하다 보면 종종 숫자를 문자로 변환한다거나 또는 문자를 숫자로 변환해야 하는 경우가 발생합니다. 바로 이런 작업을 우리는 형변환이라고 부릅니다.

참고로 로마에 가면 로마의 법을 따르라는 말이 있듯이 프로그래밍 동네 역시 현실 세계와는 달리 프로그래밍적으로 생각하고 프로그래밍적으로 바라볼 수 있는 시선이 필요합니다. 대표적인 예가 바로 문자 형 10과 숫자 형 10의 차이입니다. 필자 역시 프로그래밍 동네에 이제 막 입문했을 당시 "어떻게 숫자 10이면 10이지 문자 형 10은 뭐고 숫자 형 10은 또 뭐지?!"라는 생각으로 혼란의 시기를 보냈던 적이 있었습니다. 더욱 당황하게 만든 건 숫자 10을 문자 10으로 변환한다는 말이었습니다. 하지만 이런 생각은 머지 않아 프로그래밍 동네에서 살다 보니 1 더하기 1이 왜 2가 되는지 알게 된 것처럼 자연스럽게 이런 개념을 받아들일 날이 오더군요. 여러분에게도 그날이 조만간 올 겁니다.

메모 _ 숫자 10과 문자 10 표현

자바스크립트에서는 다음과 같이 숫자 10과 문자 10을 표현한다는 거 잊지 않으셨죠?

- **숫자 10**

  ```
  var data = 10;
  ```

- **문자 10**

  ```
  var data = "10";
  ```

---

02 _ 형변환은 이럴 때 사용해요

이제 형변환의 개념을 알았으니 이번에는 예제를 통해 형변환을 해야 하는 이유를 알아보겠습니다. 먼저 여러분은 아래와 같은 경우에 반드시 형변환을 해야 합니다.

예제 01 **여러분의 나이를 입력받은 후 여기에 30을 더한 값을 알림 창으로 출력해주세요.**

> **메모 _** prompt() 기능을 이용하면 사용자로부터 값을 입력받을 수 있습니다.
>
> **사용법**
> var 변수 = window.prompt("입력 메시지 박스에 출력할 메시지", "기본 입력값");

풀이: 소스 _ 01부/03장/lesson01/01_complete/01_01.html

```
var age = window.prompt("나이를 입력해주세요.");
age = age+30;
alert("결과값은? "+age);
```

설명

이 경우. "나이를 입력해주세요." 라는 입력 박스에 여러분의 나이를 20이라고 입력했다면 20이라는 입력값이 숫자처럼 보이지만 사실은 "20"이라는 문자입니다. 만약 이 입력값을 가지고 숫자 연산을 풀이처럼 하게 된다면 여러분의 의도와는 달리 숫자 50이 아닌 문자열 "2030"이란 다른 값을 얻게 됩니다. 그렇다면 해결책은? age 변수에 들어 있는 20이라는 문자를 숫자로 형변환해야 합니다. 다음처럼 말이지요.

소스 _ 01부/03장/lesson01/01_complete/01_02.html

```
var age = window.prompt("나이를 입력해주세요.");
age = parseInt(age)+30;
alert("결과값은? "+age);
```

방금 확인한 것처럼 프로그래밍을 하다 보면 반드시 형변환을 해야 하는 경우가 발생합니다.

이 정도면 형변환이 뭔지 그리고 왜 해야 하는지에 대한 내용을 알게 됐을 것입니다. 그렇죠? 네 좋습니다. 그럼 난이도를 약간 높여 형변환의 종류부터 자세히 알아보겠습니다.

03 _ 형변환 종류

형변환에는 다음과 같이 두 가지가 있습니다.

01. **암시적 형변환:** 자바스크립트 엔진이 필요에 의해 암시적으로 형을 자동으로 변환시키는 것을 암시적 형변환이라고 합니다.

02. **명시적 형변환:** 개발자가 자바스크립트를 이용해서 직접 어떤 형으로 바꿀지 명시해주는 것을 명시적 형변환이라고 합니다.

형변환의 핵심은 형변환 주체입니다. 정리하면 다음 표와 같습니다.

형변환	변경 주체	변경 방식
암시적 형변환	자바스크립트 엔진	자동(암시적)
명시적 형변환	개발자	수동(명시적)

Lesson
02 / 암시적 형변환

이번 레슨에서는 암시적 형변환에 대해 학습합니다. 명시적 형변환과 암시적 형변환의 차이점을 확실히 알고 사용할 줄 알아야 합니다.

01 _ 암시적 형변환이란?

암시적 형변환이란 앞서 알아본 것처럼 자바스크립트에 의해 자동으로 형변환이 일어나는 것을 말합니다. 좀더 풀어서 설명하면 여러분이 형변환을 하기 싫어도, 또는 하라고도 안 했는데 자바스크립트는 여러분의 동의 없이 강제로(암암리에, 쥐도 새도 모르게) 형변환을 해버립니다.

예를 들어 아래와 같은 예제가 있다고 해보죠. 여러분은 어떤 값이 결과에 찍힐 거라고 예상하나요?

```
var result = 1+"2";
document.write("result="+result);
```

결과

```
?
```

언뜻 보면 아무런 이상이 없는 코드처럼 보이지만 프로그래밍적으로 생각하면 이번 예제는 상식적으로 생각해도 문자와 숫자를 연산한다는 자체가 잘못된 것입니다. 어떻게 숫자 1과 문자 "2"를 계산할 수 있을까요? 그렇다면 값은 어떻게 나와야 할까요? 숫자 12일까요? 아니면 문자 "12" 이것도 아니면 3?

바로 이런 혼란을 막기 위해 자바스크립트는 아래와 같은 규칙을 만들어 놓고 여러분에게 "형변환 할래요?"와 같은 친절한 안내하나 없이 과감하게 암시적으로 형변환을 해버립니다.

경우	결과	예
숫자 형+문자 형	문자 형	var a = 10+"10" // a는 문자 "1010"
불린 형+문자 형	문자 형	var a = true+"10" // a는 문자 "true10"
불린 형+숫자 형	숫자 형	var a = true+10 // a는 숫자 11

위의 표에서 알 수 있는 것처럼 자바스크립트는 1+"2"에서 숫자 1을 문자 "1"로 강제적으로 변경시켜 문자열 "2"와 문자열 연산을 해버립니다. 이런 행동을 바로 우리는 암시적 형변환이라고 부릅니다. 이런 이유로 화면에 출력되는 결과는 문자열 "12"가 됩니다.

어떤가요? 암시적 형변환 어렵지 않죠? 처음엔 학창시절 공식 외우듯 '암시적 형변환은 암암리에 발생하는 연산자'라고 외워도 좋습니다.

그럼 이해를 돕기 위해 암시적 형변환 예제를 몇 가지 더 풀어보겠습니다.

02 _ 예제

1 _ 숫자를 문자로

예제 01   아래와 같은 구문이 실행되면 변수 result에는 어떤 값이 저장될까요?

소스 _ 01부/03장/lesson02/01_complete/01.html

```
var a = "30";
var result = 1+a+10;
alert(result);
```

풀이

```
result = "13010"
```

설명

먼저 연산자 우선순위에 의해 10과 a가 연산되는데 이때 문자열로 암시적 형변환이 일어납니다. 이때 결과값은 문자열 "130"이 됩니다. 다음으로 이 값과 1이 다시 한 번 문자열로 암시적 형변환이 일어나 "13010"이라는 문자열이 만들어집니다.

2 _ 불린 값을 숫자로

예제 02   아래와 같은 구문이 실행되면 변수 result에는 어떤 값이 저장될까요?

소스 _ 01부/03장/lesson02/01_complete/02.html

```
var result = 2+true;
alert(result);
```

풀이

```
result = 3
```

설명

숫자 형과 불린 형을 연산하면 앞에서 살펴본 형변환 규칙 표에 나와있는 것처럼 자바스크립트는 true값을 1이라는 숫자로 자동 변환해 숫자 연산을 하게 됩니다. 이때도 자바스크립트에 의해서 암시적 형변환이 일어나는 거죠. 따라서 결과가 3이 됩니다.

3 _ 불린 값을 문자열로

예제 03 아래와 같은 구문이 실행되면 변수 result에는 어떤 값이 저장될까요?

소스 _ 01부/03장/lesson02/01_complete/03.html

```
var result= "2"+true;
alert(result);
```

풀이

```
result = "2true"
```

설명

결과값이 왠지 3일거라 생각한 분도 있을 것입니다. 아쉽게도 이와 달리 자바스크립트는 불린 값 true를 문자열로 형변환해 문자열 연산을 해버립니다. 그래서 결과가 "2true"가 나오게 됩니다.

이처럼 사용자가 원하든 원하지 않든 자바스크립트에 의해서 자동으로 형변환이 일어나는 것을 암시적 형변환이라고 부른다는 점을 잘 이해하고 있어야 합니다. 앞으로 여러분이 프로그래밍을 하면서 위의 세 가지 예제와 비슷한 구문을 많이 사용하게 될 것이기 때문이지요.

Lesson

03 / 명시적 형변환

이번 레슨에서는 명시적 형변환에 대해 학습합니다. 앞 레슨에서 배운 암시적 형변환과 어떤 차이점이 있는지 알아보죠.

01 _ 명시적 형변환이란?

일단 명시적 형변환은 암시적 형변환의 반대라고 생각하세요. 풀어서 설명하자면 자바스크립트에게 "자바스크립트군! 숫자 형을 문자 형으로 변환해주게!"라고 말하는 것처럼 개발자가 직접 스크립트를 이용해서 어떤 형으로 바꿀지 명시해주는 것을 명시적 형변환이라고 부릅니다.

우선 명시적 형변환 중 실무에서 가장 많이 사용하는 문자를 숫자로, 숫자를 문자로 변경하는 방법을 정리하면 다음과 같습니다.

1 _ 문자를 숫자로 형변환하는 방법

변환 결과	사용 함수	예
정수 형	parseInt()	var value= "123.456"; parseInt(value); // 실행결과: 123
	Number()	var value= "123"; Number (value); // 실행결과: 123
실수 형	parseFloat()	var value= "123.456"; parseFloat(value); // 실행결과: 123.456
	Number()	var value= "123.456"; Number(value) // 실행결과: 123.456

2 _ 숫자를 문자로 형변환하는 방법

변환 결과	사용 함수	예
일반 문자 형	String()	var value=15; String(value); // 실행결과: "15"

변환 결과	사용 함수	예
16진수 문자 형	Number.toString()	var value=15; value.toString(16); // 실행결과: "f";
실수 문자 형	Number.toFixed()	var value=123.456; value.toFixed(2); // 실행결과: "123.46"; //반올림 발생

표에서 알 수 있는 것처럼 암시적 형변환과 명시적 형변환의 가장 큰 차이점은 명시적 형변환의 경우 모든 형변환은 전역함수 또는 특정 클래스에서 제공하는 메서드를 이용해서 처리된다는 것입니다.

드디어 필자가 부록까지 둬가며 함수와 클래스 개념을 설명한 이유가 밝혀지는 참으로 뜻 깊은 순간입니다. 어떤가요? 코드에서 함수 부분이 눈에 들어오죠!?

좋습니다. 그럼 예제를 통해 함수를 활용한 명시적 형변환에 대해 좀더 자세히 알아보죠.

02 _ 예제

1 _ 숫자를 문자로 형변환

예제 01 변수 test1에 들어있는 숫자 값을 문자로 변형해 주세요.

```
var test1 = 15;
```

풀이 01: String()을 이용하는 방법 소스 _ 01부/03장/lesson03/01_complete/01_01.html

```
var test1 = 15;
var result = String(test1);
document.write("result = "+result);
```

풀이 02: toString()을 이용하는 방법 소스 _ 01부/03장/lesson03/01_complete/01_02.html

```
var test1 = 15;
var result = test1.toString();
document.write("result = "+result);
```

설명

일반 숫자를 10진수 문자로 형변환할 때 가장 많이 사용하는 방법은 전역함수인 String()과 Number 객체에서 제공해주는 기능 중에 하나인 toString()을 이용합니다.

단순하게 숫자를 문자로 만들 경우 둘 중 어떤 게 좋고 나쁜 건 없습니다. 그냥 둘 중 아무거나 사용하면 됩니다. 다만 toString()의 경우 10진수 말고도 8진수와 16진수 문자로 변형하는 기능을 추가로 제공합니다. 예를 들어 풀이 02를 아래와 같이 실행하면 결과는 문자열 15가 아닌 16진수 문자열 F가 출력됩니다.

소스 _ 01부/03장/lesson03/01_complete/01_03.html

```
var test1 = 15;
var result = test1.toString(16);
document.write("result = "+result);
```

이 기능은 HTML 요소의 스타일 속성 중 글자색이나 배경색 등과 같은 색 속성을 변경할 때 주로 사용합니다.

잠시 쉬어가는 의미로 실무에서 toString()을 활용한 형변환을 어떻게 사용하는지 두 가지 예제를 소개해 드리겠습니다. 이해하려고 하기보다는 "이런 식으로 형변환이 사용되는구나"라는 가벼운 마음으로 실행 결과를 확인해 보세요.

[예제 02] **배경색을 빨간색으로 변경해 주세요.**

먼저 ing 폴더에서 html 파일을 열어 다음 코드를 입력해 주세요.

소스 _ 01부/03장/lesson03/01_complete/02.html

```
<script>
    $(document).ready(function(){
        var bgColor = 0xF00;
        $("body").css("background-color", "#"+bgColor.toString(16));
    })
</script>
```

설명

코드를 모두 입력했다면 파일을 브라우저에서 실행해보세요. 어떤가요? 배경색이 빨간색으로 변경되어 있죠? 이처럼 배경색을 설정하기 위해서는 문자열이 필요한데 이때 숫자를 문자로 형변환해서 사용하는 거죠.

그럼 좀더 실무적인 예제를 소개해 보겠습니다.

예제 03 **1초마다 한 번씩 배경색을 랜덤하게 변경해 주세요.**

소스 _ 01부/03장/lesson03/01_complete/03.html

```
$(document).ready(function(){
    setInterval(function(){
        var color = Math.random()*0xffffff; // 0~ffffff 사이의 랜덤 색 만들기 이때 결과는 10진수 실수
        color = parseInt(color);            // 실수를 정수로 형변환
        color = color.toString(16);         // 정수를 16진수 문자로 변경

        $("body").css("background-color", "#"+color);  // 문자로 된 색상으로 최종 배경색 변경
    },1000);
})
```

설명

휴~지금까지 작성한 코드 중 가장 난해한 코드입니다. 뭔가 어려워 보이지 않나요? 괜찮습니다. 앞에서도 언급한 것처럼 이제 막 스크립트를 배우기 시작한 지금 시점에서 이번 예제를 완벽하게 이해할 필요는 전혀 없습니다. 그냥 실무에서는 이런 식으로 형변환이 사용된다는 점만 알고 있으면 됩니다.

코드에 대해 간단하게 설명하자면 자바스크립트에서 기본으로 제공하는 setInterval() 함수를 이용해 1초마다 한 번씩 배경색을 바꾸는 예제입니다.

> 메모 _ 위의 코드를 보면 알겠지만 온통 함수와 클래스에 들어있는 메서드 호출 구문인 걸 알 수 있습니다. 실무에서는 바로 이런 식으로 코드를 작성하게 됩니다. 형변환을 배우기 전에 부록 01에서 함수와 클래스를 왜 그렇게 필자가 강조에 강조를 거듭하면서 언급했는지 이제 이해하겠죠?! 그렇다고 너무 조바심 내지 마세요. 함수와 클래스 활용을 잘하기 위해서는 우선 자바스크립트의 가장 기본이 되는 형변환부터 마스터해야 하니 지금은 기본에 충실하면 됩니다.

2 _ 문자를 숫자로 형변환

예제 04 **변수 test에 들어있는 문자 형으로 된 숫자 값을 숫자 형으로 변형해서 숫자 연산을 할 수 있게 만들어 주세요. 단, 소수 값은 버리고 오직 정수값만을 저장해 주세요. 즉, 결과가 300100이 아닌 3100이 나오게 예제를 수정해주면 됩니다.**

소스 _ 01부/03장/lesson03/01_complete/04_00.html

```
var test = "300";
var result = test+10;
document.write("result = "+result);
```

풀이: 소스 _ 01부/03장/lesson03/01_complete/04_01.html

```
var test = "300";
var result = parseInt(test)+10;
document.write("result = "+result);
```

설명

여러 가지 형변환 함수 중 정수 문자열을 숫자로 변경하는 것은 parseInt()와 Number()입니다. 이 둘 중 아무거나 사용해도 되지만 일반적으로 Number()보다는 parseInt()를 더 많이 사용합니다. 만약 정수 문자열이 아닌 실수 문자열을 숫자로 변경해야 하는 경우는 parseInt() 대신 Number() 또는 parseFloat() 함수를 사용해야 합니다. 다음처럼 말이지요.

소스 _ 01부/03장/lesson03/01_complete/04_02.html

```
var test = "300.25";
var result = Number(test)+10;
document.write("result = "+result);
```

자! 지금까지 형변환에 대해서 알아봤습니다.

마지막으로 지금까지 내용 중 실제 프로그래밍을 하면서 가장 많이 사용할 문자를 숫자로, 숫자를 문자로 형변환하는 방법을 정리하며 형변환을 마무리하겠습니다.

종류	문자를 숫자로 형변환하는 방법	숫자를 문자로 형변환하는 방법
암시적 형변환	없음	var result = 숫자+""
명시적 형변환	var result = parseInt("문자열숫자"); var result = parseFloat("문자열숫자"); var result = Number("문자열숫자");	var result = 숫자.toString(); var result = 숫자.toFixed(); var result = String(숫자);

Lesson
04 / 미션

자! 이번에도 지금까지 학습한 내용을 테스트해보는 시간을 가져 보겠습니다. 앞에서 진행한 방법 그대로 책을 덮고 미션을 풀어주세요.

미션 01   숫자를 문자로 형변환

변수 test에 들어있는 숫자 100을 문자 형으로 변형해서 result에 대입해 주세요. 가능한 모든 방법을 작성해 주세요.

풀이 전 코드: 소스 _ 01부/03장/lesson04/01_complete/m01/00.html

```
var test = 100;
var result = ?+"";
document.write("result = "+result);
```

풀이 01: 암시적 형변환을 이용한 방법 소스 _ 01부/03장/lesson04/01_complete/m01/01.html

```
var test = 100;
var result = test+"";
document.write("result = "+result);
```

풀이 02: String()을 이용한 방법 소스 _ 01부/03장/lesson04/01_complete/m01/02.html

```
var test = 100;
var result = String(test);
document.write("result = "+result);
```

풀이 03: toString()을 이용한 방법 소스 _ 01부/03장/lesson04/01_complete/m01/03.html

```
var test=100;
var result = test.toString();
document.write("result = "+result);
```

설명

형변환하려는 숫자 값이 정수이니 암시적 형변환 방법과 명시적 형변환 방법인 String() 그리고 toString() 이렇게 세 가지 방법으로 숫자를 문자로 형변환할 수 있습니다.

미션 02 문자를 숫자로 형변환

문자 형으로 된 숫자 값을 숫자 형으로 변형해서 숫자 연산을 할 수 있게 만들어 주세요. 즉, 답은 270.50 이 나와야 합니다.

풀이 전 코드: 소스 _ 01부/03장/lesson04/01_complete/m02/00.html

```
var test="100.50";
var result=test+150+"20";
document.write("result = "+result);
```

풀이 01: 소스 _ 01부/03장/lesson04/01_complete/m02/01.html

```
var test="100.50";
var result=parseFloat(test)+150+parseInt("20");
document.write("result = "+result);
```

풀이 02: 소스 _ 01부/03장/lesson04/01_complete/m02/02.html

```
var test="100.50";
var result=Number(test)+150+Number("20");
document.write("result = "+result);
```

설명

이번 미션의 풀이 방법은 풀이 01과 풀이 02 이외에도 다양하기 때문에 여러분의 풀이 내용이 필자의 풀이 내용과 반드시 똑같아야 하는 건 아닙니다. 일단 정상적으로 결과물이 나왔다면 그게 바로 정답입니다.

이처럼 실무에서는 형변환이 빈번히 일어나기 때문에 상황에 맞게 형변환을 자유자재로 할 줄 알아야 합니다.

APPENDIX 02

초보자를 위한 jQuery

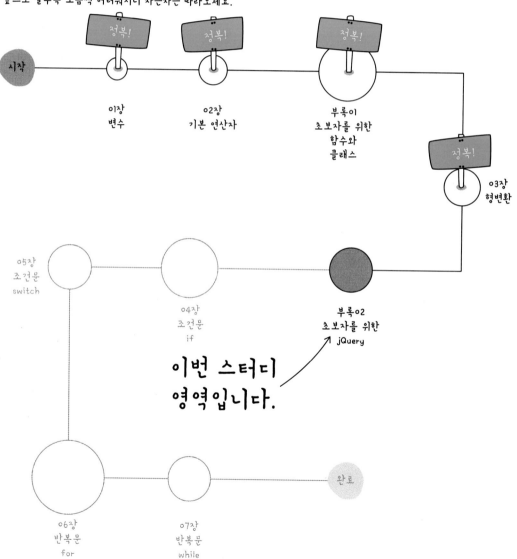

공지:
원의 크기는 난이도를 나타냅니다.
앞으로 갈수록 조금씩 어려워지니 차근차근 따라오세요.

시작

정복!

정복!

정복!

01장
변수

02장
기본 연산자

부록이
초보자를 위한
함수와
클래스

정복!

03장
형변환

05장
조건문
switch

04장
조건문
if

부록02
초보자를 위한
jQuery

이번 스터디
영역입니다.

06장
반복문
for

07장
반복문
while

완료

들어가며

미리 언급하자면 여러분은 다음 장부터 웹동네의 인기스타인 jQuery 기능을 활용한 코드를 종종 보게 될 것입니다. 그렇다고 너무 걱정하지 마세요. 이를 해결하기 위해 jQuery 코드를 읽고 이해할 수 있게 이번 부록을 준비했습니다.

물론 jQuery를 배우기 전까지 jQuery를 사용하지 않으면 좋겠지만 03장부터 jQuery를 등장시킨 이유는 다음과 같습니다.

이유 1. 먼저 jQuery를 배우기 전까지 jQuery를 사용하지 않으면 전혀 실무적이지 않은 아주 재미없는 예제만 계속해서 만들게 됩니다. 설령 만든다 하더라도 소스코드가 너무 길어져 특정 기능이나 문법을 배우는 데 집중할 수 없습니다.

이유 2. 무엇보다 가장 큰 이유는 오늘날 웹 프로그래밍에서 jQuery는 거의 표준 아닌 표준 라이브러리이기 때문에 여러분이 좀더 빨리 jQuery에 익숙해지도록 유도하기 위함입니다.

정리하자면 이번 장의 목적은 jQuery를 배우기 전까지 등장하는 jQuery 구문을 읽고 해석할 수 있게 하는 데 목적이 있습니다.

이번 장에서 배울 내용은 다음과 같습니다.

Lesson 01 jQuery 소개
Lesson 02 jQuery 사용법

01 / jQuery 소개

이번 레슨에서는 간단한 예제를 활용해 jQuery를 사용하는 이유에 대해 살펴보겠습니다.

01 _ jQuery란?

jQuery는 div와 같은 특정 HTML 요소에 마우스를 가져다 대면 말 풍선이 뿅! 하고 튀어 나오는 효과를 만든다거나 TV 자막처럼 텍스트가 좌우로 흐르는 효과를 만든다거나 또는 부드럽게 이미지가 전환되는 이미지 슬라이더를 만든다거나 아니면 서버에서 데이터를 가져와 화면에 뿌려주는 작업 등을 할 때 쉽고 빠르게 작업할 수 있게 도와주는 크로스 브라우징 라이브러리입니다.

지금까지 설명한 내용을 정리하면 jQuery는 크게 다음과 같은 기능을 가지고 있습니다.

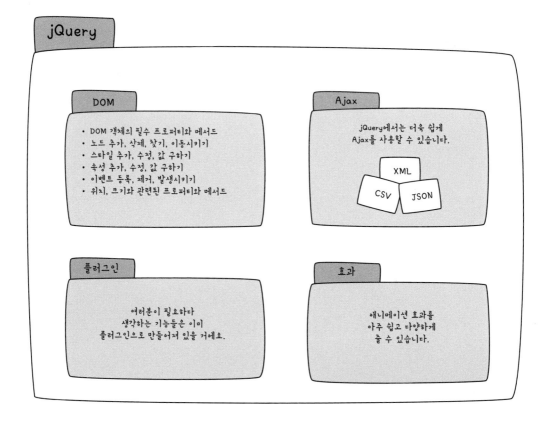

jQuery에 대해서는 2권 4부에서 자세히 배웁니다. 그 전까지는 이렇게 정리해서 알고 있으면 됩니다.

메모 _ **크로스 브라우징 라이브러리란?**

특정 기능을 다양한 웹 브라우저에서 동일한 방법으로 사용할 수 있는 라이브러리

---

02 _ jQuery를 사용하는 이유

자, 그럼 오늘날 왜 이토록 jQuery가 인기 있는 걸까요? 도대체 어떤 매력이 있길래 말이죠. 그 이유를
간단한 예제를 통해 알아보겠습니다.

예를 들어 다음과 같은 웹 문서가 있다고 해보죠.

소스 _ 01부/부록02/lesson01/01_complete/01_00.html

```
<body>
    <div>
        <p>
            이 문서는 jQuery를 사용하는 이유를 설명하기 위해 만든 예제입니다.
        </p>
        <p>
            질문: 스크립트를 이용해 문서에서 #menu2의 li 태그 스타일 속성 중 글자색을 모두 빨간색
으로 변경해 주세요.
        </p>
    </div>
    <ul class="menu" id="menu1">
        <li>menu1-1</li>
        <li>menu1-2</li>
        <li>menu1-3</li>
        <li>menu1-4</li>
        <li>menu1-5</li>
        <li>menu1-6</li>
        <li>menu1-7</li>
    </ul>
    <ul class="menu" id="menu2">
        <li>menu2-1</li>
        <li>menu2-2</li>
        <li>menu2-3</li>
```

```
            <li>menu2-4</li>
            <li>menu2-5</li>
        </ul>
    </body>
```

예제 01 스크립트를 이용해 문서에서 #menu2의 li 태그 글자색을 모두 빨간색으로 변경하고 싶다면 어떻게 해야 할까요?

먼저 순수 자바스크립트만을 이용해 만든 버전부터 살펴보죠.

1 _ 자바스크립트 버전

우선 01_complete 폴더에서 해당 html 파일을 연 후 다음 내용을 입력해 주세요.

소스 _ 01부/부록02/lesson01/01_complete/01_01.html

```
<script>
    window.onload=function(){
        // 먼저 #menu2를 찾는다.
        var menu2=document.getElementById("menu2");
        // #menu2의 태그 중 li 태그를 찾는다.
        var liList=menu2.getElementsByTagName("li");

        // li 태그에 하나씩 접근해 글자색을 변경한다.
        for(var i=0;i<liList.length;i++){
            var li = liList[i];
            li.style.color= "#f00";
        }
    }
</script>
```

설명

근데 왠지 복잡해 보이죠? 코드는 이해 못 해도 됩니다.

코드를 모두 입력했다면 글자색이 모두 빨간색으로 나오는지 확인해보세요. 참고로 getElementById(), getElementsByTagName() 그리고 li.style.color 등의 기능은 모두 DOM(Document Object Model)이라는 곳에서 제공하는 기능입니다. DOM은 수많은 클래스로 이뤄져 있습니다. 이에 대한 내용은 5부에서 자세히 배웁니다. 자! 그럼 우리의 스타 jQuery를 이용하면 어떻게 처리할 수 있는지 알아보죠.

2 _ jQuery 사용 버전

소스 _ 01부/부록02/lesson01/01_complete/01_02.html

```
<script>
    $(document).ready(function(){
        $("#menu2 li").css("color", "#f00");
    })
</script>
```

설명

짠! 어떤가요? 자바스크립트 코드와는 달리 단 한 줄로 처리해 버리는 센스!

깔끔! 그 자체이지 않나요? 더욱 놀라운 사실은 예제에서도 알 수 있는 것처럼 jQuery에서는 특정 노드(태그)를 찾을 때 여러분이 이미 알고 있는 CSS 선택자를 그대로 이용한다는 점입니다. 달리 말하면 jQuery는 CSS 선택자만 알고 있어도 웬만한 것들은 어느 정도 처리할 수 있다는 의미와도 같습니다.

믿거나 말거나이긴 하지만 약간 과장해서 설명하자면 특정 구현을 위해 자바스크립트 코드 100줄로 할 것을 jQuery는 단 1줄로 처리할 수도 있는 능력을 가지고 있습니다. 이 외에도 jQuery는 인터랙티브 콘텐츠 제작의 필수인 애니메이션 기능도 다음과 같이 제공합니다.

예제 02 물고기를 현재 위치에서 430px 위치로 부드럽게 움직이도록 시작 버튼을 만들어주세요.

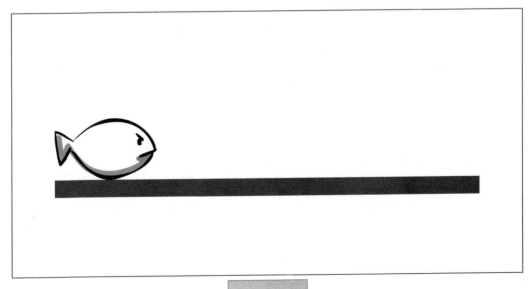

HTML 코딩 소스 _ **01부/부록02/lesson01/01_complete/02_00.html**

```
<body>
    <div id="panel">
        <div id="bar"> </div>
        <img src="fish.png" id="fish">
    </div>

    <div id="nav">
        <button id="btnStart">물고기 움직이기</button>
    </div>
</body>
```

풀이: 소스 _ **01부/부록02/lesson01/01_complete/02_01.html**

```
$(document).ready(function(){
    // 물고기 노드 구하기.
    var $fish = $("#fish");

    // 버튼에 이벤트 걸기.
    $("#btnStart").click(function(){
        $fish.animate({
            left:"430px"
        },1000)
    });
})
```

설명

코드를 모두 입력하고 실행한 후 시작 버튼을 눌러보세요. 물고기가 "스~윽!" 하고 부드럽게 움직이는 걸 볼 수 있을 겁니다.

이 풀이는 jQuery에서 제공하는 애니메이션 기능인 animate() 함수 활용이 핵심입니다. 실무에서는 메뉴 제작부터 이미지 슬라이더 등 다양한 인터랙티브 콘텐츠를 제작할 때 jQuery 애니메이션 기능을 주로 사용합니다.

지금까지 알아본 것처럼 jQuery를 이용하면 DIV와 같은 태그를 다루는 작업을 아주 쉽고 간결하게 만들 수 있습니다. 바로 이런 이유 때문에 오늘날 jQuery가 실무자들에게 많은 사랑을 받고 있습니다.

Lesson 02 / 사용법

이번 레슨에서는 기본적인 jQuery 사용법에 대해 알아보겠습니다.

01 _ 준비

먼저 jQuery를 사용하려면 jQuery 기능이 들어있는 라이브러리 파일을 연결해야 합니다. 그리고 ready()라는 jQuery 기능을 이용해 초기 시작점을 정해야 합니다. 예제 파일을 연 후 다음 코드를 직접 입력해 보세요.

예제 02 **jQuery 준비**

소스 _ 01부/부록02/lesson02/01_complete/01.html

```
<script src="../../libs/jquery-1.11.0.min.js"></script> ❶
<script>

    $(document).ready(function(){ ❷
        // 여기에 노드를 다루는 코드를 작성하면 됩니다.
        alert("환영합니다."); ❸
    })

</script>
```

설명

❶ jQuery.라이브러리 파일을 연결합니다.

❷ jQuery에서 제공하는 ready() 메서드를 활용해 시작점을 만들어 줍니다. 좀더 풀어서 설명하면 ready() 메서드는 노드를 찾거나 스타일을 변경하는 등의 작업을 진행할 준비가 되면 매개변수 값으로 남긴 함수를 호출해 줍니다.

❸ jQuery를 사용할 준비가 됐는지 확인하기 위해 알림메시지를 띄워 줍니다.

자! 코드를 모두 입력했다면 알림 메시지가 정상적으로 출력되는지 실행해보죠. 만약 알림 메시지가 뜨지 않았다면 지금 입력한 코드에 이상이 있는 것이니 코드를 확인하세요.

여기까지가 jQuery를 사용하기 위한 준비 단계였습니다. 어때요? 어렵지 않죠? 미리 이야기하자면 4부에 등장하는 jQuery를 배우기 위해 여러분이 직접 준비 단계의 코드를 입력하는 일은 없을 겁니다. 필자가 위의 준비단계 코드를 예제에 미리 입력해 놓을 것이기 때문이지요.

02 _ jQuery를 이용한 노드 찾기

다음으로 여러분이 알아야 할 사항은 jQuery를 이용한 노드 찾기입니다. jQuery에는 수많은 노드 찾기 기능을 제공합니다. 이 중에서 가장 쉬우면서도 기초적인 노드 찾기 방법을 배워보겠습니다. jQuery를 활용해 노드를 찾는 가장 기본적인 방법은 다음과 같습니다.

```
var $ 변수이름 = $("CSS 선택자");
```

과연 이 한 줄에는 어떤 의미가 담겨 있는지 풀어서 자세히 설명해 보겠습니다.

$()의 정체

$()를 jQuery라고 생각하는 초보자도 있는데 사실 $()는 그냥 함수 호출일 뿐입니다. 함수 이름이 $인 함수 호출인 것이죠. $() 함수의 역할은 선택자에 해당하는 노드를 찾아주는 역할을 합니다.

"CSS 선택자"

말 그대로 여러분이 이미 알고 있는 CSS 선택자입니다. 여러분이 찾고 싶은 선택자를 만들어 $() 함수의 매개변수 값으로 넣어주면 됩니다. 이에 대해서는 잠시 후 좀더 자세히 알아보겠습니다.

var $ 변수이름

$() 함수에서 리턴해주는 값을 저장하기 위해 만든 변수입니다. 변수이름 앞에 $를 붙여준 이유는 jQuery 기능이 들어있는 변수라는 것을 표현하기 위해서입니다. 그럼 이쯤에서 예제 하나를 만들어보죠.

[예제 02] **문서에서 div 태그의 글자색을 모두 빨간색으로 변경해 주세요.**

소스 _ 01부/부록02/lesson02/01_complete/02.html

```
<script>
    $(document).ready(function(){
        var $divs = $("div");  ❶
        $divs.css("color","#f00");  ❷
    })
</script>
```

설명

❶ 쉽게 설명하면 $() 함수를 활용해 div 태그를 찾는 구문입니다. 만약 문서에서 p노드를 찾고 싶다면? div 선택자 대신 p 선택자를 넣어주면 됩니다. 좀더 고급스럽게 해석하면, 먼저 $("div")라는 구문이 실행되면 $() 함수는 문서에서 div 태그를 찾은 후 div 태그를 쉽게 다룰 수 있게 jQuery에게 넘겨 jQuery 클래스 인스턴스를 만들어 리턴해 줍니다. 이 리턴값은 $divs라는 변수에 저장되지요.

❷ 이어서 다음 구문이 등장하는데요.

```
$divs.css( )
```

자세히 살펴보면 부록 01에서 배운 접근 연산자(.)가 사용된 것을 확인할 수 있습니다. 접근 연산자는 클래스 내부에 들어있는 기능을 접근할 때 사용하는 연산자라고 했습니다. 즉, $div에는 $() 함수 호출 후 리턴값으로 받은 jQuery 인스턴스가 들어있기 때문에 $divs.css()는 jQuery의 수많은 기능 중 css()라는 기능을 사용한다는 구문으로 해석할 수 있습니다. 이 구문이 실행되면 css() 함수(메서드)에 의해 글자색이 빨간색으로 변경됩니다.

정리하자면 앞으로 다음과 같은 구문을 만나게 되면 jQuery의 기능을 사용하는 구문이라고 해석하면 됩니다.

```
$변수이름.함수이름( )  <- jQuery 기능 사용 구문
```

03 _ jQuery와 CSS와의 관계

오늘날 jQuery가 이와 같은 큰 인기를 누릴 수 있었던 가장 큰 요인 중 하나는 바로 CSS 선택자를 활용해 노드를 찾을 수 있는 기능 때문입니다. CSS의 선택자 개념을 알고 있다면 jQuery를 이미 어느 정도 사용할 수 있다고 판단해도 좋을 만큼 아주 밀접한 관계를 맺고 있습니다.

예를 들어 앞에서도 확인한 것처럼 jQuery에서는 다음과 같이 $() 함수에 선택자를 이용해 노드를 찾을 수 있다는 것입니다.

```
$("div")
$(".select")
$("div > p")
$("div ul li.select")
```

그러니 앞으로 위와 같은 구문을 만나면 일반 CSS 선택자를 해석하듯 선택자에 해당하는 노드를 찾으라는 의미로 해석하면 됩니다.

04 _ 초보자가 알아야 할 jQuery 핵심 기능

앞으로 등장할 예제를 보다 보면 노드 찾기와 이벤트 등록과 스타일 설정하는 구문을 가장 많이 보게 될 텐데요. 노드 찾기는 앞에서 다뤘으니 여기에서는 이 두 가지 내용을 배워 보겠습니다.

1 _ 이벤트 등록

```
$대상.on("이벤트이름",이벤트리스너);
```

또는

```
$대상.단축이벤트메서드(이벤트리스너);
```

jQuery에서 제공하는 on() 메서드와 단축 이벤트 이벤트 메서드를 이용하면 이벤트를 쉽게 등록할 수 있습니다. 이벤트 등록 이외에도 이벤트 등록 제거 기능도 있지만 초보 단계에서는 이벤트 등록 방법만 알고 있으면 됩니다. 예제를 이용해 사용법을 알아보겠습니다.

예제 03 **확인 버튼을 클릭하면 "안녕하세요." 메시지를 출력해 주세요.**

소스 _ 01부/부록02/lesson02/01_complete/03.html

```
<script>
    $(document).ready(function(){
        $("#btnCheck").on("click",function(){ ❶
            alert("환영합니다. ");
        });
        // 또는
        $("#btnCheck").click(function(){ ❷
            alert("환영합니다. ");
        });
    })
</script>
```

설명

❶은 일반 이벤트 등록 방법입니다.

❷는 단축 이벤트 등록 방법입니다.

두 가지 방법 중 단축 이벤트 메서드를 많이 사용하게 됩니다. click() 메서드 이외에도 여러 가지 단축 이벤트 메서드가 있는데요. 초보 단계에서는 주로 click() 메서드를 많이 사용할 것이기 때문에 이외의 기능은 아직 몰라도 됩니다.

2 _ 스타일 설정하기

설정 내용이 하나인 경우

```
$대상.css("스타일이름", 값);
```

설정 내용이 여러 개인 경우

```
$대상.css({
    "스타일이름":"값"[,
    "스타일이름":"값", . . .
    ]
});
```

jQuery에서 제공하는 css() 메서드를 이용하면 스타일을 쉽게 설정할 수 있습니다. 예제를 이용해 사용법을 알아보겠습니다.

예제 04 확인 버튼(#btnCheck)을 클릭하면 패널(#panel)의 외각선(border)을 "4px solid #f00"으로 변경해 주세요.

소스 _ 01부/부록02/lesson02/01_complete/04.html

```
<script>
    $(document).ready(function(){
        $("#btnCheck").on("click",function(){
            $("#panel").css("border","4px solid #f00");
        });
    })
</script>
```

설명

css() 메서드의 첫 번째 매개변수 값에는 스타일 속성 이름을 넣어주고 두 번째 매개변수 값에는 스타일 설정값을 넣어서 호출해주면 됩니다.

예제 05 확인 버튼(#btnCheck)을 클릭하면 패널(#panel)의 글자 크기와 색을 각각 16px와 #f00으로 변경해 주세요.

소스 _ 01부/부록02/lesson02/01_complete/05.html

```
<script>
    $(document).ready(function(){
        $("#btnCheck").on("click",function(){
            $("#panel").css({
                "fontSize":16,
                "color":"#f00"
            });
        });
    })
</script>
```

설명

여러 개의 스타일 속성을 동시에 설정해야 하는 경우에도 css() 메서드를 사용하면 됩니다. 이때 {}으로 묶어서 속성과 값을 만들어 줍니다.

이렇게 해서 초보자가 알아야 할 jQuery 핵심 기능을 살펴봤습니다. 앞으로 다룰 예제를 보다 보면 가끔씩 jQuery 핵심 기능 이외의 기능이 등장할 텐데요. 4부 jQuery를 배우기 전까지 등장한 jQuery 기능의 소개와 사용법을 메모로 남겨놓겠습니다.

05 _ 정리

지금까지 다룬 내용을 정리하자면, 이 장에서 핵심은 jQuery는 수많은 기능(함수)을 가진 하나의 클래스 덩어리이며 주로 $()라는 함수 호출을 시작으로 인스턴스가 만들어진다는 것입니다. 이후 접근 연산자(.)를 이용해 원하는 기능을 사용하게 됩니다.

마지막으로 $() 함수에 CSS 선택자를 그대로 이용해 원하는 요소를 찾을 수 있다는 점을 알아두고 jQuery 구문을 읽고 해석할 줄 알면 됩니다.

CHAPTER 04

조건문 if

공지:
원의 크기는 난이도를 나타냅니다.
앞으로 갈수록 조금씩 어려워지니 차근차근 따라오세요.

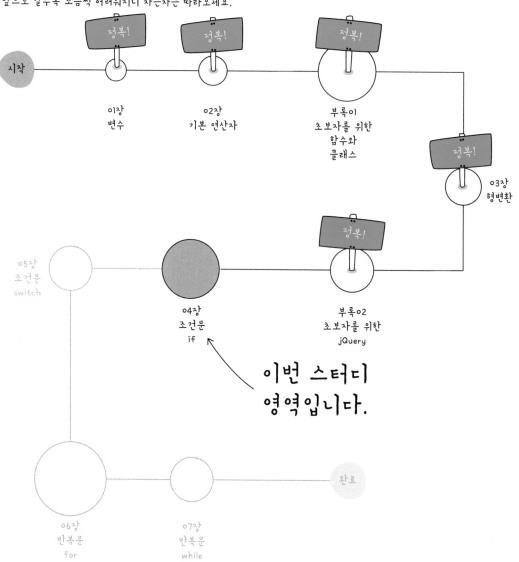

시작

정복!

이장
변수

정복!

02장
기본 연산자

정복!

부록이
초보자를 위한
함수와
클래스

정복!

03장
형변환

05장
조건문
switch

04장
조건문
if

정복!

부록02
초보자를 위한
jQuery

이번 스터디
영역입니다.

06장
반복문
for

07장
반복문
while

완료

들어가며

위의 스터디 맵에 표현한 것처럼 현재 여러분의 위치는 변수와 기본 연산자를 거쳐 이제 막 형변환까지 넘어온 상태입니다. 난이도로 표현한다면 프로그래밍의 가장 기초적인 부분을 이제 막 끝마쳤다고 볼 수 있답니다.

프로그래밍은 겨울에 눈사람을 만들기 위해 반드시 필요한 눈 굴리기와 많이 닮아 있습니다. 작은 눈 뭉치로 시작해 서서히 덩치가 커져가는 것처럼 프로그래밍 역시 형변환을 이해하려면 앞에서 배운 기본 변수 개념을 반드시 알고 있어야 하니까요.

지금부터 여러분은 진정한 프로그래밍 세계로 접어들게 됩니다. 지금보다는 다소 생소한 개념들이 등장할 것입니다. 특히 조건문과 반복문은 초보를 벗어나 실무로 가는 가장 중요한 도구입니다. 이 둘을 정복하지 못한 상태에서는 프로그래밍 동네에서 살아갈 수 없으며 남이 만든 소스를 이해할 수도 없으며 만들 수조차 없게 됩니다. 하지만 이번 장부터 등장하는 내용을 차근차근 잘 따라온다면 여러분도 충분히 해낼 수 있습니다. 그럼 자신감을 가지고 지금부터 시작해 볼까요?

이 책에서는 조건문과 반복문을 다음과 같이 나눠 다룹니다.

조건문과 반복문	기능	다루는 장
if	조건문	1부 4장
switch	조건문	1부 5장
for	반복문	1부 6장
while	반복문	1부 7장

재! 그럼 조건문 if를 시작으로 새로운 원정을 떠나 보겠습니다. 중요한 내용이니만큼 지금부터 좀더 신중히 꼼꼼하게 읽어주세요.

이번 장에서 배울 내용은 다음과 같습니다.

Lesson 01 조건문 소개

Lesson 02 **if**문 소개

Lesson 03 논리 비교 연산자

Lesson 04 **if**에 논리 비교 연산자 연동하기

Lesson 05 1단계 **if**

Lesson 06 2단계 **if**

Lesson 07 3단계 **if**

Lesson 08 조건부 연산자

Lesson 09 미션

Lesson 01 / 조건문 소개

이번 레슨은 조건문이 무엇이고 조건문을 언제 사용하는지 알아보겠습니다. 이번 장부터는 정말 중요한 내용이니 집중해서 학습해 주세요.

01 _ 조건문이란?

조건문 역시 형변환(형이 변하는 것)처럼 단어 속에 뜻이 있습니다. 조건문이란? 특정 조건에 맞는 경우에만 특정 구문을 실행하고자 할 때 사용하는 자바스크립트 제어문입니다.

02 _ 조건문은 이럴 때 사용해요

이해를 돕기 위해서 실무에서는 과연 조건문을 어떻게 사용하고 있는지 몇 가지 예를 들어 보겠습니다.

- 사이트에 로그인할 때 조건문(if)을 사용하여 여러분이 입력한 아이디와 패스워드가 서버에 저장된 정보와 같은지 비교 후 만약 같다면 사이트 접속을 허락하고 그렇지 않은 경우 오류 메시지를 띄웁니다.

- 슈팅게임에서 조건문을 사용하여 여러분이 발사한 총알이 적 캐릭터에 맞았는지 비교 후 만약 맞았다면 적 캐릭터를 터트리게 됩니다.

- 여러분이 뽑은 번호가 1번이면 냉장고, 2번이면 TV, 3번이면 세탁기를 주는 경품 추첨기를 만들 때도 조건문을 사용하게 됩니다.

- 게시물 삭제 시 "삭제할까요?"라는 메시지 박스에서 yes 또는 no를 눌렀는지 체크할 때도 if를 사용합니다.

- 좌에서 우로 인터랙티브하게 움직이는 롤링배너에서 움직이는 배너가 좌에서 우로 모두 움직였는지 확인할 때도 if를 사용합니다.

이처럼 조건문은 실무를 진행하기 위해 없어서는 안 될 가장 중요한 프로그래밍 요소 중에 하나입니다.

03 _ 조건문 종류

조건문은 if와 switch 두 가지가 있습니다.

종류	설명
if	가장 일반적으로 사용하는 조건문입니다.
switch	if로 만들어진 다중 조건처리를 비교적 간결하게 처리할 수 있는 조건문입니다.

Lesson 02 / if문 소개

if문은 학습해야 할 양이 많기 때문에 여러 개의 레슨으로 나눠 체계적으로 자세히 알아보겠습니다. 이번 레슨에서는 if문의 구조에 대해 학습합니다.

01 _ if문이란?

if문은 앞에서 알아본 것처럼 특정 조건에 맞는 경우에만 특정 구문을 실행하고 싶을 때 사용하는 조건문 중 하나입니다. 이해하기 쉽게 예를 들어 설명해보겠습니다.

> 메모 _ 다음 예제는 코딩할 내용이 없습니다.

예제 01 "만약 여러분이 로또에 당첨된다면? 난 집을 사겠다"라는 생각을 if를 이용해서 표현해주세요.

풀이

```
if(여러분의 로또 번호=이번 주 로또 당첨 번호){
    난 집을 사겠다;
    // 여러분은 로또에 당첨된다면 뭘 할 건가요?
}
```

예제 02 "만약 자바스크립트를 마스터한다면? 연봉 500원 인상을 위한 보스와의 단판승부하러 가기"라는 생각을 if를 이용해서 표현해주세요.

풀이

```
if(자바스크립트마스터여부="성공"){
    연봉 500원 인상을 위한 보스와의 단판승부하러 가기
}
```

예제 03 "만약 보스와의 단판승부가 성공한다면 회사 계속 다니기, 그렇지 않다면 회사 이직하기"를 if를 이용해서 표현해 주세요.

풀이

```
if(보스와의 단판승부=="성공"){
    //기존연봉=기존연봉+500;
    기존연봉+=500;    <-- 복합 연산자는 앞에서 배운 거죠?
}
else{
    회사 알아보기;
    밥 대신 라면만 먹기;
}
```

어떤가요? 조금 감이 오지 않나요? 이런 식으로 특정 조건에 맞을 때만 원하는 구문을 실행하고 싶을 때 조건문 if를 사용합니다. 방금 알아본 것처럼 프로그래밍 언어는 여러분이 일상 생활에서 사용하고 있는 언어와 많이 닮아 있습니다.

지금 여러분과 제가 의사소통을 위해 글자를 사용하듯 여러분이 컴퓨터와 의사소통을 하기 위해서 프로그래밍 언어를 사용하는 거죠. 여러 개의 문장이 모여 글을 이루듯 프로그래밍 역시 여러 개의 구문이 모여 하나의 커다란 소스가 됩니다. 정리하자면 프로그래밍 언어란? 우리가 생각하고 있는 내용을 컴퓨터가 알아들을 수 있게 사용하는 또 다른 언어입니다.

02 _ if문 문법

문법	

	`if(조건식1){`
	　　`// 하나 또는 여러 개의 문장을 작성할 수 있습니다.`
	　　`조건식이 참일 때 실행할 구문;`
	　　`. . . .`
	
	　`}else if(조건식2){`
	　　`실행구문2(조건식1이 거짓이고 조건식2가 참인 경우)`
	　`}else if(조건식3){`
	　　`실행구문3(조건식2가 거짓이고 조건식3이 참인 경우)`
	　`}`

설명

휴~ 왠지 뭔가 복잡해 보이죠? 지금까지 배운 문법 중 가장 난해해 보입니다. 아직 배우지 않은 조건식이라는 것도 등장합니다.

자! 여러분! 방금 확인한 것처럼 조건문 if 내용이 많아 한 번에 이해하기에는 너무 크니 이 책에서는 먼저
조건식이 뭔지 이해하고 난 후 다음과 같이 if를 세 가지로 나눠 하나씩 정복해 보겠습니다.

```
1단 if
    if(조건식){
        조건식이 참일 때 실행할 구문;
        . . . .
    }


2단 if
    if(조건식){
        조건식이 참일 때 실행할 구문;
        . . . .
    }else {
        조건식이 거짓일 때 실행할 구문;
        . . .
    }


3단 if
    if(조건식1){
        // 하나 또는 여러 개의 문장을 작성할 수 있습니다.
        조건식이 참일 때 실행할 구문;
        . . . .

    }else if(조건식2){
        실행구문2(조건식1이 거짓이고 조건식2가 참인 경우)
    }else if(조건식3){
        실행구문3(조건식2가 거짓이고 조건식3이 참인 경우)
    }
```

아참! 그리고 앞에서 사용한 1단 if니 2단 if니 이런 용어는 프로그래밍 동네에 공식적으로 존재하지 않습
니다. 필자가 if를 설명하기 위해 만든 용어일 뿐이니 검색해도 나오지 않는다는 점을 알려드립니다.

Lesson 03 / 논리 비교 연산자

이번 레슨에서는 주로 조건문과 같이 많이 사용하는 논리 연산자와 비교 연산자에 대해 학습합니다.

01 _ 논리 비교 연산자 용도

if를 좀더 알아보기 전에 여러분이 알아둘 내용이 있는데요. 그것은 바로 논리 비교 연산자입니다.

구분	연산자	설명
비교 연산자	>, <, ==, !=, >=, <=	두 값을 비교할 때 사용하는 연산자입니다.
논리 연산자	&&, ||	여러 개의 비교 연산자를 묶을 때 사용하는 연산자입니다.

논리 연산자와 비교 연산자는 +, -와 같은 연산자에 속하지만 주 용도는 조건문과 반복문의 조건식 부분에 사용하는 연산자입니다. 그림으로 표현하면 다음과 같습니다.

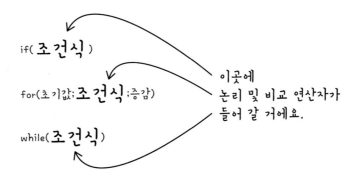

02 _ 논리, 비교 연산자를 사용한 계산 결과값

논리, 비교 연산자 역시 연산자입니다. 달리 말하면 연산 결과값이 있다는 뜻이기도 합니다. 결론부터 말하자면 논리, 비교 연산자의 결과값은 사칙연산자와는 달리 오직 불린 값인 true(참) 또는 false(거짓) 두 가지 중 하나가 됩니다.

사칙연산자	논리, 비교 연산자

var a=10;
var b=20;
var result = a+b;
	var a=10;
	var b=20;
	var result = a〉b;

결과: 30	결과: false

예제의 경우 변수 a(10)가 변수 b(20)보다 크냐고 물어 본 것이니(10〉20) 결과는 그렇지 않기 때문에 false가 됩니다. 논리 및 비교 연산자를 사용하는 결과값은 반드시 불린 값이다라는 점만 명심한다면 논리, 비교 연산자를 어렵지 않게 사용할 수 있을 겁니다. 그럼 비교 연산자부터 좀더 자세히 알아보죠.

03 _ 비교 연산자

비교 연산자	예	예
〉	a〉b	a가 b보다 큰 경우 참입니다.
〈	a〈b	a가 b보다 작은 경우 참입니다.
==	a==b	a와 b가 같은 경우 참입니다.
!=	a!=b	a와 b가 같지 않은 경우 참입니다
〉=	a〉=b	a가 b보다 크거나 같은 경우 참입니다.
〈=	a〈=b	a가 b보다 작거나 같은 경우 참입니다

말 그대로 비교 연산자는 두 변수의 값 중 어떤 변수의 값이 작은지(〈), 큰지(〉), 아니면 같은지(==), 같지 않은지(!=) 비교할 때 사용하는 연산자입니다. 예제를 이용해 살펴보죠.

1 _ 〉 큰 경우

예제 01 **변수 a, b 값 중 a가 큰 경우일 때 참이 되게 비교 연산자를 이용해서 표현해 주세요.**

풀이: 소스 _ 01부/04장/lesson03/01_complete/01.html

```
var a=10;
var b=20;
var result=a〉b;
alert("result="+result);
```

결과

```
result=false
```

설명

〉=, 〈=를 예제로는 다루진 않지만 〉=, 〈=를 실수로 =〉, =〈로 사용하는 경우가 많으니 조심하세요. (=이 부등호 뒤에 오는 것이 정상입니다.)

2 _ == 같은 경우

예제 02 변수 a, b가 같은 경우일 때 참이 되게 비교 연산자를 이용해서 표현해 주세요.

풀이: 소스 _ 01부/04장/lesson03/01_complete/02.html

```
var a=10;
var b=20;
var result=a==b;
alert("result="+result);
```

결과

```
result=false
```

설명

종종 실수로 ==를 =표현해 전혀 의도하지 않은 결과를 얻는 경우가 많으니 조심하세요.

3 _ != 같지 않은 경우

예제 03 변수 a, b가 같지 않은 경우 참이 되게 비교 연산자를 이용해서 표현해 주세요.

풀이: 소스 _ 01부/04장/lesson03/01_complete/03.html

```
var a=10;
var b=20;
var result = a!=b;
alert("result="+result);
```

결과

```
result=true
```

설명

실무에서 같지 않은 경우도 자주 사용하니 알아두세요.

04 _ 논리 연산자

"서울에 사는 사람 중 남자이면서 개발자인 분 손들어 주세요~"라는 문장처럼 프로그래밍을 하다 보면 조건식을 여러 개 연결해 사용해야 하는 경우가 있습니다. 이때 사용하는 연산자가 바로 논리 연산자입니다. 일상 생활 언어로 표현하자면 '그리고, 이거나, 또는' 식으로 단어나 상황을 이어서 말하고자 할 때 사용하는 접두사라고 보면 됩니다.

논리 연산자	예	설명
&&	10⟨a && 100⟩a	a가 10보다 크고 100보다 작은 경우 참입니다. 즉 두 가지 조건식이 모두 참일 경우에만 참이고 그 외에 모두 거짓입니다.
||	10⟨a || 100⟩a	a가 10보다 크거나 또는 a가 100보다 작은 경우 참입니다. 즉 두 조건식 중 하나만 참이어도 참입니다.

그럼 예제를 이용해 논리 연산자를 좀더 살펴보죠.

1 _ &&(AND)

해석은 '그리고'라고 읽으며 두 조건이 모두 참인 경우에만 결과값이 참이 됩니다. 둘 중 하나라도 거짓이면 결과는 거짓이 됩니다.

예제 04 성별이 남자이면서 개발자인 분을 찾아주세요.

풀이: 소스 _ 01부/04장/lesson03/01_complete/04.html

```
var a = "남자";
var b = "개발자";
var result = (a=="남자") && (b=="개발자");
document.write("result="+result);
```

아래 표처럼 오직 a가 "남자" b가 "개발자"인 경우에만 결과값이 참(true)입니다.

a	b	result
여자	웹퍼블리셔	false
여자	개발자	false
남자	디자이너	false
남자	개발자	true

2 _ ||(OR)

해석은 '이거나, 또는'이라고 읽으며 두 조건 중 하나만 참이어도 결과는 참이 됩니다.

예제 05 **성별이 남자이거나 직업이 개발자인 분을 찾아주세요.**

풀이: 소스 _ 01부/04장/lesson03/01_complete/05.html

```
var a = "남자";
var b = "개발자";
var result = (a=="남자") || (b=="개발자");
document.write("result="+result);
```

아래 표처럼 a의 내용이 "남자" 이거나 b가 "개발자"인 경우에만 결과값이 참입니다.

a	b	result
여자	웹퍼블리셔	false
여자	개발자	true
남자	디자이너	true
남자	개발자	true

이렇게 해서 비교 연산자와 논리 연산자를 모두 배워봤습니다.

이제 다시 if로 돌아가죠.

Lesson 04 / if에 논리 비교 연산자 연동하기

이번 레슨에서는 앞에서 배운 논리 및 비교 연산자를 if와 연동해서 사용하는 방법을 다룹니다.

01 _ 사용법

if에 논리 비교 연산자를 연동해서 사용하는 방법은 정말 쉽습니다. 그냥 if의 조건식이 위치하는 곳에 논리 비교 연산자를 넣어 사용하기만 하면 됩니다.

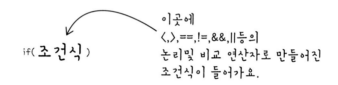

이곳에
<,>,==,!=,&&,||등의
논리및 비교 연산자로 만들어진
조건식이 들어가요.

if(조건식)

그럼 예제를 통해 좀더 자세히 알아보죠.

02 _ if에 비교 연산자 사용하기

예제 01 다음 예제를 실행하면 화면에는 어떤 값이 출력될까요?

소스 _ 01부/04장/lesson04/01_complete/01.html

```
var a=true;
var b=false;
var c=10;
var d=20;

//1. 같다면, 등가(==)
if(a==true)
    document.write("1. a==true   실행 <br>");
```

```
//2. >크다면
if(c>10)
    document.write("2. c>10  실행 <br>");


//3. >크다면
if(10>c)
    document.write("3. 10>c  실행 <br>");


//4. <작다면
if(c<10)
    document.write("4. c<10 =  실행 <br>");


//5. <=작거나 같다면
if(d<=20)
    document.write("5. d<=20 = 실행 <br>");


//6. 같지 않다면,부등가(!=)
if(b!=true)
    document.write("6. b!=true = 실행 <br>");
```

풀이

1. a==true 실행
5. d<=20 = 실행
6. b!=true = 실행

설명

딱히 예제 설명을 할 필요가 없을 만큼 아주 쉬웠을 것입니다. if 안에 들어있는 조건식의 결과값 중 참인 경우만 찾아내면 됩니다.

03 _ if에 논리 연산자 사용하기

if에서 논리 연산자를 사용하는 방법 역시 예제를 이용해서 알아보겠습니다.

예제 02 **다음 예제를 실행하면 화면에는 어떤 값이 출력될까요?**

소스 _ 01부/04장/lesson04/01_complete/02.html

```
var a=true;
var b=false;

 //1. 하나만 참이어도 됨 OR 연산자 (||)
if(a==false || b==true)
    document.write("1. a==true || b==true = 실행 <br>");

//2. 모두 참이어야 함 AND 연산자 (&&)
if (a==1 && b==0)
    document.write("2. a==1 && b==0 = 실행 <br>");
```

풀이

  2. a==1 && b==0 = 실행

설명

굳이 설명을 안 해도 어떤 내용인지 알겠죠? if의 조건식 결과값이 참인 경우만 알아내면 됩니다.

이렇게 해서 if를 배우기 위한 조건식을 모두 배웠습니다. 그럼 1단계 if부터 차근차근 배워보죠.

Lesson 05 / 1단계 if

이번 레슨은 1단계 if입니다. 이 내용을 제대로 이해한다면 2,3단계 if도 쉽게 이해할 수 있으니 집중해서 봐주세요.

01 _ 사용법

문법	
| | ```
if(조건식) ❶
    조건식이 참일 때 실행되는 구문1;


if(조건식) { ❷
    조건식이 참일 때 실행되는 구문1;
    [ . . . . ]
}
``` |

설명

❶은 조건식이 참일 때 실행할 구문이 하나인 경우 사용하는 문법입니다.

❷는 조건식이 참일 때 실행할 구문이 여러 개일 경우 사용하는 문법입니다. 실행구문을 중괄호({ })로 감싸주면 됩니다. 물론 실행구문이 하나일 때도 중괄호로 감싸도 됩니다. 대괄호([ ])는 생략 가능하다는 뜻이며 다른 실행구문이 올 수 있다는 의미이기도 합니다.

02 _ 예제

예제 01 사용자 아이디 하나를 입력받아 아이디가 "ddandongne"라면 "환영합니다." 메시지를 출력해 주세요.

풀이: 소스 _ 01부/04장/lesson05/01_complete/01.html

```
// 1. 값 입력.
var userID = window.prompt("사용자 아이디는? "); ❶

// 2. 값 비교.
```
```

```
if(userID=="ddandongne")  ②
    alert("환영합니다.");
```

설명

이번 문제는 설명할 내용이 없을 만큼 쉽습니다.

❶ prompt()를 이용해 사용자 아이디를 입력 받아 입력 정보를 userID 변수에 저장합니다.

❷ if를 이용해 입력받은 정보가 "ddandongne"인지 판단한 후 맞다면 "환영합니다." 메시지를 출력해주는 거죠.

예제를 하나 더 만들어보죠.

예제 02 **사용자로부터 하나의 수를 입력받아 입력값이 짝수이면 "짝수입니다"라는 메시지를 출력해 주세요.**

풀이: 소스 _ 01부/04장/lesson05/01_complete/02.html

```
// 1. 값 입력.
var value = window.prompt("수를 입력해주세요. ");

// 주의하세요!
// 입력한 value 값은 문자로된 숫자이지 숫자형이 아닙니다.
// 2. 문자를 숫자로 변환.
value = parseInt(value);  ❶

// 조건 처리.
if(value%2==0)  ❷
    alert("짝수입니다.");
```

설명

❶ 3장 형변환에서도 알아본 것처럼 window.prompt()에서 입력받은 값이 숫자이긴 하지만 이는 문자형 숫자입니다. 그렇기 때문에 숫자 연산을 위해서는 문자열로 된 숫자 값을 숫자 형으로 형변환 해줘야 합니다.

> **메모 _** 여기에서는 입력받은 문자형 숫자를 숫자로 형변환 하지 않아도 에러 없이 동작됩니다. 이유는 value%2 연산에서 결과값이 문자에서 숫자로 암시적 형변환이 일어나기 때문입니다.

❷ 입력값을 % 연산자를 이용해서 2로 나누면 홀수인지 짝수인지 쉽게 구할 수 있습니다. 만약 나머지 값이 00이면 짝수, 그렇지 않으면 홀수입니다.

03 _ if 사용 시 주의사항

이번에는 if 사용 시 초보자가 가장 많이 실수하는 경우를 몇 가지 살펴보겠습니다. 먼저 다음 예제를 풀어보세요(힌트: 함정에 빠지지 않게 조심하세요).

예제 03 **다음 구문을 실행하면 화면에 어떤 결과값이 실행될까요?**

소스 _ 01부/04장/lesson05/01_complete/03.html

```
var value=5;
// 조건 처리.
if(value>10);
    alert("10보다 작은 값을 입력해주세요.<br>");
```

풀이

10보다 작은 값을 입력해주세요.

설명

언뜻 보면 아무런 문제 없는 소스처럼 보이지만 막상 실행해보면 여러분의 예상과는 완전히 다른 결과값이 출력됩니다.

분명히 변수 value에는 5가 들어 있어서 if의 조건식이 거짓이 되어 실행구문이 실행되지 말아야 하는데 막상 실행결과는 "10보다 작은 값을 입력해주세요."라는 내용이 출력됩니다.

왜 그럴까요? 혹시 문제되는 부분을 찾았나요? 여러분 중 눈치 챈 분도 있겠지만 문제는 바로 아래와 같이 if() 뒤에 숨어있는 세미콜론(;) 때문입니다. 10배 크기로 확대해서 보여드리죠.

if(value>10)

세미콜론 하나의 의미는 변수에서도 배운 것처럼 하나의 구문을 의미하기 때문에 이번 예제에서는 if의 조건이 참이든 거짓이든 "10보다 작은 값을 입력해주세요."라는 문장은 출력될 수밖에 없습니다.

이는 if와 같은 제어문을 사용할 때 초보자가 가장 많이 하는 실수 중 하나이며 세미콜론(;)이 숨어 있어서 잘 보이지 않기 때문에 가끔씩 여러분을 퇴근하지 못하게 만드는 주범이 될 것입니다. 아마도 조만간 여러분 역시 세미콜론의 저주를 직접 겪게 될 것입니다.

이외에도 다음 내용은 초보자가 if를 배울 때 가장 많이 실수하는 부분이니 알아두길 바랍니다.

경우 1 _ 문자인데 " "를 감싸지 않은 경우

```
var value="test1";
// 조건 처리.
if(value==ddandongne)
    alert("짝수입니다.");
```

문자열 "ddandongne"를 " "로 감싸지 않고 사용하는 경우 일반 변수를 의미하게 되어 전혀 다른 값이 사용됩니다.

경우 2 _ == 대신 =를 잘못 사용하는 경우

```
if(value="ddandonnge")
    alert("환영합니다.");
```

== 대신 =를 넣는 경우 value라는 변수에 "ddandongne" 값이 들어가게 되어 조건식은 항상 참이 됩니다.

경우 3 _ 실행구문을 중괄호({ })로 감싸지 않는 경우

```
var value="test1";
if(value=="ddandongne")
    alert("안녕하세요.");
    alert("환영합니다.");
```

조건에 맞는 실행구문이 여러 개 있는데 중괄호({ })로 감싸지 않고 들여쓰기만 하는 경우 alert("환영합니다."); 구문은 조건식이 참이든 거짓이든 항상 실행됩니다.

Lesson
06 / 2단계 if

이번 레슨에서는 2단계 if를 학습합니다. 1단계 if를 정복했다면 2단계 if는 어렵지 않게 진행할 수 있을 겁니다.

01 _ 사용법

```
if(조건식){
    조건식이 참일 때 실행되는 구문1;
    조건식이 참일 때 실행되는 구문2;
     . . . . .
}else{
    조건식이 거짓일 때 실행되는 구문1;
    조건식이 거짓일 때 실행되는 구문2;
     . . . . .
}
```

1단계 if의 경우 조건식이 오직 참일 때 실행되는 구문만을 작성할 수 있었던 반면, 2단계 if는 조건식이 거짓일 때에 실행되는 구문도 작성할 수 있습니다.

예를 들어, 만약 변수 value의 값이 10과 같은 경우 "정답입니다."라는 메시지를 출력해주세요. 그렇지 않은 경우 "정답이 아닙니다"라는 메시지를 출력해주세요라고 했을 때 다음과 같이 if를 이용해서 소스를 작성할 수 있습니다.

```
if(value==10)
    alert("정답입니다.");
else
    alert("정답이 아닙니다.");
```

역으로 소스를 보고 변수 value의 값이 10과 같은 경우 "정답입니다."라는 메시지가 출력되고 그렇지 않은 경우(else) "정답이 아닙니다."라는 메시지가 출력되는구나, 라고 읽을 줄 알아야 합니다.

> **메모 _** 실행구문이 하나라고 하더라도 { }로 감싸서 표현할 수도 있습니다.
>
> ```
> if(value)>=10){
>     alert("정답입니다.");
> }else{
>     alert("정답이 아닙니다.");
> }
> ```

그럼 예제를 이용해서 2단계 if를 좀더 자세히 알아보겠습니다.

02 _ 예제

예제 01 로그인 처리

사용자 아이디 하나를 입력받아 아이디가 "ddandongne"라면 "환영합니다." 메시지를 출력하고, 그렇지 않은 경우 "운영자가 아닙니다."라는 메시지를 출력해주세요.

풀이 01: 소스 _ 01부/04장/lesson06/01_complete/01_01.html

```
// 1. 값 입력.
var userID = window.prompt("사용자아이디는? ");

// 2. 값 비교.
if(userID=="ddandongne")
    alert("환영합니다.");
else
    alert("운영자가 아닙니다.");
```

설명

간단하죠? 이외에도 비교 연산자 == 대신 != 를 이용해서 다음과 같이 역으로 풀 수 있습니다.

풀이 02: 소스 _ 01부/04장/lesson06/01_complete/01_02.html

```
// 1. 값 입력.
var userID = window.prompt("사용자 아이디는? ");
```

```
// 2. 값 비교.
if(userID!="ddandongne")
    alert("운영자가 아닙니다.");
else
    alert("환영합니다.");
```

예제 02 물고기 움직이기

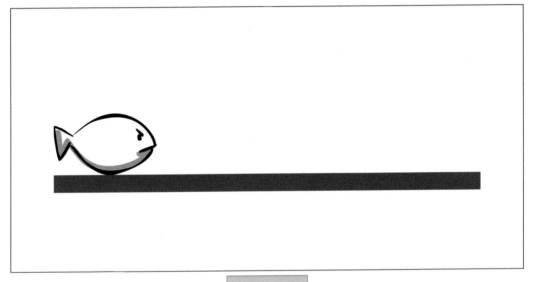

물고기 움직이기

prompt()를 이용해 x(left) 값을 입력받아 입력값이 0보다 크거나 같고 430보다 작거나 같은 경우 입력받은 위치만큼 물고기를 움직여주세요. 그렇지 않은 경우 "유효한 좌표 값이 입력되지 않았습니다."라는 메시지를 출력해 주세요.

참고로 이번 예제를 풀기 위해서는 여러분이 아직 배우지 않은 jQuery 기능을 이용해 물고기를 움직이거나 이벤트를 등록해야 합니다. 그렇다고 너무 걱정하지 않아도 됩니다. 이런 부분은 여러분을 위해 필자가 미리 코딩을 다 해놓은 상태이니 여러분은 오직 지금 배우고 있는 if에만 집중해서 나머지 빈 칸을 채워주세요. 지금까지의 if를 모두 이해한 여러분이라면 예제를 쉽게 풀 수 있을 것입니다.

풀이 전 코드: 소스 _ 01부/04장/lesson06/01_complete/02_00.html

```
$(document).ready(function(){
    // 물고기 노드 구하기.
    var $fish = $("#img1");

    // 버튼에 이벤트 걸기.
    $("#btnStart").click(function(){
        // 여기에 소스를 입력해주세요.

    });
})
```

메모 _ jQuery를 이용해 물고기를 움직이는 방법

물고기.css("left",위치 값)를 해주면 됩니다.

풀이: 소스 _ 01부/04장/lesson06/01_complete/02_01.html

```
$(document).ready(function(){
    // 물고기 노드 구하기.
    var $fish = $("#img1");

    // 버튼에 이벤트 걸기.
    $("#btnStart").click(function(){
        // 여기에 소스를 입력해주세요.

        // 1. 값 입력.
        var value = window.prompt("x좌표 값을 입력해주세요.",0); ❶

        // 2. 문자를 숫자로.
        value=parseInt(value); ❷

        // 3. 비교.
        if(value>=0 && value<=430){ ❸
            // 물고기 움직이기.
            $fish.css("left",value);
        } else {
```

```
            alert("유효한 좌표 값이 입력되지 않았습니다.");
        }
    });
})
```

설명

① 먼저 좌표 값을 입력받습니다.

② 좌표 값을 조건식에 사용하기 위해서는 문자가 아닌 숫자여야 하기 때문에 입력 받은 좌표 값을 문자에서 숫자로 형변환 해줍니다.

③ 입력값이 0보다 크거나 같고 430보다 작거나 같은 경우에만 물고기를 움직여 줍니다. 그렇지 않은 경우 alert() 함수를 이용해 알림 메시지를 출력해 줍니다.

코드를 모두 입력했다면 물고기가 정상적으로 움직이는지 확인해보죠. 자! 실행!

먼저 입력 창에 500 정도 입력한 후 실행해보죠. 알림 메시지 창이 출력되나요? 좋습니다. 그럼 이번에는 300을 입력해보죠. 어떤가요? 물고기가 움직이죠? 바로 이런 식으로 조건문 if와 비교 및 논리연산자를 사용하면 화면 요소를 여러분 마음대로 제어할 수 있답니다.

03 _ 1단계 if vs. 2단계 if

개발엔 정답이 없습니다. 내부 코드가 100줄이든, 1000줄이든 사용자 요구사항에 맞게 정상적으로 동작하면 그게 바로 정답인 것이죠. 이런 경험은 간단하게 우리가 방금 배운 1단 if와 2단 if를 이용해서도 직접 경험해볼 수 있습니다.

예제 03 **아이디 패스워드 확인 테스트**

prompt()를 활용해 사용자 아이디와 사용자 패스워드를 입력받은 후 사용자 아이디가 ddandongne이고 패스워드가 1234인 경우에만 "환영합니다." 메시지를 출력해주세요.

풀이 01: 소스 _ 01부/04장/lesson06/01_complete/03_01.html

```
var userID = window.prompt("사용자 아이디는? ");
var userPW = window.prompt("사용자 패스워드는?");

if(userID=="ddandongne" && userPW=="1234")
    alert("환영합니다.");
```

풀이 02: 소스 _ 01부/04장/lesson06/01_complete/03_02.html

```
var userID = window.prompt("사용자 아이디는? ");
var userPW = window.prompt("사용자 패스워드는?");

if(userID=="ddandongne"){
    if(userPW=="1234"){
        alert("환영합니다.");
    }
}
```

설명

우선 위의 두 가지 풀이 모두 정상적으로 원하는 결과를 출력합니다. 하지만 코드를 보면 구현방식이 조금 다르다는 것을 확인할 수 있습니다.

이처럼 프로그래밍엔 다양한 방법이 존재할 수 있기 때문에 여러분이 풀이한 방법이 필자가 풀이한 방법과 달라 잘못되었다고 생각하지 않아도 됩니다. 즉 이 책의 풀이 역시 수많은 방법 중 하나라는 것을 감안해 앞으로 등장하는 풀이들을 열린 마음으로 보길 바랍니다.

더불어 만약 여러분이 짧은 시간 내에 자바스크립트와 친해지고 싶다면 이처럼 하나의 주제를 다양한 방법으로 풀어보는 것을 추천해드립니다. 그럼 아마도 얼마 지나지 않아 프로그래밍 실력이 한 단계 업그레이드된 여러분 자신을 만날 수 있을 것입니다.

Lesson
07 / 3단계 if

결론을 미리 이야기하자면 3단계 이상 if는 if~else를 반복해서 사용하는 구조이기 때문에 3단계 if라고 해서 특별히 어려운 건 없습니다.

01 _ 문법

```
if(조건식1){
    조건식1이 참일 때 실행되는 구문1;
    [조건식1이 참일 때 실행되는 구문2;
     . . . . .]
}else if(조건식2){
    조건식2이 참일 때 실행되는 구문1;
    [조건식2이 참일 때 실행되는 구문2;
     . . . . .]
}
else {
    조건식2가 거짓일 때 실행되는 구문1;
    [조건식2가 거짓일 때 실행되는 구문2;
     . . . . .]
}
```

3단계 if는 여러 조건을 비교할 때 사용합니다. 문법만 보더라도 1단계, 2단계 if보다 뭔가 복잡해진 느낌이 듭니다. 하지만 자세히 보면 if~else가 반복해 등장하는 것을 알 수 있습니다.

즉 2단계 if를 이해하고 있다면 3단계 역시 어렵지 않게 이해할 수 있을 겁니다. 예를 들어, 만약 변수 value의 값이 10과 크거나 같은 경우 "정답입니다."라는 메시지를 출력해주세요. 그렇지 않고 입력값이 10보다 작은 값이면 "10보다 작은 값을 입력했습니다."라는 메시지를 출력하고, 그렇지 않다면 "10보다 큰 값을 입력했습니다"라는 메시지를 출력해주세요라고 했을 때 if를 이용해 다음과 같이 소스를 작성할 수 있습니다.

```javascript
var value=10;
if(value==10)
    alert("정답입니다.");
else if(value<10)
    alert("10보다 작은 값을 입력했습니다.");
else
    alert("10보다 큰 값을 입력했습니다.");
```

이미 눈치 챈 분도 있겠지만 이런 식으로 else if를 이용하면 3단뿐만 아니라 10단 또는 100단까지 무한대로 비교구문을 만들 수 있습니다. 그럼 예제를 이용해 3단 if를 좀더 자세히 알아보죠.

02 _ 예제

예제 01 **로그인 처리**

사용자 아이디와 패스워드를 각각 입력받은 후 사용자 아이디가 ddandongne이고 패스워드가 1234인 경우에만 "환영합니다."라는 메시지를 출력해주세요. 만약 사용자 아이디가 다른 경우 "사용자 아이디를 잘못 입력했습니다."라고 메시지를 출력하고, 패스워드가 잘못된 경우 "패스워드를 잘못 입력했습니다."라고 메시지를 출력해주세요.

풀이 01: 소스 _ 01부/04장/lesson07/01_complete/01_01.html

```javascript
// 1. 값 입력.
var userID = window.prompt("사용자 아이디는?");
var userPW = window.prompt("사용자 패스워드는?");

// 2. 값 비교.
if(userID=="ddandongne" && userPW=="1234")
    alert("환영합니다.");
else if(userID!="ddandongne")
```

```
    alert("사용자 아이디를 잘못 입력했습니다.");
else
    alert("패스워드를 잘못 입력했습니다.");
```

설명

단순한 풀이이니 설명은 생략하겠습니다. 이외에도 다음과 같이 풀 수도 있습니다.

풀이 01: 소스 _ 01부/04장/lesson07/01_complete/01_02.html

```
var userID = window.prompt("사용자 아이디는?");
var userPW = window.prompt("사용자 패스워드는?");
// 2. 값 비교.
if(userID=="ddandongne" && userPW=="1234")
    alert("환영합니다.");
else if(userID=="ddandongne")
    alert("패스워드를 잘못 입력했습니다.");
else
    alert("사용자 아이디를 잘못 입력했습니다.");
```

예제 02 **물고기 움직이기**

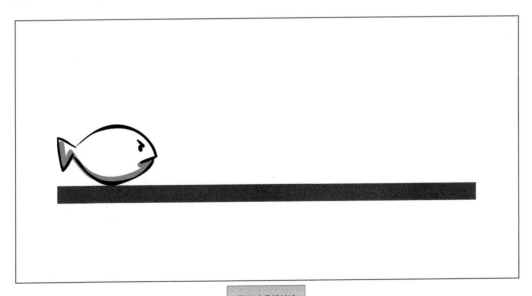

물고기 움직이기

prompt()를 이용해 x(left) 값을 입력받아 입력값이 0보다 크거나 같고 430보다 작거나 같은 경우 입력받은 위치만큼 물고기를 움직여주세요.

만약 0보다 작은 값이면 "0보다 큰 값을 입력해주세요"라는 메시지를 출력하고 430보다 큰 값이면 "430보다 작은 값을 입력해주세요"라는 메시지를 출력해 주세요.

풀이 전 코드: 소스 _ 01부/04장/lesson07/01_complete/02_00.html

```
$(document).ready(function(){
    // 물고기 노드 구하기.
    var $fish = $("#img1");

    // 버튼에 이벤트 걸기.
    $("#btnStart").click(function(){

        // 여기에 소스를 입력해주세요.

    });
})
```

메모 _ **jQuery를 이용해 물고기를 움직이는 방법**

물고기.css("left", 위치 값)를 해주면 됩니다.

풀이: 소스 _ 01부/04장/lesson07/01_complete/02_01.html

```
$(document).ready(function(){
    // 물고기 노드 구하기.
    var $fish = $("#img1");

    // 버튼에 이벤트 걸기.
    $("#btnStart").click(function(){
        // 여기에 소스를 입력해주세요.
        // 1. 값 입력.
        var value = window.prompt("x좌표 값을 입력해주세요.",0);
        // 2. 문자를 숫자로.
        value=parseInt(value);
```

```
            // 3. 비교.
            if(value>=0 && value<=430) {
                // 물고기 움직이기.
                $fish.css("left",value);
            } else if(value<0){
                alert("0보다 큰 값을 입력해주세요");
            }else{
                alert("430보다 작은 값을 입력해주세요");
            }
        });
    })
```

설명

어떤가요? 3단계 if를 사용하니 2단 if를 사용해 할 때보다 좀더 세밀하게 제어할 수 있죠?! 그럼 좀더 복잡한 예제를 다뤄보겠습니다.

예제 03 **보스와의 연봉 협상**

다음 요구사항을 if를 이용해서 표현해 주세요.

요구사항

만약 연봉인상이 100원보다 작다면

　"회사를 바로 그만두고 이직 준비한다." 메시지를 띄워주세요.

그렇지 않고, 연봉인상이 200원 정도면

　"3개월 후에 회사를 그만두고, 닭집 차린다." 메시지를 띄워주세요.

그렇지 않고, 연봉인상이 500원 정도면

　"그냥 다녀본다." 메시지를 띄워주세요.

그렇지 않고, 연봉인상이 1000원 이상이면

　"완전 내 회사, 평생 내 회사라는 마음으로 회사에 충성하며 다닌다." 메시지를 띄워주세요.

풀이: 소스 _ 01부/04장/lesson07/01_complete/03.html

```
// 1. 연봉인상가 입력받기.
var value = window.prompt("뚜시궁! 보스와의 연봉협상, 결과는?(연봉인상가를 입력해주세요.) ");

// 2. 문자를 숫자로.
value=parseInt(value);

// 비교 처리.
if(value<100)
    alert("회사를 바로 그만두고 이직 준비한다.");
else if(value<=200)
    alert("3개월 후에 회사를 그만두고. 닭집차린다");
else if(value<=500)
    alert("그냥 다녀본다.");
else if(value>=1000)
    alert("완전 내회사, 평생 내회사라는 마음으로 회사에 충성하며 다닌다.");
```

설명

앞에서도 몇 번 언급한 것처럼 프로그래밍은 여러분의 생각을 컴퓨터가 알아들을 수 있게 하는 도구입니다. 만약 조금이라도 빨리 프로그래밍 언어에 익숙해지기를 원한다면 방금 다룬 예제처럼 먼저 여러분의 생각을 요구사항처럼 일반 글로 표현해 보세요. 그리고 이 글을 그대로 프로그래밍 언어로 표현하는 연습을 하는 거죠.

Lesson
08 / 조건부 연산자

자바스크립트에서는 간단한 2단계 if를 좀더 쉽게 표현할 수 있는 조건부 연산자라는 것을 제공합니다. 이번 레슨에서는 조건부 연산자를 학습합니다.

01 _ 조건부 연산자란?

프로그래밍 동네에 존재하는 문법이나 기능을 유심히 관찰해보면 크게 '코드 재사용성'과 '중복 코드 제거' 그리고 '코드 단순화'를 두고 만들어진 기능이 많습니다. 머지않아 곧 여러분이 만나게 될 함수와 클래스 역시 재사용성과 중복 코드 제거를 위해 사용하는 기능이며 앞 쪽에서 배운 복합 연산자 등도 '단순화'를 위한 문법 중 하나라는 걸 알 수 있습니다.

조건부 연산자 역시 이 단순화를 위한 문법 중 하나이며 주로 2단계 if를 좀더 간결하게 표현하고자 할 때 사용합니다.

2단계 if	조건부 연산자

`if(조건식){`
　　`실행구문1;`
`}else {`
　　`실행구문2;`
`}`
	`(조건식) ? 실행구문1 : 실행구문2;`

02 _ 사용법

문 법	(조건식) ? 조건식이 참일 때 실행되는 구문 : 조건식이 거짓일 때 실행되는 구문;

설명

문법에서도 알 수 있는 것처럼 왠지 if와 많이 닮아 있습니다. 그렇죠? 네 맞습니다. 여러분이 느끼는 것처럼 간단한 2단계 if를 좀더 간단하게 사용할 수 있는 것이 바로 조건부 연산자입니다.

이해하기 쉽게 풀어서 설명하자면 먼저 조건식을 작성한 후 물음표(?)를 적고 다음으로 조건식이 참일 때 실행할 구문을 작성해줍니다. 다음으로 콜론(:)을 적은 다음 조건식이 거짓일 때 실행할 구문을 작성해줍니다.

그럼 예제를 이용해 조건부 연산자의 사용법을 알아보겠습니다.

03 _ 예제

예제 01 아래 내용을 조건부 연산자를 이용해서 간결하게 표현해 주세요.

풀이 전 코드: 소스 _ 01부/04장/lesson08/01_complete/01_00.html

```
// 1. 값 입력.
var value = window.prompt("수를 입력해주세요. ");
// 2. 문자를 숫자로 변환.
value = parseInt(value);

// 3. 비교
if(value%2==0)
    alert("짝수입니다.");
else
    alert("홀수입니다.");
```

풀이: 소스 _ 01부/04장/lesson08/01_complete/01_01.html

```
// 1. 값 입력.
var value = window.prompt("수를 입력해주세요. ");

// 2. 문자를 숫자로 변환.
value = parseInt(value);

// 3. 비교
(value%2==0) ? alert("짝수입니다.") : alert("홀수입니다.");
```

설명

어떤가요?

i=i+1;을 i++로 간단하게 사용하는 것처럼 조건부 연산자를 사용한 경우 if를 좀더 간단하게 사용하는 듯한 느낌이지 않나요?

마치며

자! 이렇게 해서 조건문 if를 그 어느 책보다 자세하고 꼼꼼하게 알아봤습니다. 이쯤에서 "내가 정말 if를 다 배운 건가?"라고 고민을 하는 분이 있다면 필자가 이에 대한 대답을 명확하게 해줄 수 있습니다.

만약, 여러분이 Lesson 09의 모든 미션을 여러분 스스로 풀 줄 안다면 여러분은 if를 정복했다고 판단하십시오! 그렇지 않다면? if를 좀더 공부를 해야 한다고 판단하십시오! 이런 분에게는 다음 장으로 이동하기보다는 이번 장을 다시 한 번 복습하길 권유해 드립니다.

잔소리는 이쯤에서 끝내고 늘 그랬던 것처럼 지금까지 다룬 if를 여러분이 정말 제대로 알고 있는지 검증하는 시간을 가져보죠.

Lesson
09 / 미션

이번에도 지금까지 학습 내용을 테스트해보는 시간을 가져 보겠습니다. 지금부터 책을 덮고 여러분 스스로 힘으로 미션을 풀어보세요.

미션 01   경품 추첨기 만들기

수를 입력받아 이 값이 1이면 "당첨! 냉장고", 2이면 "당첨! 세탁기", 3이면 "당첨! TV", 이외의 경우는 모두 "꽝입니다."를 출력해주세요.

풀이 01: 소스 _ 01부/04장/lesson09/01_complete/m01/01.html

```
var luckyValue = window.prompt("두궁두궁! 행운의 번호를 고르세요.");

if(luckyValue=="1")
    document.write("당첨! 냉장고");
else if(luckyValue=="2")
    document.write("당첨! 세탁기");
else if(luckyValue=="3")
    document.write("당첨! TV");
else
    document.write("꽝입니다.");
```

설명

위의 풀이 이외에도 풀이 02와 같은 방법으로 풀 수 있습니다.

풀이 02: 소스 _ 01부/04장/lesson09/01_complete/m01/02.html

```
var luckyValue = window.prompt("두궁두궁! 행운의 번호를 고르세요.");

if(luckyValue=="3")
    document.write("당첨! TV");
else if(luckyValue=="2")
    document.write("당첨! 세탁기");
```

```
else if(luckyValue=="1")
    document.write("당첨! 냉장고");
else
    document.write("꽝입니다.");
```

미션 02   if 활용하기

풀이 전 코드를 간단하게 만들어 주세요.

풀이 전 코드: 소스 _ 01부/04장/lesson09/01_complete/m02/00.html

```
// 1. 마우스 버튼 입력받기.
var value = window.prompt("마우스 버튼을 눌러주세요(입력해주세요)", "왼쪽");

// 2, 비교처리.
if(value=="오른쪽")
    document.write("오른쪽! 버튼을 눌렀군요!<br>");
else if(value=="왼쪽")
    document.write("왼쪽! 버튼을 눌렀군요!<br>");
else if(value=="가운데")
    document.write("가운데! 버튼을 눌렀군요!<br>");
else
    document.write("도대체, 뭘 누른거죠?<br>");
```

풀이: 소스 _ 01부/04장/lesson09/01_complete/m02/01.html

```
// 1. 마우스 버튼 입력받기.
var value = window.prompt("마우스 버튼을 눌러주세요(입력해주세요)", "왼쪽");

// 2. 비교처리.
if(value=="오른쪽" || value=="왼쪽" || value=="가운데")
    document.write(value+"! 버튼을 눌렀군요!<br>");
else
    document.write("도대체, 뭘 누른거죠?<br>");
```

설명

3단계 if를 자세히 살펴보면 1단계 if로 표현할 수 있는 걸 알 수 있습니다. 핵심은 value값을 document.write()에 사용해서 value값 + "! 버튼을 눌렀군요"라는 문장을 만들어 냈다는 점입니다.

미션 03   물고기 움직이기

버튼을 누르면 x, y에 입력된 값만큼 물고기를 움직여주세요. 단, x값이 0~500, y는 0~300이 넘는 값이 입력되면 "입력된 값이 너무 큽니다. 다시 입력해주세요."라고 출력해 주세요.

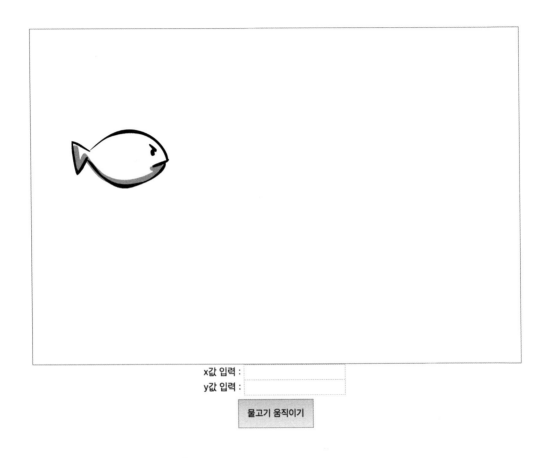

x값 입력 :

y값 입력 :

물고기 움직이기

풀이 전 코드: 소스 _ 01부/04장/lesson09/01_complete/m03/00.html

```
$(document).ready(function(){
    // 물고기 노드 구하기.
    var $fish = $("#fish");

    // 버튼에 이벤트 걸기.
    $("#btnStart").click(function(){
        // 1. 값 구하기
        var x = parseInt($("#txtX").val());
```

```
        var y = parseInt($("#txtY").val());

        // 여기에 소스를 입력해주세요.

    });
})
```

풀이: 소스 _ 01부/04장/lesson09/01_complete/m03/01.html

```
$(document).ready(function(){
    // 물고기 노드 구하기.
    var $fish = $("#fish");

    // 버튼에 이벤트 걸기.
    $("#btnStart").click(function(){
        // 1. 값 구하기
        var x = parseInt($("#txtX").val());
        var y = parseInt($("#txtY").val());

        // 여기에 소스를 입력해주세요.
```

```
        // 2. 비교.
        if((x>=0 && x<=500) && (y>=0 && y<=300)){ ❶
            // 물고기 움직이기.
            $fish.css({ ❷
                left:x,
                top:y
            });
        } else {
            alert("입력된 값이 너무 큽니다. 다시 입력해주세요.");
        }
    });
})
```

설명

이번 예제는 앞에서 다룬 물고기 예제를 조금 업그레이드한 내용입니다.

❶ 논리 연산자 &&를 이용해 입력 받은 입력값이 x축과 y축의 유효영역의 값인지 판단합니다.

❷ 유효 값인 경우에만 jQuery의 css() 기능을 활용해 물고기를 움직여 줍니다.

미션 04 학점 구하기

이번 예제는 학점을 구하기 예제입니다. 하나의 평균 값을 입력받아 요구사항에 맞게 출력해주세요.

요구사항

1. 학점은 다음과 같이 계산해주세요.

입력값이 100~90이면 A학점

입력값이 89~80이면 B학점

입력값이 79~70이면 C학점

입력값이 69~60이면 D학점

입력값이 59~이면 F학점

2. 예를 들어 입력값이 100이면 다음과 같이 출력해주세요.

100 점수의 점수의 학점은? A 입니다.

그럼 지금부터 풀이를 진행해볼 텐데요. 풀이는 총 3가지 방법으로 진행해 보겠습니다.

풀이 01: 소스 _ 01부/04장/lesson09/01_complete/m04/01.html

```
// 1. 평균 점수 입력받기.
var value = window.prompt("평균 점수를 입력해주세요.");

// 2. 문자를 숫자로.
value=parseInt(value);

// 3. 학점 계산 후
// 4. 학점 출력
if(value>=90 && value<=100)
    alert(value+ " 점수의 학점은? A  입니다.");
else if(value>=80 && value<=89)
    alert(value+ " 점수의 학점은? B  입니다.");
else if(value>=70 && value<=79)
    alert(value+ " 점수의 학점은? C  입니다.");
else if(value>=60 && value<=69)
    alert(value+ " 점수의 학점은? D  입니다.");
else
    alert(value+ " 점수의 학점은? F  입니다.");
```

설명

혹시... 여러분이 작성한 코드가 풀이와 비슷하지 않나요? 그렇죠?! 필자 역시 프로그래밍을 막 시작했을 때 이 방법밖에 생각할 수 없었던 것 같습니다. 뭐 그렇다고 이 풀이법이 결코 잘못된 건 절대 아닙니다. 하지만 변수 하나를 추가하면 좀더 유연한 코드를 만들 수 있습니다. 다음 풀이를 봐주세요.

풀이 02: 소스 _ 01부/04장/lesson09/01_complete/m04/02.html

```
// 1. 평균 점수 입력받기.
var value = window.prompt("평균 점수를 입력해주세요.");

// 2. 문자를 숫자로.
value=parseInt(value);

// 3. 학점 구하기
var grade ="F";
if(value>=90 && value<=100)
    grade="A";
```

```
else if(value>=80 && value<=89)
    grade="B";
else if(value>=70 && value<=79)
    grade="C";
else if(value>=60 && value<=69)
    grade="D";
else
    grade="F";

// 4. 학점 출력
alert(value+ " 점수의 학점은? "+ grade+"  입니다.");
```

설명

잠깐만요. 풀이 01과 풀이 02를 한눈에 볼 수 있게 if를 사용한 부분을 중심으로 정렬을 좀 해보겠습니다.

풀이 01	풀이 02

`// 3. 학점 구하기`
`// 4. 학점 출력`
`if(value>=90 && value<=100)`
`    alert(value+ " 점수의 학점은? A  입니다.");`
`else if(value>=80 && value<=89)`
`    alert(value+ " 점수의 학점은? B  입니다.");`
`else if(value>=70 && value<=79)`
`    alert(value+ " 점수의 학점은? C  입니다.");`
`else if(value>=60 && value<=69)`
`    alert(value+ " 점수의 학점은? D  입니다.");`
`else`
`    alert(value+ " 점수의 학점은? F  입니다.");`
	`// 3. 학점 구하기`
	`var grade ="F";`
	`if(value>=90 && value<=100)`
	`    grade="A";`
	`else if(value>=80 && value<=89)`
	`    grade="B";`
	`else if(value>=70 && value<=79)`
	`    grade="C";`
	`else if(value>=60 && value<=69)`
	`    grade="D";`
	`else`
	`    grade="F";`
	
	`// 4. 학점 출력`
	`alert(value+ " 점수의 학점은? "+ grade+"  입니다.");`

자! 됐습니다. 풀이 01과 풀이 02를 비교해보죠.

어떤가요? 흔하디 흔한 변수 하나(grade)를 추가했을 뿐인데 풀이 01과 달리 각 조건에 따른 실행구문에 들어있던 alert(); 구문이 어디론가 모두 사라져버렸습니다. 바로 이것을 보고 "변수를 활용할 줄 아는군!" 이라고 말하는 거겠죠?

코드의 변화는 여기에서 끝나지 않습니다. 약간의 생각과 시간을 들이면 지금보다 더 멋진 소스를 만들 수 있습니다. 풀이 03번처럼 말이지요.

풀이 03: 소스 _ 01부/04장/lesson09/01_complete/m04/03.html

```
// 1. 평균 점수 입력받기.
var value = window.prompt("평균 점수를 입력해주세요.");

// 2. 문자를 숫자로.
value=parseInt(value);

// 3. 학점 구하기
var grade ="F";
if(value>=90)
    grade="A";
else if(value>=80)
    grade="B";
else if(value>=70)
    grade="C";
else if(value>=60)
    grade="D";
else
    grade="F";

// 4. 학점 출력
alert(value+ " 점수의 학점은? "+ grade+"  입니다.");
```

설명

오마이갓! 세상에나! if의 조건식 영역에 꽉! 꽉! 찼던 조건식이 어디론가 모두 사리지고 대신 아주 단순한 조건식이 자리잡고 있습니다. 정상적으로 동작되는 게 맞냐고요? 의심이 가는 분이 있다면 먼저 소스를 실행해보세요. 어떤가요? 정상적으로 동작하죠? 아니면 필자와 같이 소스가 정상적으로 동작하는지 같이 해석해 보죠. 예를 들어 만약 입력값이 95라고 가정한다면 1번째 if의 조건식은 (95>=90)이니 참이 되죠? 그래서 grade에 A가 대입됩니다.

만약 입력값이 75라고 가정한다면 1번째 if는 (75>=90)이니 거짓이 되고 2번째 if로 실행이 이동합니다. 2번째 if는 (75>=80)이니 이것도 거짓이 되어 3번째 if로 실행이 이동합니다. 3번째 if는 (75>=70)이니 참이 되어 grade에 C가 대입됩니다. 어떤가요? 모두 정상적으로 동작하죠?!

반복해서 하는 이야기지만 이처럼 프로그래밍은 여러 개의 해답이 있을 수 있습니다. 여러분도 조만간 다양한 방법으로 소스를 작성할 수 있는 그날이 올 것입니다. 그러니 조급한 마음보다는 기초부터 튼튼히 한다는 느긋한 마음으로 지금처럼 눈 높이에 맞는 예제를 많이 풀어보세요.

미션 05   체크박스 만들기

이번 미션은 실무에서 많이 사용하는 체크박스를 직접 만들어보는 것입니다. 먼저 화면은 다음과 같이 구성돼 있습니다.

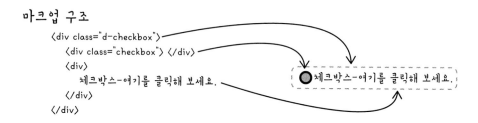

마크업 구조

```
<div class="d-checkbox">
    <div class="checkbox"> </div>
    <div>
        체크박스-여기를 클릭해 보세요.
    </div>
</div>
```

⦿ 체크박스-여기를 클릭해 보세요.

스타일

```
.d-checkbox {
    position: relative;
    left: 100px;
    top: 100px;
}
.d-checkbox .checkbox {
    width: 20px;
    height: 15px;
    float: left;
    background: url("./resources/checkbox_uncheck.png") no-repeat;
}
.d-checkbox .checkbox.check {
    background: url("./resources/checkbox_check.png") no-repeat;
}
```

요구사항을 정리해보면 다음 실행화면처럼 체크박스를 클릭하면 체크 〈→〉 미체크를 반복되게 해주세요.

1 _ 체크 상태

⦿ 체크박스-여기를 클릭해 보세요.

2 _ 미체크 상태

◯ 체크박스-여기를 클릭해 보세요.

힌트

미체크 상태 → 체크 상태로 만드는 방법

```
$체크박스.addClass("check");
```

addClass() 메서드를 이용하면 노드에 클래스를 동적으로 추가할 수 있습니다.

체크 상태 → 미체크 상태로 만드는 방법

```
$체크박스.removeClass("check");
```

removeClass() 메서드를 이용하면 노드에 적용된 클래스를 동적으로 제거할 수 있습니다. addClass()와 removeClass() 는 4부 jQuery에서 자세히 배웁니다.

풀이 전 코드: 소스 _ 01부/04장/lesson09/01_complete/m04/00.html

```html
<html>
<head>
<meta http-equiv="Content-Type" content="text/html; charset=UTF-8">
<title> </title>
<style>
    body{
    font-size:9pt;
    }

    .d-checkbox{
        position: relative;
        left:100px;
        top:100px;
    }

    .d-checkbox .checkbox{
        width:20px;
        height:15px;
        float:left;
        background: url("./resources/checkbox_uncheck.png") no-repeat;
    }

    .d-checkbox .checkbox.check{
        background: url("./resources/checkbox_check.png") no-repeat;
    }
```

```
</style>

<script type="text/javascript"  src="../../libs/jquery-1.7.1.min.js"> </script>
<script>
    $(document).ready(function(){
        var $chk=$(".d-checkbox .checkbox");

            $(".d-checkbox").click(function(){
                // 소스를 여기에 입력해주세요.

            })
        })

</script>
</head>
<body>
    <div class="d-checkbox">
        <div class="checkbox"> </div>
        <div class="label">
                체크박스-여기를 클릭해보세요.
        </div>
    </div>
</body>
</html>
```

풀이

오~ 놀랍지 않나요? 여러분이 정말 체크박스를 만드는 수준까지 도달했다는 것이요?! 사실 체크박스 제작의 핵심은 if와 변수에 있습니다.

체크박스가 동작되는 원리를 잘 생각해보세요. 체크가 되어 있으면 –> 체크를 풀고, 체크가 되어 있지 않으면 –> 체크해주면 끝입니다. 그 이상 그 이하도 없습니다.

지금 말한 내용을 그대로 코드로 구현하면 다음 풀이와 같이 됩니다.

소스 _ 01부/04장/lesson09/01_complete/m04/01.html

```
$(document).ready(function(){

    var bCheck=false; ❶
```

```
    var $chk =$(".d-checkbox .checkbox");

$(".d-checkbox").click(function(){
    // 소스를 여기에 입력해주세요.

    // 클릭할 때마다 현재 상태 값을 반전시킴.
    bCheck = !bCheck; ❷

    if(bCheck==true){ ❸
        $chk.addClass("check");
    }
    else{
        $chk.removeClass("check");
    }
})
})
```

설명

❶ 먼저 체크 박스의 선택 유무를 담을 스위치 변수인 bCheck라는 이름을 가진 변수를 하나 추가해줍니다. 시작 값은 선택 돼 있지 않은 의미로 false로 해줍니다.

❷ 체크 박스를 클릭할 때마다 bCheck 변숫값을 토글(toggle) 시켜줍니다. 즉 값이 true인 경우 false로 false인 경우는 true로 만들어 주는 거죠.

❸ bCheck 값이 true인 경우 jQuery의 addClass() 기능을 이용해 check 클래스를 동적으로 추가하고 bCheck 값이 false인 경우 jQuery의 removeClass() 기능을 이용해 추가돼 있는 check 클래스를 동적으로 제거해 줍니다.

CHAPTER 05

조건문 switch

공지:
원의 크기는 난이도를 나타냅니다.
앞으로 갈수록 조금씩 어려워지니 차근차근 따라오세요.

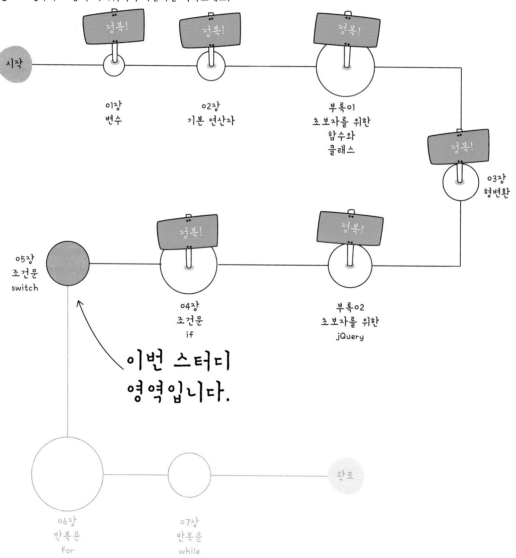

들어가며

여러분에게 이번 장을 좀더 쉽게 진행할 수 있는 힌트를 주자면 만약 여러분이 앞에서 다룬 if 를 제대로 알고 있다고 할 경우 이번 장에서 다룰 switch를 아주 쉽게 정복할 수 있을 겁니다. 어쩌면 불과 몇 분도 채 걸리지 않을 수도 있습니다. 그만큼 switch는 if와 밀접한 관계를 가지고 있습니다.

또 하나의 힌트를 더 주자면 if는 switch 대신 사용할 수 있지만 switch는 오직 특별한 경우에만 if 대신 사용할 수 있습니다. 바로 이 내용이 이번 장의 핵심이기도 하지요. 재 그럼 지금부터 switch는 if와 어떤 차이점이 있는지, 그리고 어느 때 if 대신 switch를 사용할 수 있는지 알아보겠습니다.

이번 장에서 배울 내용은 다음과 같습니다.

Lesson 01 **switch문 소개**
Lesson 02 **if와 switch 차이점**
Lesson 03 **미션**

Lesson 01 / switch문 소개

여러 개의 다중 조건 처리를 해야 하는 경우 if문 대신 switch문을 사용하면 좀더 깔끔하게 코드를 작성할 수 있습니다. 과연 어느 때 switch문을 사용하면 좋은지 이번 레슨에서 학습해보죠.

01 _ switch문이란?

다음과 같이 동작하는 간단한 경품 추첨기를 만든다고 해보죠. 먼저 요구사항을 살펴보겠습니다.

경품 추첨기 요구 사항:

번호가 1번이면 냉장고

번호가 2번이면 TV

번호가 3번이면 세탁기

나머지는 꽝!

앞 장에서 배운 if를 이용해 구현한다면 앞에서 다룬 것처럼 다음과 같은 구조를 가질 것입니다.

```
if(경품번호==1){
    냉장고 당첨;
}
else if(경품번호==2){
    TV 당첨;
}
else if(경품번호 ==3) {
    세탁기 당첨;
}
else {
    꽝;
}
```

경품 번호가 많아지면 많아질수록 else if는 증가할 것이며 다소 복잡해질 것입니다. 자바스크립트는 이런 다중 조건 처리를 좀더 깔끔하고 읽기 쉬운 코드로 작성할 수 있게 switch문을 제공합니다. 아직 switch를 배운진 않았지만 위의 경품 추첨기 코드를 switch문을 이용하면 다음과 같이 만들 수 있습니다.

if를 사용한 경우	switch를 사용한 경우

``
if(경품번호==1){
    냉장고 당첨;
}
else if(경품번호==2){
    TV 당첨;
}
else if(경품번호 ==3) {
    세탁기 당첨;
}
else {
    꽝;
}
``
	``
	switch(경품번호){
	    case 1 :
	        냉장고 당첨;
	        break;
	    case 2 :
	        TV 당첨;
	        break;
	    case 3 :
	        세탁기 당첨;
	        break;
	    default :
	        꽝;
	}
	``

정리하자면 switch는 if와 같은 조건문 중에 하나입니다. switch는 주로 여러 개의 조건을 처리해야 하는 복잡한 다중 if~else 대신 사용합니다. switch를 이용하면 위에서 확인한 것처럼 경품 추첨기 코드를 if를 사용할 때보다 훨씬 읽기 쉬운(가독성 있는) 코드로 작성할 수 있습니다.

02 _ 사용법

문 법	```
	switch(변수 또는 값) {
	    case 값1 :
	        실행구문1;
	        break;
	    case 값2 :
	        실행구문 2
	        break;
	    . . . .
	    default :
	        모든 조건이 일치하지 않을 때 실행되는 구문;
	}
	``

설명

switch 역시 조건문 중에 하나이기 때문에 if를 이해하고 있다면 switch문을 아주 쉽게 이해할 수 있습니다. if와 switch를 비교하면 다음과 같이 문법만 다를 뿐 조건과 실행구문은 똑같습니다.

if 문법	switch 문법

if(변수 또는 식 = 값1){
    실행구문1;
}
else if(변수 또는 식 = 값2){
    실행구문2;
}
else if(변수 또는 식 = 값3) {
    실행구문3;
}
else {
    실행구문 4;
}
	switch(변수 또는 식){
	    case 값1 :
	        실행구문1;
	        break;
	    case 값2 :
	        실행구문2;
	        break;
	    case 값3 :
	        실행구문3;
	        break;
	    default :
	        실행구문4;
	}

switch 문법을 좀더 자세히 살펴보죠.

1 _ 조건식

if에서는 조건식을 if(변수==값)를 사용해서 처리하는 반면 switch에서는 switch(변수) case 값을 사용합니다. switch의 변수 또는 식의 값이 case에 선언된 값과 같은 해당 실행구문이 실행됩니다.

2 _ case~break;

if에서는 {}를 이용해 실행구문 영역을 지정하는 반면 switch는 case~break문을 이용합니다. break문을 만나면 switch 구문에서 벗어납니다.

3 _ default

조건이 모두 일치하지 않은 경우 이 영역에 있는 구문이 실행됩니다.

그럼 예제를 통해서 switch문을 좀더 자세히 알아보겠습니다.

03 _ 예제

예제 01 if문으로 되어 있는 구문을 switch문으로 변경해 주세요.

소스 _ 01부/05장/lesson01/01_complete/01_00.html

```
var luckyValue = window.prompt("두근! 두근! 행운의 번호를 고르세요.");
```

```
if(luckyValue=="3")
    document.write("당첨! 냉장고 ");
else if(luckyValue=="2")
    document.write("당첨! 세탁기");
else if(luckyValue=="1")
    document.write("당첨! TV");
else
    document.write("꽝입니다.");
```

풀이: 소스 _ 01부/05장/lesson01/01_complete/01_01.html

```
var luckyValue = window.prompt("두근! 두근! 행운의 번호를 고르세요.");

switch(luckyValue){
    case "3" :
        document.write("당첨! 냉장고<br>");
        break;
    case "2" :
        document.write("당첨! 세탁기<br>");
        break;
    case "1" :
        document.write("당첨! TV<br>");
        break;
    default :
        document.write("꽝입니다.<br>");
}
```

설명

switch를 이용하면 예제 풀이처럼 다중 조건 처리를 좀더 깔끔하고 가독성 있게 처리할 수 있습니다.

예제 02 break문 테스트

아래와 같이 소스 코드가 입력되어 있을 때 다음 질문에 답변을 해주세요.

01. "3"이 입력되면 화면에 출력되는 값은?

02. "2"가 입력되면 화면에 출력되는 값은?

03. "1"이 입력되면 화면에 출력되는 값은?

소스 코드: 소스 _ 01부/05장/lesson01/01_complete/02.html

```
var luckyValue = window.prompt("두근! 두근! 행운의 번호를 고르세요.");
switch(luckyValue){
    case "3" :
        document.write("당첨! 냉장고<br>");
        break;
    case "2" :
        document.write("당첨! 세탁기<br>");
    case "1" :
        document.write("당첨! TV<br>");
    default :
        document.write("꽝입니다.<br>");
}
```

답변

1. 당첨! 냉장고
2. 당첨! 세탁기
   당첨! TV
   꽝입니다.
3. 당첨! TV
   꽝입니다.

설명

switch에서 해당 조건에 맞는 case의 실행구문이 실행된 후 break; 구문이 없다면 계속해서 다음 case 내용이 실행됩니다. 예제처럼 3을 입력했을 경우 case "3"의 실행구문이 실행된 후 break; 문이 있기 때문에 switch 영역을 벗어나는 반면 "2"와 "1"을 입력한 경우 break; 구문이 없기 때문에 다음 case 문이 실행됩니다. 이에 따라, "2"를 입력한 경우는 다음과 같이

당첨! 세탁기

당첨! TV

꽝입니다가 출력되고, "1"을 입력한 경우는 다음과 같이

당첨! TV

꽝입니다가 출력됩니다.

실행 결과에서 알 수 있는 것처럼 case의 실행구문이 한번 실행되면 break; 를 만나기 전까지는 멈추지 않는다는 점을 꼭 기억하세요.

Lesson
02 / if와 switch 차이점

그럼 과연 어떤 경우에 if 대신 switch를 사용할 수 있는지 살펴보겠습니다. 어렵진 않지만 이제 막 자바 스크립트를 시작하는 초보자들이 가장 많이 실수하는 부분이니 꼭 알아두길 바랍니다.

지금까지 내용만을 본다면 "그럼 이제부터 무조건 다중 if 대신 switch를 사용하면 되는 건가?"라고 생각 할지 모르겠네요. 하지만 아쉽게도 if 내용을 모두 switch로 변경할 수 없으며 오직 단 한 가지 조건이 만 족하는 경우에만 if 대신 switch를 사용할 수 있습니다. 참고로 if는 제약 없이 switch 대신 사용할 수 있 습니다.

01 _ if를 switch로 변경할 수 없는 경우

if 구문 중 조건식에 〉, 〈, 〉=, 〈=, != 와 같은 비교 연산자를 사용한 경우는 switch로 변경할 수 없습니 다.

if를 사용한 경우	switch를 사용한 경우
| ```
if(변수>값1 ){
    실행구분1;
}else if(변수>값2){
    실행구분2;
}else if(변수>값3){
    실행구분3;
}else if(변수>값4){
    실행구분4;
}
``` | ```
switch(변수){
    case 변수>값1 :
        실행구분1;
        break;
    case 변수>값2  :
        실행구분2;
        break;
    case 변수>값3  :
        실행구분3;
        break;
    case변수>값4  :
        실행구분4;
        break;
}
``` |

02 _ if를 switch로 변경할 수 있는 경우

if 구문 중 조건식이 특정 값과 일치하는 경우(==)만 switch로 변경할 수 있습니다.

if를 사용한 경우	switch를 사용한 경우
| ```
if(변수==값1 ){
    실행구분1;
}else if(변수==값2){
    실행구분2;
}else if(변수==값3){
    실행구분3;
}else if(변수==값4){
    실행구분4;
}
``` | ```
switch(변수){
    case 값1 :
        실행구분1;
        break;
    case 값2 :
        실행구분2;
        break;
    case 값3 :
        실행구분3;
        break;
    case 값4 :
        실행구분4;
        break;
}
``` |

처음에 if와 switch를 배우게 되면 "음.. 뭐가 다르지? 그냥 if나 switch 둘 중 아무거나 사용하면 되는 거 아냐?"라고 생각할 수 있는데 이런 중요한 차이점이 있다는 것을 알고 있어야 합니다.

Lesson
03 / 미션

이번에도 드디어 결전의 시간이 돌아왔습니다. 우선 책을 덮고 소스 폴더에서 연습 소스코드를 열어 여러분 스스로 미션을 풀어보세요.

미션 01   switch를 활용한 간단한 계산기 만들기

switch문을 활용해 두 개의 수와 하나의 사칙연산자를 입력받아 계산 결과값을 출력하는 간단한 계산기를 만들어 주세요.

풀이: 소스 _ 01부/05장/lesson03/01_complete/m01/01.html

```javascript
var num1 = window.prompt("첫 번째 숫자 값을 입력해 주세요.");
var op = window.prompt("사칙연산자 중 하나를 입력해 주세요.");
var num2 = window.prompt("두 번째 숫자 값을 입력해 주세요.");

//문자를 숫자로 형변환
num1 = parseInt(num1);
num2 = parseInt(num2);

switch(op) {
    case "+" :
        result = num1 + num2;
        break;
    case "-" :
        result = num1 - num2;
        break;
    case "*" :
        result = num1 * num2;
        break;
    case "/" :
        result = num1 / num2;
        break;
```

```
        default :
            result = "지원하지 않는 연산자입니다";
    }

    alert(num1 + op + num2 + "=" + result);
```

설명

계산기는 가장 대표적인 switch 예제 중에 하나입니다. 이렇게 비교 대상이 특정 값과 같은 경우 if보다는 switch가 적합합니다.

미션 02   랜덤 경품 추첨기

이번 미션은 앞에서 풀었던 경품 추첨기를 업그레이드한 내용입니다. 추첨 버튼을 클릭할 때마다 1에서 10까지의 숫자를 랜덤하게 뽑아(생성), 다음 요구사항에 맞게 출력되게 만들어주세요.

요구사항

01. 3번이면 당첨! 냉장고

02. 5번이면 당첨! 세탁기

03. 8번이면 당첨! TV

04. 이외의 번호면 꽝!

풀이 전 코드: 소스 _ 01부/05장/lesson03/01_complete/m02/00.html

```
$(document).ready(function(){
    // 버튼에 클릭 이벤트 리스너 등록
    $("#start").click(function(){
        // 여기에 소스를 입력해 주세요.


    })
})
```

힌트 _ 1에서 10사이의 랜덤 수를 생성하는 방법

```
parseInt(Math.random()*10)+1
```

풀이: 소스 _ 01부/05장/lesson03/01_complete/m02/01.html

```
$(document).ready(function(){
    // 버튼에 클릭 이벤트 리스너 등록
    $("#start").click(function(){
        // 여기에 소스를 입력해 주세요.

        var luckyValue = parseInt(Math.random()*10)+1; ❶

        switch(luckyValue){     ❷
            case 3 :
                alert("냉장고");
                break;
            case 5 :
                alert("당첨! 세탁기");
                break;
            case 8 :
                alert("당첨! TV");
                break;
            default :
                alert("꽝!");
        }
    })
})
```

설명

❶ 풀이를 살펴보면 아직 배우지 않은 Math.random()이라는 구문이 나오는데요. 이 함수는 4부 자바스크립트 코어 라이브러리 편에서 자세히 배우겠지만 간단하게 설명하면 Math.random()은 0에서 1사이의 랜덤 숫자를 발생하는 기능으로서 여기에 10을 곱하면 0에서 9 사이의 랜덤 숫자를 구할 수 있습니다. 대신 값이 정수가 아닌 소수로 나오기 때문에 parseInt()를 이용해 정수로 형변환 해줍니다. 그리고 이 값에 1을 더해 우리가 원하는 1에서 10 사이의 랜덤 숫자를 만들어 냅니다.

❷ 앞에서 만든 랜덤 숫자를 switch문의 조건식에 넣어 정해진 번호에 맞게 경품을 출력해 줍니다.

자! 그럼 코드를 모두 입력했다면 랜덤하게 경품이 출력되는지 실행해보죠.

미션 03   switch를 활용한 물고기 움직이기

이번 미션 역시 앞에서 풀었던 물고기 움직이기 예제를 업그레이드한 내용입니다. 다음 요구사항에 맞게
만들어 주세요.

요구사항

01. 초기 시작 위치: x(left) = 50, y(top) = 200

02. 왼쪽 화살표 버튼을 누르는 경우 왼쪽으로 −50만큼 이동

03. 오른쪽 화살표 버튼을 누르는 경우 오른쪽으로 +50만큼 이동

04. 위쪽 화살표 버튼을 누르는 경우 위쪽으로 −50만큼 이동

05. 아래쪽 화살표 버튼을 누르는 경우 아래쪽으로 +50만큼 이동

06. 단, 물고기가 움직이는 영역(#panel) 밖으로 넘어가면 안 됨

풀이 전 코드: 소스 _ 01부/05장/lesson03/01_complete/m03/00.html

```html
<html>
<head>
<meta http-equiv="Content-Type" content="text/html; charset=UTF-8">
<title> </title>
    <style>
        body{
            font-size:9pt;
        }

        #panel{
            width:500px;
            height:500px;
            border:1px solid #999;
            position:relative;
        }

        #fish{
            position:absolute;
            left:50px;
            top:200px;
        }
    </style>
```

```
<script type="text/javascript"  src="../../libs/jquery-1.11.0.min.js"> </script>
<script>

    $(document).ready(function(){
        // 물고기 노드 구하기.
        var $fish = $("#fish");
        // 위치 초기화, 시작위치는 50, 200
        var x = 50;
        var y =200;

        // 키보드 다운 이벤트 리스너 등록
        $(document).keydown(function(e){
            console.log("입력한 키 코드 값 = "+e.keyCode);

            /*
             * 화살표 키에 따른 물고기 위치 움직이기
             * keyCode
             * 37 : 왼쪽 화살표
             * 39 : 오른쪽 화살표
             * 38 : 위쪽 화살표
             * 40 : 아래쪽 화살표
             */
            //여기에 소스를 입력해주세요.
        });
    })

</script>
</head>
<body>
    <div id="panel">
        <img src="fish.png" id="fish">
    </div>
</body>
</html>
```

힌트 _ 키보드 다운 이벤트 등록하기

```
$(document).keydown(function(e){


});
```

키보드 입력값 알아내기

```
$(document).keydown(function(e){
    alert("입력한 키 코드 값 = "+e.keyCode);
});
```

물고기 위치 움직이기

```
$fish.css({
    left: 물고기 X위치 값
    Top: 물고기 Y위치 값
})
```

풀이: 소스 _ 01부/05장/lesson03/01_complete/m03/01.html

```
$(document).ready(function(){
    // 물고기 노드 구하기.
    var $fish = $("#fish"); ❶
    // 위치 초기화, 시작위치는 50, 200
    var x = 50;
    var y =200;

    // 키보드 다운 이벤트 리스너 등록
    $(document).keydown(function(e){ ❷
        console.log("입력한 키 코드 값 = "+e.keyCode); ❸

        /*
        * 화살표 키에 따른 물고기 위치 움직이기
        * keyCode
        * 37 : 왼쪽 화살표
        * 39 : 오른쪽 화살표
        * 38 : 위쪽 화살표
        * 40 : 아래쪽 화살표
        */
```

```
//여기에 소스를 입력해주세요.
   switch(e.keyCode){ ❹
      // 왼쪽 화살표
      case 37 :
         x-=50;
         break;
      // 오른쪽 화살표
      case 39 :
         x+=50;
         break;
      // 위쪽 화살표
      case 38 :
         y-=50;
         break;
      // 아랫쪽 화살표
      case 40 :
         y+=50;
         break;
   }

   // 물고기 유효값 처리
   if(x<0) ❺
      x=0;
   if(x>500-120) // 패널 너비=500, 물고기 너비=120
      x=500-120;
   if(y<0)
      y=0;
   if(y>500-70) // 패널 높이=500, 물고기 높이=70
      y=500-70;

   console.log("물고기 위치값 ", x, y); // 물고기 이동 위치 확인하기

   // 물고기 이동시키기
   $fish.css({ ❻
      left:x,
      top:y
   });

});
})
```

설명

❶ 우선 물고기를 이동시킬 때마다 물고기 노드를 찾는 게 아니라 시작 시 jQuery를 이용해 물고기 노드를 찾아 변수에 담아 줍니다. 추가로 물고기 시작 위치 값도 변수에 담아 줍니다.

❷ 사용자가 입력할 화살표 키보드 키 값을 처리할 키보드 이벤트를 등록해 줍니다.

❸ 입력한 키 코드가 어떤 값인지 확인하기 위해 키 코드 값을 출력해 줍니다. 이 코드는 실제 실행과는 전혀 상관없지만 개발을 하다 보면 이런 테스트용 코드를 작성해 정상적으로 동작하는지 확인하는 용도로 많이 사용합니다. 그렇다고 해서 계속 이렇게 놔두진 않으며 확인 후 제거합니다.

❹ 입력 받은 키 코드 값을 switch의 조건식 영역에 넣어 화살표 키 코드 값에 따라 물고기 위치 값을 계산해 줍니다.

❺ 물고기 이동 위치 값이 패널 영역의 유효한 값인지 체크해 줍니다.

❻ 최종 물고기 위치 값을 jQuery의 css() 기능을 이용해 물고기에 적용해 줍니다.

코드를 모두 입력했다면 화살표 키에 따라 물고기가 움직이는지 실행해 보세요.

CHAPTER 06

반복문 for

공지:
원의 크기는 난이도를 나타냅니다.
앞으로 갈수록 조금씩 어려워지니 차근차근 따라오세요.

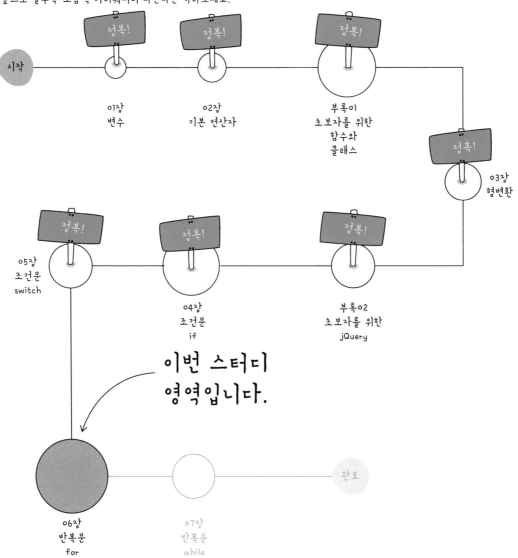

들어가며

조건문을 넘어 무사히 반복문까지 온 여러분 수고했습니다. 이제 여러분은 자바스크립트 초보 단계를 벗어나는 가장 마지막 관문인 반복문에 도착했습니다. 반복문을 이해하지 못하고는 실무를 할 수 없을 정도로 중요한 도구이니 반드시 정복하길 바랍니다.

반복문을 학습하기 전 한 가지 확인할 사항이 있습니다. 만약 여러분 중 아직 조건문에 익숙하지 않은 분이 있다면 반복문 학습 대신 조건문을 다시 한 번 학습하는 것을 추천해드립니다. 반복문을 마스터하기 위해서는 기본으로 변수 개념과 연산자 그리고 조건문을 자유롭게 활용할 줄 알아야 하기 때문입니다.

이 책에서는 두 장에 걸쳐 반복문을 다룹니다.

문법	다루는 장
for	1부 6장
while	1부 7장

자! 그럼 반복문 for를 시작으로 새로운 원정을 떠나 보겠습니다.

이번 장에서 배울 내용은 다음과 같습니다.

Lesson 01 반복문 소개

Lesson 02 for문 소개

Lesson 03 단일 for문

Lesson 04 for문에서 continue문과 break문

Lesson 05 다중 for문

Lesson 06 미션

Lesson 01 / 반복문 소개

드디어 이번 레슨을 시작으로 이제 막 프로그래밍에 입문한 여러분에게는 다소 어렵게 느껴질 반복문을 배우게 됩니다. 반복문을 가장 쉽게 정복하는 방법은 초보 수준에 맞는 다양한 예제를 만들어 보는 것입니다. 이를 위해 이 책에서는 수준별로 예제가 준비돼 있습니다. 그럼 반복문이 무엇인지부터 알아보죠.

01 _ 반복문이란?

반복문은 특정 구문을 여러 번 반복해서 실행할 때 사용하는 자바스크립트 제어문입니다. 반복문 없는 프로그래밍 동네를 생각할 수 없을 정도로 프로그래밍 동네에서는 가장 중요한 요소 중에 하나입니다. 반복문을 사용하면 특정 구문을 여러 번 작성하지 않고 재사용(및 중복 제거)을 할 수 있습니다. 예를 들어 가면서 반복문에 대해 좀더 자세히 알아보겠습니다.

02 _ 반복문은 이럴 때 사용해요

지금부터 반복문을 사용할 수밖에 없는 이유를 설명할 텐데요. 진행 방식은 똑같은 문제에 대해 반복문을 사용하지 않을 때와 할 때로 나눠 설명하겠습니다.

1 _ 반복문을 사용하지 않은 경우

가벼운 마음으로 다음에 등장하는 질문을 읽으며 답을 말해보세요.

질문 01 _ **여러분의 이름을 화면에 출력해주세요.**

답변

```
document.write("ddandongne");
```

설명

요건 좀 쉬웠죠? 다음 질문으로 넘어가죠.

질문 02 _ 여러분의 이름을 화면에 10번 출력해주세요.

답변

```
document.write("1. ddandongne<br>");
document.write("2. ddandongne<br>");
document.write("3. ddandongne<br>");
document.write("4. ddandongne<br>");
document.write("5. ddandongne<br>");
document.write("6. ddandongne<br>");
document.write("7. ddandongne<br>");
document.write("8. ddandongne<br>");
document.write("9. ddandongne<br>");
document.write("10. ddandongne<br>");
```

설명

지금까지 배운 내용을 이용해서 푼다면 답변 내용처럼 하면 되겠죠? (음! 그래도 뭔가 어둠의 그림자가 엄습해 오는 게 느껴지지 않나요?)

질문 03 _ 여러분의 이름을 화면에 1000번 출력해주세요.

답변

```
document.write("1. ddandongne<br>");
document.write("2. ddandongne<br>");
document.write("3. ddandongne<br>");
 . . . . . . .
document.write("501. ddandongne<br>");
 . . . . . . .
document.write("1000. ddandongne<br>");
```

설명

같은 내용을 1000번 출력하려니 힘드네요. 복사해서 붙이기를 한다 해도 앞에 숫자를 변경해줘야 하니 짜증 나지만 지금까지 배운 내용만으로는 이 방법밖에 없습니다.

질문 04 _ 1000번을 모두 다 찍으셨군요. 근데 어쩌죠...... 수정할 게 생겼어요. 여러분의 이름을 500번만 찍되 앞의 번호를 홀수만 찍히도록 해주세요.

답변

..... 귀찮아서 포기

설명

일단 질문3에서 작성한 답변에서 자그마치 짝수 500개를 지워야 하는데! 너무 지루한 작업입니다.

이처럼 개발을 하다 보면 특정 구문을 반복해서 사용해야 할 내용이 많습니다. 이럴 때마다 방금 했던 방법처럼 할 수는 없겠죠? 이를 해결하기 위한 기능이 바로 반복문입니다. 반복문을 이용하면 다음처럼 아주 쉽게 특정 구문을 재사용할 수 있습니다.

2 _ 반복문을 사용하는 경우

질문 01 _ 여러분의 이름을 화면에 10번 출력해 주세요.

반복문 사용 전	반복문 사용 후
document.write("1. ddandongne "); document.write("2. ddandongne "); document.write("3. ddandongne "); document.write("4. ddandongne "); document.write("5. ddandongne "); document.write("6. ddandongne "); document.write("7. ddandongne "); document.write("8. ddandongne "); document.write("9. ddandongne "); document.write("10. ddandongne ");	for(var i=1;i<=10;i++) document.write(i+". ddandongne ");

설명

짠! 어떤가요? 다른 걸 다 떠나서 코드 양이 대폭 준 걸 확인할 수 있습니다.

질문 02 _ **여러분의 이름을 화면에 1000번 출력해주세요.**

반복문 사용 전	반복문 사용 후
| ```
document.write("1. ddandongne<br>");
document.write("2. ddandongne<br>");
document.write("3. ddandongne<br>");
. . . . . . .
document.write("501. ddandongne<br>");
. . . . . . .
document.write("1000. ddandongne<br>");
``` | ```
for(var i=1;i<=1000;i++)
    document.write(i+". ddandongne<br>");
``` |

설명

여러분! 확인했나요? 반복문 활용 버전에서는 반복 횟수를 10에서 1000으로만 변경해주면 끝입니다. 10000으로 변경하면 이름이 만 번 출력됩니다.

질문 03 _ **1000번을 모두 다 찍으셨군요. 근데 어쩌죠...... 수정할 게 생겼어요. 여러분의 이름을 500번만 찍 돼 앞의 번호를 홀수만 찍히도록 해주세요.**

반복문 사용 전	반복문 사용 후
| ```
document.write("1. ddandongne<br>");
document.write("3. ddandongne<br>");
document.write("5. ddandongne<br>");
. . . . . . .
document.write("499. ddandongne<br>");
. . . . . . .
document.write("999. ddandongne<br>");
``` | ```
for(var i=1;i<=1000;i+=2)
    document.write(i+". ddandongne<br>");
``` |

설명

홀수만 출력하고 싶다면 증가 값을 2로 설정해 주기만 하면 됩니다.

이렇게 해서 반복문 사용 전과 후를 알아봤습니다. 어떤가요? 반복문 사용 후 코드, 놀랍지 않나요? 이처럼 반복문을 사용하면 여러분이 반복적으로 처리할 내용을 아주 쉽게 처리할 수 있답니다.

03 _ 반복문 종류

자바스크립트에서 제공하는 반복문은 for와 while 두 가지가 있습니다.

종류	설명
for	가장 일반적으로 사용하는 반복문입니다. 반복 횟수가 정해진 경우 주로 사용합니다.
while	for로 만들어진 반복문을 비교적 간결하게 처리할 수 있는 반복문입니다. 무한 반복하는 경우 주로 사용합니다.

자! 그럼 지금부터 첫 번째 반복문인 for문부터 자세히 알아보겠습니다.

Lesson 02 / for문 소개

이번 레슨에서는 첫 번째 반복문인 for문을 학습합니다. for문은 정말 중요합니다. 만약 여러분이 for문을 제대로 활용할 수 있다면 자바스크립트 프로그래밍 기초를 정복했다고 판단해도 됩니다.

01 _ for문이란?

for문은 특정 구문을 여러 번 반복하고 싶을 때 사용하는 반복문입니다. 특히 반복 횟수가 정해진 경우 주로 많이 사용합니다.

02 _ for문은 이럴 때 사용해요

이해를 돕기 위해 실무에서 for문을 어떻게 사용하고 있는지 예를 들어 보겠습니다.

- 여러분이 많이 사용하는 게시판의 게시물 목록을 출력할 때도 for문을 사용한답니다.
- 공지사항 목록을 출력할 때도 for문을 사용하죠.
- 구글 지도에 정보를 출력할 때도 for문을 사용하죠.
- 메뉴를 만들 때, 메뉴 항목을 출력할 때도 for문을 사용하죠.
- 갤러리를 만들 때, 이미지 목록을 출력할 때도 for문을 사용하죠.
- 여러분이 알고 있는 윈도우의 파일 탐색기에서 파일목록을 출력할 때도 for문을 사용합니다.

어떤가요? 알게 모르게 for문을 정말 많이 사용하고 있죠? 여러분도 실무를 해보면 알겠지만 for문의 사용 빈도는 그 어떤 문법보다 많다는 걸 알게 될 것입니다. 자! 그럼 for문의 사용 용도에 대해 알아봤으니 본격적으로 for문을 배워보죠.

03 _ for문 종류

for문은 다음과 같이 두 가지로 나눌 수 있습니다.

단일 for문

가장 일반적인 for문입니다. for문이 오직 하나인 경우를 단일 for문으로 부르겠습니다.

문 법	
| | ```
for(초깃값;조건식;증감){

    실행구문;

    · · · ·

}
``` |

다중 for문

다중 for문은 for문 안에 또다른 for문이 들어있는 구조를 다중 for문이라고 부릅니다.

문 법	
| | ```
for(초깃값;조건식;증감){

    실행구문;

    · · · ·

    for(초깃값;조건식;증감){

        · · · ·

    }

}
``` |

진행 순서는 먼저 단일 for문을 알아보며 단일 for문을 이해한다면 다중 for문도 어렵지 않게 이해할 수 있을 겁니다.

Lesson
03 / 단일 for문

이번 레슨에서는 단순한 구조를 가진 for문을 학습합니다. 다중 for문을 이해하기 위해서는 반드시 단일 for문을 정복해야 합니다.

01 _ 사용법

문법	1 _ 반복 구문이 한 문장일 때는 {}를 생략해도 됩니다.

```
        for(초깃값; 조건식; 증감)
            실행구문;

    2 _ 반복 구문이 여러 문장일 때는 {}로 감싸 주세요.
        for(초깃값; 조건식; 증감){
            실행구문1;
            실행구문2;
            . . . .
        }
```


설명

for문을 이해하기 위한 첫 번째는 자바스크립트 엔진이 for문을 어떻게 해석하는지 알아야 합니다. 예제를 가지고 설명해 보겠습니다.

예제 01 for가 어떻게 실행되는지 자바스크립트 엔진이 되어 보아요.

소스 _ 01부/06장/lesson03/01_complete/01.html

```
for(var i=0;i<10;i++){
    document.write("i = "+i, "<br>");
}
document.write("종료 i = "+i);
```

풀이

먼저 원활한 설명을 위해 예제에 설명을 좀 붙이겠습니다.

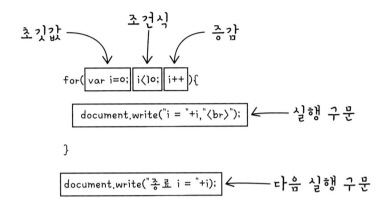

자! 시작해보죠. 집중해서 봐주세요.

1 _ 초깃값 부분 실행

자바스크립트에 의해 for문이 실행되면 먼저 초깃값 위치 내용인

    var i=0;

이 실행되어 i라는 변수가 만들어집니다. 여기서 중요한 점이 있는데요. 초깃값은 오직 한 번만 실행되며 이 후로는 실행되지 않는다는 것입니다.

2 _ 조건식 부분 실행

다음으로 조건식 위치 내용이 실행되어 i<10을 비교합니다. 이때 i가 0이니 다음과 같은 조건식이 실행됩니다.

    0<10

만약 이게 거짓인 경우 for문을 빠져 나가고 참인 경우 실행구문이 실행됩니다. 이때 증감 위치의 내용이 아닌 실행구문이 실행되는 점을 주의깊게 봐주세요.

3 _ 실행구문 실행

i<10의 결과값이 참이 되어 실행구문인 document.write("i = "+i, "<br>") 내용이 실행됩니다.

    실행 결과 : 출력 i = 0

4 _ 증감 부분 실행

for문의 마지막 부분이 실행되면 for문은 위쪽으로 올라와 증감 부분을 실행합니다. 이때 i++이니 i는 1이 됩니다.

5 _ 조건식 부분 실행

바로 이어서 증감 부분의 실행 결과값을 가지고 조건식을 실행합니다. 이때 i가 10이니 다음과 같은 조건식이 실행됩니다.

    1<10

조건식이 거짓이면 for문 루프를 빠져 나가고 참이면 실행구문을 실행합니다.

6 _ 실행구문 실행

실행 내용은 3번과 같으며 조건식이 거짓일 때까지 4번에서 6번 내용이 계속해서 반복 실행됩니다.

지금까지 설명한 내용을 표로 정리하면 다음과 같습니다.

단계	초깃값	조건식	실행구문	증감	i값
1번	실행1(var i=0)	실행2(0<10), 참	실행3(i값출력)	X	0
2번	X	실행2(1<10), 참	실행3(i값출력)	실행4(i=0→1)	1
3번	X	실행2(2<10) , 참	실행3(i값출력)	실행4(i=1→2)	2
4번	X	실행2(3<10), 참	실행3(i값출력)	실행4(i=2→3)	3
5번	X	실행2(4<10), 참	실행3(i값출력)	실행4(i=3→4)	4
6번	X	실행2(5<10), 참	실행3(i값출력)	실행4(i=4→5)	5
7번	X	실행2(6<10), 참	실행3(i값출력)	실행4(i=5→6)	6
8번	X	실행2(7<10), 참	실행3(i값출력)	실행4(i=6→7)	7
9번	X	실행2(8<10), 참	실행3(i값출력)	실행4(i=7→8)	8
10번	X	실행2(9<10), 참	실행3(i값출력)	실행4(i=8→9)	9
11번	X	실행2(10<10), 거짓	X	실행4(i=9→10)	10

표에서 알 수 있는 것처럼 초깃값은 오직 한번만 실행되며,

    조건식은 11번

    증감은 10번

    실행구문도 10번

실행되는 걸 알 수 있습니다.

7 _ 루프 탈출

자바스크립트 엔진은 for문의 조건식의 결과값이 거짓이 되는 경우 for를 멈추고 for 다음 구문의 내용을 실행합니다. 그래서 다음 실행구문이 실행되어 최종 i값 10이 출력됩니다.

최종결과는 다음과 같이 출력됩니다.

```
i = 0
i = 1
i = 2
i = 3
i = 4
i = 5
i = 6
i = 7
i = 8
i = 9
종료 i = 10
```

지금까지 for문의 진행 순서에 대해 자세히 알아봤습니다. 어떤가요? 이제 for문이 어떻게 실행되는지 확실히 알겠죠? 자! 좋습니다. 그럼 예제를 이용해 for문 활용법에 대해 배워보도록 하죠.

02 _ 예제

예제 02 **풀이 전 코드를 for문을 이용해 변경해 주세요.**

풀이 전 코드: 소스 _ 01부/06장/lesson03/01_complete/02_00.html

```
document.write("1<br>");
document.write("2<br>");
document.write("3<br>");
document.write("4<br>");
document.write("5<br>");
document.write("6<br>");
document.write("7<br>");
document.write("8<br>");
document.write("9<br>");
document.write("10<br>");
```

풀이 01: 소스 _ 01부/06장/lesson03/01_complete/02_01.html

```
for(var i=0;i<10;i++)
    document.write((i+1)+"<br>");
```

풀이 02: 소스 _ 01부/06장/lesson03/01_complete/02_02.html

```
for(var i=1;i<=10;i++)
    document.write(i+"<br>");
```

풀이 03: 소스 _ 01부/06장/lesson03/01_complete/02_03.html

```
for(var i=100;i<110;i++)
    document.write((i-99)+"<br>");
```

풀이 04: 소스 _ 01부/06장/lesson03/01_complete/02_04.html

```
for(var i=1;i<=10;i+=2){
    document.write(i+"<br>");
    document.write((i+1)+"<br>");
}
```

풀이 05: 소스 _ 01부/06장/lesson03/01_complete/02_05.html

```
for(var i=10;i>=1;i--){
    document.write((11-i)+"<br>");
}
```

> 메모 _ for문에서 초기 변수 이름으로 i를 많이 사용하는데 이는 iteration의 약자를 의미합니다.

설명

for문의 핵심은 반복 횟수입니다. 초깃값과 조건식 그리고 증감 값이 어떻든 풀이 01에서 풀이 05 모두 반복 횟수가 같다는 걸 알 수 있습니다.

풀이 01의 경우 가장 일반적인 풀이입니다. i가 0에서부터 10보다 작을 때까지 총 10번 반복합니다. 하지만 우리가 구현해야 하는 내용은 숫자 1부터 출력하는 것이기 때문에 출력시 i에 1을 더해서 출력해야 합니다.

풀이 02는 이번 예제 풀이 방법 중에서 가장 효율적인 방법입니다. i값이 1부터 시작하기 때문에 숫자 1부터 출력하기 위해 i에 값을 더하거나 뺄 필요가 없습니다.

풀이 03처럼 초깃값은 0 또는 1이 아닌 어떤 값이 와도 상관없습니다. 이번 미션에서 중요한 건 몇 번 반복되는 것과 1부터 출력하는 것입니다. 이 결과물만 나온다면 모두 정답이 될 수 있습니다.

이외에도 풀이 04와 풀이 05처럼 풀 수도 있습니다.

이처럼 프로그래밍 동네는 똑같은 문제라 하더라도 개발자의 의도와 해석 방법에 따라 풀이가 무수히 많아집니다. 즉 원하는 결과만 제대로 나온다면 개발 코드가 100줄이든, 1000줄이든 상관없이 모두 제대로된 풀이입니다.

예제 03 변수 활용

for문을 이용해서 별표 10개를 가로로 찍되, 별표를 변수에 차곡차곡 저장한 후 for문의 루프를 벗어난 후에 별표를 찍어주세요. 즉 최종적으로 다음 실행화면처럼 출력되게 만들어 주세요.

실행화면

```
result = **********
```

풀이 01: 소스 _ 01부/06장/lesson03/01_complete/03_01.html

```
document.write("result =");
for(var i=1;i<=10;i++){
    document.write("*");
}
```

풀이 02: 소스 _ 01부/06장/lesson03/01_complete/03_02.html

```
var result="";
for(var i=1;i<=10;i++){
    result +="*";
}
document.write("result = "+result);
```

설명

풀이 01과 풀이 02의 차이는 변수 활용에 있습니다.

풀이 01은 document.write()라는 함수를 10번 호출한 것이고 풀이 02는 10번 반복하며 변수에 별표를 하나씩 추가한 후 document.write()를 한번 호출한 경우입니다.

결과는 같지만 전혀 다른 풀이 방법입니다.

이 중에서 실무에서는 풀이 01보다 풀이 02 방식을 더 많이 사용하며 여러분도 풀이 02 방식을 많이 사용하게 될 것입니다.

예제 04 **배열 + for 활용**

for문을 이용해서 data 배열의 내용을 실행 결과처럼 출력해 주세요.

```
var data = ["변수", "연산자","형변환","조건문 if","조건문 switch","반복문 for","반복문 while",
"함수","클래스"];
```

실행결과

```
0번째 내용 = 변수
1번째 내용 = 연산자
2번째 내용 = 형변환
3번째 내용 = 조건문 if
4번째 내용 = 조건문 switch
5번째 내용 = 반복문 for
6번째 내용 = 반복문 while
7번째 내용 = 함수
8번째 내용 = 클래스
```

풀이

소스 _ 01부/06장/lesson03/01_complete/04.html

```
var data = ["변수", "연산자","형변환","조건문 if","조건문 switch","반복문 for","반복문 while",
"함수","클래스"];

// 여기에 풀이를 입력해주세요.
for(var i=0;i<data.length;i++){
    document.write(i+"번째 내용 = "+data[i],"<br>");
}
```

설명

1장에서 배웠던 배열이 등장했습니다. 반복문 for와 배열은 정말 친한 사이입니다. 이처럼 반복문을 활용하면 배열 정보를 아주 쉽게 접근해서 사용할 수 있습니다.

배열은 3부 자바스크립트 코어 라이브러리에서 자세히 다룹니다.

for문을 어느 정도 이해했으니 이번 레슨에서는 for문과 함께 사용하는 명령어에 대해 알아보겠습니다. for문과 같이 사용하는 명령은 continue문과 break문 두 가지가 있는데요. 이는 for문뿐 아니라 while 문에서도 유용하게 사용됩니다.

01 _ continue문

continue문은 반복 실행 중 특정 조건의 경우 실행구문을 실행하지 않고 다음 루프로 이동하게 하는 제어문입니다. 예제를 이용해 자세히 살펴보죠.

예제 01 **다음 구문을 실행하면 화면에는 어떤 값이 출력될까요?**

소스 _ 01부/06장/lesson04/01_complete/01.html

```
for(var i=1;i<=10;i++){
    continue; ❶
    document.write(i+"<br>"); ❷
}
document.write("최종 i="+i+"<br>"); ❸
```

실행결과

최종 i=11

설명

for문의 루프는 10번 실행되긴 하지만 ❶에 continue문이 있기 때문에 ❷ 부분이 실행되지 않아 루프에서 화면에 출력되는 건 전혀 없습니다. 루프가 모두 끝난 후 ❸ 내용이 실행돼 i 값이 출력됩니다.

02 _ break문

반복문에서 break문은 루프를 강제적으로 빠져 나오는 기능을 합니다. 실행구문 중 break문을 만나면 for문은 그대로 정지되며 for루프 밖으로 빠져나가게 됩니다. 이후 루프 밖에 있는 다음 구문을 실행하게 됩니다.

예제 02 다음 구문을 실행하면 화면에는 어떤 값이 출력될까요?

소스 _ 01부/06장/lesson04/01_complete/02.html

```
for(var i=1;i<=10;i++){
    break;
    document.write(i+"<br>");
}
document.write("최종 i="+i+"<br>");
```

실행결과

최종 i=1;

설명

반복문 실행 중 continue문이 실행되면 루프를 벗어나지 않고 다음 루프를 도는 반면 break문은 바로 루프를 벗어나게 됩니다. 그래서 실행 결과처럼 i가 1이 출력되는 이유입니다.

Lesson 05 / 다중 for문

잠깐만요! 만약 여러분 중 단일 for문을 제대로 이해하지 못한 상태에서 다중 for문을 학습하는 분이 있다면 잠시 진행을 멈추고 단일 for문을 다시 한 번 복습하길 바랍니다. 그만큼 다중 for문을 정복하기 위해서 단일 for문 이해가 필수입니다. 이번 레슨 역시 단일 for문을 이해하고 있다는 가정하에 진행됨을 알려드립니다.

01 _ 사용법

문법	

	`for(초깃값;조건식;증감){`
	    `실행구문;`
	    `. . . .`
	    `for(초깃값;조건식;증감){`
	        `. . . .`
	    `}`
	`}`

설명

다중 for문이란 for문 안에 for문이 있는 구조를 말합니다. 2중 for문뿐 아니라 3중, 10중 for문도 있을 수 있습니다. 이제 막 for문을 접하는 분이라면 어렵게 느껴질 수 있을 것 같은데요. 다중 for문은 다음처럼 각 for문을 독립적인 단일 for문으로 해석하면 됩니다.

```
for(var i=1;i<=5;i++){
    for(var m=1;m<=5;m++){
        document.write("i = "+i, "m = "+m, "<br>");
    }
}
```

즉 첫 번째 for문의 루프가 한 번씩 실행될 때마다 두 번째 for문의 실행구문이 다섯 번씩 실행되는 거죠.

반드시 이렇다는 건 없지만 일반적으로 실무에서는 2단 for문까지 주로 사용하고 3단 이상은 많이 사용하진 않습니다. 그럼 예제를 이용해 다중 for문을 좀더 알아보죠.

02 _ 예제

별표 출력하기 예제는 프로그래밍을 배우는 사람이라면 한 번 정도 공통으로 풀게 되는 문제입니다. 그만큼 다중 for문을 배우기에 딱 적당한 예제입니다. 풀이를 보기 전 여러분 스스로 풀어보세요.

예제 01 **별표 출력하기**

for문을 이용해서 실행화면처럼 출력해주세요.

실행화면

```
*
**
***
****
*****
```

풀이 소스 _ 01부/06장/lesson05/01_complete/01.html

```javascript
for(var i=0;i<5;i++){
    var result="";
    for(var m=0;m<=i;m++){
        result+="*";
    }

    document.write(result,"<br>");
}
```

설명

문제를 보는 순간 어떤 식으로 처리하면 되겠군, 하는 생각이 떠오르면 좋겠지만 초보에게는 이런 능력은 아직 없을 것입니다. 이때 가장 좋은 방법은 문제를 먹기 좋게 하나씩 쪼개어 진행해보는 것입니다. 어떻게 나누냐고요? 다음처럼 말이지요.

우선 문제를 자세히 보면 별표 찍는 행위가 5번 일어나고 행위가 한 번씩 실행될 때마다 별표 수가 증가하는 것을 알 수 있습니다. 그럼 단계를 나눠서 알아보죠.

단계 01

먼저 간단하게 for문을 이용해 별표 찍는 것을 작성해보죠. 다음처럼 작성한 후 실행해보세요.

```
for(var i=0;i<5;i++){
    document.write("*","<br>");
}
```

단계 02

됐죠? 그럼 이제 남아 있는 문제는 반복 횟수가 한 번씩 증가할 때마다 별표도 증가하게끔 하는 건데요. 이 작업을 위한 사전작업을 다음처럼 해놓죠.

```
for(var i=0;i<5;i++){
    var count = 1;
    var result = "";
    for(var m=0;m<count;m++)
        result+="*";

    document.write(result, "<br>");
}
```

단계 03

마지막으로 우리가 해줄 작업은 count를 다음 표에 맞게 구하는 것입니다.

반복 횟수	i값	별표 수
1	0	1
2	1	2
3	2	3
4	3	4
5	4	5

여러 가지 해결 방법이 있겠지만 일단 주위 값을 이용하는 것이고 만약 없다면 새로운 변수를 만드는 것입니다.

자세히 보면 i에 1을 더하면 우리가 원하는 별표 수를 구할 수 있는 것을 확인할 수 있습니다. 코드를 다음처럼 변경한 후 실행해보죠.

```
for(var i=0;i<5;i++){
    var count = i+1;
    var result = "";
    for(var m=0;m<count;m++)
```

```
            result+="*";

        document.write(result, "<br>");
    }
```

짠! 멋지게 별표가 출력되는 것을 확인할 수 있습니다. 마지막으로 좀더 깔끔하게 다듬을 수 있는 구문이 있는지 살펴보죠. 여러분도 살펴보세요.

단계 04

기존 풀이를 살펴보니 코드 내용 중 두 번째 for문의 조건식의 <를 <=으로 변경하고 count 위치에 i를 직접 넣어주면 count 변수가 필요 없는 좀더 깔끔한 노드를 만들 수 있습니다.

```
for(var i=0;i<5;i++){
    var result = "";
    for(var m=0;m<=i;m++)
        result+="*";

    document.write(result, "<br>");
}
```

어떤가요? 좀더 깔끔해졌죠?! 이처럼 처리하기 조금 어려운 작업일 경우 조각품을 만드는 것처럼 조금씩 조금씩 코드를 다듬어가며 만들어 가는 거죠.

예제 02 별표 출력하기

for문을 이용해 다음 실행화면처럼 출력해 주세요.

실행화면

```
*****
****
***
**
*
```

풀이: 소스 _ 01부/06장/lesson05/01_complete/02.html

```
for(var i=5;i>0;i--){
    var result="";
    for(var m=0;m<i;m++){
```

```
            result+="*";
    }

    document.write(result,"<br>");
}
```

설명

이번 풀이 역시 앞의 미션과 동일한 방법으로 풀면됩니다. 정리하면 메인 루프의 반복 횟수는 5번이고 반복할 때마다 별의 수는 5개를 시작으로 하나씩 감소한 개수가 출력되어야 합니다. 정리하면 다음과 같습니다.

반복 횟수	별표 수
1	5
2	4
3	3
4	2
5	1

이 내용을 코드로 표현하면 다음과 같이 만들 수 있습니다. 일단 코드를 모두 입력하고 난 후 실행해보죠.

단계 1

```
for(var i=0;i<5;i++){
    var count = 5-i;
    var result = "";
    for(var m=0;m<count;m++)
        result+="*";

    document.write(result, "<br>");
}
```

최대 별표 개수인 5에서 i값을 빼면 해당 루프에서 출력해야 할 별의 수를 구할 수 있습니다.

단계2

초보시절 실수를 많이 하는 것 중 하나가 바로 for문의 초깃값은 항상 0으로 시작해야 한다는 이상한 규칙을 갖는 것입니다. 초깃값은 0뿐만 아니라 그 어떤 값도 올 수 있습니다. 이 예제 풀이 역시 0이 아닌 다른 값을 사용함으로써 좀더 효율적인 코드를 만들 수 있습니다.

앞의 풀이를 다음처럼 변경해 보세요.

```
for(var i=5;i>0;i--){
    var result = "";
    for(var m=0;m<=i;m++)
        result+="*";

    document.write(result, "<br>");
}
```

코드를 보면 i 값이 5부터 시작해 하나씩 감소하게 됩니다. 즉 i 값 자체가 해당 루프의 별표 수가 되어 코드를 간결하게 만들 수 있습니다.

이처럼 주위에 있는 변숫값을 잘 활용하면 훨씬 쉽게 원하는 결과물을 얻을 수 있습니다. 이렇게 해서 다중 for문에 대한 기본적인 부분을 모두 배웠습니다.

Lesson 06 / 미션

자! 그럼 언제나 그랬던 것처럼 지금까지 배운 내용을 테스트하는 시간을 가져보겠습니다. 혹시 지금까지 학습한 for문이 어렵게 느껴지는 분은 미션을 풀기보다 for문을 처음부터 다시 한 번 복습하기를 추천해 드립니다. 책을 덮고 이 장의 마지막 레슨인 미션 풀이를 시작해 보세요.

미션 01 for문 활용하기

3단을 출력하는 코드입니다. for문으로 간결하게 만들어 주세요.

풀이 전 코드: 소스 _ 01부/06장/lesson06/01_complete/m01/00.html

```
var dan=3;
document.write(dan+"*1="+(dan*1)+"<br>");
document.write(dan+"*2="+(dan*2)+"<br>");
document.write(dan+"*3="+(dan*3)+"<br>");
document.write(dan+"*4="+(dan*4)+"<br>");
document.write(dan+"*5="+(dan*5)+"<br>");
document.write(dan+"*6="+(dan*6)+"<br>");
document.write(dan+"*7="+(dan*7)+"<br>");
document.write(dan+"*8="+(dan*8)+"<br>");
document.write(dan+"*9="+(dan*9)+"<br>");
```

설명

지금까지 for문을 제대로 학습했다면 여러분은 지금 미션과 같은 중복 코드를 보면 바로 반복문으로 처리해야겠다는 생각을 할 수 있어야 합니다. 재 그럼 중복코드를 반복문 for를 이용해서 깔끔하게 정리해보죠. 먼저 코드에서 변경되는 부분과 변경되지 않는 부분을 찾습니다.

변경되지 않는 부분은 그대로 루프의 구문으로 넣어주면 되고 변경되는 부분은 주위에 있는 변수의 도움을 받는다든지 아니면 신규로 변수를 만들어야 하는 대상이 됩니다.

이번 미션에서 변경되지 않는 부분과 변경되는 부분은 다음과 같습니다.

```
                                                  ┌──────────── 변경되는 부분
                               ↓            ↓
        var dan=3;
        document.write(dan+"* 1 ="+(dan * 1 )+"<br>");
        document.write(dan+"* 2 ="+(dan * 2 )+"<br>");
        document.write(dan+"* 3 ="+(dan * 3 )+ "<br>");
변경되지  document.write(dan+"* 4 ="+(dan * 4 )+"<br>");
않는 부분  document.write(dan+"* 5 ="+(dan * 5 )+"<br>");
        document.write(dan+"* 6 ="+(dan * 6 )+" <br>");
        document.write(dan+"* 7 ="+(dan * 7 )+"<br>");
        document.write(dan+"* 8 ="+(dan * 8 )+"<br>");
        document.write(dan+"* 9 ="+(dan * 9 )+"<br>");
```

이제 모든 준비가 끝났으니 for 루프를 만들어 변경되지 않는 부분을 루프 안에 넣어줍니다. 반복 횟수는 아홉 번으로 해주면 되겠죠? 지금까지 내용을 코드로 표현하면 다음과 같습니다.

소스 _ 01부/06장/lesson06/01_complete/m01/01.html

```javascript
var dan=3;
for(var i=0;i<9;i++){
    document.write(dan+"*X="+(dan*X)+ "<br>");
}
```

이제 변경되는 부분 처리를 해보죠. 우리가 원하는 수는 1부터 시작해 반복이 될 때마다 1씩 증가시켜야 합니다. 일단 주위에 도움을 받을 수 있는 변수가 있나 보죠.

i가 0부터 시작해서 우리가 원하는 1이 아닌 것처럼 보이는데 이 값을 다음처럼 변경하면 반복은 아홉 번 돌면서 우리가 원하는 값을 얻을 수 있게 됩니다.

소스 _ 01부/06장/lesson06/01_complete/m01/02.html

```javascript
var dan=3;
for(var i=1;i<=9;i++){
    document.write(dan+"*X="+(dan*X)+ "<br>");
}
```

마지막으로 X 위치에 i를 대신 넣어 줍니다.

소스 _ 01부/06장/lesson06/01_complete/m01/03.html

```
var dan=3;
for(var i=1;i<=9;i++){
    document.write(dan+"*"+i+"="+(dan*i)+"<br>");
}
```

코드를 수정했다면 정상적으로 결과가 출력되는지 실행해보죠. 자! 어떤가요? 깔끔하게 동작하죠? 여기 까지 미션 01에 대한 코드 설명이었습니다.

미션 02   배열의 총 합 구하기

배열의 총 합을 구해 화면에 출력해 주세요.

풀이 전 코드: 소스 _ 01부/06장/lesson06/01_complete/m02/00.html

```
var data=[10,20,30,40,50];
```

풀이: 소스 _ 01부/06장/lesson06/01_complete/m02/01.html

```
var data=[10,20,30,40,50];
var result = 0; ❶
for(var i=0;i<data.length;i++){
    result+=data[i]; ❷
}
alert("배열 합은 "+ result+"입니다.");
```

설명

배열의 합을 구하는 예제는 개발자라면 누구나 한 번쯤 만들게 되는 가장 기본적인 예제 중 하나입니다. 이번 미션의 핵심은 변수 활용입니다.

풀이 코드를 보면

❶ 총합을 저장할 변수 result를 만듭니다. 초깃값은 반드시 0으로 설정해 줍니다.

❷ 루프를 돌며 배열 0번째부터 마지막 번째까지 접근해 배열에 들어 있는 값을 result 변수에 더합니다.

정리해보면 다음과 같이 정리할 수 있습니다.

루프(i값)	배열 값	result
시작 전	X	0
i = 0	10	10
i = 1	20	30
i = 2	30	60
i = 3	40	100
i = 4	50	150

미션 03   이미지를 가로로 배열하기

버튼을 클릭하면 이미지를 요구사항에 맞게 배열해 주세요.

요구사항

01. 이미지 시작위치는 left:100, top:100 입니다.

02. 하나의 이미지 영역(이미지 크기와 여백 포함)은 150*150입니다.

03. 이미지를 가로로 배열해 주세요.

힌트 _ 이미지 위치 설정하기

```
$대상.css({
    left:위치값,
    top:위치값
})
```

풀이 전 코드: 소스 _ 01부/06장/lesson06/01_complete/m03/00.html

```
<html>
<head>
<meta http-equiv="Content-Type" content="text/html; charset=UTF-8">
<title> </title>

<style>
    div.image-container{
        position: relative;
    }
```

```
        div.image-container img{
            position: absolute;
            left:0;
            top:0;
            width:120px;
        }
    </style>

    <script type="text/javascript"  src="../../libs/jquery-1.11.0.min.js"> </script>
    <script>
        $(document).ready(function(){
            // 버튼 클릭 이벤트 실행.
            $("#btnStart").click(function(){
                // 이미지 찾기.
                var $images = $("img");
                // 이미지 개수 구하기.
                var length = $images.length;

                // 여기에 풀이를 입력해주세요.

            });
        });
    </script>
    </head>
    <body>
        <div>
            <button id="btnStart">배열시작</button>
        </div>
        <div class="image-container">
            <img src="banners/1.png" >
            <img src="banners/2.png" >
            <img src="banners/3.png" >
            <img src="banners/4.png" >
            <img src="banners/5.png" >
        </div>
    </body>
</html>
```

풀이: 소스 _ 01부/06장/lesson06/01_complete/m03/01.html

```
$(document).ready(function(){
    // 버튼 클릭 이벤트 실행.
    $("#btnStart").click(function(){
        // 이미지 찾기.
        var $images = $("img");
        // 이미지 개수 구하기.
        var length = $images.length;

        // 여기에 풀이를 입력해주세요.
        // 이미지 배열하기.
        for(var i=0;i<length;i++){
            // n번째 이미지 구하기
            var $img = $images.eq(i); ❶
            // 위치 값 구하기
            var x = 100+(i*150); ❷
            // 위치 설정
            $img.css({  ❸
                left:x,
                top:100
            });
        }
    });
});
```

실행화면

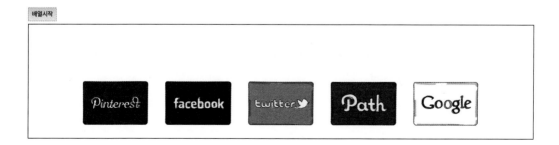

설명

이번 미션은 이미지 위치 값을 구하는 것이 핵심입니다. 이미지 시작위치가 100,100이고 이미지 크기가 150*150일 때 이미지가 가로로 배열되는 경우 각 이미지 위치는 다음과 같습니다.

이미지 인덱스	위치 값(left, top)
0	100,100
1	250,100
2	400,100
3	550,100
4	700,100

정리해보면 N번째 이미지의 위치 값은 다음과 같이 구할 수 있습니다. (이미지는 0부터 시작)

```
var left = 시작위치 값 +(150*N);
```

예를 들어 인덱스가 3인 이미지인 경우 위치 값은 left=550, top=100이 나와야 합니다. 공식에 대입해보면 다음과 같이 값이 알맞게 나오는 걸 확인할 수 있습니다.

```
left = 100+(150*3) = 100+450 = 550
```

코드를 설명하자면

❶ 먼저 이미지 리스트에서 n번째 이미지를 가져옵니다.

❷ 앞에서 살펴본 공식을 활용해 이미지 위치 값을 구합니다.

❸ jQuery의 css() 기능을 이용해 이미지 위치를 앞에서 구한 위치 값으로 설정해 줍니다.

코드를 모두 입력한 후 실행해 보세요 그리고 실행화면처럼 이미지가 가로로 배열 되는지 확인해보세요.

미션 04 이미지를 가로*세로로 배열하기

버튼을 클릭하면 이미지를 요구사항에 맞게 배열해 주세요.

요구사항

01. 이미지 시작위치는 left:100, top:100입니다.

02. 하나의 이미지 영역은 200*200입니다.

03. 이미지는 3열로 배열해 주세요.

```
<html>
<head>
<meta http-equiv="Content-Type" content="text/html; charset=UTF-8">
<title> </title>

<style>
    div.image-container{
        position: relative;
    }

    div.image-container img{
        position: absolute;
        left:0;
        top:0;
        width:120px;
    }
</style>

<script type="text/javascript"  src="../../libs/jquery-1.11.0.min.js"> </script>
<script>
    $(document).ready(function(){
        // 버튼 클릭 이벤트 실행.
        $("#btnStart").click(function(){
            // 이미지 찾기.
            var $images = $("img");
            // 이미지 개수 구하기.
            var length = $images.length;
            // 여기에 풀이를 입력해주세요.

        });
    });
</script>
</head>
<body>
    <div>
        <button id="btnStart">배열시작</button>
    </div>
    <div class="image-container">
```

```html
            <img src="banners/1.png" >
            <img src="banners/2.png" >
            <img src="banners/3.png" >
            <img src="banners/4.png" >
            <img src="banners/5.png" >
            <img src="banners/6.png" >
            <img src="banners/7.png" >
            <img src="banners/8.png" >
        </div>
    </body>
</html>
```

풀이: 소스 _ 01부/06장/lesson06/01_complete/m04/01.html

```javascript
$(document).ready(function(){
    // 버튼 클릭 이벤트 실행.
    $("#btnStart").click(function(){
        // 이미지 찾기.
        var $images = $("img");
        // 이미지 개수 구하기.
        var length = $images.length;

        // 여기에 풀이를 입력해주세요.
        // 이미지 배열하기.
        for(var i=0;i<length;i++){
            // n번째 이미지 구하기
            var $img = $images.eq(i); ❶
            // 위치 값 구하기
            var x = 100+((i%3)*200); ❷
            var y = 100+(parseInt(i/3)*200);

            // 위치 설정
            $images.eq(i).css({ ❸
                left:x,
                top:y
            });
        }
    });
});
```

실행화면

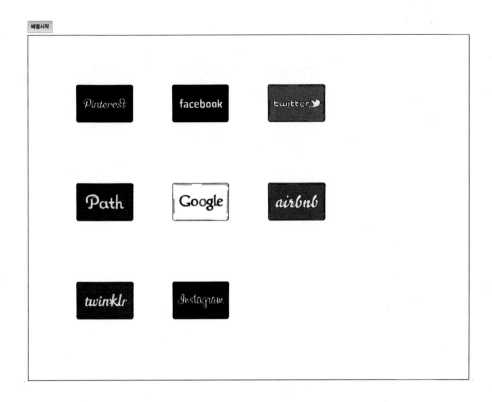

설명

이번 미션 역시 이미지 위치 값을 구하는 것이 핵심입니다. 이미지 시작위치가 100,100이고 이미지 크기가 200*200, 그리고 3열로 배열되는 경우 각 이미지 위치는 다음과 같습니다.

이미지 인덱스	위치 값(left, top)
0	100,100
1	300,100
2	500,100
3	100,300
4	300,300
5	500,300
6	100,500
7	300,500

정리해보면 N번째 이미지의 위치 값은 다음과 같이 구할 수 있습니다. (이미지는 0부터 시작)

```
left = 100(left 시작위치 값)+((N%3)*200);
top = 100(top 시작위치 값)+(parseInt(N/3)*200);
```

예를 들어 인덱스가 5인 이미지인 경우 위치 값은 left=500, top=300이 나와야 합니다. 공식에 대입해보면 다음과 같이 값이 알맞게 나오는 걸 확인할 수 있습니다.

```
left = 100+(5%3)*200 = 100+2*200 = 500
top = 100+(parseInt(5/3)*200) = 100 + 1*200 = 300
```

다시 코드로 돌아와 설명하면

❶ 이미지 목록에서 n번째 이미지를 가져 옵니다.

❷ 앞에서 살펴본 공식을 활용해 이미지 위치 값을 구합니다.

❸ jQuery의 css() 기능을 활용해 이미지 위치를 설정해 줍니다.

가끔 이와 같이 바둑판 식 배열을 다중 for문을 활용해 처리하는 분들이 있는데요. 해보면 알겠지만 이번 미션 풀이처럼 단일 for문을 활용한 처리가 가장 효율적인 풀이입니다. 또, 이번 미션 풀이법은 실무에서 많이 사용되니 꼭 알아두세요.

이렇게 해서 반복문 for를 마무리 짓겠습니다.

CHAPTER 07

반복문 while

공지:
원의 크기는 난이도를 나타냅니다.
앞으로 갈수록 조금씩 어려워지니 차근차근 따라오세요.

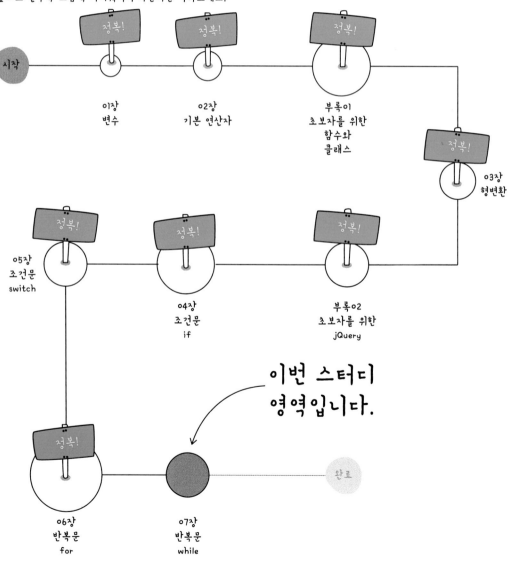

들어가며

앞 장 내용 중 조건문을 배울 때 if와 switch가 비슷한 듯 다른 부분이 있듯이 for문과 while 문 역시 닮아있긴 하지만 몇 가지 차이점이 있습니다. 이 장에서 여러분이 눈여겨 봐야 할 부분은 어떤 경우에 for문을 사용하고 또 어떤 경우에 while문을 사용하는지 파악하는 것입니다.

이번 장에서 배울 내용은 다음과 같습니다.

Lesson 01 / while문 소개

반복처리를 할 때 주로 for문을 많이 사용하지만 무한반복 처리를 하는 경우에는 while문을 사용하면 좀 더 쉽게 구문을 표현할 수 있습니다. 이번 레슨에서는 언제 while문을 사용하면 좋은지 알아보겠습니다.

01 _ while문이란?

다음과 같이 패스워드가 맞을 때까지 사용자 입력을 받는 예제를 만든다고 생각해보죠. for문을 이용해 구현한다면 다음과 같이 구현할 수 있습니다.

예제 01 **패스워드가 1234이면 "환영합니다." 메시지를 출력한 후 멈추고 그렇지 않으면 "패스워드를 잘못 입력했습니다. 다시 입력해주세요."를 출력한 후 계속해서 입력받아 주세요.**

풀이: 소스 _ 01부/07장/lesson01/01_complete/01_01.html

```javascript
for(var i=0;i<10000;i++){
    var value = window.prompt("패스워드를 입력해주세요.");
    if(value=="1234"){
        alert("환영합니다.");
        break;
    }
    else{
        alert("잘못 입력했습니다. 다시 입력해주세요.");
    }
}
```

10000번 정도면 어느 정도 무한반복의 의미로 사용 할 수 있을 것 같습니다. 하지만 언젠가는 10000번이 끝나겠죠? 이처럼 for문의 주 용도는 정해진 횟수만큼 특정구문을 반복하는 것입니다.

자바스크립트는 이런 무한반복 처리를 좀더 깔끔하고 읽기 쉬운 코드를 작성 할 수 있게 while문이란 멋진 기능을 제공합니다.

메모 _ 물론 for문을 다음처럼 이용해 무한반복하는 방법도 있습니다.

```
for(;;){
    var value = window.prompt("패스워드를 입력해주세요.");

    if(value=="1234"){
        alert("환영합니다.");
        break;
    }
    else{
        alert("잘못 입력했습니다. 다시 입력해주세요.");
    }
}
```

하지만 for문은 이런 목적으로 사용하는 건 적합하지 않습니다.

앞의 예제를 while문을 이용해 풀면 다음과 같이 좀더 깔끔하게 만들 수 있습니다.

소스 _ 01부/07장/lesson01/01_complete/01_02.html

```
while(true){
    var value = window.prompt("패스워드를 입력해주세요.");

    if(value=="1234"){
        alert("환영합니다.");
        break;
    }
    else{
        alert("잘못 입력했습니다. 다시 입력해주세요.");
    }
}
```

이처럼 특정 구문을 무한반복을 해야 하는 경우에 for문 대신 while문이 더 유용하다는 것을 알 수 있습니다.

02 _ while문은 이럴 때 사용해요

while문은 주로 다음과 같은 경우 주로 많이 사용합니다.

- 무한반복 처리
- 파일 읽기
- 파일 쓰기
- 파일 전송
- DB 데이터 출력하기

자바스크립트에서는 파일을 읽고 쓰는 작업을 거의 하지 않지만 Java와 php 같은 일반 프로그래밍에서는 위의 경우에 for보다는 while을 주로 사용합니다. 이런 이유로 이 책에서는 이 장 이외에 while문이 등장하는 것을 볼 수 없을 것입니다.

03 _ 사용법

| 문 법 | ```
while(조건식) {
    실행구문;
    ...
}
``` |
|---|---|

설명

1 _ 조건식

while문에서는 for문과 달리 초깃값이나 증감 처리를 하는 부분이 없습니다. 오직 조건식 부분만 있습니다. 이것만 보더라도 while문과 for문과의 차이점을 충분히 알 수 있습니다.

2 _ 실행구문

조건식이 참일 동안 반복해서 실행되는 구문입니다.

예제를 통해 while문을 좀더 자세히 알아보겠습니다.
```

04 _ 예제

예제 02 **무인도 탈출 게임**

3이 나올 때가지 주사위를 계속 던지는 예제를 만들어 주세요. 단, 다음과 같이 출력되게 만들어 주세요.

출력결과

```
1번째 나온 숫자 =6
2번째 나온 숫자 =6
3번째 나온 숫자 =1
4번째 나온 숫자 =5
5번째 나온 숫자 =4
6번째 나온 숫자 =3
탈출
```

풀이 전 코드: 소스 _ 01부/07장/lesson01/01_complete/02_00.html

```html
<html>
<head>
    <meta http-equiv="Content-Type" content="text/html; charset=UTF-8">
    <title> </title>
    <script type="text/javascript"  src="../../libs/jquery-1.11.0.min.js"> </script>
    <script type="text/javascript">

        $(document).ready(function(){
            $("#btnStart").click(function(){
                // 여기에 소스를 입력해주세요.
            })
        })
    </script>
</head>
<body>
    <button id="btnStart">주사위 던지기</button>
</body>
</html>
```

힌트 _ 1에서 6 랜덤 숫자 만들기

```
var num = parseInt(Math.random()*6)+1;
```

풀이: 소스 _ 01부/07장/lesson01/01_complete/02_01.html

```javascript
$(document).ready(function(){
    $("#btnStart").click(function(){
        // 여기에 소스를 입력해주세요.
        var count =0;
        while(true){
            count++;
            var num = parseInt(Math.random()*6)+1;
            console.log(count+"번째 나온 숫자 ="+ num);

            if(num==3){
                console.log("탈출");
                break;
            }
        }
    })
})
```

설명

가장 일반적인 while문 활용 예제입니다. 이처럼 특정 작업을 무한반복하고 싶다면 for문보다는 while문을 사용하세요.

Lesson 02 / for와 while 차이점

이번 레슨에서는 닮은 듯 다른 for문과 while문이 어떤 차이점이 있는지 지금까지 다룬 내용을 정리해 보는 시간을 가져보겠습니다.

01 _ 사용 분야

while, for 이 둘은 같은 반복문이긴 하지만 다음처럼 용도가 완전히 다릅니다.

for문 사용분야		**while문 사용분야**
■ 반복 횟수가 정해진 경우 ■ 배열과 함께 주로 많이 사용	**vs.**	■ 무한 루프나 특정 조건에 만족할 때까지 반복해야 하는 경우 ■ 주로 파일 읽고 쓰기에 많이 사용

02 _ while문을 for문처럼 사용하는 경우

일반적으로 for문 대신 while문으로, while문 대신 for문을 사용할 수 있습니다. 만약 while문을 for문처럼 사용하고 싶다면 다음처럼 사용하면 됩니다.

for문을 사용한 경우		**while문을 사용한 경우**

```for(초깃값;조건식;증감){```
 ```   실행구문;```
 ```}```
	vs.	```초깃값;```
		 ```while(조건식){```
		 ``` 실행구문;```
		 ``` 증감;```
		 ```}```

예를 들어 1에서 10을 출력하는 예제를 만드는 경우 for와 while을 이용하면 다음과 같이 풀 수 있습니다.

for문 문법		while문 문법
```for(var i=1;i<=10;i++){ document.write("i = "+i, " "); }```	vs.	```var i=1; while(i<=10){ document.write("i = "+i," "); i++; }```

어떤가요? 거의 비슷하죠? 하지만 이런 경우라면 while문 대신 for를 사용하는 것이 훨씬 더 효율적인 방법입니다.

이렇게 해서 for와 while에 대한 차이점을 알아봤습니다.

while문에서도 continue문과 break문을 사용할 수가 있습니다. 이번 레슨에서는 while문에서 이 두 명령어를 어떻게 사용할 수 있는지 알아보겠습니다.

01 _ continue문

문 법	```while(조건식){```
	`    . . . .`
	`    continue;`
	`    . . . .`
	`}`

continue문은 for문과 while문에서 똑같이 동작합니다. continue문을 만나면 continue문 이후의 구문을 실행하지 않고 바로 while문 위쪽으로 올라가 조건식을 실행합니다. 예제를 이용해서 좀더 살펴보죠.

예제 01 다음 구문을 실행하면 화면에는 어떤 값이 출력될까요?

소스 _ 01부/07장/lesson03/01_complete/01.html

```
var i=1;
while(i<=10){
    i++;
    continue;

    document.write(i+"<br>");
}

document.write("최종 i="+i+"<br>"); ❶
```

실행결과

```
최종 i = 11
```

설명

while문의 루프는 10번 실행되긴 하지만 continue문이 document.write() 앞에 있어서 화면에 출력되는 건 전혀 없습니다. 루프가 모두 끝난 후 ❶ 내용이 실행돼 i 값 11이 출력됩니다.

02 _ break문

문 법	`while(조건식){{`
	` . . . .`
	`    break;`
	` . . . .`
	`}`

실행구문 중 break문을 만나면 while문은 그대로 정지되며 while문의 루프를 빠져나옵니다. 즉 while 문을 강제로 빠져 나오고 싶을 때 사용하는 명령어가 break문입니다.

예제 02 다음 구문을 실행하면 화면에는 어떤 값이 출력될까요?

소스 _ 01부/07장/lesson03/01_complete/02.html

```
var i=1;
while(i<=10){
    break;
    i++;
    document.write(i+"<br>");
}

document.write("최종 i="+i+"<br>");
```

실행결과

```
최종 i=1
```

설명

for문뿐 아니라 while문의 루프에서 break; 문이 실행되면 반복문 루프를 즉시 벗어나게 됩니다. 그래서 실행결과는 i=1이 출력됩니다.

마치며

이렇게 해서 while문에 대해서도 알아봤습니다. 어떤가요? 처음 시작할 때 필자가 했던 말처럼 전혀 어렵진 않았죠?

이처럼 프로그래밍이란 순서가 있습니다. 그러니 필자가 안내하는 순서에 맞게 학습해 나간다면 좀더 빨리 자바스크립트를 정복할 수 있을 겁니다.

Lesson 04 / 미션

자! 그럼 이번 장 역시 미션 풀이를 하며 마무리하겠습니다. 책을 덮고 미션풀이를 시작해주세요.

미션 01　for문을 while문으로 변경하기

3단을 출력하는 예제입니다. for문 대신 while문으로 풀어주세요.

풀이 전 코드: 소스 _ 01부/07장/lesson04/01_complete/m01/00.html

```
var dan=3;
for(var i=1;i<=9;i++){
    document.write(dan+"*"+i+"="+(dan*i)+"<br>");
}
```

풀이: 소스 _ 01부/07장/lesson04/01_complete/m01/01.html

```
var dan=3;
var i=1;
while(i<=9){
    document.write(dan+"*"+i+"="+(dan*i)+"<br>");
    i++;
}
```

설명

for문 대신 while문을 사용하려면 앞에서 알아본 것처럼 다음과 같은 구문에 맞춰 사용하면 됩니다.

```
초깃값;
while(조건식){
    증감;
}
```

미션 02   입력값 합 구하기

end가 입력될 때까지 숫자를 계속해서 입력받아 다음과 같이 출력되게 만들어 주세요.

요구사항

window.prompt()를 이용해 값을 입력받을 때 입력받는 횟수가 출력되어야 합니다.

- 입력값이 end면 alert()을 이용해 "입력이 종료되었습니다." 메시지를 띄운 후 프로그램을 종료해 주세요.

- end가 아닌 경우 입력받은 값의 합을 document.write()를 이용해 화면에 출력해 주세요.

풀이: 소스 _ 01부/07장/lesson04/01_complete/m02/01.html

```javascript
var result = 0;
var i=1;
while(true){
    var value = window.prompt(i+"번째 입력 ");
    if(value=="end"){
        alert("입력이 종료되었습니다.");
        break;
    }

    result+=parseInt(value);
    document.write("현재 합은 = "+result,"<br>");
    i++;
}
```

설명

앞에서 알아본 것처럼 반복 횟수가 정해져 있지 않다면 for문 대신 while문이 적합합니다. 풀이 코드를 살펴보면 어렵지 않게 쉽게 이해할 수 있을 겁니다. 주의해야 할 구문이라면 입력값이 숫자로 된 문자열이기 때문에 정수 연산을 위해 parseInt() 또는 Number() 기능을 이용해 문자를 숫자로 형변환해야 합니다.

자바스크립트 함수와
함수 단위 프로그래밍

전체 스터디 맵

공지: 원의 크기는 난이도를 나타냅니다.

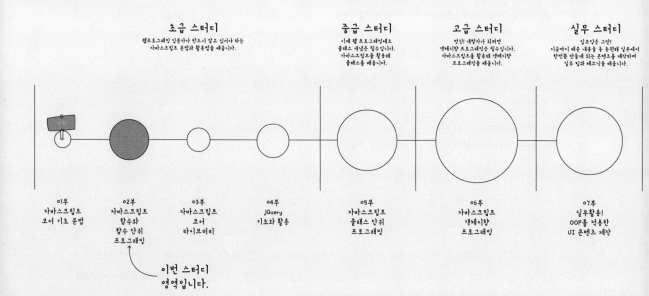

초급 스터디
웹프로그래밍 입문자가 반드시 알고 있어야 하는
자바스크립트 문법과 활용법을 배웁니다.

중급 스터디
이제 웹 프로그래밍에도
클래스 개념은 필수입니다.
자바스크립트를 활용해
클래스를 배웁니다.

고급 스터디
멋진 개발자가 되려면
객체지향 프로그래밍은 필수입니다.
자바스크립트를 활용해 객체지향
프로그래밍을 배웁니다.

실무 스터디
입문자는 그만!
지금까지 배운 내용을 총 총합해 실무에서
한번쯤 만들게 되는 콘텐츠를 제작하며
실무 팁과 테크닉을 배웁니다.

이부
자바스크립트
코어 기초 문법

02부
자바스크립트
함수와
함수 단위
프로그래밍

03부
자바스크립트
코어
라이브러리

04부
jQuery
기초와 활용

05부
자바스크립트
클래스 단위
프로그래밍

06부
자바스크립트
객체지향
프로그래밍

07부
실무활용!
OOP를 적용한
UI 콘텐츠 제작

이번 스터디
영역입니다.

01.
길잡이

드디어 여러분은 자바스크립트 코어 기초 문법 스터디 영역을 넘어 자바스크립트 함수와 함수 단위 프로그래밍 스터디 영역으로 접어들었습니다.

여기서 함수 단위 프로그래밍이란?

요구사항을 여러 개의 함수로 나눠 작업하는 방식을 말합니다. 그냥 무작정 여러 개의 함수로 나누는 것이 아니라 유지보수 및 재사용하기 쉽게 함수를 나눠 만드는 것이죠.

먼저 다음 지도와 표를 보며 이번 영역에서 배울 내용을 간단히 살펴보겠습니다.

공지:
원의 크기는 난이도를 나타냅니다.
앞으로 갈수록 조금씩 어려워지니 차근차근 따라오세요.

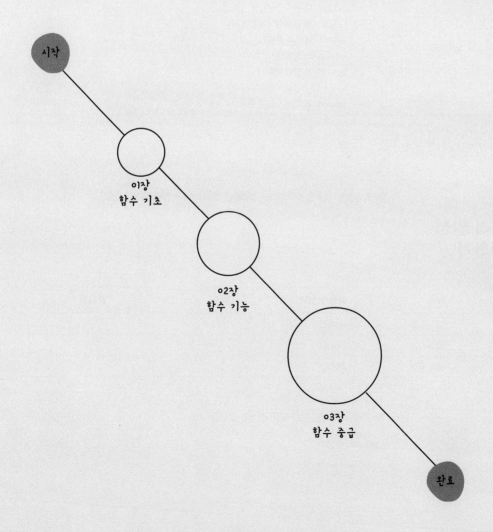

장	주제	내용
01장	함수 기초	Lesson 01 함수 소개 Lesson 02 가장 쉬운 함수 만들기 Lesson 03 지역변수 vs. 전역변수 Lesson 04 매개변수가 있는 함수 만들기 Lesson 05 리턴값이 있는 함수 만들기 Lesson 06 함수 이름 만들 때 주의사항 Lesson 07 미션
02장	함수 기능	Lesson 01 함수 기능 소개 Lesson 02 함수 기능1: 중복 코드 제거 및 코드 재사용성 Lesson 03 함수 기능2: 코드 그룹화 Lesson 04 미션
03장	함수 중급	Lesson 01 변수와 함수와의 관계 Lesson 02 함수 리터럴과 익명 함수 Lesson 03 함수 정의 방법 4가지 Lesson 04 함수 종류 Lesson 05 중첩 함수 Lesson 06 콜백 함수 Lesson 07 클로저 함수 Lesson 08 미션

02.
스터디 일정
작성하기

1부에서 했던 것처럼 여러분의 상황에 맞게 스터디 일정을 잡아보세요.

장	내용	예상 진행시간	시작일	종료일
01장	함수 기초	24시간		
02장	함수 기능	32시간		
03장	함수 중급	24시간		

쟤! 이제 스터디를 위한 모든 준비가 끝났습니다.

그럼 시작해볼까요?!

함수 기초

공지:
원의 크기는 난이도를 나타냅니다.
앞으로 갈수록 조금씩 어려워지니 차근차근 따라오세요.

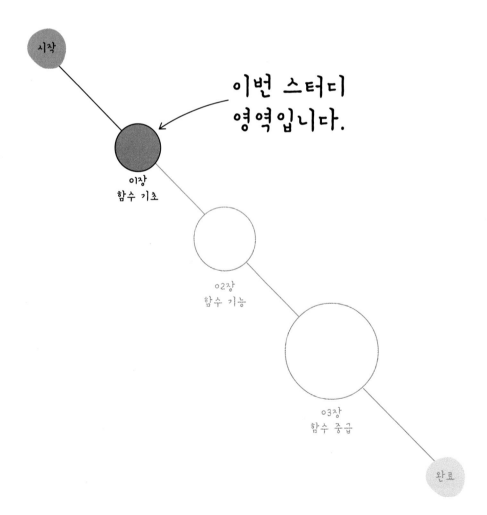

시작

이번 스터디
영역입니다.

이장
함수 기초

02장
함수 기능

03장
함수 중급

완료

들어가며

이번 장에서는 초보자가 반드시 알고 있어야 하는 가장 기본적인 함수 용어와 개념을 다룹니다. 총 세 장으로 이뤄진 함수의 시작인 만큼 최대한 초보자의 눈높이에 맞춰 진행해 보겠습니다. 또, 이번 장에서 다루는 내용은 다음 장을 진행하기 위해 꼭 필요한 내용이니 반드시 정복하길 바랍니다.

이번 장에서 다룰 내용은 다음과 같습니다.

Lesson 01 / 함수 소개

요약하자면 함수는 일종의 포장 기술입니다. 특정 기능을 하는 구문의 집합을 재사용하기 위해 포장하거나 그룹을 구분하기 위해 묶을 때 주로 사용하는 개념입니다. 이번 레슨에서는 함수 개념을 학습합니다.

01 _ 함수는 이럴 때 사용해요

함수를 알아보기 전에 함수를 왜 배워야 하는지 그리고 함수가 어떤 기능이 있는지 예를 이용해 알아보겠습니다. 가벼운 마음으로 다음에 등장하는 질문을 읽으며 답을 작성해 보세요.

예제 01 **여러분의 이름을 다음과 같이 5번 출력해 주세요.**

출력결과

1. ddandongne
2. ddandongne
3. ddandongne
4. ddandongne
5. ddandongne

풀이 01 _ **일반적인 경우**

가장 쉬운 방법으로 풀이를 해보면 다음과 같습니다.

풀이 01: 소스 _ 02부/01장/lesson01/01_complete/01_01.htm

```
document.write("1. ddandongne<br>");
document.write("2. ddandongne<br>");
document.write("3. ddandongne<br>");
document.write("4. ddandongne<br>");
document.write("5. ddandongne<br>");
```

설명

이 코드의 단점은 프로그래밍했다는 느낌이 전혀 들지 않을뿐더러 반복 횟수가 만약 다섯 번이 아니라 열 번으로 변경해야 한다면 다음과 같이 똑같은 내용을 다섯 번을 더 추가해줘야 합니다.

```
document.write("1. ddandongne<br>");
document.write("2. ddandongne<br>");
document.write("3. ddandongne<br>");
document.write("4. ddandongne<br>");
document.write("5. ddandongne<br>");
document.write("6. ddandongne<br>");
document.write("7. ddandongne<br>");
document.write("8. ddandongne<br>");
document.write("9. ddandongne<br>");
document.write("10. ddandongne<br>");
```

풀이 02 _ 반복문을 활용 경우

반복문을 활용하면 코드를 재사용할 수 있을 뿐만 아니라 유지보수하기 좋은 코드로 만들 수 있습니다.

풀이 02: 소스 _ 02부/01장/lesson01/01_complete/01_02.htm

```
for(var i=1;i<=5;i++)
    document.write(i+". ddandongne<br>");
```

설명

만약 반복 횟수를 열 번으로 늘리고 싶다면 5를 10으로만 변경해주면 됩니다.

```
for(var i=1;i<=10;i++)
    document.write(i+". ddandongne<br>");
```

여기까지는 앞 장에서 배운 내용 중 반복문을 활용한 중복 처리였습니다. 이해하는 데 있어 어렵지 않았을 겁니다. 그럼 예제 02를 어떻게 처리하면 좋을지 한번 풀어보세요.

예제 02 "웹동네", "짱아", "딴동네" 이름을 다섯 번씩 출력해주세요.

출력결과

　1. 웹동네
　. . .
　5. 웹동네
　1. 짱아
　. . .
　5. 짱아
　1. 딴동네
　. . .
　5. 딴동네

풀이 01 _ 반복문을 활용할 경우

반복문을 활용하면 다음처럼 풀 수 있습니다.

풀이 01: 소스 _ 02부/01장/lesson01/01_complete/02_01.htm

```
for(var i=1;i<=5;i++)
    document.write(i+". 웹동네<br>");

for(var i=1;i<=5;i++)
    document.write(i+". 짱아<br>");

for(var i=1;i<=5;i++)
    document.write(i+". 딴동네<br>");
```

설명

여러분의 풀이 역시 필자의 풀이와 비슷할 것입니다. 아마도 여러분은 실무에서 하는 것처럼 첫 번째 for문을 만든 후 현란한 Ctrl+CV(복사해서 붙이기)를 3번 한 후 이름만 변경했을 것입니다. 하지만 아쉽게도 이 풀이에는 치명적인 두 가지 단점이 있습니다.

단점 1. 유지보수하기 어렵다.

증명을 위해서 예를 들어 보겠습니다. 예제 02 출력 내용을 조금 바꿔 다음처럼 출력되게 만들어야 한다고 가정해보죠. (기존 출력 문자열 마지막에 "입니다."를 추가했습니다.)

변경 전 출력 내용	변경 후 출력 내용
1. 웹동네	1. 웹동네입니다.
· · ·	· · ·
5. 웹동네	5. 웹동네입니다.
1. 짱아	1. 짱아입니다.
· · ·	· · ·
5. 짱아	5. 짱아입니다.
1. 딴동네	1. 딴동네입니다.
· · ·	· · ·
5. 딴동네	5. 딴동네입니다.

이 문제를 해결하기 위해서 여러분은 다음과 같이 기존 소스에 "입니다"를 3번 추가했을 것입니다.

```
for(var i=1;i<=5;i++)
    document.write(i+". 웹동네입니다.<br>");

for(var i=1;i<=5;i++)
    document.write(i+". 짱아입니다.<br>");
```

```
for(var i=1;i<=5;i++)
    document.write(i+". 딴동네입니다.<br>");
```

이처럼 똑같은 코드를 중복해서 사용하고 있다는 것은 코드 수정 시 중복해서 사용하고 있는 횟수만큼 수정해줘야 하는 것입니다. 이는 단적인 예이긴 하지만 실무에서 요구사항 변경은 흔히 있는 일입니다. 즉, 지금 풀이는 유지보수하기에 좋지 않은 코드입니다.

단점 2. 중복 코드가 많다

더욱 큰 문제는 중복 코드가 너무 많다는 것입니다. 예를 들어, 추가로 철수와 영희를 5번 출력해야 한다고 해보죠. 그럼 코드는 다음과 같을 것입니다.

```
for(var i=1;i<=5;i++)
    document.write(i+". 웹동네입니다.<br>");
```

```
for(var i=1;i<=5;i++)
    document.write(i+". 짱아입니다.<br>");
```

```
for(var i=1;i<=5;i++)
    document.write(i+". 딴동네입니다.<br>");
```

추가코드

```
for(var i=1;i<=5;i++)
    document.write(i+". 철수입니다.<br>");
```

```
for(var i=1;i<=5;i++)
    document.write(i+". 영희입니다.<br>");
```

왠지 잘 된 코드처럼 보이지만 이 코드는 이름을 제외하면 모든 코드가 동일합니다. 예제 1과 중복 코드만 다를 뿐 똑같은 문제점을 가지고 있습니다.

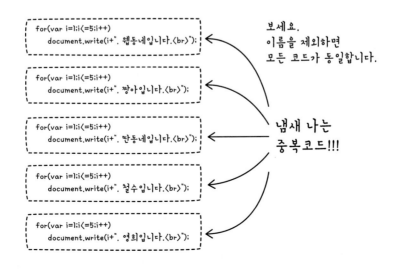

이쯤에서 질문해 보겠습니다. 그럼 단점1과 단점 2를 해결할 수 있는 방법은 과연 있을까요?

네! 있습니다. 바로 이번 장의 주제인 함수입니다. 함수의 마법을 활용하면 유지보수하기 좋으면서 중복코드가 없는 너무나도 깔끔한 코드를 만들 수 있습니다. 일단 함수가 무엇인지 알아보기 전에 먼저 함수를 이용하면 지금까지의 문제를 어떻게 해결할 수 있는지 코드를 먼저 보여드리겠습니다. 다음 풀이를 봐주세요.

풀이 02 _ 함수를 활용한 경우

지금부터 앞의 문제를 함수를 활용해 풀어볼 텐데요. 함수를 사용하면 좋은 점은 다음과 같이 크게 두 가지로 꼽을 수 있습니다.

01. 코드 중복 제거 및 코드 재사용

02. 유지보수 용이성

그럼 이 두 가지 내용을 예제를 풀이해가며 하나씩 자세히 설명해 보겠습니다. 아직 함수를 배우지 않은 시점이기 때문에 풀이코드를 이해하려 하기보다 가벼운 마음으로 함수를 사용하는 이유에 초점을 맞춰 읽어보길 바랍니다.

1 _ 코드 중복 제거 및 코드 재사용

일단 함수 사용 전 코드와 비교해 보면 코드가 간략해지고 가독성이 높아진 것을 확인할 수 있습니다.

함수 사용 전	함수 사용 후 풀이 02: 소스 _ 02부/01장/lesson01/01_complete/02_02.htm

``js
for(var i=1;i<=5;i++)
    document.write(i+". 웹동네입니다.
");
 	
for(var i=1;i<=5;i++)
    document.write(i+". 짱아입니다.
");
 	
for(var i=1;i<=5;i++)
    document.write(i+". 딴동네입니다.
");
``
	``js
	// 함수 정의 (재사용할 코드를 포장하는 기술)
	function showName(name){
	    for(var i=1;i<=5;i++)
	        document.write(i+". "+name+"입니다.
	");
	}
	
	// 함수 호출 (함수를 동작하게 하려면
	// 함수 호출이라는 것을 해줘야 합니다.)
	showName("웹동네");
	showName("짱아");
	showName("딴동네");
	``

이렇게 코드가 줄어든 이유는 중복 코드를 함수로 포장해 코드를 재사용했기 때문입니다. 추가로 철수와 영희를 출력해야 한다면? 이름을 출력하는 for문 구문을 2번 복사할 필요 없이 출력할 이름을 넣어 showName()함수를 호출해 주기만 하면 됩니다.

```js
showName("철수");
showName("영희");
```

이처럼 함수를 이용하면 특정 기능을 하는 구문을 포장해 재사용할 수 있습니다.

1. 함수 사용 전   ## 2. 함수 사용 후

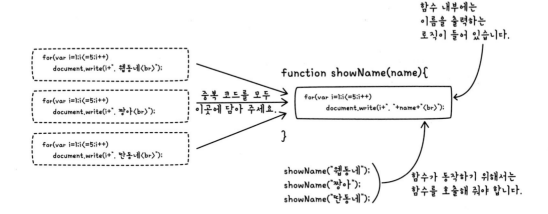

함수 내부에는
이름을 출력하는
로직이 들어 있습니다.

```
for(var i=1;i(=5;i++)
    document.write(i+". 웹동네<br>");
```

```
for(var i=1;i(=5;i++)
    document.write(i+". 짱아<br>");
```

```
for(var i=1;i(=5;i++)
    document.write(i+". 딴동네<br>");
```

중복 코드를 모두
이곳에 담아 주세요.

```
function showName(name){
    for(var i=1;i(=5;i++)
        document.write(i+". "+name+"<br>");
}
```

```
showName("웹동네");
showName("짱아");
showName("딴동네");
```

함수가 동작하기 위해서는
함수를 호출해 줘야 합니다.

2 _ 유지보수 용이성

이뿐만이 아닙니다. 만약 출력 내용을 "웹동네"는 5번, "짱아"는 10번, "딴동네"는 7번으로 변경해야 하는 경우 반복문을 활용한 풀이에서는 코드를 다음과 같이 각각 수정해줘야 하지만 함수의 매개변수(파라미터 또는 인수라고도 부름)를 이용하면 유지보수 하기 좋은 멋진 코드를 다음과 같이 만들 수 있습니다.

반복문 사용 풀이	함수 사용 풀이 소스 _ 02부/01장/lesson01/01_complete/02_03.htm
`for(var i=1;i(=5;i++)` `document.write(i+". 웹동네 ");` `for(var i=1;i(=10;i++)` `document.write(i+". 짱아 ");` `for(var i=1;i(=7;i++)` `document.write(i+". 딴동네 ");`	`function showName(name, count){` `for(var i=1;i(=count;i++)` `document.write(i+". "+name+" ");` `}` `showName("웹동네", 5);` `showName("짱아", 10);` `showName("딴동네", 7);`

추가로 철수 3번, 영희 6번을 출력해야 한다면? 함수는 그냥 showName() 함수를 2개 더 추가해서 호출해주기만 하면 됩니다.

```
showName("영희", 3);
showName("철수", 6);
```

지금까지 풀이를 정리해보면 반복문과 함수와의 관계를 알 수 있습니다.

일반적인 풀이	반복문을 활용한 풀이	함수를 활용한 풀이

document.write("1. 웹동네
");
document.write("2. 웹동네
");
document.write("3. 웹동네
");
document.write("4. 웹동네
");
document.write("5. 웹동네
");
 	
document.write("1. 짱아
");
document.write("2. 짱아
");
document.write("3. 짱아
");
document.write("4. 짱아
");
document.write("5. 짱아
");
 	
document.write("1. 딴동네
");
document.write("2. 딴동네
");
document.write("3. 딴동네
");
document.write("4. 딴동네
");
document.write("5. 딴동네
");
	for(var i=1;i<=5;i++)
	　　document.write(i+". 웹동네
	");
	
	for(var i=1;i<=5;i++)
	　　document.write(i+". 짱아
	");
	
	for(var i=1;i<=5;i++)
	　　document.write(i+". 딴동네
	");
		function showName(name, count){
		　　for(var i=1;i<=count;i++)
		　　　document.write(
		　　　　　i+"."+name+"
		");
		}
		showName("웹동네", 5);
		showName("짱아", 10);
		showName("딴동네", 7);

지금까지 알아본 것처럼 함수를 활용하면 중복 코드 제거 및 코드를 재사용할 수 있을 뿐 아니라 유지보수하기 좋은 코드를 만들 수 있습니다. 이렇게 해서 함수를 사용해야만 하는 이유를 알아봤습니다. 함수와의 첫 느낌 어떤 것 같나요? 어렵게 느끼는 분도 있겠지만 반복문까지 열심히 학습한 분이라면 어느 정도 이해했을 것입니다. 자! 그럼 놀라운 능력을 가진 함수를 지금부터 꼼꼼하게 배워보죠. 가시죠!

02 _ 함수란?

정리해보면 함수는 특정 기능을 하는 구문(알고리즘, 로직)을 독립된 부품으로 만들어 재사용하고자 할 때 사용하는 문법입니다. 일종의 포장 방법이라고 말할 수도 있습니다.

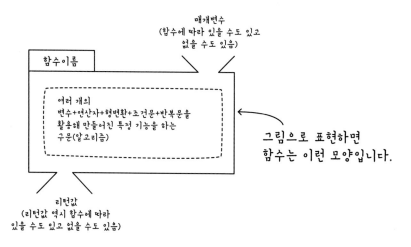

03 _ 함수 구조 3가지

함수를 정복하기 위해서는 다음과 같이 함수와 관련된 여러 가지 내용을 알아야 합니다.

- 매개변수(파라미터 또는 인수라고도 함)
- 지역변수와 전역변수
- 리턴값
- 함수 호출
- 함수 정의
- 함수 리터럴
- 함수 이름 규칙

휴~ 많죠? 이제 막 자바스크립트를 시작한 여러분이 이 모든 걸 한꺼번에 배우려면 너무 부담스러우니 함수를 다음과 같이 세 가지로 나눠 단계별로 배워보겠습니다.

첫 번째: 일반적인 함수

```
function 함수이름(){
    실행구문;
}
```

두 번째: 매개변수가 있는 함수

```
function 함수이름([매개변수1[, 매개변수 2[, . . .]]]){
    실행구문;
}
```

세 번째: 리턴값이 있는 함수

```
function 함수이름([매개변수 1[, 매개변수 2[, . . .]]]){
    실행구문;
    return 실행결과;
}
```

Lesson 02 / 가장 쉬운 함수 만들기

이번 레슨에서는 가장 쉬운 함수 만드는 방법을 배웁니다. 다시 한 번 언급하자면 함수 자체는 전혀 어렵지 않습니다. 정말 단순한 포장 기술일 뿐이라는 점을 알아 주세요. 그럼 함수가 어떻게 생겼는지 함수 구조부터 살펴보죠.

01 _ 사용법

| 문법 | ```function 함수이름(){
    실행구문;
    . . . .
}``` |
| --- | --- |

설명

함수를 만드는 가장 일반적인 방법입니다. 함수 외부에서 함수 내부로 전달되는 데이터를 받는 매개변수도 없고 함수 내부의 정보를 함수 밖으로 내보내는 리턴값도 없는 구조입니다. 그림으로 표현하면 다음과 같습니다.

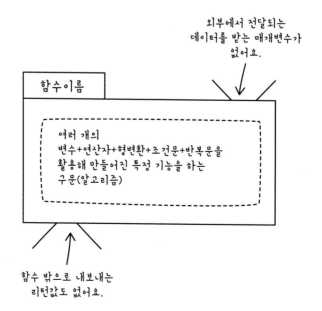

함수는 크게 함수 정의와 호출로 나눌 수 있습니다. 함수 정의는 일종의 설계도일 뿐 설계만 한다고 해서 자동으로 동작하진 않습니다. 함수 내부에 포장돼 있는 실행구문을 실행하고 싶을 때는 함수 호출을 해줘야 합니다.

function

변수 만들 때 사용하는 var 키워드와 마찬가지로 function은 함수를 만들 때 사용하는 키워드입니다. 풀어 설명하면 자바스크립트 엔진은 소스를 해석하는 과정에 function 키워드를 만나면 "음~ 여기는 함수를 만들라는 말이군"으로 해석해 함수를 만들게 됩니다.

함수이름

함수이름은 변수이름과 마찬가지로 유일해야 하며 만들려고 하는 함수의 기능을 함축한 의미가 담긴 이름으로 만들면 됩니다. 함수이름 작성법은 Lesson 06에서 자세히 다룹니다.

{ }

함수 영역을 나타냅니다.

함수이름()

함수이름+( )로 작성하면 함수가 동작합니다. 우리는 이 작업을 함수호출이라고 부릅니다. 일종의 전원 버튼을 누르는 것과 같다고 생각하세요.

그럼 예제를 이용해 함수에 대해 좀더 자세히 알아보죠.

02 _ 예제

예제 01 다음 내용을 hello()라는 함수로 만들어 유지보수하기 쉽게 만들어 주세요.

풀이 전 코드: 소스 _ 02부/01장/lesson02/01_complete/01_00.html

```
document.write("안녕하세요. 환영합니다.","<br>");
document.write("안녕하세요. 환영합니다.","<br>");
document.write("안녕하세요. 환영합니다.","<br>");
```

풀이

이해하기 쉽게 풀이를 단계별로 나눠 진행해 보겠습니다.

단계 1. 함수로 포장할 내용(중복코드 또는 로직) 찾기

먼저 코드에서 함수로 포장할 만한 냄새 나는 중복 코드나 재사용 로직이 있는지 확인합니다. 중복코드를 여러분도 찾았죠? 다음 내용이 3번이나 반복되네요.

```
document.write("안녕하세요. 환영합니다.","<br>");
```

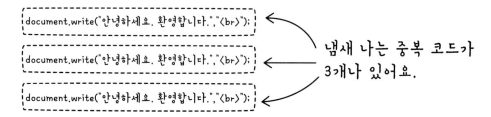

단계 2. 빈 함수 만들기

이어서 중복 코드를 담을 함수를 만들어 줍니다. 함수를 만들어야 한다면 머릿속으로 바로! 함수 문법이 떠올라야 합니다. 문법이 괜히 있는 게 아니거든요. 문법은 지켜야 할 규칙이며 반드시 문법에 맞게 코딩을 해야 합니다.

재! 그럼 먼저 함수 본체를 만들기 위해 함수 문법을 다음과 같이 작성해 주세요.

```
function 함수이름(){
    실행구문;(포장할 내용을 여기에 작성해 주세요.)
}
```

다음으로 함수이름에 우리가 만들 함수이름인 hello를 작성해 주는 거죠.

소스 _ 02부/01장/lesson02/01_complete/01_02.html

```
function hello(){
    실행구문;(포장할 내용을 여기에 작성해 주세요.)
}
```

단계 3. 중복코드 포장하기

다음으로 함수에 중복코드를 포장해 줍니다.

소스 _ 02부/01장/lesson02/01_complete/01_03.html

```
function hello(){
    document.write("안녕하세요. 환영합니다.","<br>");
}
```

단계 4. 함수호출

마지막으로 함수를 실행시키기 위해 함수호출을 해줍니다.

소스 _ 02부/01장/lesson02/01_complete/01_04.html

```
function hello(){
    document.write("안녕하세요. 환영합니다.","<br>");
}
hello();
hello();
hello();
```

함수 사용 전 코드와 비교해보세요. 코드가 훨씬 간결해졌죠? 이런 식으로 이 책에서는 간단한 예제를 시작으로 여러분을 함수와 서서히 친하게 만들어 갈 것입니다. 그러니 함수에 익숙하지 않은 분들은 필자가 안내하는 순서대로 차근차근 진행해 보길 바랍니다.

자! 그럼 이해를 돕기 위해 예제 하나를 더 들어보겠습니다.

예제 02 **다음 내용을 printStar라는 함수로 만들어 간결하게 만들어 주세요.**

풀이 전 코드: 소스 _ 02부/01장/lesson02/01_complete/02_00.html

```
var star="";
for(var i=1;i<=5;i++){
    for(var m=0;m<i;m++){
        star+="*";
    }
    star+="<br>";
}
document.write(star);

var star="";
for(var i=1;i<=5;i++){
    for(var m=0;m<i;m++){
        star+="*";
    }
    star+="<br>";
}
document.write(star);
```

실행결과

```
*
**
***
****
*****
*
**
***
****
*****
```

풀이

이번에도 이해를 쉽게 하기 위해 풀이를 단계별로 진행해 보겠습니다.

단계 1. 함수로 포장할 내용(중복코드 또는 로직) 찾기

코드를 보면 별표를 출력하는 로직이 중복해서 두 개나 있는 걸 확인할 수 있습니다.

```javascript
var star="";
for(var i=1;i<=5;i++){
    for(var m=0;m<i;m++){
        star+="*";
    }
    star+="<br>";
}
document.write(star);
```

보세요.
코드가 완전히 똑같죠?
이런 냄새 나는 코드는
보는 즉시!
없애줘야 해요.

```javascript
var star="";
for(var i=1;i<=5;i++){
    for(var m=0;m<i;m++){
        star+="*";
    }
    star+="<br>";
}
document.write(star);
```

단계 2. 빈 함수 만들기

이어서 중복코드를 담을 printStar()라는 텅빈 함수를 만들어 줍니다. 일종의 물건을 담을 빈 상자라고 생각하세요.

소스 _ 02부/01장/lesson02/01_complete/02_02.html

```
function printStar(){

}
```

단계 3. 중복 코드 포장하기

중복코드를 printStar()함수에 포장해줍니다.

소스 _ 02부/01장/lesson02/01_complete/02_03.html

```
function printStar(){
    var star="";
    for(var i=1;i<=5;i++){
        for(var m=0;m<i;m++){
            star+="*";
        }
        star+="<br>";
    }
    document.write(star);
}
```

단계 4. 함수호출

마지막으로 함수를 두 번 호출해 줍니다. 그럼 끝!

소스 _ 02부/01장/lesson02/01_complete/02_04.html

```
function printStar(){
    var star="";
    for(var i=1;i<=5;i++){
        for(var m=0;m<i;m++){
            star+="*";
        }
        star+="<br>";
    }
```

```
        document.write(star);
    }


printStar();
printStar();
```

여러분 중 "정말 이게 함수인가요? 너무 쉬운데요!"라고 생각하는 분이 있을 것 같습니다. 물론 아직 함수의 시작단계이긴 하지만 함수 자체는 여러분이 생각하는 것만큼 어렵진 않습니다. 함수는 여러분이 확인한 것처럼 function(){. . .}로 되어 있는 정말이지 너무나도 단순한 포장기술일 뿐입니다. 계속해서 강조하지만 문제는 함수에 포장되는 실행구문입니다. 만약 여러분이 함수 변경 전 내용을 이해하고 스스로 풀 줄 안다면 지금 다루는 내용이 정말 쉽겠지만 그렇지 않다면 정말 어려울 것입니다. 이처럼 함수에 포장되는 실행구문, 즉 특정기능을 하는 알고리즘 구현 자체가 어렵지 함수 자체는 어렵지 않다는 걸 꼭 명심하세요.

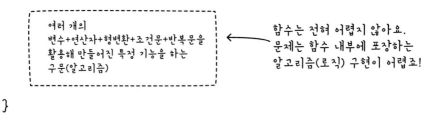

정리하자면 함수를 가장 쉽게 배우는 방법은 여러분이 변수에서 반복문까지 배우면서 만든 코드를 예제처럼 함수로 포장하는 연습을 익숙해질 때까지 계속해서 반복하는 것입니다. 그러니 다음으로 넘어가기 전에 이전 장에서 만든 예제를 모두 함수로 포장해 보세요. 실력이 쑥쑥! 향상되는 걸 느낄 수 있을 겁니다.

여러분이 연습하는 동안 필자는 잠시 휴식을 취하며 다음 장에서 여러분을 기다리고 있겠습니다.

Lesson 03 / 지역변수 vs. 전역변수

드디어 또 하나의 변수를 배울 때가 된 것 같습니다. 매개변수가 있는 함수를 이해하기 위해서는 먼저 지역변수를 좀더 자세히 알아야 합니다.

이번 레슨에서 지역변수와 전역변수 차이점에 대해 중점적으로 알아보겠습니다.

01 _ 변수 종류

다시 한 번 변수 종류를 살펴보고 넘어가죠. 이번 레슨에서는 지역변수와 매개변수에 대해 배웁니다.

변수	설명	다루는 장
전역변수	전역에서 사용하는 데이터를 담는 변수이며 어디서든 접근해서 사용 가능합니다. 이제 막 스크립트를 시작한 초보라면 전역변수를 가장 많이 만들게 됩니다.	1부 1장
지역변수	특정 영역에서만 사용할 수 있는 변수입니다. 주로 함수 내부에 만들어지는 변수입니다.	2부 1장
매개변수(파라미터)	함수 외부에서 함수 내부로 데이터를 전달하기 위한 용도로 사용하는 변수입니다.	2부 1장
멤버변수(프로퍼티)	클래스 내부에 만들어지며 주로 객체에서 사용하는 정보를 담는 변수입니다.	5부 1장

02 _ 지역변수와 전역변수 구분하기

지역변수와 전역변수를 만드는 방법은 동일합니다. 다른 점이라면 만드는 영역이 다른 것이죠. 즉, 전역 영역에 변수를 만들면 전역변수라 부르고 함수 내부 영역인 지역 영역에 변수를 만들면 지역변수라고 부릅니다.

```
<script>
    전역 영역
    function func1(){
        지역 영역1
    }
    function func2(){
        지역 영역2
    }
</script>
```

그럼 예제를 이용해 지역변수와 전역변수를 좀더 자세히 알아보죠.

예제 01 **지역변수와 전역변수 구분하기**

다음 예제를 실행하면 1,2,3,4,5에는 어떤 값이 출력될까요?

소스 _ 02부/01장/lesson03/01_complete/01.html

```
<script>
    var name="test1";
    function func1(){
        var name="test2";
        document.write("2. name = "+name,"<br>"); ❷
    }

    function func2(){
        var name="test3";
        document.write("3. name = "+name,"<br>"); ❸
    }

    function func3(){
        name="test20"; ❹
        document.write("4. name = "+name,"<br>");
    }

    document.write("1. name = "+name,"<br>"); ❶
    func1();
    func2();
    func3();
    document.write("5. name = "+name,"<br>"); ❺

</script>
```

결과

1. name = test1
2. name = test2
3. name = test3
4. name = test20
5. name = test20

전역변수

전역변수는 전역 영역에 만들어지는 변수로서 영역에 상관없이 사용할 수 있는 변수를 의미합니다. 예제에서 전역변수 name을 사용한 부분은 ❶, ❹, ❺입니다.

지역변수

지역변수는 지역 영역에 만들어지는 변수로서 오직 만들어진 영역에서만 사용할 수 있습니다. 예제에서 ❷, ❸는 전역변수 name과 지역변수 name을 사용할 수 있지만 이름이 같은 경우 지역변수의 접근 순위가 높기 때문에 지역변수 name이 출력됩니다.

03 _ 지역변수와 전역변수 생명주기

여기서 생명주기란 만들어지고 없어지는 시기를 나타냅니다. 지역변수와 전역변수는 이 생명주기가 다릅니다. 예제를 이용해 살펴보겠습니다.

> **예제 02** **지역변수와 전역변수 생명주기**

소스 _ 02부/01장/lesson03/01_complete/02.html

```
<script>
    function func1(){
        var name="ddandongne";
        document.write("1. name = "+name);
    }
    func1();

    // name은 지역변수이기 때문에 전역에서 사용할 수 없어요.
    document.write("2. name = "+name);
</script>
```

실행결과

1. name = ddandongne
2. name = undefined

전역변수

전역변수의 생명주기(변수를 사용할 수 있는 기간)는 자바스크립트가 실행되는 페이지가 브라우저에서 실행되고 있는 한 사라지지 않고 계속 남아있게 됩니다. 그렇기 때문에 어디서든 전역변수를 사용할 수 있습니다.

지역변수

예제에서 func1()이라는 함수를 작성했다고 해서 함수 내부에 있는 지역변수 name이 자동으로 만들어지는 건 절대 아니라는 것입니다. 함수 내부는 오직 함수 호출을 해야 동작하며 자바스크립트 엔진에 의해 var가 해석이 되면서 지역변수가 만들어지는 것입니다.

그리고 예제에서 알 수 있는 것처럼 지역변수는 함수 내부의 구문실행이 모두 끝나는("}"가 실행되는) 시점에 전역변수와는 달리 완전히 사라지게 됩니다. 그렇기 때문에 지역변수는 전역변수와는 달리 변수가 만들어진 지역에서만 사용할 수 있습니다.

04 _ 예제

지금까지 배운 내용을 예제를 통해 정리해 보겠습니다.

예제 03 다음 예제를 실행하면 1, 2, 3, 4에는 어떤 값이 출력될까요?

소스 _ 02부/01장/lesson03/01_complete/03.html

```
<script>
    var a = 10;
    var b = 100;
    function func1(){
        var b = 20;
        document.write("1. a = "+a+"<br>"); ❶
        document.write("2. b = "+b+"<br>"); ❷
        a = 50; ❸
    }
    func1();

    document.write("3. a = "+ a+"<br>"); ❹
    document.write("4. b = "+b+"<br>"); ❺

</script>
```

풀이

1. a = 10 (전역변수)
2. b = 20 (지역변수)
3. a = 50 (전역변수)
4. b = 100 (전역변수)

설명

필자가 예제에 약간의 함정을 설치해 놨는데 빠지지 않고 다 맞췄는지 궁금하군요. 예제가 어렵지 않기 때문에 간단하게 설명을 해보 겠습니다.

❶에서는 전역변수 a의 값 10이 출력됩니다.

❷에서는 지역변수 b의 값 20이 출력됩니다.

❹에서는 ❸에서 전역변수 a의 값이 10에서 50으로 변경 되었기 때문에 50이 출력됩니다.

❺에서는 전역변수 b의 값 100이 출력됩니다.

Lesson 04 / 매개변수가 있는 함수 만들기

이번에는 매개변수가 있는 함수를 만드는 방법을 배워보겠습니다. 매개변수가 있는 함수는 기본 함수 개념에 매개변수 부분만 추가된 구조이기 때문에 기본 함수를 이해하고 있다면 쉽게 이해할 수 있을 겁니다. 그럼 먼저 문법부터 알아보죠.

01 _ 사용법

| 문법 | ```
function 함수이름([매개변수1, 매개변수2, . . . .]){
    실행구문;
}
``` |

설명

이번 함수를 그림으로 표현하면 다음과 같이 표현할 수 있습니다.

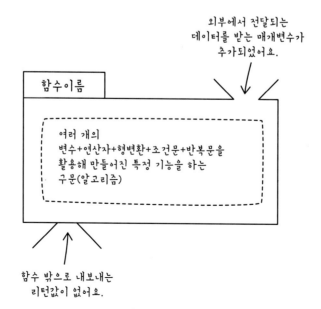
```

문법은 매개변수가 있는 것을 제외하면 기본 함수와 동일합니다. 그럼 매개변수에 대해 추가로 배우면 되겠죠?

자! 그럼 지금부터 매개변수를 다음과 같이 총 6개의 주제로 나눠 자세히 설명할 테니 천천히 읽어 나가길 바랍니다.

01. 매개변수는 이럴 때 사용해요.

02. 매개변수란?

03. 매개변수 위치

04. 매개변수는 지역변수

05. 매개변수 개수

06. 매개변수에 데이터 전달하기

01. 매개변수는 이럴 때 사용해요.

다음과 같이 출력되는 간단한 예제를 하나 만든다고 해보죠.

출력결과

웹동네님 환영합니다.
딴동네님 환영합니다.
짱아님 환영합니다.

그리고 풀이를 위해 코드를 다음과 같이 만들었습니다.

```
function hello(){
    var name ="웹동네";
    document.write(name+"님 환영합니다.");
}
hello();
```

여기까지 코드를 입력하고 실행하면

"웹동네님 환영합니다."

까지는 처리할 수 있습니다.

이제

"딴동네님 환영합니다."
"짱아님 환영합니다."

라는 메시지를 출력해야 하는데 이 문제를 해결하기 위해서는

hello()를 두 번째 호출할 때는 name이 "딴동네"
hello()를 세 번째 호출할 때는 name이 "짱아"로

값이 변경되어야 합니다. 하지만 문제는 name이 함수 내부에 지역변수로 되어 있어서 함수가 한 번 실행
되면 함수 외부에서 함수 내부를 접근할 수 없게 되어 지금까지 배운 방법으로는 딱히 처리할 수 있는 방
법이 없습니다.

지금까지 내용을 그림으로 정리하면 딱! 이런 모양일 것입니다.

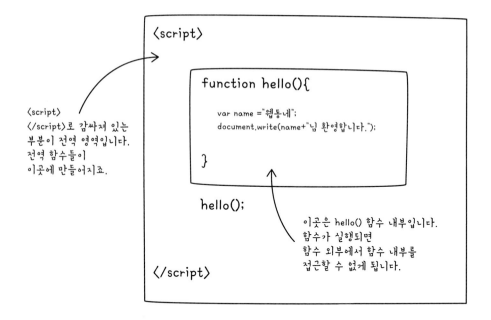

지금까지 우리가 배운 방법으로는 도저히 이 문제를 해결할 방법이 없어 보입니다. 그렇다고 너무 실망하
지 마세요. 바로 이럴 때 사용하기 위해 존재하는 우리의 친구 매개변수가 있으니까요.

방법은 이렇습니다. 먼저 실행 전에 hello() 함수에 구멍(매개변수)을 뚫어 놓습니다. 구멍은 한 개부터
수십 수백 개까지 만들고 싶은 만큼 만들 수 있습니다. 그리고 구멍마다 이름을 줄 수가 있는데 구멍 이름
을 만드는 규칙은 변수이름 만드는 방법과 동일합니다.

다시 예제로 돌아와서 hello 함수에 구멍을 하나 뚫고 구멍에 value라는 이름을 붙여 줍니다.

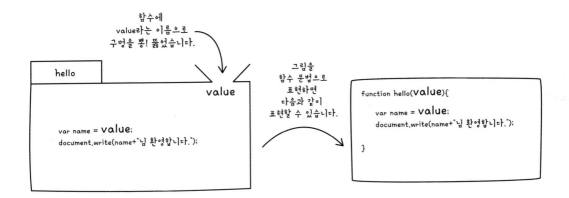

이제 함수를 호출할 때 이 구멍을 통해 함수 외부에서 함수 내부로 데이터를 전달하는 거죠. 다음처럼 말이지요.

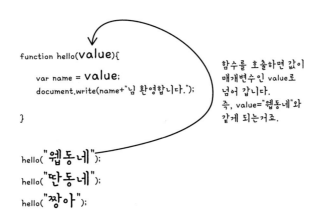

이제 함수를 호출할 때마다 value라는 구멍에 값을 넘겨 함수 내부에 있는 변수 name의 값을 변경할 수 있습니다.

2. 매개변수란?

정리해보면 매개변수는 변수의 일종이며 함수 외부에서 함수 내부로 데이터를 전달할 때 매개체 역할을 하는 변수입니다.

매개변수란?
함수 외부에서 함수 내부로 데이터를 전달할 때 사용하는 변수

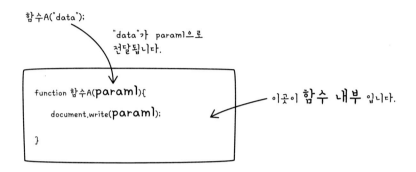

3. 매개변수 위치

매개변수 위치는 다음과 같이 함수이름 안에 위치합니다.

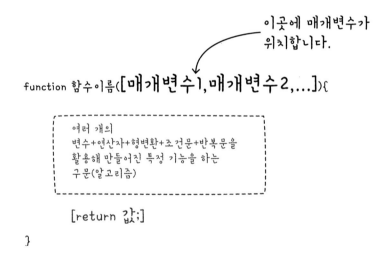

4. 매개변수는 지역변수

또한 매개변수는 지역변수이기도 합니다. 이는 함수가 실행될 때 만들어지고 함수가 종료되면 자동으로 사라진다는 뜻입니다. 지역변수가 매개변수와 다른 점은 매개변수를 만들 때 var를 붙이지 않는다는 것입니다.

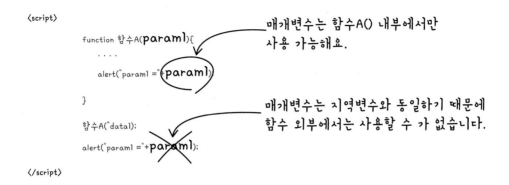

```
<script>
    function 함수A(param1){
        ....
        alert("param1 ="+param1);
    }
    함수A("data1);
    alert("param1 ="+param1);
</script>
```

매개변수는 함수A() 내부에서만
사용 가능해요.

매개변수는 지역변수와 동일하기 때문에
함수 외부에서는 사용할 수 가 없습니다.

5. 매개변수 개수

매개변수 개수 역시 일반 변수처럼 열 개든 스무 개든 만들고 싶은 만큼 만들 수 있습니다. 다음처럼 매개
변수 하나를 추가해 방문 횟수를 나타낼 수도 있습니다.

```
function hello(name, count) {
    document.write(name+"님 "+count+"번째 방문을 환영합니다.");
}
hello("딴동네", 10);
```

6. 매개변수에 데이터 전달하기

함수 매개변수에 데이터를 전달하는 방법은 함수를 호출할 때 데이터를 넣어 호출해 줍니다. 만약 매개변
수가 두 개면 함수 호출 시 데이터를 두 개를 넣어 주는거죠.

```
function hello(name, count) {
    document.write(name+"님 "+count+"번째 방문을 환영합니다.");
}
hello("딴동네", 10);
```

hello()를 실행하면 "딴동네" 데이터는 name에, 10은 count에 저장됩니다. 이는 일반 변수를 만들면서
데이터 초기화시키는 것과 같습니다. 즉 다음과 같아집니다.

```
name = "딴동네";
count = 10;
```

그리고 데이터를 보내는 위치는 정해져 있기 때문에 위치에 맞춰 데이터를 보내야 합니다.

예를 들어 hello(10, "딴동네"); 처럼 함수를 호출하면 매개 변수에는 다음처럼 저장돼 예상과는 전혀 다른 값이 출력됩니다.

```
name = 10;
count = "딴동네";
```

실행결과

10님 딴동네번째 방문을 환영합니다.

또한 다음과 같이 매개변수가 두 개인데 값을 하나만 보내는 경우

```
hello("딴동네");
```

name에는 딴동네, count에는 undefined가 저장됩니다.

실행결과

딴동네님 undefined번째 방문을 환영합니다.

이렇게 해서 매개변수가 있는 함수 문법에 대해 아주 자세히 알아봤습니다.

02 _ 예제

자! 그럼 이해를 돕기 위해 지금까지 배운 내용이 들어있는 간단한 예제를 만들어 보겠습니다. 여러분도 직접 풀어보세요.

예제 01 **매개변수로 받은 두 수를 더한 결과값을 출력하는 함수를 만들어 주세요.**

풀이: 소스 _ 02부/01장/lesson04/01_complete/01.html

```
function sum(num1, num2){
    var result = num1+num2;
    alert("두 수의 합은 = "+result);
}
sum(10,20);
```

설명

먼저 합한다는 의미를 가진 함수 sum을 만든 후 외부에서 데이터를 받기 위해 매개변수 두 개를 만들어 줍니다. 그리고 함수 내부에 이 두 매개변수 값을 더한 결과값을 출력하는 구문을 작성해줍니다. 마지막으로 숫자 10과 20을 매개변수 값으로 해서 sum() 함수를 호출해 줍니다.

바로 이런 식으로 함수에 매개변수를 만들어 함수 호출 시 외부에서 데이터를 받아 함수 내부에서 사용하면 됩니다.

03 _ arguments란?

함수를 공부하게 되면 arguments를 만나게 되는 데요. 초보자 분들이 좀 어렵게 생각하는 것 중 하나입니다. 이 책에서는 이해를 쉽게 하기 위해 예를 가지고 설명하겠습니다. 먼저 다음 예제를 풀어보세요.

예제 02 **다음 코드가 실행되면 어떤 값이 출력될까요?**

소스 _ 02부/01장/lesson04/01_complete/02_01.html

```
function showInfo(){
    alert("안녕하세요."+userName+"님의  나이는 "+age+"입니다.");
}
showInfo("딴동네", 30);
```

출력결과

```
Uncaught ReferenceError: userName is not defined
```

설명

함수 호출 시 값을 넘겼지만 값을 받는 매개변수가 선언돼 있지 않기 때문에 아무런 값이 찍히지 않습니다. 좀더 설명하자면 자바스크립트는 userName을 발견하면 우선 지역변수와 매개변수 중에서 userName을 찾게 됩니다. 만약 발견하지 않는다면 전역변수에서 찾아 사용합니다. 전역변수에도 없다면 userName이란 변수가 없는 걸로 판단하고 에러를 발생시킵니다.

그렇다면 매개변수를 선언하지 않고 매개변수 값에 접근하는 방법은 없을까요? 물론 이렇게 사용하는 경우는 거의 없겠지만 이런 경우를 위해 자바스크립트 함수는 arguments라는 객체를 기본으로 제공합니다. arguments에는 모든 매개변수 값이 들어 있습니다.

> **메모 _** 여기서 오랜만에 객체란 용어가 등장하는군요. 부록 02에서 배운 것처럼 객체라는 용어를 만나면 일단 연관 있는 수많은 기능을 가지고 있는 덩어리라고 생각하세요.

정리해보면 arguments란?

- 매개변수의 모든 정보가 담겨있는 장소(객체)입니다.

- 배열은 아니지만 배열처럼 사용하면 되요.

- 매개변수의 개수는 arguments의 length 프로퍼티를 이용하면 알 수 있습니다.

따라서 앞의 예제를 다음과 같이 변경할 수 있습니다.

소스 _ 02부/01장/lesson04/01_complete/02_02.html

```
function showInfo(){
    console.log("0 = "+arguments[0]);
    console.log("1 = "+arguments[1]);
    alert("안녕하세요."+arguments[0]+"님의 나이는 "+arguments[1]+"입니다.");
}
showInfo("딴동네", 30);
```

arguments는 그렇게 많이 사용하진 않겠지만 가끔 아주 유용하게 사용하게 되니 알아두세요.

Lesson 05 / 리턴값이 있는 함수 만들기

이번 레슨에서는 리턴값이 있는 함수를 학습합니다. 기본 함수에 리턴값만 추가된 구조이기 때문에 기본 함수를 이해하고 있다면 쉽게 이해할 수 있을 것입니다. 그럼 문법부터 알아보죠.

01 _ 사용법

| 문법 | ```
function 함수이름([매개변수1, 매개변수2, . . . .]){

    실행구문;


    [return 리턴값;]

}
``` |
|---|---|

호출

```
var 변수 = 함수이름();
```

설명

이번 함수를 그림으로 표현하면 다음과 같이 표현할 수 있습니다.

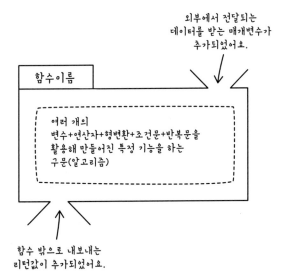

외부에서 전달되는
데이터를 받는 매개변수가
추가되었어요.

함수이름

여러 개의
변수+연산자+형변환+조건문+반복문을
활용해 만들어진 특정 기능을 하는
구문(알고리즘)

함수 밖으로 내보내는
리턴값이 추가되었어요.
```

문법은 리턴값이 있는 것을 제외하면 매개변수가 있는 함수와 동일합니다. 그럼 리턴값에 대해 추가로 배우면 되겠죠?

리턴값(return)이란?

함수 내부는 함수라는 철벽으로 포장돼 있기 때문에 한번 실행되면 함수 외부에서 접근할 수 없다고 했습니다. 이때 매개변수를 활용하면 함수 내부로 데이터를 전달할 수 있다고 배웠습니다. 리턴값은 매개변수와 반대되는 값입니다. 매개변수 값이 함수 외부에서 함수 내부로 들어오는 입력값이라면 리턴값은 함수 내부에서 처리한 결과값을 함수 외부로 전달하기 위해 사용하는 일종의 출력값입니다. 이때 사용하는 구문이 바로 return 명령어입니다.

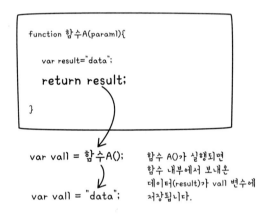

자! 그럼 이해를 돕기 위해 지금까지 배운 내용이 들어있는 간단한 예를 만들어 보겠습니다. 여러분도 직접 풀어보세요.

02 _ 예제

예제 01 두 수를 매개변수로 받은 후 이 두 값을 더한 결과값을 리턴하는 함수 sum()을 만들어 주세요.

풀이: 소스 _ 02부/01장/lesson05/01_complete/01.html

```
function sum(num1, num2){
    var result = num1+num2;
    return result;
}
```

```
    var value=sum(10,20);
    alert("두 수의 합은 = "+value);
```

설명

return문을 이용해서 함수 내부에서 처리한 결과값을 함수 외부로 전달했습니다. 즉, 다음 내용이 실행되면

```
    var value = sum(10,20);
```

우리가 쉽게 알수 있는 구문처럼 함수 내부에서 리턴한 값 30이 value 변수에 대입된다고 생각하세요.

실행 전	실행 후
var value = sum(10,20);	var value = 30;

여기서 급질문! 그렇다면 리턴값이 있는 경우는 항상 변수로 받아야만 할까요? 아닙니다. 필요 없다면 리턴값을 굳이 변수에 저장하지 않아도 됩니다. 과감하게 버리면 됩니다.

03 _ return문의 또 다른 용도

return문은 함수 내부의 데이터를, 함수를 호출한 곳으로 전달할 때도 사용하지만 함수를 즉시 빠져 나오는 기능도 합니다. 이해를 돕기 위해 예를 하나 들어보겠습니다.

예제 02 무한 루프를 돌며 숫자를 입력받고 입력받은 수의 합을 화면에 출력하는 기능을 sample()이라는 함수에 만들어 주세요. 단, 입력값이 0이면 즉시 실행을 멈춰 주세요.

풀이: 소스 _ 02부/01장/lesson05/01_complete/02.html

```
function sample(){
    var sum =0;
    var count=1;

    // 무한루프 시작
    while(true){
        var value = parseInt(window.prompt("수 입력",1));
        if(value==0){
            document.write("종료합니다.");

            //함수 탈출
```

```
            return; ❶
        }

        // 입력값 더하기
        sum+=value;
        // 입력값 출력하기
        document.write(count +". "+sum+"<br>");
        count++;
    }
    ❷
    document.write("총 "+count+"번 실행했습니다.");
}

// 함수 호출
sample();
```

설명

앞에서 설명한 것처럼 return의 또 다른 기능은 함수를 멈추고 즉시 탈출할 수 있는 기능을 가지고 있습니다. 언뜻 보면 break와 비슷해 보일 수도 있지만 완전히 다른 동작을 합니다. 만약 예제에서 ❶의 return문을 break문으로 변경해 실행하는 경우 자바스크립트는 while() 루프를 빠져 나온 후 ❷ 구문을 실행합니다.

이와 달리 return문은 실행 즉시 함수를 탈출하기 때문에 총 반복 횟수를 출력하는 구문을 실행하지 않게 됩니다. 정리하자면, break문은 루프 탈출 기능이고, return문은 함수 탈출입니다.

Lesson 06 / 함수 이름 만들 때 주의사항

변수 이름 만드는 것처럼 함수 이름 역시 지켜야할 규칙이 있습니다. 함수 이름은 몇 가지를 제외하면 변수이름 만드는 것과 거의 동일합니다. 이번 레슨에서는 함수 이름 규칙에 대해 알아보죠.

01 _ 숫자로 시작하면 안 되요

```
function 1st(){
}
```

02 _ 대소문자 구분: name과 Name은 완전히 다른 함수입니다

```
// 일반 함수
function showUserName(){
}
// 일반 클래스
function ShowUserName(){
}
```

함수 이름이 모두 같더라도 대소문자가 다르면 완전히 다른 함수로 해석합니다. 일반적으로 일반 함수의 경우 소문자로 시작하며 클래스를 만들 땐 대문자로 함수를 만듭니다. 이 의미는 함수가 대문자로 되어 있으면 일반 함수가 아닌 클래스로 판단해 다음처럼 호출 방법이 완전히 달라지기 때문에 주의를 해야 합니다.

"소문자로 시작하니 일반 함수군. 호출해서 사용하면 되겠군."

```
showUserName();
```

"대문자로 시작하네! 클래스군. 객체의 인스턴스를 생성해서 사용되면 되겠군."

```
var user = new ShowUserName();
```

03 _ 낙타 표기법(camelcase): 여러 단어가 조합되는 경우 다음처럼 소문자와 대문자를 번갈아 넣어 표기해 주세요.

```
function showUserName(){
}
```

정리하자면 함수 이름은 일반 변수의 이름 짓는 방법과 동일하다고 보면 됩니다.

마지막으로 이번 장에서 배운 함수 내용을 제대로 학습했는지 테스트 해보죠. 자! 그럼 책을 덮고 미션을 여러분 스스로 풀어보세요.

> **메모 _** 앞에서 언급한 것처럼 함수를 정복하는 가장 좋은 방법은 여러분이 지금까지 작성한 코드를 함수로 포장해보는 것입니다. 구현 코드는 이미 알고 있으므로 오직 함수 만드는 연습에만 몰두할 수 있기 때문입니다. 그래서 이번 미션들은 여러분이 앞장에서 풀이한 내용 중 함수로 변경하면 좋을 것 같은 내용을 골라 미션으로 만들었습니다. 기존 내용을 복습도 하고 함수도 배우는 일석이조의 효과가 있을 것입니다.

미션 01   구구단 출력을 함수로 만들기

풀이 전 코드는 2단에서 9단을 출력하는 99단 소스 코드입니다. 이 코드를 print99dan이라는 함수를 만들어 포장해 주세요.

풀이 전 코드: 소스 _ 02부/01장/lesson07/01_complete/m01/00.html

```
for(var i=2;i<=9;i++){
    document.write(i+"단 출력","<br>");
    for(var m=1;m<=9;m++){
        document.write(i+"*"+m+"="+(i*m),"<br>");
    }
    document.write("<br>");
}
```

풀이: 소스 _ 02부/01장/lesson07/01_complete/m01/01.html

```
function print99dan(){
    for(var i=2;i<=9;i++){
        document.write(i+"단 출력","<br>");
        for(var m=1;m<=9;m++){
            document.write(i+"*"+m+"="+(i*m),"<br>");
```

```
        }
        document.write("<br>");
    }
}
print99dan();
```

설명

이번 미션은 아주 간단합니다. 먼저 구구단 구현코드를 포장할 텅 빈 함수를 만든 후 기존 코드를 함수 내부로 이동시켜 줍니다. 마지막으로 함수 호출만 해주면 끝.

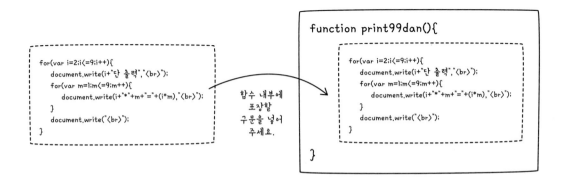

미션 02	사칙연산 계산기 만들기 1

이번 미션은 실행 예처럼 동작할 수 있게 사칙연산 처리를 전문으로 하는 함수를 만드는 것입니다.

실행 예

```
document.write("1 결과 = "+calculator("+", 20, 10), "<br>");
document.write("2 결과 = "+calculator("-", 20, 10), "<br>");
document.write("3 결과 = "+calculator("*", 20, 10), "<br>");
document.write("4 결과 = "+calculator("/", 20, 10), "<br>");
document.write("5 결과 = "+calculator("%", 20, 10), "<br>");
```

실행결과

```
1 결과 = 30
2 결과 = 10
3 결과 = 200
4 결과 = 2
5 결과 = 지원하지 않는 연산자입니다.
```

풀이: 소스 _ 02부/01장/lesson07/01_complete/m02/01.html

```javascript
function calculator(op, num1, num2){
    var result="";

    switch(op) {
        case "+" :
            result = num1 + num2;
            break;
        case "-" :
            result = num1 - num2;
            break;
        case "*" :
            result = num1 * num2;
            break;
        case "/" :
            result = num1 / num2;
            break;

        default :
            result = "지원하지 않는 연산자입니다";
    }
    return result;
}
document.write("1 결과 = "+calculator("+", 20, 10), "<br>");
document.write("2 결과 = "+calculator("-", 20, 10), "<br>");
document.write("3 결과 = "+calculator("*", 20, 10), "<br>");
document.write("4 결과 = "+calculator("/", 20, 10), "<br>");
document.write("5 결과 = "+calculator("%", 20, 10), "<br>");
```

설명

풀이를 보면 어디서 많이 본 것 같죠? 네 맞습니다. 1부 4장 조건문 if 편에서 풀었던 사칙연산자 계산기를 재사용할 수 있게 함수 버전으로 만들었습니다. 이렇게 함수로 만들어 두면 언제든지 필요할 때 호출해서 재사용할 수 있습니다.

| 미션 03 | 사칙연산 계산기 만들기 2 |

미션 02에서 만든 사칙연산 계산기에서 사칙연산 부분까지 함수로 만들어 다음과 같이 좀더 손 쉽게 사칙연산을 할 수 있도록 만들어 주세요.

실행 예

```
document.write("더하기 = "+calculator("+", 20, 10), "<br>");
document.write("더하기 = "+add(20, 10), "<br>");
document.write("빼기 = "+sub(20, 10), "<br>");
document.write("곱하기 = "+mul(20, 10), "<br>");
document.write("나누기 = "+div(20, 10), "<br>");
```

풀이: 소스 _ 02부/01장/lesson07/01_complete/m03/01.html

```
function calculator(op, num1,num2){
    var result="";

    switch(op) {  ❺
        case "+" :
            result = add(num1,num2);
            break;
        case "-" :
            result = sub(num1,num2);
            break;
        case "*" :
            result = mul(num1,num2);
            break;
        case "/" :
            result = div(num1,num2);
            break;

        default :
            result = "지원하지 않는 연산자입니다";
    }
    return result;
}
```

```javascript
function add(num1,num2){ ❶
    return num1+num2;
}

function sub(num1,num2){ ❷
    return num1-num2;
}

function mul(num1,num2){ ❸
    return num1*num2;
}

function div(num1,num2){ ❹
    return num1/num2;
}

document.write("더하기 = "+calculator("+", 20, 10), "<br>"); ❺
document.write("더하기 = "+add(20, 10), "<br>");
document.write("빼기 = "+sub(20, 10), "<br>");
document.write("곱하기 = "+mul(20, 10), "<br>");
document.write("나누기 = "+div(20, 10), "<br>");
```

설명

❶, ❷, ❸, ❹ 먼저 신규로 함수를 추가해 각각의 함수에 더하기, 빼기, 곱하기, 나누기 기능을 구현해 줍니다.

❺ switch 구문에 작성된 사칙연산 기능을 하는 구문 대신 신규로 작성한 함수를 호출해 줍니다.

❻ 신규로 등록한 사칙연산 함수가 정상적으로 동작하는지 확인하기 위한 코드를 추가해 줍니다.

코드를 모두 입력했다면 실행해 보세요. 화면에 실행결과처럼 출력되면 정상적으로 코드를 만든 것입니다.

실행결과

```
더하기 = 30
더하기 = 30
빼기 = 10
곱하기 = 200
나누기 = 2
```

방금 확인한 것처럼 각 기능을 독립적인 기능으로 만들면 사칙연산을 위해 더 이상 calculator() 함수를 호출하지 않아도 된다는 점입니다. 예를 들어 두 숫자를 더한 값을 구해야 하는 경우 기존에는 calculator() 함수를 호출해야 했습니다. 지금은 두 숫자를 더하는 전문 함수인 add()를 호출하면 좀더 쉽게 처리할 수 있습니다.

변경 전 더하기 기능 처리	변경 후 더하기 기능 처리
`calculator("+", 20, 10);`	`add(20, 10);`

미션 04　심플 갤러리를 함수로 만들기 1

이번 미션은 1부 06장 for문 편에서 만든 심플 갤러리를 실행 예처럼 동작하게 simpleGallery() 함수 버전으로 만드는 것입니다. 기존 코드를 활용해 지금부터 simpleGallery()를 완성해 주세요.

실행 예 1

```
simpleGallery(5,150,150);
```

실행결과

container1

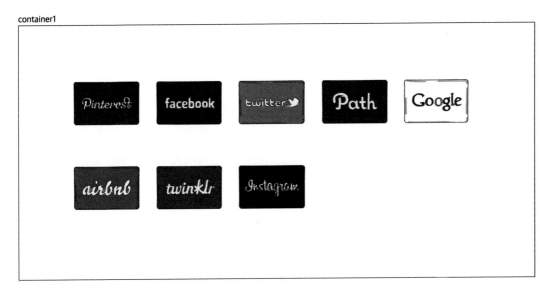

실행 예 2

```
simpleGallery(3,200,200);
```

실행결과

container1

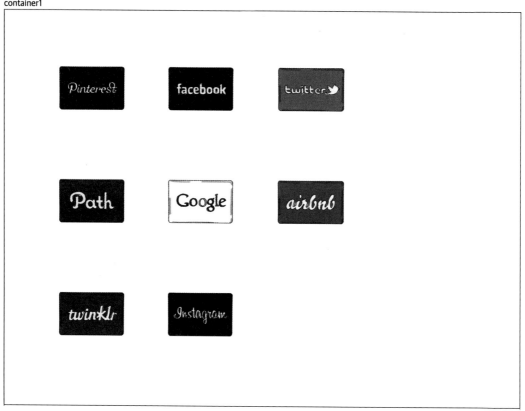

풀이전 코드: 소스 _ 02부/01장/lesson07/01_complete/m04/00.html

```
<html>
<head>
<title>미션</title>

<style>
    div.image-container{
        position: relative;
        border:1px solid #000;
```

```
        height:600px;
    }

    div.image-container img{
        position: absolute;
        left:0;
        top:0;
        width:120px;
    }
</style>

<script type="text/javascript"  src="../../libs/jquery-1.11.0.min.js"> </script>
<script>
$(document).ready(function(){
    // 이미지 찾기.
    var $images = $("#container1 img");
    // 이미지 개수 구하기.
    var length = $images.length;

    // 이미지 배열하기.
    for(var i=0;i<length;i++){
        // n번째 이미지 구하기
        var $img = $images.eq(i);

        // 위치 값 구하기
        var x = 100+((i%3)*200);
        var y = 100+(parseInt(i/3)*200);

        // 위치 설정
        $img.css({
            left:x,
            top:y
        });
    }
});
</script>
</head>

<body>
```

```
    <p>container1</p>
    <div class="image-container" id="container1">
        <img src="banners/1.png" >
        <img src="banners/2.png" >
        <img src="banners/3.png" >
        <img src="banners/4.png" >
        <img src="banners/5.png" >
        <img src="banners/6.png" >
        <img src="banners/7.png" >
        <img src="banners/8.png" >
    </div>
</body>
</html>
```

> **힌트**
>
> - 문서에서 이미지 노드 찾아 변수에 저장하기
>
>   ```
>   var $images = $("#container1 img");
>   ```
>
> - N번째 인덱스에 해당하는 이미지 접근하기(N은 0부터 시작)
>
>   ```
>   var $img0=$images.eq(0);   // 0번째 이미지 접근
>   ```
>
> - 이미지 위치 설정하기
>
>   ```
>   $img0.css({left:이동위치, top:이동위치});
>   ```

풀이: 소스 _ 02부/01장/lesson07/01_complete/m04/01.html

```
// 이미지 목록을 담을 변수
var $images = null; ❷
$(document).ready(function(){
    // 이미지  찾기
    $images = $("#container1 img"); ❸
    // 이미지  배열하기
    showGallery(5,150,150); ❹

});


//이미지 배열하기
```

```
function showGallery(count,width,height){ ❶
    // 이미지 개수 구하기.
    var length = $images.length;

    // 이미지 배열하기.
    for(var i=0;i<length;i++){
        // n번째 이미지 구하기
        var $img = $images.eq(i);

        // 위치 값 구하기 (시작 위치는 100,100부터 시작합니다)
        var x = 100+((i%count)*width);
        var y = 100+(parseInt(i/count)*height);

        // 위치 설정
        $img.css({
            left:x,
            top:y
        });
    }
}
```

설명

❶ 먼저 showGallery() 함수를 만든 후 기존 이미지 배열 기능 코드를 포장해 줍니다. 다음으로 함수 호출 시 전달되는 가로 이미지 배열 개수와 이미지 너비, 그리고 이미지 높이 값을 전달 받을 매개변수를 다음과 같이 추가해 줍니다.

　count=가로 이미지 배열 개수
　width=이미지 너비
　height=이미지 높이

❷ 다음으로 이미지 목록을 담을 변수를 전역변수로 만든 후 null 값으로 초기화시켜 줍니다. null을 사용했다는 의미는 일반적으로 추후 변수에 어떤 클래스의 인스턴스(또는 객체)가 담길 것을 암시합니다. 다만 images 변수 앞에는 $가 붙어있기 때문에 jQuery 의 인스턴스가 저장될 것이라는 의미로 해석할 수 있습니다.

❸ 문서에서 이미지를 찾아 전역변수인 $images에 저장해 줍니다. 이 데이터는 showGallery()에서 접근해 사용하게 됩니다.

❹ 마지막으로 요구사항에 맞게 이미지를 배열하기 위해 매개변수 값을 넣어 showGallery() 함수를 호출해 줍니다.

자! 이제 모든 코드를 입력했다면 이미지가 가로로 5개씩 150*150 크기로 배열되는지 실행해 보세요. 어떤가요? 정상적으로 출력되죠?! 좋습니다. 확인한 분은 다시 코드로 돌아와 두 번째 요구사항에 맞게 이미지가 배열되는지 확인하기 위해 showGallery() 함수를 다음과 같이 매개변수 값을 변경한 후 호출해 줍니다.

```
showGallery(3,200,200);
```

코드를 수정했다면 다시 실행해 보세요. 기존과 달리 이미지가 가로로 3개씩 200*200 크기로 배열되는 것을 볼 수 있을 것입니다.

미션 05 심플 갤러리를 함수로 만들기 2

미션 04에서 멋지게 만든 심플 갤러리를 수정해 실행화면처럼 #container1 이미지는 가로로 6개씩 150*150 크기로 배열되게 출력하고, #container2 이미지는 가로로 4개씩 200*200 크기로 배열되게 만들어주세요. 단, 주의할 점이 하나 있는데요. 실행화면은 #container1과 #container2 각각 따로 실행해 캡처한 내용이 아니라 한 화면에 동시에 실행된 화면이니 이에 맞게 처리해 주세요.

실행화면

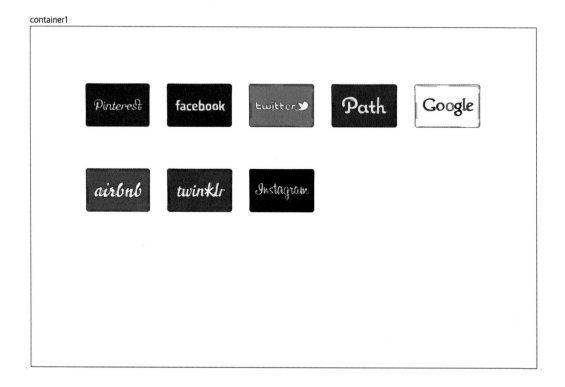

container2

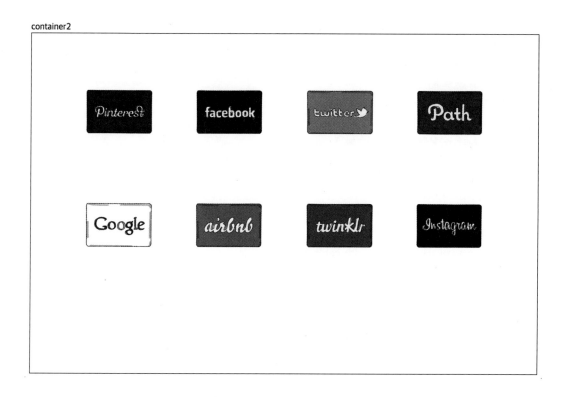

풀이 전 코드: 소스 _ 02부/01장/lesson07/01_complete/m05/00.html

```
<html>
<head>
<title>미션</title>

<style>
    div.image-container{
        position: relative;
        border:1px solid #000;
        height:600px;
    }

    div.image-container img{
        position: absolute;
        left:0;
        top:0;
        width:120px;
    }
</style>
```

```
<script type="text/javascript"  src="../../libs/jquery-1.11.0.min.js"> </script>
<script>
    // 이미지 목록을 담을 변수
    var $images = null;
    $(document).ready(function(){
        // 이미지  찾기
        $images = $("#container1 img");
        // 이미지 배열하기
        showGallery(3,200,200);
    });

    //이미지 배열하기
    function showGallery(count,width,height){
        // 이미지 개수 구하기.
        var length = $images.length;

        // 이미지 배열하기.
        for(var i=0;i<length;i++){
            // n번째 이미지 구하기
            var $img = $images.eq(i);

            // 위치 값 구하기
            var x = 100+((i%count)*width);
            var y = 100+(parseInt(i/count)*height);

            // 위치 설정
            $img.css({
                left:x,
                top:y
            });
        }
    }
</script>
</head>

<body>

<body>
    <p>container1</p>
```

```
<div class="image-container" id="container1">
    <img src="banners/1.png" >
    <img src="banners/2.png" >
    <img src="banners/3.png" >
    <img src="banners/4.png" >
    <img src="banners/5.png" >
    <img src="banners/6.png" >
    <img src="banners/7.png" >
    <img src="banners/8.png" >
</div>
 <p>container2</p>
 <div class="image-container" id="container2">
    <img src="banners/1.png" >
    <img src="banners/2.png" >
    <img src="banners/3.png" >
    <img src="banners/4.png" >
    <img src="banners/5.png" >
    <img src="banners/6.png" >
    <img src="banners/7.png" >
    <img src="banners/8.png" >
 </div>
</body>
</body>
</html>
```

풀이

먼저 기존 심플갤러리의 단점은 showGallery() 함수 내부에서 전역 이미지 목록이 들어있는 $images 변수를 사용하기 때문에 이외의 이미지 목록을 독립적으로 처리할 수 없다는 점입니다.

이번 미션의 핵심은 바로 전역 이미지 데이터 사용하는 대신 원하는 이미지 그룹을 선택해서 사용할 수 있게 수정하는 것입니다. 그렇다면 해결방법은 뭘까요? 바로 이미지 정보를 매개변수로 만들어 showGallery() 함수에 넘기는 것이지요. 다음처럼 말이지요.

```
showGallery(이미지목록, 가로 이미지 배열 개수, 이미지 너비, 이미지 높이);
```

지금까지의 내용을 코드로 표현하면 다음과 같습니다.

소스 _ 02부/01장/lesson07/01_complete/m05/01.html

```javascript
// 이미지 목록을 담을 변수
var $images = null; ❶

$(document).ready(function(){
    // 이미지  찾기
    var $images1 = $("#container1 img"); ❸
    var $images2 = $("#container2 img");

    // 이미지 배열하기
    showGallery($images1, 6,150,150); ❹
    showGallery($images2, 4,200,200);

});

//이미지 배열하기
function showGallery($images, count,width,height){ ❷
    // 이미지 개수 구하기.
    var length = $images.length;

    // 이미지 배열하기.
    for(var i=0;i<length;i++){
        // n번째 이미지 구하기
        var $img = $images.eq(i);

        // 위치 값 구하기
        var x = 100+((i%count)*width);
        var y = 100+(parseInt(i/count)*height);

        // 위치 설정
        $img.css({
            left:x,
            top:y
        });
    }
}
```

설명

❶ 먼저 전역변수인 $images가 더는 필요가 없기 때문에 제거해 줍니다.

❷ showGallery() 함수 첫 번째에 외부에서 넘어올 이미지 목록 정보를 담을 $images라는 매개변수를 추가해 줍니다. 기존 코드를 최대한 수정하지 않기 위해 기존 전역변수 이름과 동일하게 해주세요. 다시 한 번 언급하자면 함수 내부에서 사용하고 있는 $images라는 변수는 더이상 전역변수가 아닙니다. 신규로 만든 $images라는 매개변수입니다.

이렇게 해서 가장 핵심적인 부분을 처리했습니다.

❸ #container1과 #container2에 들어있는 이미지 목록을 찾아 변수에 저장합니다.

❹ 앞에서 구한 이미지 목록 정보를 매개변수 값으로 해서 요구사항에 맞게 showGallery() 함수를 각각 호출해 줍니다.

코드를 모두 입력했다면 앞에서 본 출력 화면처럼 이미지가 출력되는지 실행해 보세요.

CHAPTER 02

함수 기능

공지:
원의 크기는 난이도를 나타냅니다.
앞으로 갈수록 조금씩 어려워지니 차근차근 따라오세요.

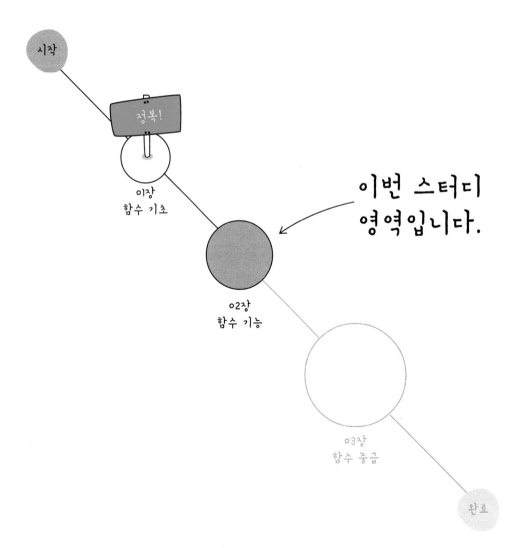

들어가며

이번 장에서는 함수 기능을 활용한 중복코드 없애는 방법 그리고 커다란 코드 덩어리를 여러 개의 함수 조각으로 나눠 코딩하는 방법을 배웁니다. 이번 장을 진행하기 위해서는 반드시 1장에서 배운 함수 기초 내용을 이해하고 있어야 합니다. 그러니 아직 1장을 정복하지 못한 분은 1장으로 돌아가 다시 한 번 함수 기초 내용을 복습하길 바랍니다.

이번 장에서 다룰 내용은 다음과 같습니다.

Lesson 01 / 함수 기능 소개

이번 레슨에서는 함수가 갖고 있는 대표적인 기능 두 가지를 정리해보는 시간을 가져보겠습니다.

01 _ 함수 대표 기능 두 가지

여러분이 지금까지 배운 함수는 다음과 같이 크게 두 가지 기능을 갖고 있습니다.

01. 중복코드 제거 및 코드 재사용성

02. 구조 나누기

두 기능은 잠시 후 Lesson 02와 Lesson 03에서 각각 자세히 알아볼 텐데요. 그 전에 이번 레슨에서는 이두 기능을 사전 학습의 개념으로 간략히 살펴보겠습니다.

02 _ 중복코드 제거 및 코드 재사용성

예를 들어 2,4,7단을 출력해야 한다고 했을 때 함수를 사용하지 않으면 다음과 같이 중복코드가 가득한 코드를 만들 수밖에 없습니다.

```
var dan = 2;
for(var i=1;i<=9;i++){
    document.write(dan+" * i = "+(dan*i) ,"<br>");
}
var dan = 4;
for(var i=1;i<=9;i++){
    document.write(dan+" * i = "+(dan*i) ,"<br>");
}

var dan = 7;
for(var i=1;i<=9;i++){
    document.write(dan+" * i = "+(dan*i) ,"<br>");
}
```

이때 함수를 이용하면 중복코드를 없앨 수 있을 뿐만 아니라 코드를 재사용할 수 있어 유지보수하기 좋은 코드를 만들 수 있습니다. 다음처럼 말이지요.

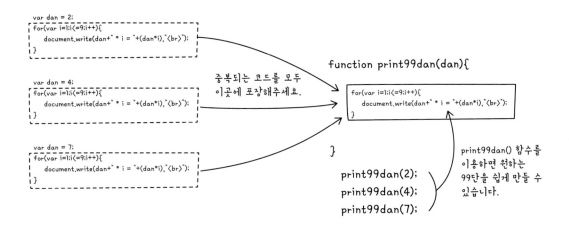

어떤가요? 코드가 정말 깔끔해지지 않았나요? 이처럼 특정 구문을 함수 단위로 만들어 놓으면 중복코드 제거뿐 아니라 코드 재사용성 및 코드 가독성이 좋게 됩니다. 그러니 앞으로 중복 코드를 만나면 무조건 일단 함수로 포장하세요. 이 내용은 잠시 후 Lesson 2에서 좀더 자세히 배웁니다.

잠깐! 여기서 한 가지 조언을 하자면, 초보자들이 함수를 정말 어렵게 생각하는데요. 장담컨대 지금까지 알아본 것처럼 함수는 단순한 포장기술일 뿐 함수는 전혀 어렵지 않습니다.

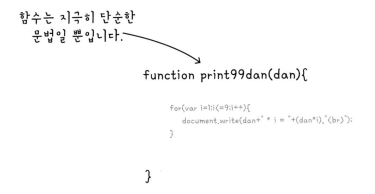

진짜 어려운 건 바로 함수로 포장하는 내용 자체입니다. 함수가 어렵다고 느끼는 분은 먼저 본인이 변수, 연산자, 형변환, 조건문(if, switch), 반복문(for, while)을 제대로 알고 활용할 수 있는지 체크해 보세요.

진짜 어려운 건
함수가 아닌
함수 내부에 포장되는
구문(알고리즘, 로직)입니다.

```
function print99dan(dan){

    for(var i=1;i<=9;i++){
        document.write(dan+" * i = "+(dan*i),"<br>");
    }

}
```

03 _ 코드 그룹화

하나의 옷장에 양말이며 수건이며 옷까지 구분 없이 마구 섞여 넣어져 있으면 찾을 때 힘든 것처럼 프로그래밍 동네 역시 연관도 없는 코드를 하나의 함수에 마구잡이로 무조건 포장해버리면 원하는 코드를 찾기 힘들게 됩니다. 야근의 지름길이 되는 거지요.

함수의 용도는 재사용 코드를 포장할 때도 사용하지만 연관 있는 구문을 특정 크기로 나눌 때도 사용합니다. 예를 들어 07부에서 만들 UI 콘텐츠 중 하나인 이미지 슬라이더를 가지고 설명한다면

facebook

Facebook is an online social networking service, whose name stems from the colloquial name for the book given to students at the start of the academic year by some university administrations in the United States to help students get to know each other.

① ② ❸ ④ ⑤

일반적인 이미지 슬라이더는 다음과 같은 기능을 구현해야 합니다.

01. 기능1–오토플레이 시작

02. 기능2–오토플레이 멈춤

03. 기능3–이전 이미지 보이기

04. 기능4–다음 이미지 보이기

05. 기능5–번호 이미지 클릭 시 해당 이미지 보이기

06. …

이때 이 모든 기능을 다음처럼 하나의 함수에 구현한다면 구현하는 것부터 시작해서 추후 문제점이 있는
코드를 찾아 수정하는 것까지 모두 힘들 것입니다.

하나의 함수에
모든 기능을 꾹!꾹! 담아
넣으면
찾기도 힘들 뿐만 아니라
유지보수하기 너무 힘들어집니다.

실제로 여러분이 당해보면
이 말이 무슨 말인지 알거에요.

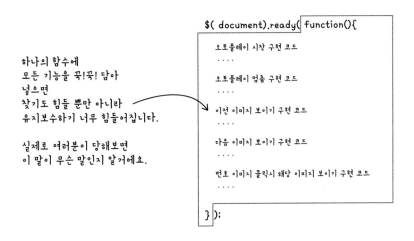

이럴 때는 기능들을 각각의 함수로 나눠 포장해 구현하는 거죠. 이렇게 하면 코드를 쉽게 찾을 수 있을 뿐
만 아니라 신규 기능 추가 및 기존 코드의 재사용성까지 높아집니다.

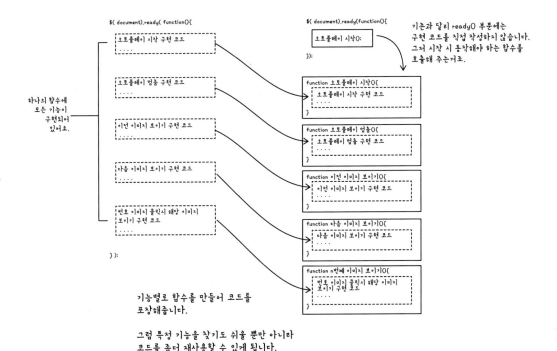

이 내용은 잠시 후 레슨3에서 자세히 배웁니다.

메모 _ 함수 vs. 반복문

초보자의 경우 함수를 배우게 되면 함수가 반복문과 왠지 닮은 듯한 착각을 하곤 합니다. 혹시 여러분도 이렇게 생각하고 있지 않나요? 이런 분을 위해 함수와 반복문을 다음과 같이 비교해서 정리해두면 됩니다.

함수는?

특정 기능을 하는 일종의 로직과 같은 구문을 재사용할 때 사용하는 기능입니다. 그리고 필요할 때 언제든지 함수를 호출해서 기능을 재사용할 수 있습니다.

반복문은?

특정 구문을 반복해서 사용할 때 사용하는 기능입니다. 반복문은 한번 사용하면 재사용할 수 없으며 만약 다시 사용하고 싶다면 똑같은 내용을 복사해서 사용해야 합니다.

Lesson
02 / 함수 기능 1: 중복코드 제거 및 코드 재사용성

코드를 작성하다보면 중복코드가 발생하게 됩니다. 프로그래밍 동네에서는 이런 코드를 냄새 나는 코드라고 부릅니다. 물론 중복코드가 있다고 해서 코드가 동작하지 않는 건 아니지만 유지보수하기 힘들어지는 문제가 생기게 됩니다. 이번 레슨에서는 함수를 활용해 중복된 코드를 제거하는 방법과 유용한 코드를 재사용하는 방법을 학습합니다. 예제를 직접 작성하며 진행하기 때문에 어렵지 않게 진행할 수 있을 겁니다.

01 _ 중복코드 제거 및 코드 재사용 순서

추측하건대 초보자가 함수에서 가장 어려워하는 부분은 언제 함수를 만들고 몇 개의 매개변수를 만들어야 할지 결정하는 일일 것입니다.

아쉽게도 이에 대한 해결책이 공식처럼 정해져 있지 않아 개발자의 보는 관점에 따라 똑같은 문제를 어떤 개발자는 함수 세 개로 나눠 만들 수 있고, 또 어떤 개발자는 함수 하나로 모든 것을 처리할 수도 있습니다. 그저 개발자의 능력에 맞게 만드는 거죠.

그래도 초보자를 위한 필자만의 함수 만드는 비법을 공개하자면 순서는 다음과 같습니다.

단계 1: 중복코드 또는 재사용 코드 찾아 함수로 포장하기

먼저 코드에서 중복코드 또는 재사용할 만한 코드가 있는지 찾아 함수로 무작정 포장합니다.

단계 2: 중복코드에서 변경되지 않는 부분과 변경되는 부분 파악하기

다음으로 중복코드에서 변경되는 부분과 변경되지 않는 부분을 나눕니다.

단계 3: 변경되는 부분을 매개변수로 만들기

변경되지 않는 부분은 함수의 몸통이 되며 변경되는 부분은 지역변수와 매개변수로 만들어지며 이 중 함수 실행 시에 외부에서 값을 변경해야 하는 경우는 매개변수로 만들어 주면 됩니다.

다음 예제를 살펴보면서 단계별로 어떤 작업을 하게 되는지 좀더 자세히 알아보겠습니다.

02 _ 예제

예제 01 다음 내용은 10, 15, 19가 홀수인지 짝수인지 출력하는 예제입니다. 함수를 이용해서 깔끔하게 만들어 주세요.

풀이 전 코드: 소스 _ 02부/02장/lesson02/01_complete/01_00.html

```
var n1=10;
document.write(n1+"은 ");
if(n1%2)
    document.write("홀수입니다.<br>");
else
    document.write("짝수입니다.<br>");

var n2=15;
document.write(n2+"은 ");
if(n2%2)
    document.write("홀수입니다.<br>");
else
    document.write("짝수입니다.<br>");

var n3=19;
document.write(n3+"은 ");
if(n3%2)
    document.write("홀수입니다.<br>");
else
    document.write("짝수입니다.<br>");
```

구현하기

예제가 간단해서 스스로 풀 수 있겠죠? 혹시 아직 풀지 못한 분들은 필자와 함께 진행해보죠. 진행은 앞에서 소개한 필자만의 함수 만드는 비법대로 풀이를 진행해 보겠습니다.

진행순서는 다음과 같습니다.

단계 01: 중복코드 또는 재사용 코드 찾아 함수로 포장하기

단계 02: 중복코드에서 변경되지 않는 부분과 변경되는 부분 파악하기

단계 03: 변경되는 부분을 매개변수로 만들기

단계 01: 중복코드 또는 재사용 코드 찾아 함수로 포장하기

첫 번째 단계에서 가장 먼저 할 일은 기존 코드에서 중복되는 코드가 있는지 찾는 것입니다. 기존 코드를 보면 변수 이름만 다를 뿐 짝수 홀수를 알아내는 로직을 중복해서 사용하고 있는 걸 알 수 있습니다(아마 분명히 함수 사용 전 코드를 만들 때 코드를 그대로 복사해서 사용했을 거예요. 바로 이 코드를 찾는 것입니다.)

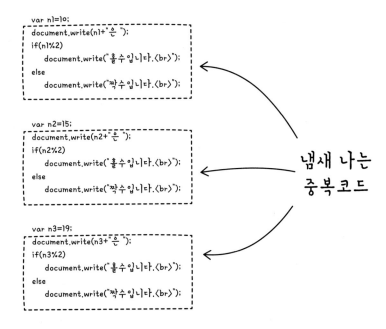

다음 단계는 중복코드를 포장할 텅 빈 함수를 하나 만든 후 중복 코드 중 하나를 복사해 함수에 포장해 줍니다. 다음처럼 말이지요.

풀이: 소스 _ 02부/02장/lesson02/01_complete/01_01.html

```
function checkEvenOdd(){  ❶
    var n1=10;
    document.write(n1 +"은 ");
    if(n1 %2)
        document.write("홀수입니다.<br>");
    else
        document.write("짝수입니다.<br>");
}
checkEvenOdd();  ❷
```

설명

❶ 먼저 checkEvenOdd() 함수를 신규로 만든 후 중복코드를 함수 내부에 복사해 줍니다. 그림으로 표현하면 다음과 같습니다.

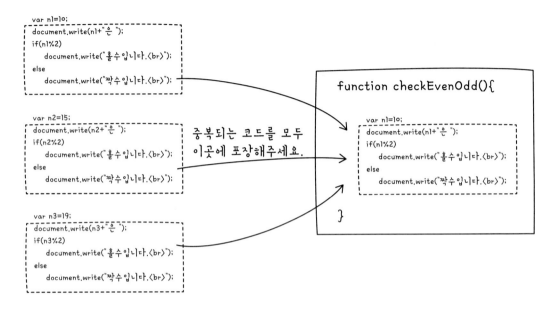

❷ 지금까지 작업한 내용이 정상적으로 동작하는지 확인하기 위해 기존 코드는 일단 주석 처리를 한 후 그 자리에 checkEvenOdd() 함수를 호출해 줍니다. 코드를 모두 입력했다면 정상적으로 동작하는지 실행해보죠. 문제가 없다면 "10은 짝수입니다."라는 메시지가 화면에 출력돼 있을 겁니다. 이렇게 해서 가장 기본적인 기능을 하는 함수를 만들었습니다.

단계 02: 중복코드에서 변경되지 않는 부분과 변경되는 부분 파악하기

다음으로 중복 코드에서 변경되지 않는 부분과 변경되는 부분을 찾아주세요. 이 중 변경되는 부분은 거의 전역변수 또는 지역변수 그리고 매개변수가 될 것입니다.

변경되지 않는 부분	변경되는 부분
| ```
function checkEvenOdd(){
    var n1=10;
    document.write(n1+"은 ");
    if(n1%2)
        document.write("홀수입니다.<br>");
    else
        document.write("짝수입니다.<br>");
    }
}
checkEvenOdd();
``` | ```
function checkEvenOdd(){
    var n1=10;
    document.write(n1+"은 ");
    if(n1%2)
        document.write("홀수입니다.<br>");
    else
        document.write("짝수입니다.<br>");
    }
}
checkEvenOdd();
``` |

단계 03: 변경되는 부분을 매개변수로 만들기

변경되지 않는 부분은 그대로 놔두고 변경되는 부분을 매개변수로 만들어 줍니다.

풀이: 소스 _ 02부/02장/lesson02/01_complete/01_03.html

```javascript
function checkEvenOdd(value){ ❶
    var n1=10; ❷
    document.write(value+"은 "); ❸
    if(value%2) ❹
        document.write("홀수입니다.<br>");
    else
        document.write("짝수입니다.<br>");
    }
}
checkEvenOdd(10); ❺
checkEvenOdd(15);
checkEvenOdd(19);
```

설명

❶ 먼저 짝수/홀수를 판단할 숫자 값을 외부에서 받기 위해서 value라는 이름으로 매개변수를 추가해 줍니다.

❷ n1은 매개변수인 value를 사용할 것이므로 지워 줍니다.

❸, ❹ n1 변수가 있던 곳에 value 매개변수로 변경해 줍니다.

❺ 10, 15, 19을 각각 넣어 checkEvenOdd() 함수를 호출해 줍니다.

코드를 모두 입력했다면 실행해 보세요.

이렇게 해서 특정 숫자가 짝수인지 홀수인지 알아내는 함수를 만들어 봤습니다. 함수를 만들 때마다 이런 순서를 밟아야 하는 건 절대 아닙니다. 이건 어디까지나 초보자를 위한 길잡이일 뿐이며 함수에 익숙해지면 특정 기능을 함수 단위로 바로 만들어 사용하게 될 것입니다.

Lesson
03 / 함수 기능 2: 코드 그룹화

코드를 작성하다 보면 연관 있는 코드끼리 묶어야 할 경우가 발생합니다. 이때도 함수를 사용하게 되는데요. 이번 레슨에서는 함수를 활용해 코드를 그룹화하는 방법을 학습합니다.

01 _ 코드 그룹화하는 순서

함수는 중복 코드를 깔끔하게 없애는 기능 이외에도, 여러 가지 기능이 뒤엉켜 뭉쳐 있는 커다란 코드 덩어리에서 연관 있는 코드를 따로 떼어내 그룹화하는 기능도 합니다.

다음 그림은 앞에서 살펴본 이미지 슬라이더 구현 코드를 함수를 이용해 그룹화한 내용입니다. 다시 한번 살펴보죠.

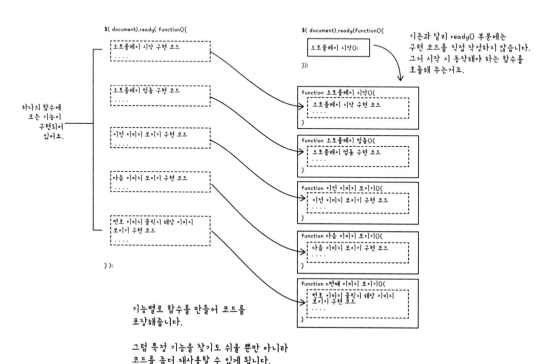

함수는 오직! 한 가지 일만 해야 한다(포장하고 있어야 한다)는 원칙만 따른다면 코드 그룹화하는 방법은 의외로 간단합니다. 하나의 함수가 여러 가지 기능을 포장하고 있다는 건 일단! 뭔가 잘못되었다고 판단하면 됩니다. 이 원칙을 바탕으로 코드 그룹화는 다음과 같은 순서로 진행하면 됩니다.

단계 1: 여러 가지 기능을 하는 함수 찾기

가장 먼저 함수 중에서 여러 가지 기능을 포장하고 있는 함수를 찾습니다. 만약 발견했다면 함수 가 몇 가지 기능을 하고 있는지 파악하세요.

단계 2: 함수 나누기

이제 기능 개수만큼 함수를 신규로 만든 후 각각의 기능을 함수에 담아 포장해 줍니다.

그럼 단계별 어떤 작업을 하게 되는지 예제를 가지고 좀더 자세히 알아보겠습니다.

02 _ 예제

예제 01 함수 나누기 연습

이번 예제는 01부 04장 조건문 if에서 풀었던 미션입니다. 함수를 이용해 코드를 그룹화해 주세요.

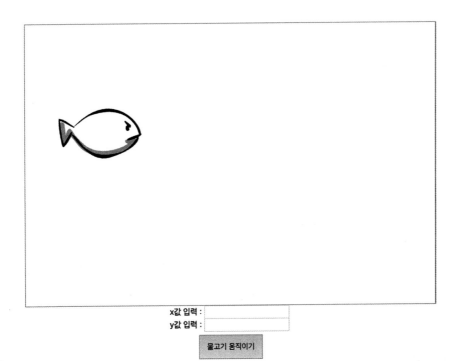

풀이 전 코드: 소스 _ 02부/02장/lesson03/01_complete/01_00.html

```
$(document).ready(function(){
    // 물고기 노드 구하기.
    var $fish = $("#fish");

    // 버튼에 이벤트 걸기.
    $("#btnStart").click(function(){
        // 물고기 움직이기.
        // 물고기 위치 값 구하기
        var x = parseInt($("#txtX").val());
        var y = parseInt($("#txtY").val());

        if((x>=0 && x<=500) && y>=0 && y<=300){
            $fish.css({
                left:x,
                top:y
            });
        } else {
            alert("입력된 값이 너무 큽니다. 다시 입력해주세요.");
        }
    });
})
```

구현하기

진행순서는 다음과 같습니다.

단계 01: 여러 가지 기능을 하는 함수 찾기

단계 02: 함수 나누기

단계 01: 여러 가지 기능을 하는 함수 찾기

앞의 코드를 보면 모든 기능이 ready() 안에 구현되어 있는 것을 확인할 수 있습니다. 바로 우리가 찾고 있는 대상입니다. ready()를 살펴보면 다음과 같이 총 3가지 기능을 하고 있는 것을 알 수 있습니다.

01. 변수 (물고기) 생성 및 초기화

02. 이벤트 처리

03. 물고기 움직이기

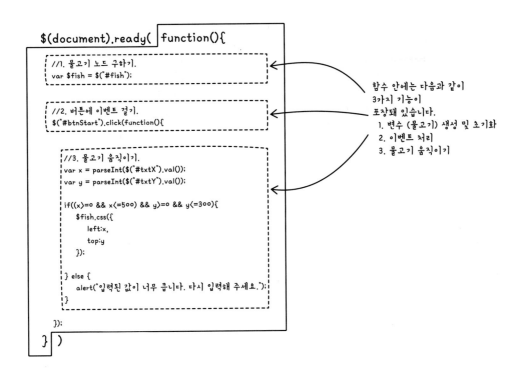

```
$(document).ready( function(){

    //1. 물고기 노드 구하기.
    var $fish = $("#fish");

    //2. 버튼에 이벤트 걸기.
    $("#btnStart").click(function(){

        //3. 물고기 움직이기.
        var x = parseInt($("#txtX").val());
        var y = parseInt($("#txtY").val());

        if((x)=0 && x<=500) && y)=0 && y<=300){
            $fish.css({
                left:x,
                top:y
            });

        } else {
            alert("입력된 값이 너무 큽니다. 다시 입력해 주세요.");
        }

    });
}

)
```

함수 안에는 다음과 같이
3가지 기능이
포장돼 있습니다.
  1. 변수 (물고기) 생성 및 초기화
  2. 이벤트 처리
  3. 물고기 움직이기

단계 02: 함수 나누기

다음으로 앞에서 찾은 기능 개수만큼 함수를 만든 후 각각의 기능을 함수로 이동(포장)시켜 줍니다. 다음
처럼 말이지요.

풀이

변경 전	변경 후
소스 _ 02부/02장/lesson03/01_complete/01_00.html	소스 _ 02부/02장/lesson03/01_complete/01_02.html

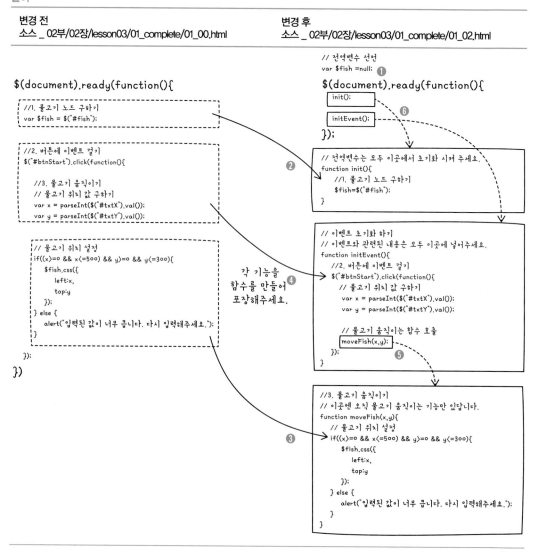

설명

❶ 먼저 물고기 노드를 저장할 변수를 전역변수로 만들어 줍니다.

❷ init() 함수를 신규로 만든 후 기존 코드 내용에서 물고기 노드를 찾는 코드를 옮겨 줍니다.

❸ moveFish() 함수를 신규로 만든 후 기존 코드 내용에서 물고기 위치 설정하는 코드를 옮겨 줍니다. 이때 이동할 위치 값을 외부 값으로 설정할 수 있게 매개변수 x와 y를 만들어 줍니다.

❹ initEvent() 함수를 신규로 만든 후 기존 코드 내용에서 버튼에 이벤트를 등록하는 코드와 물고기 위치 값을 구하는 코드를 옮겨 줍니다.

❺ 물고기를 움직이기 위해 moveFish() 함수를 호출해 줍니다.

❻ 마지막으로 시작부분에서 init(), initEvent() 함수를 호출해 줍니다.

코드를 모두 입력했다면 정상적으로 동작하는지 실행해보죠.

03 _ 정리

함수로 기능을 나누면 좋은 점은 언제든지 그 기능을 쉽게 재사용할 수 있다는 것입니다. 예를 들어 함수로 나누기 전 코드에서는 물고기를 움직이기 위해서는 반드시 버튼을 클릭하는 방법밖에 없었습니다. 하지만 함수로 나눈 후 코드에서는 물고기를 움직이고 싶다면 moveFish(위치값x, 위치값y) 함수를 호출해서 언제든지 물고기를 원하는 위치로 움직일 수 있습니다. 이처럼 함수를 기능별로 만들어주면 코드를 유용하게 사용할 수 있게 됩니다.

이렇게 해서 함수 기본 개념 및 용어와 함수 활용법까지 모두 다뤄봤습니다. 정말 많은 내용을 다룬 것 같지만 막상 다시 한 번 복습해보면 그리 많아 보이지 않을 것입니다.

이어서 언제나 그랬던 것처럼 지금까지 배운 내용을 검증하는 단계인 미션 단계를 진행해 보겠습니다.

Lesson

04 / 미션

자! 이번에도 지금까지 학습한 내용을 테스트해보는 시간을 가져 보겠습니다. 그럼 책을 덮고 미션을 여러분 스스로 풀어보세요.

미션 01 심플 갤러리를 함수로 만들기

이번 미션은 01부 06장 반복문 for에서 만든 심플 이미지 갤러리를 함수를 이용해 만드는 것입니다.

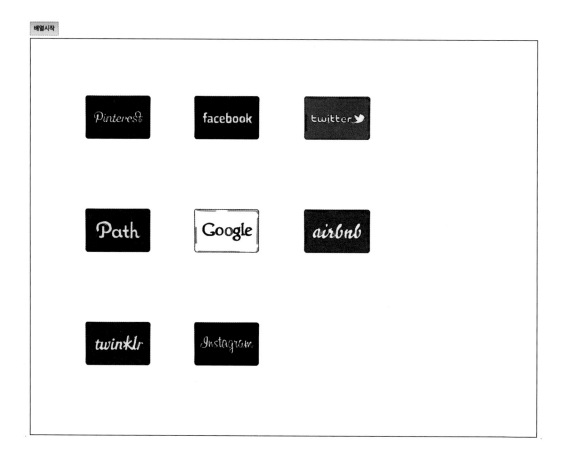

다음 요구사항에 맞게 만들어 주세요.

요구사항

- 이미지 배열 시작 위치는 100*100 위치로 해주세요.

- 시작 시 이미지를 2열 200*200 크기로 출력해 주세요.

- 시작 버튼 클릭 시 이미지를 3열 150*150 크기로 출력해 주세요.

- 함수를 이용해 코드를 최대한 유지보수하기 쉽게 만들어 주세요.

풀이 전 코드: 소스 _ 02부/02장/lesson04/01_complete/m01/step00.html

```
$(document).ready(function(){
    // 이미지 찾기.
    var $images = $("#container1 img");

    // 버튼 클릭 이벤트 실행.
    $("#btnStart").click(function(){
        // 이미지 개수 구하기.
        var length = $images.length;

        // 이미지 배열하기.
        for(var i=0;i<length;i++){
            // n번째 이미지 구하기
            var $img = $images.eq(i);
            // 위치 값 구하기
            var x = 100+((i%3)*200);
            var y = 100+(parseInt(i/3)*200);

            // 위치 설정
            $images.eq(i).css({
                left:x,
                top:y
            });
        }
    });
});
```

구현하기

지금부터 함수를 이용해 코드를 변경해 볼 텐데요. 여러분의 풀이와 비교해가며 내용을 읽어보길 바랍니다. 만약 아직 풀이를 못한 분이 있다면 필자의 풀이를 직접 코딩하며 내용을 읽기를 추천해 드립니다. 자! 그럼 풀이를 시작해보죠!

단계 01: 함수 나누기

단계 02: 코드 담기

단계 03: showGallery() 매개변수 만들기

단계 04: showGallery() 함수 호출

단계 01: 함수 나누기

코드를 살펴보면 크게 3가지 함수로 나눌 수 있다는 걸 확인할 수 있습니다.

- 요소 초기화: init()

- 이벤트 초기화: initEvent()

- 이미지 배열: showGallery()

그럼 먼저 기존 코드는 다시 사용해야 하므로 삭제하지 말고 주석 처리를 해줍니다. 그런 후 신규 함수 3개를 포함해 다음과 같이 코드를 만들어 줍니다.

풀이: 소스 _ 02부/02장/lesson04/01_complete/m01/step01.html

```
$(document).ready(function(){

});

// 요소 초기화
function init(){

}

//이벤트 초기화하기
function initEvent(){

}
```

```
//이미지 배열하기
function showGallery(){

}
```

단계 02: 코드 담기

이제 기존 코드를 각각의 함수에 나눠 포장해 줍니다.

풀이: 소스 _ 02부/02장/lesson04/01_complete/m01/step02.html

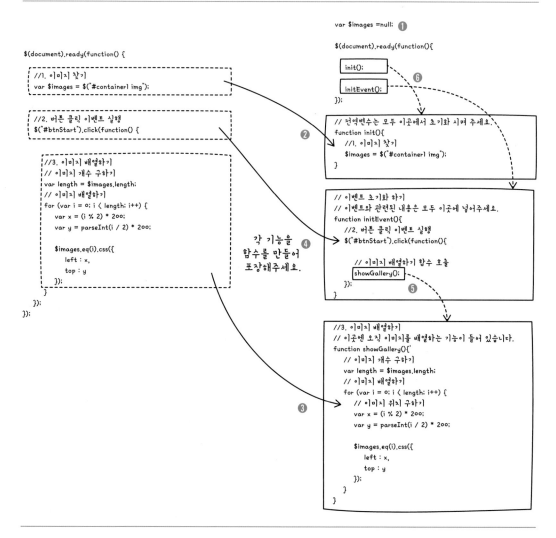

설명

❶ 먼저 이미지 정보를 담을 $images 변수는 여러 함수에서 사용할 것이므로 전역변수로 만들어 줍니다.

❷ init() 함수를 신규로 만든 후 기존 코드 내용에서 이미지 항목을 찾는 코드를 옮겨 줍니다.

❸ showGallery() 함수를 신규로 만든 후 기존 코드 내용에서 이미지를 배열하는 코드를 옮겨 줍니다.

❹ initEvent() 함수를 신규로 만든 후 기존 코드 내용에서 "배열시작" 버튼에 이벤트를 등록하는 코드를 옮겨 줍니다.

❺ "배열시작" 버튼이 클릭되면 showGallery() 함수를 호출해 이미지가 정렬될 수 있게 만들어 줍니다.

❻ 마지막으로 시작부분에서 init(), initEvent() 함수를 호출해 줍니다.

코드를 모두 입력한 후 실행해 보세요. 그럼 기존과 동일하게 동작하는 것을 확인할 수 있습니다.

단계 03: showGallery() 매개변수 만들기

이어서 요구사항에 나와 있는 것처럼 시작 시 이미지를 2열 200*200 크기로 출력해주고 버튼 클릭 시 이미지를 3열 150*150 크기로 출력하기 위해 showGallery()를 다음과 같이 매개변수를 추가해 줍니다.

풀이: 소스 _ 02부/02장/lesson04/01_complete/m01/step03.html

```
//이미지 배열하기
function showGallery(count,width,height){
    // 이미지 개수 구하기.
    var length = $images.length;

    // 이미지 배열하기.
    for(var i=0;i<length;i++){
        // n번째 이미지 구하기
        var $img = $images.eq(i);

        // 위치 값 구하기
        var x = 100+((i%count)*width);
        var y = 100+(parseInt(i/count)*height);

        // 위치 설정
        $images.eq(i).css({
            left:x,
            top:y
        });
    }
}
```

설명

매개변수는 앞에서도 배운 것처럼 다음과 같이 코드에서 변경되는 부분을 찾아 이 부분을 매개변수로 만들었습니다.

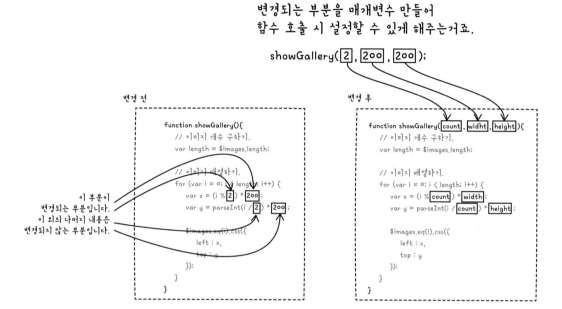

단계 04: showGallery() 함수 호출

마지막으로 앞에서 만든 showGallery() 함수를 매개변수 값을 넣어 호출해 줍니다.

풀이: 소스 _ 02부/02장/lesson04/01_complete/m01/step04.html

```
$(document).ready(function(){
    init();
    initEvent();

    // 시작시 이미지를 2열, 200*200 크기로 출력
    showGallery(2,200,200); ❶
}

//이벤트 초기화하기
function initEvent(){
    // 버튼 클릭 이벤트 실행.
```

```
    $("#btnStart").click(function(){
        // 이미지 배열하기
        showGallery(3,150,150); ❷
    });
}
```

설명

❶ 먼저 시작 시 이미지가 2열, 200*200 크기로 배열될 수 있게 showGallery() 함수 호출을 추가해 줍니다.

❷ 다음으로 버튼 클릭 시 이미지가 3열 150*150 크기로 배열될 수 있게 initEvent() 함수 내부의 showGallery() 함수 호출을 수정해 줍니다.

자! 그럼 코드를 모두 입력했다면 정상적으로 동작하는지 실행해보죠. 실행하면 기존과 달리 이미지가 2열 200*200 크기로 출력돼 있는 것을 볼 수 있을 겁니다. 정상적으로 출력된 걸 확인했다면 버튼을 눌러 이미지가 3열 150*150 크기로 출력되는지 확인해 보세요. 정상적으로 동작하는 것을 볼 수 있을 것입니다. 이처럼 함수 단위 코딩을 하면 코드 재사용성 및 유지보수하기가 쉬워집니다.

전체 코드는 다음과 같습니다.

전체 소스 코드: 소스 _ 02부/02장/lesson04/01_complete/m01/step04.html

```
// 전역변수 선언
// 이미지를 담는 변수 만들기.
var $images = null;

$(document).ready(function(){
    init();
    initEvent();
    // 시작시 이미지를 2열, 200*200 크기로 출력
    showGallery(2,200,200);
});

// 요소 초기화
function init(){
    // 이미지 찾기.
    $images = $("#container1 img");
}
```

```
//이벤트 초기화하기
function initEvent(){
    // 버튼 클릭 이벤트 실행.
    $("#btnStart").click(function(){
        // 이미지 배열하기
        showGallery(3,150,150);
    });
}


//이미지 배열하기
function showGallery(count,width,height){
    // 이미지 개수 구하기.
    var length = $images.length;

    // 이미지 배열하기.
    for(var i=0;i<length;i++){
        // n번째 이미지 구하기
        var $img = $images.eq(i);

        // 위치 값 구하기
        var x = 100+((i%count)*width);
        var y = 100+(parseInt(i/count)*height);

        // 위치 설정
        $images.eq(i).css({
            left:x,
            top:y
        });
    }
}
```

미션 02   **탭메뉴를 함수로 만들기**

이번 단계에서는 하나의 함수를 이용해 첫 번째 탭메뉴가 동작하는 것처럼 두 번째 탭메뉴도 동작할 수 있게 만드는 것입니다.

첫 번째 탭메뉴

두 번째 탭메뉴

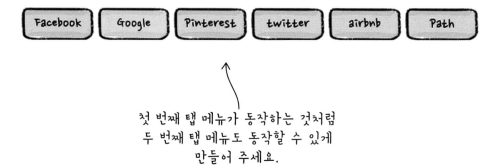

첫 번째 탭 메뉴가 동작하는 것처럼
두 번째 탭 메뉴도 동작할 수 있게
만들어 주세요.

미션을 좀더 설명하자면, 먼저 예제 파일을 열어 실행해 주세요.

풀이 전 코드: 소스 _ 02부/02장/lesson04/01_complete/m02/step00.html

```html
<html>
<head>
<meta http-equiv="Content-Type" content="text/html; charset=UTF-8">
<title>미션</title>

<style>
    .tab-menu {
        list-style: none;
        height:80px;
    }

    .tab-menu li {
        width:99px;
        height:40px;
        background-position-y:0;
        text-indent: -1000px;
        overflow: hidden;
        display: inline-block;
```

```
            float:left;
        }
        .tab-menu li:hover {
            background-position-y: -40px;
        }
        .tab-menu li.select {
            background-position-y: -80px;
            height:80px;
        }
        .tab-menu li.menuitem1 {
            background-image: url(./images/newbtn.bar.1.png);
        }
        .tab-menu li.menuitem2 {
            background-image: url(./images/newbtn.bar.2.png);
        }
        .tab-menu li.menuitem3 {
            background-image: url(./images/newbtn.bar.3.png);
        }
        .tab-menu li.menuitem4 {
            background-image: url(./images/newbtn.bar.4.png);
        }
        .tab-menu li.menuitem5 {
            background-image: url(./images/newbtn.bar.5.png);
        }
        .tab-menu li.menuitem6 {
            background-image: url(./images/newbtn.bar.6.png);
        }
</style>

<script src="../../libs/jquery-1.11.0.min.js"></script>
<script>

    $(document).ready(function(){
        /* 첫 번째 탭메뉴 처리 */
        // 선택한 탭메뉴를 저장할 변수
        var $selectMenuItem =null;

        // 메뉴 항목에 클릭 이벤트 등록
        $("#tabMenu1 li").click(function(){
```

```
            // 기존 선택 메뉴 항목이 있으면 비선택 상태로 만들기
            if($selectMenuItem!=null){
                $selectMenuItem.removeClass("select");
            }

            // 클릭한 메뉴 항목을 신규 선택 메뉴 항목으로 저장
            $selectMenuItem = $(this);
            // 선택 상태로 만들기
            $selectMenuItem.addClass("select");
        })
    });

</script>
</head>
<body>
    <p>첫 번째 탭메뉴</p>
    <ul class="tab-menu" id="tabMenu1">
        <li class="menuitem1">google</li>
        <li class="menuitem2">facebook</li>
        <li class="menuitem3">pinterest</li>
        <li class="menuitem4">twitter</li>
        <li class="menuitem5">airbnb</li>
        <li class="menuitem6">path</li>
    </ul>
    <p>두 번째 탭메뉴</p>
    <ul class="tab-menu" id="tabMenu2">
        <li class="menuitem1">google</li>
        <li class="menuitem2">facebook</li>
        <li class="menuitem3">pinterest</li>
        <li class="menuitem4">twitter</li>
        <li class="menuitem5">airbnb</li>
        <li class="menuitem6">path</li>
    </ul>
</body>
</html>
```

실행해보면 첫 번째 탭메뉴가 정상적으로 동작되는 것을 확인할 수 있습니다. 두 번째 탭메뉴는 아직 동작하지 않습니다.

이번 미션은 바로 하나의 함수를 이용해 두 번째 탭메뉴까지 독립적으로 동작하게 만드는 것입니다. 그럼 시작해 보세요.

1 _ 함수를 사용하지 않은 경우

만약 함수를 사용하지 않고 푼다면 다음과 같이 풀 수 있을 것입니다.

풀이: 소스 _ 02부/02장/lesson04/01_complete/m02/01_func.html

```
<script>
    $(document).ready(function(){
        // 선택 한 탭메뉴를 저장할 변수
        var $selectMenuItem =null;

        // 메뉴 항목에 클릭 이벤트 등록
        $("#tabMenu1 li").click(function(){
            // 기존 선택 메뉴 항목이 있으면 비 선택 상태로 만들기
            if($selectMenuItem!=null){
                $selectMenuItem.removeClass("select");
            }
            // 클릭한 메뉴 항목을 신규 선택 메뉴 항목으로 저장
            $selectMenuItem = $(this);
            // 선택 상태로 만들기
            $selectMenuItem.addClass("select");
        })

        /* 두 번째 탭메뉴 처리 */
        var $selectMenuItem2 =null;
        $("#tabMenu2 li").click(function(){
            if($selectMenuItem2!=null){
                $selectMenuItem2.removeClass("select");
            }

            $selectMenuItem2 = $(this);
            $selectMenuItem2.addClass("select");
        })
    });
</script>
```

설명

기존 내용을 그대로 복사한 후 변경되는 부분인 $selectMenuItem을 $selectMenuItem2로 변경한 거죠. 위의 내용을 실행하면 요구사항에 맞게 정상적으로 동작하는 것을 확인할 수 있습니다. 하지만 아쉽게도 중복코드 문제점이 있다는 걸 알 수 있습니다. 탭 메뉴가 2개 이상 된다면 중복코드는 더욱 늘어날 것입니다. 이제 이런 코딩은 더 이상 하면 안 됩니다.

```
$(document).ready(function(){

    /* 첫 번째 탭메뉴 처리 */
    var $selectMenuItem =null;
    $("#tabMenu1 li").click(function(){
        // 기존 선택 메뉴 항목이 있으면 비 선택 상태로 만들기
        if($selectMenuItem!=null){
            $selectMenuItem.removeClass("select");
        }
        // 클릭한 메뉴 항목을 신규 선택 메뉴 항목으로 저장
        $selectMenuItem = $(this);
        // 선택 상태로 만들기
        $selectMenuItem.addClass("select");
    })

    /* 두 번째 탭메뉴 처리 */
    var $selectMenuItem2 =null;
    $("#tabMenu2 li").click(function(){
        // 기존 선택 메뉴 항목이 있으면 비 선택 상태로 만들기
        if($selectMenuItem2!=null){
            $selectMenuItem2.removeClass("select");
        }
        // 클릭한 메뉴 항목을 신규 선택 메뉴 항목으로 저장
        $selectMenuItem2 = $(this);
        // 선택 상태로 만들기
        $selectMenuItem2.addClass("select");
    })

});
```

보세요!
두 코드가 99% 정도
동일합니다.

2 _ 함수를 사용한 경우

단계 01: 재사용 코드를 함수로 무작정 만들기

풀이: 소스 _ 02부/02장/lesson04/01_complete/m02/step01.html

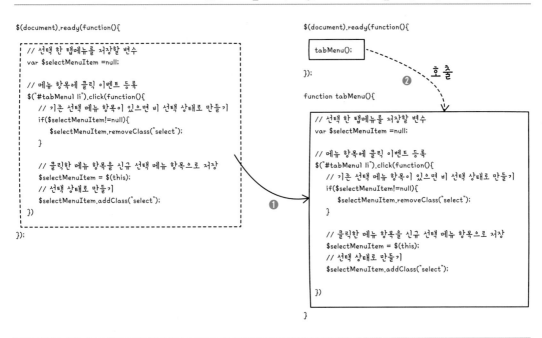

❶ 먼저 재사용할 로직인 탭메뉴 선택 처리를 함수로 만들어 줍니다. 이때 이벤트와 선택 항목을 가지고 있는 $selectMenuItem 변수까지 포함시켜 줍니다.

❷ 그리고 기존 코드가 있던 자리에 구문을 주석처리 한 후 tabMenu() 함수를 호출해 줍니다.

코드를 모두 입력했다면 지금까지 코드가 정상적으로 동작하는지 실행해보죠. 기존과 동일하게 첫 번째 탭메뉴가 동작하는 것을 확인할 수 있을 겁니다.

단계 02: 변경되는 부분과 변경되지 않는 부분 분리하기

이제 tabMenu() 함수 하나로 탭메뉴 #tabMenu1, #tabMenu2가 독립적으로 실행되게 해야 합니다.

앞의 코드를 살펴보면 거의 대부분의 내용은 변경되지 않는 부분인데 $("#tabMenu1 li") 부분이 탭메뉴에 맞게 변경되어야 하는 부분인 걸 알 수 있습니다. 즉! 매개변수로 만들 대상인 것이죠.

```
$(document).ready(function(){
    tabMenu();
});

function tabMenu(){
    // 선택 한 탭메뉴를 저장할 변수
    var $selectMenuItem =null;

    // 메뉴 항목에 클릭 이벤트 등록
    $( "#tabMenu1 li" ).click(function(){
        // 기존 선택 메뉴 항목이 있으면 비 선택 상태로 만들기
        if($selectMenuItem!=null){
            $selectMenuItem.removeClass("select");
        }

        // 클릭한 메뉴 항목을 신규 선택 메뉴 항목으로 저장
        $selectMenuItem = $(this);
        // 선택 상태로 만들기
        $selectMenuItem.addClass("select");
    })
}
```

이 부분이 탭메뉴에 맞게
변경되어야 합니다.
즉, 매개변수로 만들 대상이
되는 거죠!

단계 03: 매개변수 만들기

여러 개의 탭메뉴를 처리할 수 있게 코드에서 변경되어야 하는 부분을 다음과 같이 매개변수로 만들어 줍니다.

풀이: 소스 _ 02부/02장/lesson04/01_complete/m02/step03.html

```
$(document).ready(function(){
    tabMenu( "#tabMenu1 li" );
});

function tabMenu( selector ){

    // 선택 한 탭메뉴를 저장할 변수
    var $selectMenuItem =null;

    // 메뉴 항목에 클릭 이벤트 등록
    $( selector ).click(function(){
        // 기존 선택 메뉴 항목이 있으면 비 선택 상태로 만들기
        if($selectMenuItem!=null){
            $selectMenuItem.removeClass("select");
        }

        // 클릭한 메뉴 항목을 신규 선택 메뉴 항목으로 저장
        $selectMenuItem = $(this);
        // 선택 상태로 만들기
        $selectMenuItem.addClass("select");
    })
}
```

단계 04: 실행

마지막으로 탭메뉴 #tabMenu2도 동작할 수 있게 다음과 같이 tabMenu() 함수를 추가 호출해 줍니다.

풀이: 소스 _ 02부/02장/lesson04/01_complete/m02/step04.html

```
$(document).ready(function(){
    tabMenu("#tabMenu1 li");
    tabMenu("#tabMenu2 li");
});
```

코드를 모두 입력했다면 두 번째 탭메뉴가 정상적으로 동작하는지 확인해 보세요. 멋지게 동작하는 두 번째 탭메뉴를 볼 수 있을 것입니다. 전체 코드는 다음과 같습니다.

소스 _ 02부/02장/lesson04/01_complete/m02/step04.html

```
<script>
    $(document).ready(function(){
        // 탭메뉴 코드가 동작할 수 있도록 tabMenu() 함수 호출
        tabMenu("#tabMenu1 li");
        tabMenu("#tabMenu2 li");
    });

    function tabMenu(selector){
        // 선택 한 탭메뉴를 저장할 변수
        var $selectMenuItem =null;

        // 메뉴 항목에 클릭 이벤트 등록
        $(selector).click(function(){
            // 기존 선택 메뉴 항목이 있으면 비선택 상태로 만들기
            if($selectMenuItem!=null){
                $selectMenuItem.removeClass("select");
            }

            // 클릭한 메뉴 항목을 신규 선택 메뉴 항목으로 저장
            $selectMenuItem = $(this);

            // 선택 상태로 만들기
            $selectMenuItem.addClass("select");
        })
    }
</script>
```

CHAPTER 03

함수 중급

공지:
원의 크기는 난이도를 나타냅니다.
앞으로 갈수록 조금씩 어려워지니 차근차근 따라오세요.

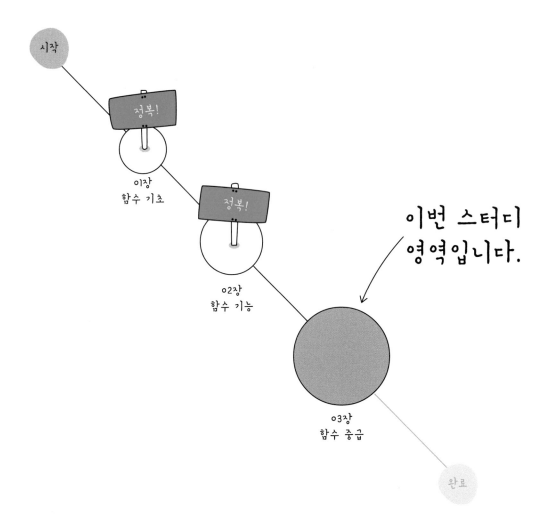

들어가며

우리는 앞서 1장과 2장을 통해 함수가 갖고 있는 기능을 자세히 알아봤습니다. 사실 함수는 지금까지 배운 함수 이외에도 용도에 따라 다양한 함수가 존재합니다. 이제 함수에 대해 어느 정도 알게 되었으니 추가로 함수와 관련된 몇 가지 개념과 나머지 함수에 대해 알아보겠습니다. 1장과 2장을 이해하고 있다면 이번 장에서 다룰 내용 역시 크게 어렵지 않게 정복할 수 있을 겁니다.

이번 장에서 다룰 내용은 다음과 같습니다.

---

01 / 변수와 함수와의 관계

먼저 다음 그림을 봐주세요. 어디에서 봤는지 기억 나죠? 네, 맞습니다. 1부 1장 변수에 등장한 그림으로서 변수에 저장할 수 있는 데이터를 표현한 그림입니다.

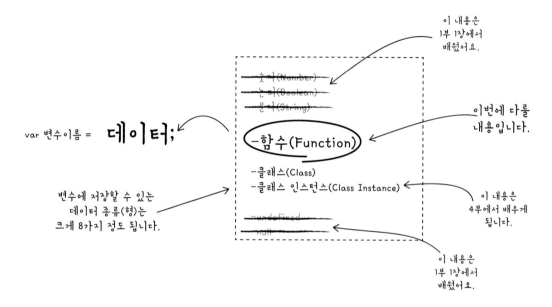

이번 레슨에서는 변수와 함수가 어떤 관계가 있는지 자세히 알아보겠습니다.

01 _ 변수에 함수 저장하기

초보자의 경우 변수를 사용할 때 숫자, 문자, 불린 값만을 넣는 예제를 주로 다루기 때문에 변수에 함수를 넣는다는 개념을 이해를 못하는 경우가 많습니다.

함수 역시 변수에 넣을 수 있는 데이터 값입니다. 예를 들어 설명하면 변수에 문자열 데이터를 넣는 것처럼,

```
var name ="ddandongne";
```

변수에 함수라는 데이터를 넣을 수도 있습니다. 이해를 돕기 위해 예제를 하나 만들어 보겠습니다.

예제 01 변수에 함수를 저장한 경우

소스 _ 02부/03장/lesson01/01_complete/01.html

```
function hello(name){
    document.write(name+"님 환영합니다.");
}
hello("웹동네");
var func = hello;
func("딴동네");
```

실행결과

웹동네님 환영합니다.
딴동네님 환영합니다.

설명

예제처럼 변수에 함수를 저장하면 변수를 함수처럼 사용할 수 있습니다.

02 _ 매개변수 값으로 함수 사용하기

매개변수 역시 변수이기 때문에 매개변수 값으로 함수를 사용할 수 있다는 의미와도 같습니다. 이해를 돕기 위해 예제를 하나 만들어 보겠습니다.

예제 02 매개변수 값으로 함수를 사용한 경우

소스 _ 02부/03장/lesson01/01_complete/02.html

```
function hello1(){
    alert("hello.");
}
function hello2(){
    alert("안녕하세요.");
}

function execute(func){
```

```
    func();
  }

execute(hello1);
execute(hello2);
```

실행결과

```
hello.
안녕하세요.
```

설명

예제처럼 함수를 매개변수 값으로 넘겨 매개변수를 일반 함수처럼 사용할 수 있습니다.

여러분 중 이미 알고 있는 분도 있겠지만 사실 매개변수 값으로 함수를 넘긴 경우는 앞의 예제들에서 정말 많이 등장했습니다. 특히 바로 다음과 같이 이벤트를 등록할 때 이벤트 리스너 함수를 매개변수 값으로 말이지요.

예제 03   버튼을 클릭할 때마다 매개변수 값으로 넘긴 hello 함수가 호출됩니다.

소스 _ 02부/03장/lesson01/01_complete/03.html

```
function hello(){
    document.write("안녕하세요. 환영합니다.");
}
$("#btnStart").click(hello);
```

예제 04   1초마다 매개변수 값으로 넘긴 익명 함수가 호출됩니다.

소스 _ 02부/03장/lesson01/01_complete/04.html

```
setInterval(function(){
    document.write("안녕하세요. 환영합니다.");
},1000);
```

이처럼 매개변수 값으로 함수를 넘겨 사용하는 경우는 흔히 볼 수 있습니다.

03 _ 리턴값으로 함수 사용하기

함수는 어떤 값(데이터)이든 리턴할 수 있습니다. 이는 리턴값으로 함수를 리턴할 수 있다는 의미이기도 합니다. 다음 예제처럼 말이지요.

예제 05 _ 리턴값으로 함수를 사용한 경우

소스 _ 02부/03장/lesson01/01_complete/05.html

```
function createHello(){
    function hello(user){
        document.write(user+"님 방문을 환영합니다.");
    }
    return hello;
}

var result = createHello();
result("웹동네");
```

실행결과

웹동네님 방문을 환영합니다.

설명

createHello() 함수 내부에 있는 hello() 함수를 리턴값으로 하면 함수 외부에서 사용할 수 있게 됩니다.

종종 주위의 초보 분들을 만나 이야기하다 보면 가장 어렵게 생각하는 내용이 변수에 숫자와 문자 그리고 불린 값을 넣는 건 당연하다고 생각하는데 변수에 함수를 저장할 수 있다거나 함수를 매개변수 값으로 넘길 수 있다거나 또는 함수를 리턴할 수 있다는 걸 정말 어렵게 생각하더군요. 하지만 지금까지 알아본 것처럼 이 모든 것이 가능하고 실무에서도 많이 사용된다는 것입니다. 그러니 필자가 만든 예제처럼 여러분이 직접 예제를 만들어 테스트해보길 바랍니다.

Lesson 02 / 함수 리터럴과 익명 함수

다음 코드는 앞의 예제들에서 무수히 많이 사용한 익명 함수(이름이 없는 함수)를 이벤트 리스너로 등록한 예제입니다.

```
$("#btnStart").click(function(){
    alert("안녕하세요. 환영합니다.");
});
```

참고로 이벤트 리스너는 이벤트가 발생할 때 실행되는 함수를 의미합니다. 이번 레슨에서는 바로 이 익명함수에 대한 내용을 다룹니다. 먼저 익명 함수를 이해하기 위해서는 리터럴의 정체를 알아야 합니다.

01 _ 리터럴이란?

여러분에게 지금까지 언급은 안 했지만 데이터를 만드는 방법은 크게 리터럴 방식과 객체 방식 두 가지가있습니다. 여기서 리터럴이란? 직역하자면 원시라는 뜻을 가지고 있으며 지금까지 데이터를 만들 때 사용한 방식이 바로 리터럴 방식이었습니다. 먼저 리터럴 방식과 객체 방식이 어떤 차이가 있는지 살펴보겠습니다.

타입	리터럴 방식	객체 방식
숫자	var age=10;	var name= new Number(10);
문자	var name="ddandongne";	var name= new String("ddandongne");
불린	var cold=true;	var cold = new Boolean(true);
배열	var aryData = ["data1","data2","dat3"];	var aryData = new Array("data1", "data2", "dat3");

방금 확인한 것처럼 일반적으로 실무에서는 숫자 데이터나 문자 데이터 그리고 배열 데이터 같은 기본적인 데이터를 생성할 때 리터럴 방식을 더 많이 사용합니다. 이유는 앞에서 확인한 것처럼 리터럴 방식이훨씬 더 간결하고 편리하기 때문입니다.

예를 들어 숫자 10을 가진 변수를 만든다고 가정 했을 때, var a = 10의 리터럴 방식 대신 var a = new Number(10) 식의 객체 방식으로 만들면 아마도 만들 때마다 화가 날 것입니다. 여기서 놀라운 사실을 하나 알려주자면, var a = 10은 자바스크립트 엔진에 의해서 var a = new Number(10)으로 자동변환되어 실행됩니다. 일종의 암시적 형변환이 일어난다고 보면 됩니다.

02 _ 함수 리터럴이란?

함수 역시 리터럴 방식으로 함수를 만드는 방법을 제공합니다. 함수 리터럴 방식으로 함수를 만드는 방법은 간단합니다. 다음과 같이 함수 이름을 주지 않고 만들면 됩니다.

예제 01 **함수 만드는 방법 3가지**

리터럴 방식 소스 _ 02부/03장/lesson02/01_complete/01_01.html	일반적인 방식과 객체 방식 소스 _ 02부/03장/lesson02/01_complete/01_02.html
```var hello = function(name){ alert(name+"님 환영합니다."); } hello("ddandongne");```	```// 일반적인 방식 function hello(name){ alert(name+"님 환영합니다."); } hello("ddandongne"); // 객체 방식 var hello2 = new Function("name", "alert(name+'님 환영합니다.');"); hello2("ddandongne");```

여기서 급 질문!

그럼 함수의 경우 함수를 만들 때 리터럴 방식을 이용하는 게 더 좋을까요? 나쁠까요? 정답은 둘 다 아닙니다. 함수의 경우는 사용하려는 용도에 따라 리터럴 방식과 일반적인 방식을 같이 사용하기 때문에 무조건 리터럴 방식으로 만들진 않습니다.

그리고 함수 리터럴 방식으로 만들어진 이름 없는 함수를 우리는 익명 함수라고 부릅니다.

03 _ 익명 함수란?

1 _ 익명 함수 풀이 버전

정리하자면 익명 함수란? 함수 리터럴 방식으로 만들어진 이름 없는 함수를 말합니다. 이벤트 처리 등에 익명 함수를 활용하면 다음과 같이 좀더 간결하게 만들 수 있습니다.

예제 02 **익명함수 활용**

익명 함수 활용 전 소스 _ 02부/03장/lesson02/01_complete/02_01.html	익명 함수 활용 후 소스 _ 02부/03장/lesson02/01_complete/02_02.html
```function hello(){ alert("안녕하세요. 환영합니다."); } $("#btnStart").click(hello);```	```$("#btnStart").click(function(){ alert("안녕하세요. 환영합니다."); });```

2 _ 익명 함수 vs. 일반 함수

그렇다면 함수를 만들 때 어떤 경우에 익명 함수로 만들고 또 어떤 경우에 일반 함수로 만들어야 할까요? 다행히 이 질문에 대한 답은 명쾌하게 존재합니다.

함수를 익명 함수로 만드는 경우는 주로 함수를 재사용하지 않을 경우입니다. 다음 코드를 보면,

```
$("#btnStart").click(function(){
    alert("안녕하세요. 환영합니다.");
});
```

click()의 매개변수로 넘어 간 익명 함수는 click 이벤트 리스너 함수로만 사용할 뿐 이름이 없기 때문에 함수를 다시 호출하고 싶어도 호출할 방법이 없습니다. 이와 달리 함수를 일반 방식으로 만들면,

```
function hello(){
    alert("안녕하세요. 환영합니다.");
}
$("#btnStart").click(hello);
```

이름이 있는 함수이기 때문에 언제든지 hello() 함수를 호출해서 재사용할 수 있습니다.

지금까지 내용을 예제로 정리하면 다음과 같습니다.

예제 03 버튼을 클릭할 때마다 클릭한 횟수와 함께 "안녕하세요. 환영합니다." 메시지를 #info에 출력해 주세요. 단, 페이지가 실행되면 바로 '0 안녕하세요. 환영합니다.' 메시지가 출력돼야 합니다.

실행결과

0 안녕하세요. 환영합니다. ← 버튼 클릭 전에 출력돼 있어야 해요.
1 안녕하세요. 환영합니다. ← 이 내용부터는 버튼 클릭 후 출력됩니다.
2 안녕하세요. 환영합니다.
. . . . .

풀이 전 코드: 소스 _ 02부/03장/lesson02/01_complete/03_00.html

```html
<html>
<head>
    <meta http-equiv="Content-Type" content="text/html; charset=UTF-8">
    <title> </title>
    <style>
        #info {
            border:1px solid #000;
            min-height:100px;
        }
    </style>
    <script src="../../libs/jquery-1.11.0.min.js"></script>

    <script>
        var count=0;
        var $info = null;

        $(document).ready(function() {
            $info = $("#info");

        });
    </script>
</head>
<body>
    <button id="btnStart">출력</button>
    <div id="info">

    </div>
</body>
</html>
```

1 _ 익명 함수 버전

풀이: 소스 _ 02부/03장/lesson02/01_complete/03_01.html

```html
<script>
    var count=0;
```

```
        var $info = null;
        $(document).ready(function() {
            $info = $("#info");

            $info.append("<p>"+count+" 안녕하세요. 환영합니다.</p>"); ❶
            count++;
            $("#btnStart").click(function(){
                $info.append("<p>"+count+" 안녕하세요. 환영합니다.</p>"); ❷
                count++;
            });
        });
    </script>
```

설명

풀이에서도 확인할 수 있는 것처럼 시작 버튼 클릭 시 실행하는 함수가 익명 함수이기 때문에 재사용할 수 없습니다. 그래서 ❶, ❷에 동일한 코드를 작성할 수밖에 없습니다.

2 _ 일반 함수 풀이 버전

소스 _ 02부/03장/lesson02/01_complete/03_02.html

```
<script>
    var count=0;
    var $info = null;
    $(document).ready(function() {
        $info = $("#info");

        hello();❷
        $("#btnStart").click(function(){
            hello();❸
        });
    });

    function hello(){  ❶
        $info.append("<p>"+count+"안녕하세요. 환영합니다</p>");
        count++;
    }
</script>
```

설명

❶ 먼저 재사용할 구문을 함수로 만든 후.

❷와 ❸에서 hello() 메시지를 호출해 줍니다.

이처럼 상황에 맞게 익명 함수와 일반 함수를 선택해서 사용해야 합니다.

자! 이렇게 해서 익명 함수까지 다음 레슨을 진행하기 위해 반드시 필요한 기본 지식을 모두 알아봤습니다. 이 장을 아직 정복하지 못한 분이라면 이번 레슨을 다시 한 번 학습하길 추천합니다.

그럼 잠시 휴식을 취한 후 다음 장에서 만나기로 하죠.

Lesson 03 / 함수 정의 방법 4가지

함수 정의, 즉 함수를 만드는 방법은 1장에서 배운 일반 방법 이외에도 3가지가 더 있습니다. 1장에서 소개하지 않은 이유는 1장에서 배운 내용이 가장 기본이면서 정석이며 일단 이 기본에 익숙해져야 나머지 함수 만드는 방법도 수월하게 이해할 수 있기 때문입니다. 그럼 먼저 복습 겸 이미 배운 일반적인 방법부터 살펴보겠습니다.

01 _ 첫 번째: function 키워드를 이용하는 방법

```
문법    function 함수이름([매개변수1, . . .]){
            [return 반환값]
        }
        함수이름(매개변수 값, . . .)
```

예제 01 **일반적인 함수 정의**

예제: 소스 _ 02부/03장/lesson03/01_complete/01.html

```
function hello(name){
    document.write(name+"님 환영합니다.");
}
hello("ddandongne");
```

설명

이 방법은 이미 다룬 내용이기 때문에 추가 설명 없이 다음 내용으로 넘어 가겠습니다.

02 _ 두 번째: 함수 리터럴을 이용하는 방법

```
문법    var 변수이름 = function([매개변수1, . . .]){
            [return 반환값]
        }
        변수이름(매개변수 값, . . .);
```

예제 02 **함수 리터럴을 이용한 함수 정의**

소스 _ 02부/03장/lesson03/01_complete/02.html

```
var hello=function(name){
    document.write(name+"님 환영합니다.");
}
hello("ddandongne");
```

설명

어디서 많이 본 것 같죠? 네, 맞습니다. Lesson 02 리터럴에서 다룬 내용입니다. Lesson 02에서도 잠시 언급한 것처럼 함수 리터럴을 이용해서 익명 함수를 만든 후 변수에 저장하는 방식으로도 함수를 만들 수 있습니다. 함수 호출에서 알 수 있듯이 일반 정의 방법이든, 리터럴 정의 방법이든 함수 호출 방식은 동일합니다.

메모 _ 실무에서 종종 함수 리터럴 방식이 다음처럼 변형돼 사용되는 경우를 볼 수 있을 것입니다.

```
// 리터럴 방식으로 클래스의 멤버함수(메서드)를 만들 때
var myClass = {
    test:function(){

    }
}

// Object 방식으로 클래스의 멤버함수(메서드)를 만들 때
fucntion MyClass(){
    this.test = function(){

    }
}

// prototype 방식으로 클래스의 멤버함수를 만들 때
function MyClass(){

}
MyClass.prototype.test=function(){

}
```

---

03 _ 세 번째: Function 객체를 이용해서 정의하는 방법

문법

```
var 함수이름 = new Function([매개변수1...], 함수본체);
함수이름(매개변수 값, . . .);
```

예제 03 **객체 방식을 이용한 함수 정의**

예제 : 소스 _ 02부/03장/lesson03/01_complete/03.html

```
var hello=new Function("name", "document.write(name+'님 환영합니다.')");
hello("ddandongne");
```

설명

이 방법은 실무에서 거의 사용하진 않습니다. 그냥 이런 식으로도 함수를 만드는 방법이 있구나, 라는 정도로 알고 있으면 됩니다.
이 책에서도 이 방법은 더 이상 등장하지 않습니다.

04 _ 네 번째: 익명 함수 확장을 이용해 정의하는 방법

문 법	
	(function(매개변수1...){})(　　[return 반환 값])(매개변수 값);

예제 04 **익명함수 확장을 이용한 함수 정의**

예제: 소스 _ 02부/03장/lesson03/01_complete/04.html

```
(function(name){
    document.write(name+"님 환영합니다.");
})("ddandongne");
```

설명

이 방법은 익명 함수의 확장입니다. 이 정의 방법은 함수를 만들어 재사용하는 것이 목적이 아닌 다른 함수 간의 충돌을 막기 위해 사용합니다. 또, jQuery 플러그인 제작 시 다른 플러그인과 충돌을 막기 위한 방법으로 많이 사용합니다.

이 방법은 5부, 3장 jQuery 플러그인 제작 편에서 자세히 다루겠습니다.

Lesson 04 / 함수 종류

함수는 개발자가 직접 만들어서 사용하는 사용자 정의 함수와 자바스크립트에서 제공하는 코어 라이브러리로 나눌 수 있습니다. 이번 레슨에서는 사용자 정의 함수를 만들기 위해 사용하는 문법의 종류를 간단하게 살펴보겠습니다.

01 _ 함수 분류

함수는 크게 두 가지 분류로 나눌 수 있습니다.

1 _ 사용자 정의 함수

사용자가 필요한 기능을 직접 만든 함수를 말하며 우리가 앞의 예제들에서 직접 만든 함수가 모두 사용자 정의 함수입니다.

2 _ 자바스크립트 코어 함수

자바스크립트가 기본적으로 제공하는 함수를 코어 함수라고 하며 1부 2장 형변환에서 사용한 parseInt(), parseFloat() 함수 등이 자바스크립트 코어 함수에 속합니다.

자바스크립트 코어 함수는 3부 자바스크립트 코어 라이브러리에서 자세히 배웁니다.

02 _ 사용 방법에 따른 함수 종류

함수는 사용 방법에 따라 다음과 같이 나눌 수 있습니다.

함수 종류	다루는 장	내용
일반 함수	2부 1장	가장 일반적으로 사용한 함수를 말합니다.
중첩 함수	2부 3장 (이번 장)	함수 안에 함수가 있는 경우 중첩되었다라고 하며 이때 함수 안에 있는 함수를 중첩 함수라고 합니다.
콜백 함수	2부 3장 (이번 장)	함수 실행결과값을 리턴이 아닌 매개변수로 넘어온 함수를 호출해서 넘겨주는 방식을 콜백이라 하며 이때 매개변수로 넘어온 함수를 콜백 함수라고 합니다.

함수 종류	다루는 장	내용
클로저 함수	2부 3장 (이번 장)	일반적인 함수의 경우 함수 호출에 의해 함수 내부의 실행구문을 모두 실행하게 되면 함수 내부에서 만든 지역변수가 자동으로 사라지지만 어떤 경우에는 사라지지 않고 남는 경우가 있습니다. 이 현상을 클로저라고 하며 이 현상을 일으키는 함수를 클로저 함수라고 합니다.
멤버함수(메서드)	5부 1장	멤버함수는 클래스 내부에 만들어지며 주로 메서드로 불립니다.

이번 장에서는 중첩 함수와 콜백 함수 그리고 클로저를 배웁니다. 그럼 중첩 함수부터 알아보죠.

Lesson 05 / 중첩 함수

여러분이 알고 있을지 모르겠지만 사실 우리는 이미 여러분 앞에서 등장한 많은 예제들에서 중첩 함수를 무수히 사용했습니다. 이번 레슨에서는 중첩 함수가 무엇이고 어떤 특징이 있는지 자세히 알아보겠습니다.

01 _ 중첩 함수란?

함수 내부에는 일반 구문뿐 아니라 새로운 함수 구문까지도 넣을 수 있습니다. 이때 함수 내부에 만들어지는 함수를 중첩 함수라고 부릅니다.

```
function outer(){
    // inner를 중첩 함수라고 부릅니다.
    function inner(){
    }
    inner();
}

outer();
```

함수 내부에는 중첩 함수를 하나 이상 만들 수 있습니다.

02 _ 중첩 함수는 이럴 때 사용해요

1 _ 내부 전용 함수

중첩 함수는 함수 내부의 지역변수처럼 함수 내부에서만 사용할 수 있습니다. 즉, 함수 내부에서만 사용하는 기능을 중첩 함수로 만들어 사용하는 것이죠.

일반적으로 중첩 함수는 다음과 같이 이름이 없는 이벤트 리스너로 많이 사용됩니다.

예제 01 1초에 한 번씩 "안녕하세요."를 출력해 주세요.

풀이: 소스 _ 02부/03장/lesson05/01_complete/01.html

```javascript
function startHello(){
    var count=0;
    setInterval(function(){
        count++;
        document.write(count+" 안녕하세요.", "<br>");
    },1000)
}
startHello();
```

설명

startHello() 함수 내부에 setInterval() 함수의 매개변수 값으로 사용한 익명 함수가 중첩 함수입니다.

> **메모 _** setInterval() 함수는 4부 타이머 함수 편에서 자세히 다룹니다. setInterval() 함수는 특정 시간마다 첫 번째 매개변수
> 로 넘긴 함수를 호출하는 기능을 가지고 있습니다..

예제 02 버튼을 클릭하면 "안녕하세요."를 출력해 주세요.

풀이: 소스 _ 02부/03장/lesson05/01_complete/02.html

```javascript
$(document).ready(function() {

    $("#btnStart").click(function(){
        alert("안녕하세요.");
    })

});
```

설명

위의 풀이에도 클릭 이벤트 리스너가 중첩 함수로 사용한 것을 볼 수 있습니다.

2 _ 중복 코드 또는 코드 그룹화

함수 내부의 커다란 기능이나 중복 코드를 내부 함수로 만들어 재사용할 때도 중첩 함수를 사용합니다. 예를 들어 2장 미션에서 만든 탭메뉴의 커다란 기능을 여러 개의 중첩 함수로 나눠 만들면 다음과 같이 좀더 구조적으로 만들 수 있습니다. 중첩 함수를 활용한 탭메뉴는 미션에서 직접 만들어 볼 것입니다.

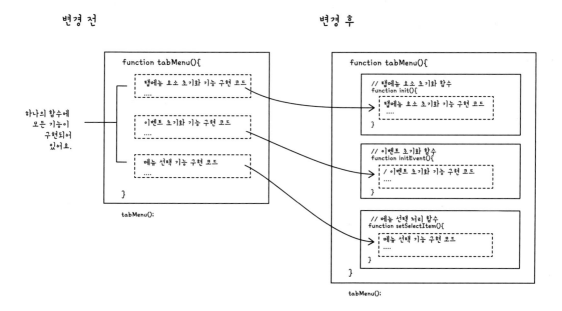

그럼 좀더 간단한 예제를 이용해 중첩 함수를 알아보겠습니다.

예제 03 중첩 함수를 이용해 사칙연산 계산기를 만들어 주세요.

풀이 전 소스 _ 02부/03장/lesson05/01_complete/03_00.html   풀이 후 소스 _ 02부/03장/lesson05/01_complete/03_01.html

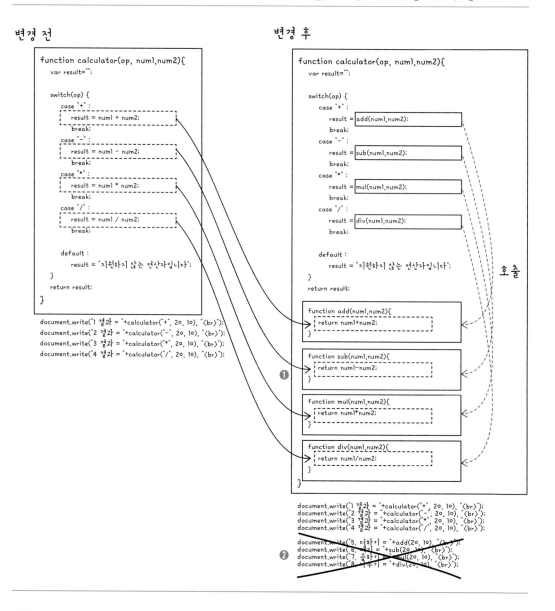

변경 전

```
function calculator(op, num1, num2){
    var result="";

    switch(op) {
        case "+" :
            result = num1 + num2;
            break;
        case "-" :
            result = num1 - num2;
            break;
        case "*" :
            result = num1 * num2;
            break;
        case "/" :
            result = num1 / num2;
            break;

        default :
            result = "지원하지 않는 연산자입니다";
    }
    return result;
}

document.write("1 결과 = "+calculator("+", 20, 10), "<br>");
document.write("2 결과 = "+calculator("-", 20, 10), "<br>");
document.write("3 결과 = "+calculator("*", 20, 10), "<br>");
document.write("4 결과 = "+calculator("/", 20, 10), "<br>");
```

변경 후

```
function calculator(op, num1, num2){
    var result="";

    switch(op) {
        case "+" :
            result = add(num1, num2);
            break;
        case "-" :
            result = sub(num1, num2);
            break;
        case "*" :
            result = mul(num1, num2);
            break;
        case "/" :
            result = div(num1, num2);
            break;

        default :
            result = "지원하지 않는 연산자입니다";
    }
    return result;

    function add(num1, num2){
        return num1+num2;
    }

    function sub(num1, num2){
        return num1-num2;
    }

    function mul(num1, num2){
        return num1*num2;
    }

    function div(num1, num2){
        return num1/num2;
    }
}

document.write("1 결과 = "+calculator("+", 20, 10), "<br>");
document.write("2 결과 = "+calculator("-", 20, 10), "<br>");
document.write("3 결과 = "+calculator("*", 20, 10), "<br>");
document.write("4 결과 = "+calculator("/", 20, 10), "<br>");

document.write("5. 더하기 = "+add(20, 10), "<br>");
document.write("6. 빼기 = "+sub(20, 10), "<br>");
document.write("7. 곱하기 = "+mul(20, 10), "<br>");
document.write("8. 나누기 = "+div(20, 10), "<br>");
```

호출

설명

이번 예제는 1장 미션 편에서 만났던 사칙연산 계산기입니다. 기존 풀이와 다른 점은 변경 전 ❶의 사칙연산 기능을 모두 calculator() 내부 함수인 중첩 함수로 만들었다는 점입니다.

여기서 여러분이 주의해야 할 사항이 하나 있습니다. 풀이에서 add(), sub()와 같은 사칙연산 함수를 중첩으로 만들었다는 의미는 calculator() 함수 내부에서만 사용하겠다는 의미가 담겨 있습니다. 이렇게 만듦으로써 사칙연산 계산기를 좀더 구조적인 코드로 작성할 수 있다는 장점이 생깁니다. 이와 동시에 단점도 생기는데요. ❷에서처럼 add(), sub()와 같은 사칙연산 함수를 calculator() 함수 외부에서 사용할 수 없게 됩니다. 그러니 상황에 맞게 중첩 함수와 일반 함수를 사용하길 바랍니다.

03 _ 중첩 함수와 중첩 함수를 포함한 함수와의 관계

중첩 함수의 가장 큰 특징은 중첩 함수에서는 중첩 함수를 포함하고 있는 함수의 지역변수에 접근해서 사용할 수 있다는 것입니다. 예를 들어 설명해 보겠습니다.

예제 04　다음 코드를 실행하면 1번, 2번, 3번에는 어떤 값이 출력될까요?

소스 _ 02부/03장/lesson05/01_complete/04.html

```
<script>
    var a=10;
    var b=20;
    var c=30;
    function outer_func(){
        var b=200;
        var c=300;
        function inner_func(){
            var c=3000;
            document.write("1. a = "+a+"<br>"); ❶
            document.write("2. b = "+b+"<br>"); ❷
            document.write("3. c = "+c+"<br>"); ❸
        }
        inner_func();
    }
    outer_func();
</script>
```

풀이

```
1. a = 10
2. b = 200
3. c = 3000
```

설명

이번 예제의 풀이코드는 앞으로 여러분이 빈번히 작성할 소스임을 미리 알려드립니다. 그러니 자세히 봐주길 바랍니다.

❶이 실행되면 먼저 inner_func() 함수 내부에 있는 지역변수 목록에서 a변수를 찾게 됩니다. 만약 존재하지 않는 경우 inner_func() 함수를 호출한 outer_func() 함수의 지역변수 목록에서 a를 찾기 시작합니다. 이곳에도 존재하지 않으면 자바스크립트 엔진은 outer_func()을 호출한 전역 영역의 전역변수 목록에서 변수 a를 찾기 시작합니다. 따라서 출력되는 값은 전역변수 a의 값 10이 출력됩니다.

❷ 역시 ❶과 동일한 방식으로 최근 함수가 호출된 순서대로 변수 b를 찾기 시작합니다. 따라서 outer_func() 함수의 변수 b에 저장되어 있는 값인 200이 출력됩니다.

❸의 경우도 동일한 방식으로 변수를 찾기 때문에 변수 c는 inner_func() 함수의 지역변수가 되어 3000이 출력됩니다.

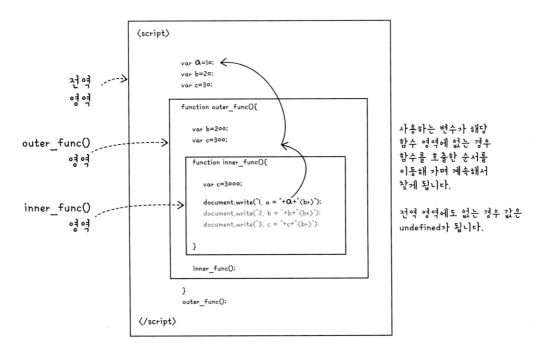

이처럼 중첩 함수에서는 중첩 함수 내부에 품고 있는 변수와 함수를 접근해서 사용할 수 있습니다.

Lesson

06 / 콜백 함수

초보자에게는 콜백 함수가 어렵게 느껴질지 모르겠지만 콜백 함수 역시 반드시 알고 있어야 하는 함수 구조입니다. 이번 레슨에서는 콜백 함수의 구조와 특징에 대해서 학습합니다.

01 _ 콜백 함수란?

| 문 법 | ```
function 함수이름(callback){

    . . .

    callback(결과);

}
``` |

콜백 함수는 주로 함수 내부의 처리 결과값을 함수 외부로 내보낼 때 사용합니다. 일종의 return문과 비슷한 기능을 한다고 생각하세요.

콜백 함수를 사용하는 하는 구조를 살펴보면 위의 문법처럼 특정 함수의 매개변수 값으로 콜백 함수를 넘긴 후 처리 결과를 콜백 함수의 매개변수에 담아 콜백 함수를 호출하는 구조를 가지고 있습니다. 이 구조를 사용하면 로직 구현 부분과 로직 처리 부분을 나눠 코딩할 수 있게 됩니다. 이에 따라 로직 구현 부분은 동일하고 로직 처리 부분을 다양하게 처리해야 하는 경우 유용하게 사용할 수 있습니다.

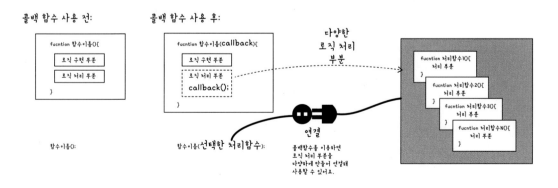

예제를 이용해 콜백 함수를 좀더 알아보겠습니다.
```

02 _ 예제

예제 01 풀이 전 코드는 사칙연산 계산기입니다. 풀이 전 코드를 요구사항에 맞게 출력될 수 있도록 수정해 주세요.

요구사항

- calculator1("연산자", 값1, 값2)을 실행하면 "두 수의 합은 00입니다."를 출력해 주세요.

- calculator2("연산자", 값1, 값2)을 실행하면 "정답은 00입니다."를 출력해 주세요.

풀이 전 코드: 소스 _ 02부/03장/lesson06/01_complete/01_00.html

```
<script>
    // 사칙연산 함수
    function calculator(op, num1,num2){
        var result="";

        switch(op) {
            case "+" :
                result = num1 + num2;
                break;
            case "-" :
                result = num1 - num2;
                break;
            case "*" :
                result = num1 * num2;
                break;
            case "/" :
                result = num1 / num2;
                break;

            default :
                result = "지원하지 않는 연산자입니다";
        }

        document.write("두 수의 합은"+result+"입니다.", "<br>");
    }

    calculator("+", 10,20);
</script>
```

1 _ 일반 풀이

소스 _ 02부/03장/lesson06/01_complete/01_01.html

```
function calculator1(op, num1, num2){  ❶
    var result="";

    switch(op) {
        case "+" :
            result = num1 + num2;
            break;
        case "-" :
            result = num1 - num2;
            break;
        case "*" :
            result = num1 * num2;
            break;
        case "/" :
            result = num1 / num2;
            break;
        default :
            result = "지원하지 않는 연산자입니다";
    }
    document.write("두 수의 합은"+result+"입니다.", "<br>");
}

function calculator2(op, num1,num2){  ❷
    var result="";

    switch(op) {
        case "+" :
            result = num1 + num2;
            break;
        case "-" :
            result = num1 - num2;
            break;
        case "*" :
            result = num1 * num2;
            break;
```

```
            case "/" :
                result = num1 / num2;
                break;
            default :
                result = "지원하지 않는 연산자입니다";
        }
        document.write("정답은 ="+ result+"입니다.<br>"); ❸
    }

    calculator1("+", 10,20); ❹
    calculator2("+", 10,20);
```

설명

여러 가지 방법이 있겠지만 위의 풀이처럼 기존 코드를 복사한 후 로직 처리 부분만 수정해서 처리할 수 있습니다. 풀이를 간단히 설명하자면.

❶ 기존 코드에서 함수 이름을 calculator에서 calculator1로 변경해 줍니다.

❷ 기존 코드를 그대로 복사한 후 함수이름을 calculator2로 변경해 줍니다.

❸ 출력 정보를 요구사항에 맞게 수정해 줍니다.

❹ 두 개의 함수를 호출해 줍니다.

코드를 모두 입력했다면 정상적으로 동작하는지 실행해 보죠.

이번 풀이에서의 단점은 다음 그림과 같이 로직 구현 부분의 코드가 중복된다는 점입니다.

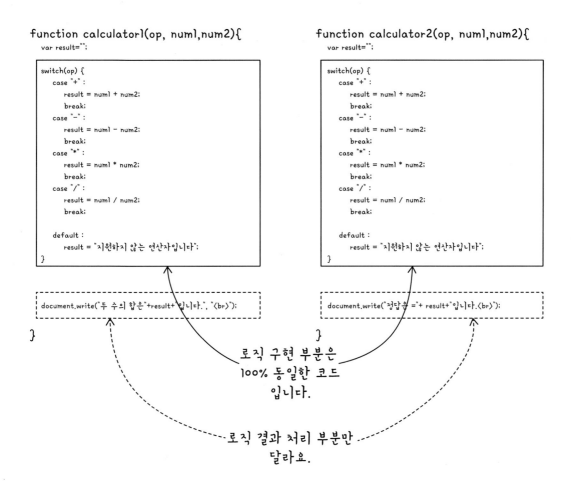

```
function calculator1(op, num1,num2){
    var result="";

    switch(op) {
        case "+" :
            result = num1 + num2;
            break;
        case "-" :
            result = num1 - num2;
            break;
        case "*" :
            result = num1 * num2;
            break;
        case "/" :
            result = num1 / num2;
            break;

        default :
            result = "지원하지 않는 연산자입니다";
    }

    document.write("두 수의 합은 "+result+" 입니다.", "<br>");

}
```

```
function calculator2(op, num1,num2){
    var result="";

    switch(op) {
        case "+" :
            result = num1 + num2;
            break;
        case "-" :
            result = num1 - num2;
            break;
        case "*" :
            result = num1 * num2;
            break;
        case "/" :
            result = num1 / num2;
            break;

        default :
            result = "지원하지 않는 연산자입니다";
    }

    document.write("정답은 ="+ result+" 입니다.<br>");

}
```

로직 구현 부분은 100% 동일한 코드 입니다.

로직 결과 처리 부분만 달라요.

2 _ 콜백 함수 사용 풀이

소스 _ 02부/03장/lesson06/01_complete/01_02.html

```
function calculator(op, num1, num2, callback){ ❶
    var result="";

    switch(op) {
        case "+" :
            result = num1 + num2;
            break;
        case "-" :
            result = num1 - num2;
            break;
```

```
        case "*" :
            result = num1 * num2;
            break;
        case "/" :
            result = num1 / num2;
            break;

        default :
            result = "지원하지 않는 연산자입니다";
    }

    callback(result); ❷
}

function print1(result){ ❸
    document.write("두 수의 합은 = "+ result+"입니다.", "<br>");
}

function print2(result){ ❹
    document.write("정답은 ="+ result+"입니다.<br>");
}
calculator("+", 10,20, print1); ❺
calculator("+", 10,20, print2); ❻
```

설명

❶ 먼저 calculator() 함수 마지막 부분에 콜백 함수로 사용할 함수를 저장할 callback이라는 이름을 가진 매개변수를 추가해 줍니다. 참고로 매개변수 이름을 반드시 callback이란 이름으로 하지 않아도 됩니다. 일반 변수이름 규칙에 맞게 여러분이 만들고 싶은 이름으로 만들면 됩니다.

```
function calculator(op, num1,num2, callback)
```

❷ 기존 로직 부분을 주석처리한 후 결과값을 callback 함수에 넣어 호출해 줍니다.

❸ 신규로 print1()을 만들어 calculator1의 로직 처리 부분을 넣어 줍니다.

❹ 신규로 print2()를 만들어 calculator2의 로직 처리 부분을 넣어 줍니다.

❺, ❻ 마지막으로 print1() 함수와 print2() 함수를 매개변수 값으로 해서 calculator() 함수를 각각 호출해 줍니다.

코드를 모두 입력했다면 실행해 보세요. 버튼을 누르면 요구사항에 맞게 결과값이 출력되는 것을 확인할 수 있을 겁니다.

이처럼 콜백 함수를 이용하면 로직 처리 부분을 분리해 구현할 수 있기 때문에 만약 처리 부분을 수정해야 하는 경우 로직 부분을 전혀 수정할 필요 없이 처리 부분만을 수정하면 됩니다. 또한 처리 부분을 다양하게 만들어 필요에 맞게 로직 부분과 처리 부분을 조립하듯 연결해서 사용할 수 있습니다.

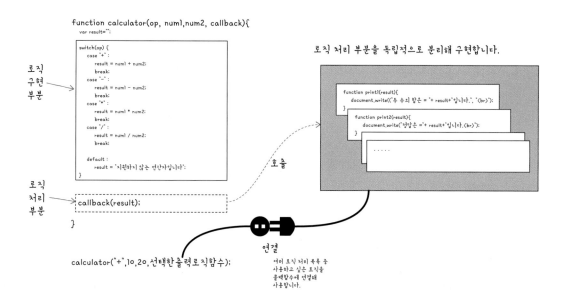

03 _ return vs. 콜백 함수

콜백 함수를 이용하면 리턴값이 있는 함수 구문을 대신 사용할 수 있습니다.

리턴값이 있는 함수 구문	콜백 함수 구문

function 함수이름(){
 . . .
    return 결과;
}
	function 함수이름(callback){
	 . . .
	    callback(결과);
	}

간단한 예제를 이용해 비교해 보죠.

예제 02   두 수를 더하는 함수를 만들어 주세요.

리턴값을 이용하는 경우 소스 _ 02부/03장/lesson06/01_complete/02_01.html	콜백 함수를 사용하는 경우 소스 _ 02부/03장/lesson06/01_complete/02_02.html

```
function sum(num1, num2){
    return num1+num2;
}
var result = sum(10,20);
document.write("두 수의 합은 = "+ result+"입니다.");
```

```
function sum(num1,num2, callback){
    var temp = num1+num2;
    callback(temp);
 }
function result(value){
    document.write("두 수의 합은 = "+ value+"입니다.");
}
sum(10,20,result);
```

설명

풀이처럼 실행 결과는 두 가지 방법 모두 동일합니다. 하지만 풀이에서도 알 수 있는 것처럼 이런 단순한 처리는 리턴을 이용하는 게 더 효율적입니다. 이와 달리 콜백 함수를 사용해야 하는 경우는 처리 부분이 구현 부분과 분리되어야 하는 경우나 구현 부분은 하나로 하고 처리 부분을 다양하게 만든 후 실행 시에 연결해서 사용하는 경우에 적합합니다.

04 _ 동기 vs. 비동기

마지막으로 콜백 함수를 확실히 이해하기 위해서는 동기와 비동기에 대한 개념을 알아야 합니다.

1 _ 동기란

일반적으로 함수가 호출된 후 끝날 때까지 다음 구문을 실행하지 않고 대기하고 있는 경우를 우리는 동기라고 합니다. 예를 들어 설명해 보겠습니다.

예제 03   동기 테스트

소스 _ 02부/03장/lesson06/01_complete/03.html

```
alert("안녕하세요"); ❶
document.write("alert() 동작이 끝나야 이 내용은 실행됩니다."); ❷
```

설명

❶ alert() 함수가 실행되면 알림 메시지 창이 활성화되는데 이때 알림 메시지 창의 확인 버튼을 눌러야지만 다음 구문인 ❷가 실행됩니다. 이처럼 특정 동작이 완료될 때까지 기다리는 경우를 동기 방식이라고 부릅니다.

2 _ 비동기

비동기는 동기와 반대되는 개념입니다. 일반적으로 함수가 호출된 후 끝날 때까지 기다리지 않고 바로 다음 구문을 실행하는 경우를 우리는 비동기라고 합니다. 예를 들어 설명해 보겠습니다.

예제 04 **비동기 테스트**

소스 _ 02부/03장/lesson06/01_complete/04.html

```
var count=1;

setInterval(function(){❶
    document.write("2. count = "+count);
},3000);

document.write("1. ajax() 동작이 모두 끝나지 않았어도 바로 실행됩니다."); ❷
```

설명

setInterval() 함수는 특정 시간마다 첫 번째 매개변수 값으로 넘긴 함수(콜백)를 호출해주는 기능을 가진 자바스크립트 코어 라이브러리 함수 중 하나입니다.

❶의 setInterval() 함수가 실행되면 자바스크립트 엔진은 동기 함수와는 달리 3초를 기다리지 않고 바로 다음 구문인 ❷의 구문을 실행해 메시지가 출력됩니다. 이 후 setInterval() 첫 번째 매개변수 값으로 넘긴 콜백 함수는 3초후에 실행됩니다.

이처럼 특정 동작이 완료될 때까지 기다리지 않고 바로 다음 구문을 실행하는 경우를 비동기 방식이라고 부릅니다.

여기서 여러분이 비동기를 알아야 하는 이유는 콜백 함수가 주로 비동기 함수의 결과값을 처리하기 위한 도구로 많이 사용되기 때문입니다.

05 _ 콜백 함수는 실무에서 이렇게 사용해요

정리하면 실무에서 콜백 함수는 다음과 같은 경우에 특히 많이 사용합니다.

1 _ 이벤트 리스너로 사용

```
$("#btnStart").click(function(){
    alert("클릭되었습니다.");
});
```

jQuery에서 클릭과 같은 이벤트를 처리하기 위해 등록하는 이벤트 리스너가 바로 콜백 함수입니다.

2 _ 타이머 실행 함수로 사용

```
setInterval(function(){
    alert("1초마다 한 번씩 실행되요");
}, 1000);
```

setInterval() 함수는 3부 자바스크립트 라이브러리 타이머 함수 편에서 등장하는 함수로서 특정 시간마다 첫 번째 매개변수 값으로 넘긴 함수를 호출해주는 기능을 가진 자바스크립트 코어 라이브러리 함수 중하나입니다. 이때 매개변수 값으로 넘기는 함수가 바로 콜백 함수입니다.

3 _ Ajax 결과값을 받을 때 사용

```
$.get("http://www.webdongne.com/test.php", function(){
    alert("정상적으로 서버 통신이 이뤄졌습니다.");
});
```

서버와 데이터를 주고받을 때 사용하는 jQuery Ajax 기능들에서 결과물을 받을 때 콜백 함수가 사용됩니다.

4 _ jQuery 애니메이션 완료

```
$("#target").animate ({
    left:100,
    opacity:1
},2000,"easeOutQuint", function(){
    alert("애니메이션이 완료되었습니다.");
});
```

HTML 요소를 멋지게 움직이는 jQuery 애니메이션 기능에서 애니메이션이 모두 끝났을 때 실행하는 함수 역시 콜백 함수입니다.

이처럼 콜백 함수는 로직 구현 부분과 로직 처리 부분을 나눠 작업할 때 주로 사용합니다.

Lesson 07 / 클로저 함수

클로저 역시 앞의 예제들에서 정말 많이 사용했습니다. 모르셨죠? 그럼 이번 레슨에서는 클로저가 무엇이고 어떤 특징이 있는지 자세히 알아보죠.

01 _ 클로저란?

아마도 함수에서 초보자가 가장 어렵게 생각하는 것 중 하나가 클로저일 것입니다. 쉽게 말해 클로저는 함수 내부에 만든 지역변수가 사라지지 않고 계속해서 값을 유지하고 있는 상태를 말합니다.

```
function func(){

  var count=1;

  $("#btn").on("click",

    function(){
        count++;
        alert("count = "+count);
    }

  );
}
```

일반 지역 변수의 경우
함수 호출이 완료되면 사라지지만!

클로저를 이용하면
함수호출 완료 후
사라지는 지역변수를
사라지지 않는 데이터 저장소로
만들 수가 있습니다.

문 법	```function 외부함수(){ var 변수A; function 내부함수(){ 변수A 사용; } }```

클로저는 일종의 현상이기 때문에 정해진 문법은 없습니다. 그래도 표현하자면 위의 문법처럼 내부함수에서 내부함수를 포함하고 있는 함수(외부함수)의 변수A를 사용하는 구조인 경우로 표현할 수 있으며 내부함수를 클로저 함수라고 부릅니다. 또한 변수A는 클로저 현상에 의해 외부함수() 호출이 끝나더라도 사라지지 않고 값을 유지하게 됩니다. 그럼 예제를 이용해서 좀더 자세히 설명해 보겠습니다.

02 _ 예제

다음 예제를 실행하면 1,2,3은 어떤 값이 출력될까요?

예제 01 **일반 함수인 경우**

소스 _ 02부/03장/lesson07/01_complete/01.html

```
function addCount(){
    var count=0;
    count++;
    return count;
}

document.write("1. count = "+addCount(),"<br>"); ❶
document.write("2. count = "+addCount(),"<br>"); ❷
document.write("3. count = "+addCount(),"<br>"); ❸
```

실행결과

```
1. count = 1
2. count = 1
3. count = 1
```

설명

❶ addCount() 함수가 호출되면 지역변수 count가 0으로 초기화 됨과 동시에 만들어집니다. 다음으로 증가 연산자에 의해 1이 되며 이 값을 리턴하기 때문에 1이 출력됩니다. 그리고 모든 구문을 실행한 함수는 종료됩니다. 이와 동시에 함수 내부에 만들어진 count는 메모리에서 흔적조차 없이 사라집니다.

❷, ❸ 역시 ❶과 동일하게 실행되기 때문에 1이 출력 됩니다.

이처럼 일반적인 경우 함수 내부에 위치하고 있는 지역변수는 함수가 종료됨과 동시에 메모리에서 사라지게 됩니다. 근데 어떤 경우에는 지역변수가 사라지지 않고 계속해서 값을 유지하는 경우가 있습니다.

다음처럼 말이지요.

예제 02 클로저를 사용한 경우

소스 _ 02부/03장/lesson07/01_complete/02.html

```
function createCounter(){
    var count=0;
    function addCount(){
        count++;
        return count;
    }
    return addCount;
}

var counter = createCounter();❶

document.write("1. count = " + counter(),"<br>"); ❷
document.write("2. count = " + counter(),"<br>"); ❸
document.write("3. count = " + counter(),"<br>"); ❹
```

실행결과

1. count = 1
2. count = 2
3. count = 3

설명

❶ createCounter() 함수가 호출되면 지역변수 count가 0으로 초기화됨과 동시에 만들어집니다. 그리고 내부에 addCount()라는 함수도 만들어지고, 마지막으로 addCount() 함수를 리턴하고 createCounter() 함수는 종료됩니다.

돌발질문!

createCounter()가 종료되면 일반 함수처럼 addCount() 함수와 count는 사라질까요?

정답

정답은 아닙니다. createCcunter()가 종료되더라도 사라지지 않고 계속해서 값을 유지하고 있게 됩니다.
이유는 바로 addCounter() 함수 내부에 count 변수를 사용하고 있는 상태에서
외부로 리턴되어 클로저 현상이 발생하기 때문입니다.

❷에서 counter()가 실행되면 addCount() 함수가 실행되어 증가 연산자에 의해서 count 값이 0에서 1로 증가하기 때문에 1이 출력됩니다.

❸, ❹ 둘 모두 counter()가 실행되면 count가 값이 증가하기 때문에 2와 3이 각각 출력됩니다.

이처럼 변수가 메모리에서 제거되지 않고 계속해서 값을 유지하는 상태를 클로저라고 부르며 내부에 있는 함수를 우리는 클로저 함수라고 합니다.

여기서 주의할 사항을 하나 알려드리겠습니다. 클로저 예제를 찾다 보면 함수 내부에서 리턴값으로 함수를 리턴하는 예제를 쉽게 찾을 수 있는데요. 이렇다 보니 함수 내부에서 함수를 리턴하는 구조를 가진 경우만이 오직 클로저라고 착각하는 경우가 많습니다. 하지만 다음과 같은 경우에도 우리는 클로저가 적용되었다고 볼 수 있습니다.

예제 03 버튼을 클릭하면 클릭할 때마다 1씩 증가시켜 주세요.

소스 _ 02부/03장/lesson07/01_complete/03.html

```javascript
$("#btnStart").click(function(){
    start();
    document.write("시작합니다.");
});

function start(){
    var count=0;
    setInterval(function(){
        count++;
        document.write(count);
    },1000);
}
```

설명

버튼을 클릭하면 start()가 실행되면서 지역변수인 count 변수가 만들어지고 setInterval()이 실행된 후 함수가 종료되며 지역변수도 같이 사라져야 하는데, setInterval의 익명 함수에서 count를 사용하고 있기 때문에 값이 계속해서 증가하는 것을 볼 수 있습니다. 이때 이 익명 함수를 클로저 함수라고 부릅니다.

이처럼 클로저는 변수가 사라지지 않고 계속해서 값을 유지하는 상태를 모두 클로저라고 부릅니다.

03 _ 클로저를 사용하면 좋은 점

그럼 클로저를 사용하면 좋은 점은 뭘까요? 바로 연관 있는 변수와 기능(중첩 함수)을 하나의 함수로 묶어 독립적으로 실행시킬 수가 있다는 것입니다. 달리 말하면 함수 내부에 데이터가 만들어지기 때문에 함수 외부에서 수정할 수 없는 보호된 데이터를 만들 수 있습니다(객체지향 프로그래밍에서는 이를 private 데이터라고 부릅니다).

예제를 살펴보면서 좀더 설명하겠습니다. 다음 예제는 앞에서 다룬 탭메뉴입니다.

예제 04 **클로저가 사용된 탭메뉴**

소스 _ 02부/03장/lesson07/01_complete/04.html

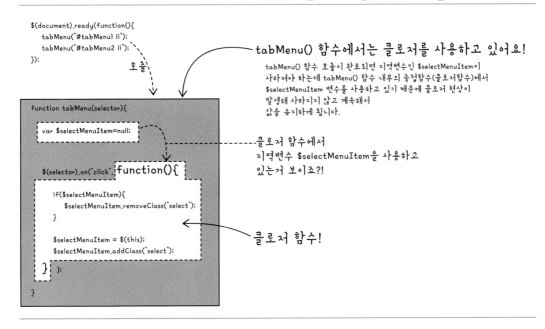

설명

예제를 살펴보면 tabMenu() 함수 호출이 끝났음에도 불구하고 선택된 탭메뉴 항목을 담고 있는 변수인 $selectMenuItem이 사라지지 않고 계속해서 상태 값을 유지하고 있는 것을 확인할 수 있습니다.

즉, 익명 함수인 click 이벤트 리스너에서 $selectMenuItem 변수를 사용하고 있는 전형적인 클로저입니다. 이처럼 클로저를 이용하면 독립적으로 동작하는 탭메뉴를 만들 수 있습니다. 어떤가요? 정말 신기하지 않나요?!

이처럼 클로저를 이용하면 함수 하나에 연관 있는 변수와 함수를 묶어 유용하게 사용할 수 있습니다.

드디어 이번 장도 마지막 레슨인 미션 풀이까지 도달했습니다. 이번 장은 앞으로 계속해서 유용하게 사용할 프로그래밍 기법을 많이 다룬 만큼 미션에 집중해서 풀어주길 바랍니다. 그럼 책을 덮고 지금부터 풀이를 시작해보세요. 필자는 풀이에서 여러분을 기다리고 있겠습니다.

미션 01   콜백 함수 활용

버튼을 10번 클릭하면 "완료되었습니다."라는 메시지를 checkCount()에서 처리하지 말고 콜백 함수를 이용해 분리해 주세요.

풀이 전 코드: 소스 _ 02부/03장/lesson08/01_complete/m01/00.html

```
$(document).ready(function() {
    checkCount();
});

function checkCount(){
    var count=0;
    $("#btnStart").click(function(){
        count++;
        if(count>=10)
            alert("완료되었습니다.");
    })
}
```

풀이: 소스 _ 02부/03장/lesson08/01_complete/m01/01.html

```
$(document).ready(function() {
    checkCount(showMessage); ❸
});

function showMessage(){ ❶
    alert("완료되었습니다.");
}

function checkCount(callback){ ❷
    var count=0;
    $("#btnStart").click(function(){
        count++;
        if(count>=10)
            callback(); ❹
    })
}
```

설명

❶ 먼저 처리 결과 부분에 해당하는 메시지 출력 구문을 담을 showMessage() 함수를 만듭니다. 그리고 여기에 10번 클릭하면 출력할 "완료되었습니다." 메시지 구문을 작성해 줍니다.

❷ 다음으로 checkCount() 함수에 매개변수를 하나 만들어 줍니다.

❸ 앞에서 만든 showMessage() 함수를 매개변수 값으로 넘겨줍니다.

❹ 이어서 기존 출력구문을 지우고 매개변수 값으로 넘어온 콜백 함수를 실행시켜 줍니다.

코드를 모두 입력했다면 정상적으로 동작하는지 실행해 보세요. 이처럼 콜백 함수를 이용하면 로직 구현 부분과 로직 처리 부분을 분리해서 작업할 수 있습니다.

미션 02   탭메뉴 함수 내부를 여러 개의 중첩 함수로 포장하기

다음 코드는 2장 미션에서 만든 탭 메뉴입니다. 탭메뉴 함수를 살펴보면 함수 내부에 여러 개의 기능이 들어있는 것을 확인할 수 있습니다. 이 내용을 중첩 함수를 이용해 기능별로 나눠 만들어 주세요.

풀이 전 코드: 소스 _ 02부/03장/lesson08/01_complete/m02/step00.html

```javascript
$(document).ready(function(){
    // 탭메뉴 코드가 동작할 수 있도록 tabMenu() 함수 호출
    tabMenu("#tabMenu1");
    tabMenu("#tabMenu2");
});

function tabMenu(selector){
    var $tabMenu = null;
    var $menuItems = null;
    // 선택 한 탭메뉴를 저장할 변수
    var $selectMenuItem =null;

    // 요소 초기화
    $tabMenu = $(selector);
    $menuItems = $tabMenu.find("li");

    // 메뉴 항목에 클릭 이벤트 등록
    $menuItems.click(function(){
        // 기존 선택 메뉴 항목이 있으면 비선택 상태로 만들기
        if($selectMenuItem!=null){
            $selectMenuItem.removeClass("select");
        }

        // 클릭한 메뉴 항목을 신규 선택 메뉴 항목으로 저장
        $selectMenuItem = $(this);
        // 선택 상태로 만들기
        $selectMenuItem.addClass("select");
    })
}
```

단계 01: **기능 분석**

먼저 tabMenu 함수를 살펴보면 총 3개의 기능이 들어 있는 것을 알 수 있습니다.

01. 요소 초기화

02. 이벤트 초기화

03. 탭메뉴 선택 처리

```
function tabMenu(selector){

    var $tabMenu = $(selector);                          1. 요소 초기화
    var $menuItems = $tabMenu.find("li");

    // 선택한 탭메뉴를 저장할 변수
    var $selectMenuItem =null;

    // 메뉴 항목에 클릭 이벤트 등록                        2. 이벤트 초기화
    $menuItems.click(function(){

        // 기존 선택 메뉴 항목이 있으면 비 선택 상태로 만들기
        if($selectMenuItem!=null){
            $selectMenuItem.removeClass("select");
        }                                                3. 탭메뉴 선택 처리

        // 클릭한 메뉴 항목을 신규 선택 메뉴 항목으로 저장
        $selectMenuItem = $(this);
        // 선택 상태로 만들기
        $selectMenuItem.addClass("select");
    })
}
```

단계 02: **함수 만들기**

다음으로 각각의 기능을 담을 함수를 tabMenu() 함수 내부에 중첩 함수로 추가해 줍니다.

소스 _ 02부/03장/lesson08/01_complete/m02/step02.html

```javascript
$(document).ready(function(){
    // 탭메뉴 코드가 동작할 수 있도록 tabMenu() 함수 호출
    tabMenu("#tabMenu1");
    tabMenu("#tabMenu2");
});

function tabMenu(selector){
    var $tabMenu = null;
    var $menuItems = null;
    // 선택 한 탭메뉴를 저장할 변수
    var $selectMenuItem =null;

    // 요소 초기화
    $tabMenu = $(selector);
    $menuItems = $tabMenu.find("li");

    // 메뉴 항목에 클릭 이벤트 등록
    $menuItems.click(function(){
        // 기존 선택 메뉴 항목이 있으면 비 선택 상태로 만들기
        if($selectMenuItem!=null){
            $selectMenuItem.removeClass("select");
        }

        // 클릭한 메뉴 항목을 신규 선택 메뉴 항목으로 저장
        $selectMenuItem = $(this);
        // 선택 상태로 만들기
        $selectMenuItem.addClass("select");
    })

    // 요소 초기화
    function init(){

    }
```

```
    // 이벤트 초기화
    function initEvent(){

    }

    // 탭메뉴 선택 처리
    function setSelectItem(){

    }
}
```

단계 03: 코드 담기

소스 _ 02부/03장/lesson08/01_complete/m02/step03.html

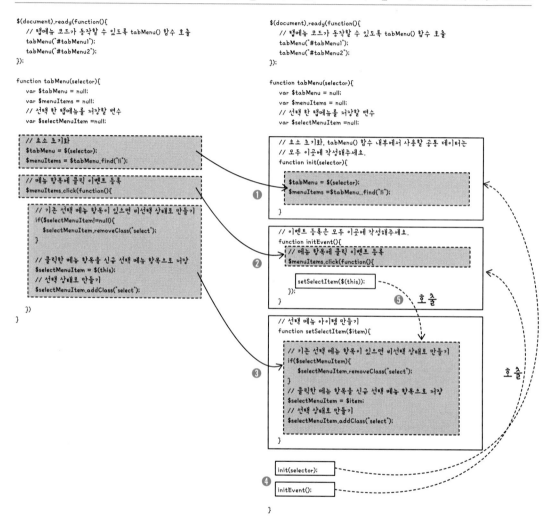

❶, ❷, ❸ 이제 기존 코드를 각각의 함수에 나눠 포장해 줍니다.

코드를 나눠 담은 후,

❹ 요소 초기화와 이벤트 초기화 함수를 호출해 줍니다.

❺ 클릭한 메뉴가 선택될 수 있게 setSelectItem() 함수를 호출해 줍니다.

모든 코드를 입력했다면 정상적으로 동작하는지 실행해 보세요.

정리하자면 풀이에서는 중첩 함수를 이용해 탭메뉴 기능을 구조화시켰으며, 클로저 현상을 이용해 tabMenu() 함수 호출이 종료되었음에도 불구하고 선택한 탭메뉴 아이템 정보를 담고 있는 $selectMenuItem과 같은 지역변수가 사라지지 않고 계속해서 값을 유지하도록 했습니다.

전체 소스 코드는 다음과 같습니다.

소스 _ 02부/03장/lesson08/01_complete/m02/step03.html

```
<script>

    $(document).ready(function(){
        // 탭메뉴 코드가 동작할 수 있도록 tabMenu() 함수 호출
        tabMenu("#tabMenu1");
        tabMenu("#tabMenu2");
    });

    function tabMenu(selector){
        var $tabMenu = null;
        var $menuItems = null;
        // 선택한 탭메뉴를 저장할 변수
        var $selectMenuItem =null;

        // 요소 초기화, tabMenu() 함수 내부에서 사용할 공통 데이터는
        // 모두 이곳에 작성해주세요.
        function init(selector){
            $tabMenu = $(selector);
            $menuItems =$tabMenu.find("li");
        }

        // 이벤트 등록은 모두 이곳에 작성해주세요.
        function initEvent(){
            // 메뉴 항목에 클릭 이벤트 등록
            $menuItems.click(function(){

                setSelectItem($(this));
            });
        }
```

```
        // 선택 메뉴 아이템 만들기
        function setSelectItem($item){

            // 기존 선택 메뉴 항목이 있으면 비선택 상태로 만들기
            if($selectMenuItem){
                $selectMenuItem.removeClass("select");
            }
            // 클릭한 메뉴 항목을 신규 선택 메뉴 항목으로 저장
            $selectMenuItem = $item;
            // 선택 상태로 만들기
            $selectMenuItem.addClass("select");
        }

        init(selector);
        initEvent();
    }
</script>
```

미션 03 탭메뉴 선택처리를 콜백 함수로 받기

미션 02에서 작성한 탭메뉴 소스 코드를 수정해 선택한 탭메뉴 인덱스 정보를 #info 영역에 출력해 주세요. 단, 가능하면 탭메뉴 로직 구현 부분과 추가 기능인 로직 처리 부분을 분리해서 작업할 수 있게 만들어주세요.

실행화면

선택한 탭메뉴 인덱스 값 : 1

메모 _ 선택한 메뉴 아이템의 인덱스 값 구하기

`$selectMenuItem.index();`

1 _ 일반 함수를 활용한 풀이

풀이: 소스 _ 02부/03장/lesson08/01_complete/m03/01_func.html

```
$(document).ready(function(){
    // 탭메뉴 코드가 동작할 수 있도록 tabMenu() 함수 호출
    tabMenu("#tabMenu1");
});


function tabMenu(selector){
    var $tabMenu = null;
    var $menuItems = null;
    // 선택한 탭메뉴를 저장할 변수
    var $selectMenuItem =null;


    // 요소 초기화, tabMenu() 함수 내부에서 사용할 공통 데이터는 모두 이곳에 작성해주세요.
    function init(selector){
        $tabMenu = $(selector);
        $menuItems =$tabMenu.find("li");
    }


    // 이벤트 등록은 모두 이곳에 작성해주세요.
    function initEvent(){
        $menuItems.click(function(){
            setSelectItem($(this));
        });
    }


    // 선택 메뉴 아이템 만들기
    function setSelectItem($item){
        if($selectMenuItem){
            $selectMenuItem.removeClass("select");
        }
        $selectMenuItem = $item;
        $selectMenuItem.addClass("select");

        // 선택한 인덱스 값 출력하기
        $("#info").html($selectMenuItem.index());    ①
    }
```

```
        init(selector);
        initEvent();
    }
```

설명

가장 쉬운 처리 방법은 setSelectItem() 함수 내부의 ❶처럼 구문을 추가해 주는 것입니다.

하지만 이렇게 코드를 만드는 경우 이 탭메뉴는 항상 #info가 반드시 있어야 하는 탭메뉴가 돼버리기 때문에 재사용성이 떨어지게 됩니다.

2 _ 콜백 함수를 활용한 풀이

가장 이상적인 해결 방법은 탭메뉴 내부에 인덱스 출력 기능을 추가하는 것이 아닌 탭메뉴 외부에서 처리할 수 있게 만드는 것입니다.

이를 해결하는 방법은 원격 통신하는 것처럼 탭메뉴에서는 선택한 탭메뉴 아이템 정보를 외부로 보내고 함수 외부에서는 이 정보를 받아 목적에 맞게 사용하는 것입니다.

이를 구현하는 방법은 여러 가지 방법이 있겠지만 지금까지 배운 내용 중 콜백 함수만이 유일한 해결 방법입니다.

자! 그럼 콜백 함수를 적용해 만들어 보죠.

풀이: 소스 _ 02부/03장/lesson08/01_complete/m03/02_callback.html

```
$(document).ready(function(){
// 탭메뉴 코드가 동작할 수 있도록 tabMenu() 함수 호출
    tabMenu("#tabMenu1", onSelectItem); ❹
});


function tabMenu(selector, callback){ ❶
    var $tabMenu = null;
    var $menuItems = null;
    // 선택한 탭메뉴를 저장할 변수
    var $selectMenuItem =null;

    // 요소 초기화, tabMenu() 함수 내부에서 사용할 공통 데이터는 모두 이곳에 작성해주세요.
    function init(selector){
```

```
        $tabMenu = $(selector);
        $menuItems =$tabMenu.find("li");
    }

    // 이벤트 등록은 모두 이곳에 작성해주세요.
    function initEvent(){
        $menuItems.click(function(){
            setSelectItem($(this));
        });
    }

    // 선택 메뉴 아이템 만들기
    function setSelectItem($item){
        if($selectMenuItem){
            $selectMenuItem.removeClass("select");
        }
        $selectMenuItem = $item;
        $selectMenuItem.addClass("select");



        //선택 콜백 함수 실행
        if(callback!= null) ❷
            callback($selectMenuItem.index());
    }

    init(selector);
    initEvent();
}

// 선택 처리
function onSelectItem(index){ ❸
    $("#info").html(index);
}
```

설명

❶ 먼저 tabMenu 함수에 콜백 함수를 저장할 매개변수callback를 추가해 줍니다.

❷ #info에 선택한 탭메뉴의 인덱스 값을 출력하는 구문을 주석 처리한 후 대신 callback함수 호출을 추가해 줍니다.

❸ 선택 처리를 담당할 함수를 onSelectItem()이라는 이름의 전역함수로 만든 후 함수 내부에는 매개변수 값으로 넘어온 선택 메뉴 아이템의 인덱스 값을 출력해 줍니다.

❹ 마지막으로 ❸에서 만든 onSelectItem() 함수를 콜백 함수 값으로 tabMenu() 함수를 호출해 줍니다.

모든 코드를 입력했다면 실행한 후 탭메뉴를 선택해 보세요. 선택 메뉴가 변경될 때마다 콜백 함수로 넘긴 함수가 호출되는 것을 확인할 수 있을 것입니다.

참고로 콜백 함수를 이용한 풀이를 이벤트를 이용해서 대신할 수도 있는데 이는 4부 jQuery 이벤트에서 다시 다룹니다. 기대해 주세요. 이렇게 해서 모든 기능을 완료했습니다.

전체 소스 코드는 다음과 같습니다.

소스 _ 02부/03장/lesson08/01_complete/m03/02_callback.html

```
<script>
    $(document).ready(function(){
        // 탭메뉴 코드가 동작할 수 있도록 tabMenu() 함수 호출
        tabMenu("#tabMenu1",onSelectItem);
    });

    function tabMenu(selector, callback){
        var $tabMenu = null;
        var $menuItems = null;
        // 선택한 탭메뉴를 저장할 변수
        var $selectMenuItem =null;

        // 요소 초기화, tabMenu() 함수 내부에서 사용할 공통 데이터는 모두 이곳에 작성해주세요.
        function init(selector){
            $tabMenu = $(selector);
            $menuItems =$tabMenu.find("li");
        }

        // 이벤트 등록은 모두 이곳에 작성해주세요.
        function initEvent(){
            $menuItems.click(function(){
                setSelectItem($(this));
            });
        }
```

```
        // 선택 메뉴 아이템 만들기
        function setSelectItem($item){
            if($selectMenuItem){
                $selectMenuItem.removeClass("select");
            }
            $selectMenuItem = $item;
            $selectMenuItem.addClass("select");

            if(callback!=null){
                callback($selectMenuItem.index());
            }
        }

        init(selector);
        initEvent();
    }

    // 선택 처리
    function onSelectItem(index){
        // 선택한 인덱스 값 출력하기
        $("#info").html(index);
    }

</script>
```

03

자바스크립트
코어 라이브러리

전체 스터디 맵

공지: 원의 크기는 난이도를 나타냅니다.

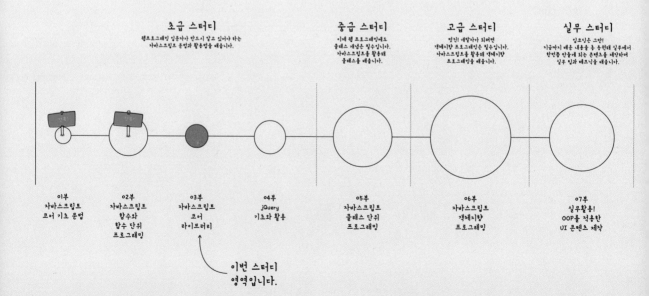

초급 스터디
프로그래밍 입문자나 반드시 알고 있어야 하는
자바스크립트 문법과 활용법을 배웁니다.

중급 스터디
이제 웹 프로그래밍에도
클래스 개념은 필수입니다.
자바스크립트를 활용해
클래스를 배웁니다.

고급 스터디
멋진 개발자가 되려면
객체지향 프로그래밍은 필수입니다.
자바스크립트를 활용한 객체지향
프로그래밍을 배웁니다.

실무 스터디
입문임은 그만!
지금까지 배운 내용을 총동원해 실무에서
한번쯤 만들게 되는 콘텐츠를 제작하며
실무 감과 테크닉을 배웁니다.

이부
자바스크립트
코어 기초 문법

02부
자바스크립트
함수와
함수 단위
프로그래밍

03부
자바스크립트
코어
라이브러리

04부
jQuery
기초와 활용

05부
자바스크립트
클래스 단위
프로그래밍

06부
자바스크립트
객체지향
프로그래밍

07부
실무활용!
OOP를 적용한
UI 콘텐츠 제작

이번 스터디
영역입니다.

01.
길잡이

자바스크립트 기초 문법 스터디 영역을 지나 이제 막 자바스크립트 코어 라이브러리 스터디 영역에 접어든 여러분! 환영합니다.

자바스크립트 코어 라이브러리란?

자바스크립트코어 라이브러리는 자바스크립트가 개발자를 위해 기본적으로 제공해주는 기능을 말합니다. 개발자는 이 기능을 이용해 개발을 하고 개발자만의 고유 라이브러리를 만들게 됩니다.

먼저 이번 장에서 배울 내용을 간단히 살펴보겠습니다.

공지:
원의 크기는 난이도를 나타냅니다.
앞으로 갈수록 조금씩 어려워지니 차근차근 따라오세요.

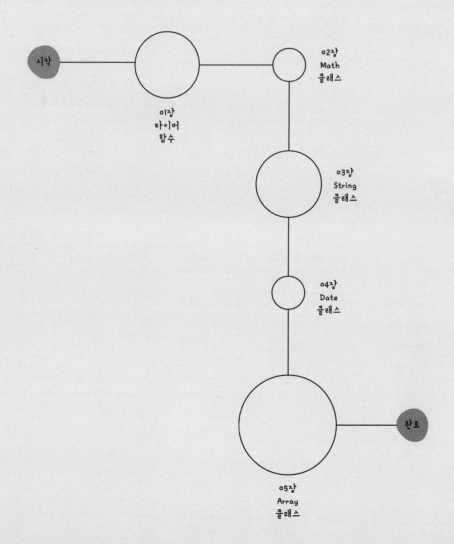

장	주제	내용
01장	타이머 함수	Lesson 01 타이머 함수 소개 Lesson 02 핵심 내용 Lesson 03 미션
02장	Math 클래스	Lesson 01 Math 클래스 소개 Lesson 02 핵심 내용 Lesson 03 미션
03장	String 클래스	Lesson 01 String 클래스 소개 Lesson 02 핵심 내용 Lesson 03 미션
04장	Date 클래스	Lesson 01 Date 클래스 소개 Lesson 02 핵심 내용 Lesson 03 미션
05장	Array클래스	Lesson 01 Array 클래스 소개 Lesson 02 핵심 내용 Lesson 03 미션

02.
스터디 일정
작성하기

여러분의 상황에 맞게 스터디 일정을 잡아보세요.

장	내용	예상 진행시간	시작일	종료일
01장	타이머 함수	24시간		
02장	Math 클래스	06시간		
03장	String 클래스	24시간		
04장	Date 클래스	06시간		
05장	Array 클래스	32시간		

03.
진행 방식

이 책에서는 수많은 자바스크립트 코어 라이브러리 내용 중

1년에 어쩌다 사용할까 말까 한 기능 No!

특정 프로젝트에서만 사용하는 기능도 No!

웹 프로그래밍을 하기 위해서 반드시 알아야 하는 핵심 내용을

우선순위별로 하나씩 정리해 나가며 배우게 됩니다.

자! 이제 스터디를 위한 모든 준비가 끝났습니다. 그럼 시작해 볼까요?!

CHAPTER 01

타이머 함수

공지:
원의 크기는 난이도를 나타냅니다.
앞으로 갈수록 조금씩 어려워지니 차근차근 따라오세요.

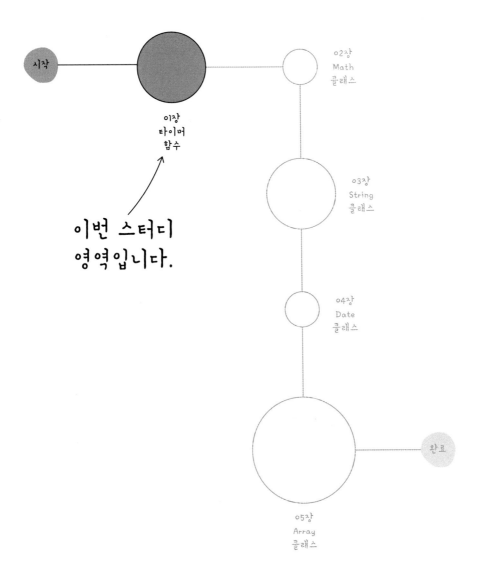

들어가며

타이머 함수는 실무에서 가장 많이 사용하는 라이브러리 중 하나입니다. 특히 인터랙티브 콘텐츠를 제작할 때 없어서는 안 될 존재입니다. 예를 들어 이미지 슬라이더 제작 시 일정한 시간마다 이미지가 자동으로 전환되는 기능을 구현할 때 타이머 함수를 이용하며, 일정한 시간마다 서버 데이터를 얻어와 화면을 갱신해야 하는 경우에도 타이머 함수가 사용됩니다.

이번 장에서 배울 내용은 다음과 같습니다.

Lesson 01 **타이머 함수 소개**
Lesson 02 **핵심 내용**
Lesson 03 **미션**

Lesson
01

타이머 함수 소개

타이머 함수는 실무를 위해 반드시 알고 있어야 하는 기능 중 하나입니다. 특히 인터랙티브 콘텐츠 제작에서는 더욱 유용하게 사용할 수 있습니다. 이번 레슨에서는 타이머 함수들을 간단히 살펴보겠습니다.

01 _ 타이머 함수란?

타이머 함수는 일정한 시간마다 특정 구문을 실행하고자 할 때 사용하는 기능입니다. 타이머 함수는 실무에서 다음과 같은 경우에 많이 사용합니다.

- 이미지 슬라이더에서 일정한 시간마다 이미지가 자동으로 슬라이드되는 기능은 타이머 함수의 대표적인 기능입니다.

- 롤링 배너에서 일정 시간마다 배너를 변경할 때에도 타이머 함수가 사용됩니다.

- 일정 시간마다 자동으로 변경되는 실시간 검색어 역시 타이머 함수가 사용됩니다.

- 게임에서 플레이 시간을 나타낼 때에도 타이머 함수를 사용합니다.

02 _ 주요 기능

타이머 함수는 다음과 같이 3가지 주요 함수가 있습니다.

함수	설명
setInterval()	일정 시간마다 주기적으로 특정 구문을 실행하는 기능
setTimeout()	일정 시간이 지난 후 특정 구문을 딱 한번 실행하는 기능
clearInterval()	실행 중인 타이머 함수를 멈추는 기능

타이머 함수는 모두 전역 객체인 window에 들어 있습니다. 즉 window.setInterval()과 setInterval()은 동일합니다.

여기까지 타이머 함수가 무엇인지 간단하게 알아봤습니다.

Lesson 02 / 핵심 내용

이번 레슨에서는 타이머 함수와 관련된 수많은 내용 중 실무를 진행하기 위해 반드시 할 줄 알아야 하는 내용을 선별해 다룹니다.

타이머 관련 핵심 내용은 다음과 같습니다.

핵심 01: 일정 시간마다 특정 구문을 실행하는 타이머 만들기

핵심 02: 일정 시간이 지난 후 딱 한 번 실행되는 타이머 만들기

핵심 03: 타이머 멈추기

핵심 01 _ 일정 시간마다 특정 구문을 실행하는 타이머 만들기

일정 시간마다 특정 구문을 실행하기 위해서는 setInterval() 함수를 사용합니다. setInterval() 함수 사용법을 먼저 배운 후 간단한 예제를 만들어 보겠습니다.

사용법	`var timerID = setInterval(func, duration);`

매개변수

func: 지연 시간마다 타이머 함수에 의해 호출되는 일종의 콜백 함수입니다.

duration: 지연 시간, 단위는 밀리초입니다.

리턴값

생성된 타이머 ID입니다. 실행한 타이머 함수를 멈출 때 사용합니다.

예제 01　1초에 한 번씩 변숫값을 1씩 증가시키고 이 값을 #output 영역에 출력해 주세요.

풀이 전 코드: 소스 _ 03부/01장/lesson02/01_complete/01_00.html

```
$(document).ready(function(){
    var $output =$("#output");
    var count=0;

    // 여기에 풀이를 입력해주세요.

})
```

실행화면

풀이 01: 익명함수 활용 소스 _ 03부/01장/lesson02/01_complete/01_01.html

```
$(document).ready(function(){
    var $output =$("#output");
    var count=0;

    // 여기에 풀이를 입력해 주세요.

    setInterval(function(){
        // 값 증가
        count++;
        // 값을 출력
        $output.text(count);
    },1000)
})
```

설명

구현코드는 아주 간단합니다. 먼저 setInterval() 함수 구문을 작성한 후 첫 번째 매개변수에는 익명함수를 넣어 줍니다. 익명함수 내부에는 count 값을 1 증가시킨 값을 #output에 출력하는 코드를 작성해 줍니다. 두 번째 매개변수에는 1000(1초)를 넣어 줍니다. 코드를 입력한 후 실행해 보세요. 1초에 한 번씩 숫자가 바뀌는 것을 확인할 수 있을 겁니다.

이번 풀이에서는 익명함수를 타이머의 실행함수 값으로 사용했는데요. 다음과 같이 일반함수를 만들어 사용해도 됩니다.

풀이 02: 일반함수 활용 소스 _ 03부/01장/lesson02/01_complete/01_02.html

```javascript
$(document).ready(function(){
    var $output =$("#output");
    var count=0;

    // 여기에 풀이를 입력해 주세요.

    // 함수 생성
    function addCount(){
        // 값 증가
        count++;
        // 값을 출력
        $output.text(count);
    }
    setInterval(addCount,1000);
})
```

설명

풀이 01에서 익명함수 부분을 addCount()라는 일반함수로 만든 후 setInterval() 함수에 연결해 사용한 구조입니다. 풀이 01과 거의 동일한 구조라고 볼 수 있죠.

그럼 풀이 01과 풀이 02 둘 중 어떤 방법이 더 좋을까요? 사실 이 질문에 대한 정답은 없습니다. 그때그때 다르니까요. 익명함수를 만들어 사용하는 경우는 풀이 01과 같이 함수를 오직 setInterval()에서만 사용하는 경우라면 익명함수가 적합합니다. 일반함수를 만들어 사용하는 경우는 함수를 여러 곳에서 호출해 사용하는 경우라면 일반함수가 적합합니다. 예를 들어 만약 이번 미션의 요구사항이 시작하자마자 count 변수의 값을 1 증가시킨 후 이 값을 #output에 출력해야 하는 것이라고 해보죠.

익명함수를 이용하면 다음과 같이 코드가 중복되는 문제가 발생합니다.

소스 _ 03부/01장/lesson02/01_complete/01_03.html

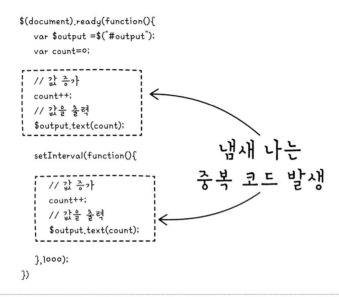

이와 달리 일반함수를 이용하는 경우 그냥 addCount() 함수를 한 번 더 호출만 해주면 됩니다.

소스 _ 03부/01장/lesson02/01_complete/01_04.html

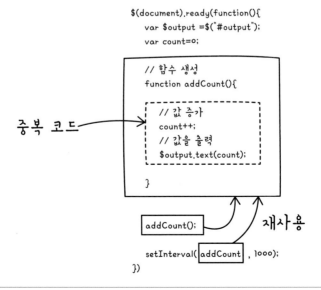

이처럼 상황에 맞게 익명함수와 일반함수를 사용하면 됩니다.

핵심 02 _ 일정 시간 지난 후 딱 한 번 실행되는 타이머 만들기

일정 시간 지난 후 오직 한 번만 특정 구문을 실행하기 위해서는 setTimeout() 함수를 사용합니다. setTimeOut() 함수는 setInterval() 함수와 동일한 구조를 갖고 있습니다. 다른 점이라면 setInterval() 함수는 무한 호출이고 setTimeout() 함수는 오직 한 번만 호출합니다.

사용법부터 살펴보죠.

사용법	`var timerID = setTimeout(func, duration);`

매개변수

func: 지연 시간마다 타이머 함수에 의해 호출되는 일종의 콜백 함수입니다.

duration: 지연 시간, 단위는 밀리초입니다.

리턴값

생성된 타이머 ID입니다. 이 값은 실행한 타이머 함수를 멈출 때 사용합니다.

예제 02　3초 후에 "안녕하세요. 환영합니다." 메시지를 화면에 출력해 주세요.

풀이 전 코드: 소스 _ 03부/01장/lesson02/01_complete/02_00.html

```
$(document).ready(function(){
    var $output =$("#output");

    // 여기에 풀이를 입력해주세요.

})
```

풀이: 소스 _ 03부/01장/lesson02/01_complete/02_01.html

```
$(document).ready(function(){
    var $output =$("#output");

    // 여기에 풀이를 입력해주세요.
```

```
    setTimeout(function(){
        $output.text("안녕하세요. 환영합니다.")
    },3000)
})
```

설명

앞에서 배운 문법대로 setTimeout() 함수에 실행할 함수와 시간을 매개변수 값으로 넣어줍니다.

코드를 모두 입력했다면 실행해 보세요. 3초 후 #output 요소에 메시지가 출력되는 것을 확인할 수 있을 겁니다.

이처럼 타임아웃 함수는 이런 특징 때문에 처리를 지연시키고자 할 때 주로 사용합니다.

핵심 03 _ 타이머 멈추기

setInterval() 함수와 setTimeout() 함수를 이용해 생성한 타이머는 clearInterval() 함수를 이용해 멈출 수 있습니다.

사용법부터 살펴보죠.

1 _ 사용법

사용법	clearInterval(timerID);

매개변수

timerID: 제거할 타이머 ID

리턴값

없음

예제 03 **1초에 한번씩 숫자 값 출력하기**

변숫값을 1초에 한 번 1씩 증가시키고 이 값을 화면에 출력해 주세요. 단, 정지버튼(#stop)을 누르면 더 이상 실행되지 않게 타이머 함수를 중지시켜 주세요.

풀이 전 코드: 소스 _ 03부/01장/lesson02/01_complete/03_00.html

```
$(document).ready(function(){
    var $output =$("#output");
    var count=0;

    setInterval(function(){
        // 값 증가
        count++;
        // 값을 출력
        $output.text(count);
    },1000)

    $("#stop").click(function(){
        // 여기에 풀이를 입력해 주세요.

    })
})
```

풀이: 소스 _ 03부/01장/lesson02/01_complete/03_01.html

```
$(document).ready(function(){
    var $output =$("#output");
    var count=0;
    var timerID=0;  ❶

    timerID =  setInterval(function(){  ❷
        // 값 증가
        count++;
        // 값을 출력
        $output.text(count);
    },1000)

    $("#stop").click(function(){
        // 여기에 풀이를 입력해 주세요.  ❸
        clearInterval(timerID);
    })
})
```

설명

❶ setInterval( ) 함수와 setTimeout( ) 함수로 생성된 타이머를 멈추기 위해서는 이들의 함수가 실행 시에 리턴해 주는 타이머 아이디만 있으면 됩니다. 이를 위해 타이머 아이디를 저장할 timerID라는 지역 변수를 만들어 줍니다.

❷ setInterval( ) 함수에서 리턴해 주는 타이머 아이디 값을 timerID에 넣어 줍니다.

❸ 버튼 클릭 시 실행되는 이벤트 리스너에 clearInterval( ) 함수를 이용해 타이머를 중지시킵니다.

코드를 모두 입력했다면 실행해보죠. 숫자 값이 #output에 출력되는 것을 확인한 후 정지버튼을 클릭해 보세요. 그럼 숫자가 더 이상 출력되지 않을 것입니다.

Lesson
03 / 미션

자! 이번에도 지금까지 학습한 타이머 함수 내용을 테스트해보는 시간을 갖겠습니다. 먼저 간단한 미션부터 풀어보죠.

미션 01 물고기 잡기 게임 만들기 ver 1.0

01 _ 미션 소개 및 미리 보기

이번 미션은 타이머 함수를 활용한 일명 "물고기 잡기 게임" 만들기입니다. 미션을 정확히 파악하기 위해 구현이 완료돼 있는 최종 파일을 웹 브라우저에서 실행해 주세요.

- 소스 _ 03부/01장/lesson03/01_complete/m01/step02.html

  주의! 구현코드를 미리 볼 경우 풀이 중 계속 생각나게 되니 구현코드는 가급적 보지 말고 그냥 실행만 해주세요.

그럼 다음과 같은 실행화면을 볼 수 있습니다.

실행화면

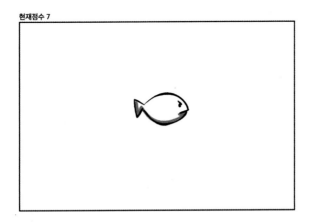

게임이 시작한다는 메시지와 함께 바로 시작합니다. 화면에 있는 물고기를 마우스로 클릭해 보세요. 한 번 클릭할 때마다 점수가 1점 올라갑니다. 게임은 5초 동안 진행되며 5초가 지나면 게임은 종료되고 더 이상 물고기를 클릭해도 점수가 올라가지 않습니다.

02 _ 요구사항

요구사항을 정리하면 다음과 같습니다.

01. 5초 동안 누가 많이 물고기를 클릭하는지 알아보는 간단한 게임 만들기입니다.

02. 물고기 클릭 시 1점 획득.

03. 게임이 종료된 후 물고기 클릭 시 게임 점수가 올라가서는 안 됩니다.

04. 점수는 획득 시 바로 화면에 출력해 주세요.

03 _ 화면 구성

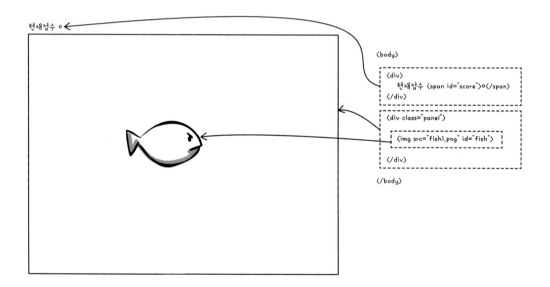

04 _ 풀이 전 코드

소스 _ 03부/01장/lesson03/01_complete/m01/step00.html

```
$(document).ready(function(){
    var count=0;
    var $score = $("#score");

    // 여기에 코드를 입력해 주세요.

});
```

> **힌트**
>
> **1. 점수 출력하는 방법**
>
> ```
> $("#score").html(점수);
> ```
>
> 또는
>
> ```
> $("#score").text(점수);
> ```
>
> **2. 클릭 이벤트 등록 방법**
>
> ```
> $(selector).click(function(){
>     실행 소스
> });
> ```

여기까지 이번 미션 설명이었습니다. 그럼 지금부터 책을 덮고 미션을 풀어 주세요. 미션을 스스로 풀기 어려운 분들은 지금부터 필자를 따라 풀이를 진행하면 됩니다.

05 _ 구현하기

이해를 돕기 위해 구현은 다음과 같이2 단계로 나눠 진행하겠습니다.

단계 01: 점수 처리

단계 02: 게임 종료 처리

단계 01 _ 점수 처리

먼저 게임 시간과 상관없이 물고기를 클릭하면 점수가 증가하는 기능을 구현해 줍니다.

풀이: 소스 _ O3부/O1장/lesson03/O1_complete/mO1/step01.html

```
$(document).ready(function(){
    // 점수 변수
    var count=0;
    // 점수를 출력할 요소
    var $score = $("#score");

    // 여기에 코드를 입력해 주세요.

    // 물고기에 클릭 이벤트 등록
    $("#fish").click(function(){ ❶
        // 점수 증가
        count++; ❷
```

```
            $score.html(count);
        });
    });
```

설명

❶ 물고기에 클릭 이벤트 리스너를 등록해 줍니다.

❷ 클릭 이벤트 리스너에 1점을 증가하는 구문과 #score에 점수를 출력하는 구문을 작성해 줍니다.

코드를 모두 입력했다면 정상적으로 동작하는지 실행해 보죠. 물고기를 눌러 점수가 증가하는지 확인해 보세요.

단계 02 _ **게임 종료 처리**

이번 단계에서는 5초 후에 게임이 종료되는 기능을 구현하겠습니다.

풀이: 소스 _ 03부/01장/lesson03/01_complete/m01/step02.html

```
$(document).ready(function(){
    // 점수 변수
    var count=0;
    // 점수를 출력할 요소
    var $score = $("#score");

    // 여기에 코드를 입력해주세요.
    // 게임 진행 유무 판단 변수
    var playing=true; ❶
    // 물고기에 클릭 이벤트 등록
    $("#fish").click(function(){
        if(playing==true){ ❸
            // 점수 증가
            count++;
            $score.html(count);
        }
    });

    // 게임을 5초후에 종료시켜 줍니다.
    setTimeout(function(){ ❷
        playing=false;
```

```
        alert("게임이 종료되었습니다.");
    },5000)
});
```

설명

❶ 먼저 게임 진행 유무를 판단할 수 있는 playing이라는 변수를 신규로 만들어 줍니다.

❷ setTimeout() 함수를 활용해 5초 후 딱 한 번 익명함수가 실행되게 만든 후 playing 변수에 게임 종료의 의미로 false 값을 넣어 줍니다.

❸ 물고기 요소의 클릭 이벤트 리스너에 게임 진행 중일 때만 점수가 증가될 수 있게 조건문 if를 넣어 줍니다.

코드를 모두 입력했다면 정상적으로 동작하는지 실행해 보세요. 실행 후 물고기를 클릭해 보세요. 클릭 도중에 5초가 지나면 게임 종료 메시지가 보여지고 다음부터는 물고기를 클릭해도 점수가 증가되지 않을 것입니다.

> **메모 _** 물고기 게임은 Math 클래스에서 좀더 업그레이드된 두 번째 버전을 만들게 됩니다. 기대해 주세요.

전체 소스 코드는 다음과 같습니다.

소스 _ 03부/01장/lesson03/01_complete/m01/step02.html

```html
<html>
<head>
    <meta http-equiv="Content-Type" content="text/html; charset=UTF-8">
    <title>물고기 게임</title>
    <style>
        .info {
            font-size: 14pt;
        }
        .panel {
            width:600px;
            height:400px;
            position: relative;
            border:2px solid #000;
        }
```

```
        .panel #fish {
            position: absolute;
            left:250px;
            top:150px;
        }
    </style>

    <script src="../../../libs/jquery-1.11.0.min.js"></script>
    <script>
    $(document).ready(function(){
        // 점수 변수
        var count=0;
        // 점수를 출력할 요소
        var $score = $("#score");

        // 여기에 코드를 입력해 주세요.
        // 게임 진행 유무 판단 변수
        var playing=true;
        // 물고기에 클릭 이벤트 등록
        $("#fish").click(function(){
            if(playing==true){
                // 점수 증가
                count++;
                $score.html(count);
            }
        });

        // 게임을 5초 후에 종료시켜 줍니다.
        setTimeout(function(){
            playing=false;
            alert("게임이 종료되었습니다.");
        },5000)
    });

    </script>
</head>
<body>
    <div>현재점수 <span id="score">0</span></div>
    <div class="panel">
        <img src="fish1.png" id="fish">
```

```
        </div>
    </body>
</html>
```

미션 02   자동으로 물고기 움직이기

01 _ 미션 소개 및 미리 보기

먼저 이번 미션을 정확하게 파악하기 위해 풀이가 완료된 파일을 웹 브라우저에서 실행해 주세요.

- 소스 _ 03부/01장/lesson03/01_complete/m02/step03.html

위의 내용은 1부 2장 if문에서 다룬 물고기 움직이는 예제입니다. 예제를 실행해 보면 알겠지만 시작 버튼을 클릭할 때마다 물고기가 50만큼 이동합니다. 버튼을 계속 누르면 물고기가 좌우로 왕복해서 움직이는 것을 확인할 수 있습니다. 이번 미션은 이렇게 버튼을 클릭해서 물고기를 움직이는 부분을 자동으로 움직이게 만드는 것입니다.

실행화면

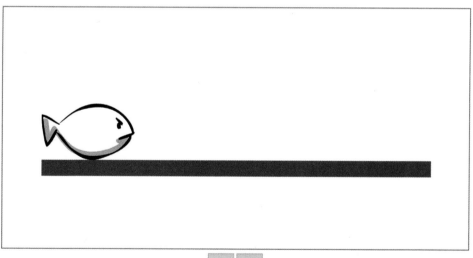

시작 버튼을 눌러보세요. 그럼 물고기가 자동으로 움직이기 시작합니다. 멈춤 버튼을 누르면 물고기는 더 이상 움직이지 않습니다. 이때 다시 시작 버튼을 누르면 물고기는 움직이기 시작합니다.

02 _ 요구사항

이번 미션의 요구사항을 정리하면 다음과 같습니다.

01. 시작 버튼을 누르면 물고기가 좌우로 자동으로 움직이게 해주세요(기존에는 버튼을 클릭할 때마다 물고기가 조금씩 움직여서 손가락이 너무 아팠잖아요? 이걸 자동으로 만드는 거죠~).

02. 정지 버튼을 누르면 물고기를 멈춰 주세요 다시 시작 버튼을 누르면 물고기가 움직이게 해주세요.

03. 가능한 함수를 활용해 소스 코드를 구조화해 주세요.

03 _ 화면 레이아웃 구조

화면은 다음과 같이 구성돼 있습니다.

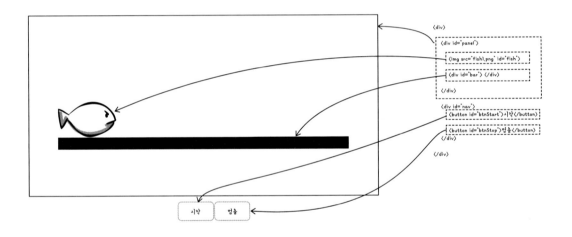

04 _ 풀이 전 코드

소스 _ 03부/01장/lesson03/01_complete/m02/step00.html

```
$(document).ready(function(){
    //물고기 노드 구하기.
    var $fish = $("#fish");
    // 물고기가 한 번에 움직일 거리
    var step = 50;

    $("#btnStart").click(function(){
        // 다음 물고기 위치
        var x = $fish.position().left+step;
```

```
        // 물고기 위치가 430을 넘는 경우, 물고기 이동방향을 뒤쪽으로 변경해줌
        if(x>=430){
        x=430;
        $fish.attr("src","fish2.png");
            step=-50;
        }

        // 물고기 위치가 50보다 작은 경우, 물고기 이동방향을 앞쪽으로 변경해줌
        if(x<50){
            x=50;
            $fish.attr("src","fish1.png");
            step=50;
        }
        // 물고기 위치 설정
        $fish.css("left", x);
    });

    $("#btnStop").click(function(){

    })
});
```

이렇게 해서 이번 미션에 대해 자세히 알아봤습니다. 그럼 지금부터 책을 덮고 미션을 풀어보세요.

미션을 풀기 어려운 분은 필자를 따라 풀이를 진행하면 됩니다.

05 _ 구현하기

이해를 돕기 위해 이번 미션 풀이는 3단계로 나눠 진행하겠습니다.

　단계 01: 구현

　단계 02: 리팩토링 1

　단계 03: 리팩토링 2

단계 01 _ 구현

일단 가장 간단한 방법으로 미션을 풀어보죠. 다음과 같이 물고기를 좌우로 움직이는 로직을 익명함수로 묶어 타이머 함수에 연결하는 방법입니다.

풀이 전 코드 소스 _ 03부/01장/lesson03/01_complete/m02/step00.html	단계 01 코드 소스 _ 03부/01장/lesson03/01_complete/m02/step01.html

```
$(document).ready(function(){
    //물고기 노드 구하기.
    var $fish = $("#fish");
    // 물고기가 한 번에 움직일 거리
    var step = 50;

    $("#btnStart").click(function(){
        // 다음 물고기 위치
        var x = $fish.position().left+step;

        // 물고기 위치가 430을 넘는 경우, 물고기 이동방향을 뒤쪽으로 변경해줌
        if(x)=430){
        x=430;
        $fish.attr("src","fish2.png");
            step=-50;
        }

        // 물고기 위치가 50보다 작은 경우, 물고기 이동방향을 앞쪽으로 변경해줌
        if(x<50){
            x=50;
            $fish.attr("src","fish1.png");
            step=50;
        }
        // 물고기 위치 설정
        $fish.css("left", x);
    });

    $("#btnStop").click(function(){

    })
});
```

❶

```
$(document).ready(function(){
    //물고기 노드 구하기.
    var $fish = $("#fish");
    // 물고기가 한 번에 움직일 거리
    var step = 50;
    var timerID = 0;   ❷

    // 물고기 움직이기
    $("#btnStart").click(function(){

        if(timerID==0){
            timerID=setInterval(function(){
                // 다음 물고기 위치
                var x = $fish.position().left+step;

                // 물고기 위치가 430을 넘는 경우, 물고기 이동방향을 뒤쪽으로 변경해줌
                if(x)=430){
                    x=430;
                    $fish.attr("src","fish2.png");
                    step=-50;
                }

                // 물고기 위치가 50보다 작은 경우, 물고기 이동방향을 앞쪽으로 변경해줌
                if(x<50){
                    x=50;
                    $fish.attr("src","fish1.png");
                    step=50;
                }
                // 물고기 위치 설정
                $fish.css("left", x);
            },100);
        }
    });

    // 물고기 멈추기
    $("#btnStop").click(function(){
        clearInterval(timerID);   ❸
        timerID=0;
    })
});
```

설명

❶ 먼저 물고기를 자동으로 움직이게 하기 위해 물고기 움직임 처리 코드를 모두 익명함수로 묶은 후 setInterval() 함수에 연결해 줍니다.

❷ 타이머 아이디 값은 타이머를 멈추기 위해서 반드시 가지고 있어야 합니다. timerID라는 변수를 신규로 만든 후 타이머 아이디 값을 저장합니다.

❸ 정지 버튼(#btnStop)이 클릭되는 경우 clearInterval()을 이용해 동작하고 있는 타이머 함수를 정지시켜 줍니다.

시작 버튼을 눌러 물고기가 자동으로 움직이는지 확인해 보세요. 정지 버튼을 눌러 물고기 움직임이 멈추는지도 확인해 보세요. 이렇게 해서 간단하게 미션을 완성해 봤습니다.

단계 02 _ 리팩토링 1

> **메모** _ 리팩토링이란 쉽게 말해 코드를 다듬는 작업이라고 보면 됩니다. 빠트린 주석을 추가하는 작업부터 중복된 코드를 없애주는 작업 그리고 커다란 함수 덩어리를 보기 좋기 여러 개의 함수로 나눠 작업하는 등을 리팩토링이라고 부릅니다.

앞에서 계속 언급한 것처럼 함수를 학습하는 가장 좋은 방법은 기존에 만들어 놓은 코드를 함수 단위로 만들어 보는 것입니다.

이번 단계에서는 함수를 활용해 요구사항 3번째인 '소스 코드 구조화'를 진행해 보겠습니다. 먼저 ready() 안에 들어 있는 코드를 구조화 해보죠. 코드는 설명 순서로 입력하면 됩니다.

단계 01 코드
소스 _ 03부/01장/lesson03/01_complete/m02/step01.html

단계 02 코드
소스 _ 03부/01장/lesson03/01_complete/m02/step02.html

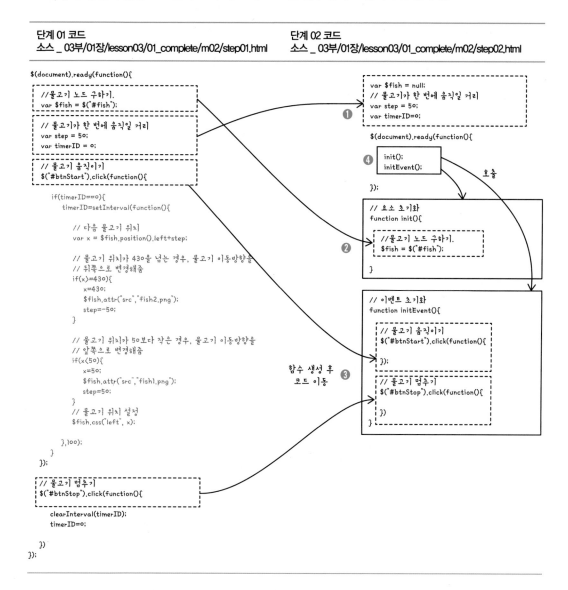

설명

❶ 먼저 ready()에 만든 지역변수를 전역변수로 만들어 줍니다.

❷ init() 함수를 신규로 만든 후 계속해서 사용할 물고기 요소를 변수에 담아 줍니다.

❸ initEvent()를 만든 후 이벤트 등록 코드를 넣어 줍니다. 실제 동작 코드는 다음 단계에서 구현할 것입니다. 그러니 일단 비워두죠.

❹ 마지막으로 시작 부분인 ready()에 init() 함수와 initEvent()를 호출해 줍니다. 코드를 모두 입력했다면 코드에 오류가 없는지 실행해보죠. 오류가 있는 분들은 수정해 주세요.

단계 03 _ 리팩토링 2

단계 02에서는 기본적인 구조를 잡았으니 이번 단계에서는 실제 구현 코드를 구조화해보죠. 코드는 설명 순서로 입력하면 됩니다.

단계 01 코드 소스 _ 03부/01장/lesson03/01_complete/m02/step01.html	단계 03 코드 소스 _ 03부/01장/lesson03/01_complete/m02/step03.html

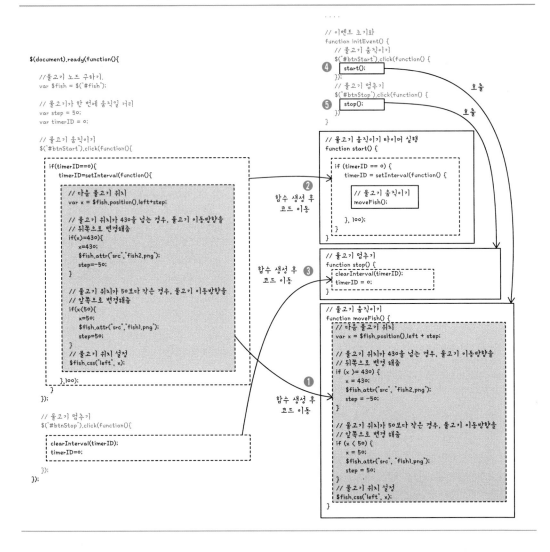

설명

❶ 물고기를 움직이게 하는 코드가 구현된 익명함수를 moveFish라는 이름의 전역함수로 만들어 줍니다.

❷ start()라는 함수를 신규로 만든 후 타이머를 생성하는 로직을 넣어 줍니다. 그리고 타이머 함수에는 moveFish() 함수를 연결해 줍니다.

❸ stop() 함수를 신규로 만든 후 타이머를 정지시키는 로직을 넣어 줍니다.

❹, ❺ 마지막으로 시작 버튼과 정지 버튼의 클릭 이벤트 리스너에서 start() 함수와 stop() 함수를 각각 호출해 줍니다.

코드를 모두 입력했다면 정상적으로 동작하는지 실행해 보세요. 결과는 단계 01과 동일합니다. 리팩토링 전인 단계 01 코드와 단계 03 코드를 비교해 보세요. 단계 03 코드가 훨씬 깔끔한 것을 확인할 수 있습니다. 바로 이런 식으로 함수 단위 프로그래밍을 연습하면 됩니다.

전체 소스 코드는 다음과 같습니다.

소스 _ 03부/01장/lesson03/01_complete/m02/step03.html

```
<html>
<head>
    <meta http-equiv="Content-Type" content="text/html; charset=UTF-8">
    <title>물고기 자동으로 움직이기</title>
    <style>
        body{
            font-size:9pt;
        }
        #panel{
            width:600px;
            height:300px;
            border:1px solid #999;
            position:relative;
        }

        #bar{
            position:absolute;
            left:50px;
            top:190px;
            width:500px;
            height:20px;

            background:#F30;
        }
```

```
            #fish{
                position:absolute;
                left:50px;
                top:120px;
            }

            #nav{
                text-align:center;
                width:600px;
            }
        </style>
        <script type="text/javascript"  src="../../../libs/jquery-1.11.0.min.js"> </script>
        <script>
            var $fish = null;
            // 물고기가 한 번에 움직일 거리
            var step = 50;
            var timerID=0;

            $(document).ready(function(){
                init();
                initEvent();
            });

            // 요소 초기화
            function init(){
                //물고기 노드 구하기.
                $fish = $("#fish");
            }

            // 이벤트 초기화
            function initEvent(){

                // 물고기 움직이기
                $("#btnStart").click(function(){
                        start();
                });

                // 물고기 멈추기
                $("#btnStop").click(function(){
                    stop();
                })
            }
```

```
// 물고기 움직이기 타이머 실행
function start(){

    if(timerID==0){
        timerID=setInterval(function(){

            // 물고기 움직이기
            moveFish();

        },100);
    }
}

// 물고기 멈추기
function stop(){
    clearInterval(timerID);
    timerID=0;
}

// 물고기 움직이기
function moveFish(){
    // 다음 물고기 위치
    var x = $fish.position().left+step;

    // 물고기 위치가 430을 넘는 경우, 물고기 이동방향을 뒤쪽으로 변경해줌
    if(x>=430){
        x=430;
        $fish.attr("src","fish2.png");
        step=-50;
    }

    // 물고기 위치가 50보다 작은 경우, 물고기 이동방향을 앞쪽으로 변경해줌
    if(x<50){
        x=50;
        $fish.attr("src","fish1.png");
        step=50;
    }
    // 물고기 위치 설정
    $fish.css("left", x);
}

    </script>
</head>
```

```
<body>
    <div>
        <div id="panel">
            <div id="bar"> </div>
            <img src="fish1.png" id="fish">
        </div>
        <div id="nav">
            <button id="btnStart">시작</button>
            <button id="btnStop">멈춤</button>
        </div>
    </div>
</body>
</html>
```

미션 03 심플 이미지 배너 만들기 ver 1.0

01 _ 미션 소개 및 미리 보기

이번 미션에서는 타이머를 활용해 간단한 이미지 배너를 만들어 보겠습니다. 먼저 이번 미션을 정확히 파악하기 위해 미션 풀이가 완료돼 있는 다음 파일을 웹 브라우저에서 실행해 주세요.

- 소스 _ 03부/01장/lesson03/01_complete/m03/01.html

실행화면

실행화면을 보면 1초에 한 번씩 배너 이미지가 전환되는 것을 확인할 수 있을 겁니다. 다른 기능이 없는 아주 간단한 이미지 배너입니다.

02 _ 요구사항

이번 미션의 요구사항을 정리하면 다음과 같습니다.

01. 1초에 한 번씩 배열에 들어있는 이미지를 순차적으로 전환시켜 주세요.

02. 이미지가 무한 반복해서 전환되게 만들어 주세요. 즉, 마지막 번째 이미지가 출력된 상태에서 다음 이미지는 0번째 이미지가 출력돼야 합니다.

03 _ 화면 구성

화면은 다음과 같이 필자가 만들어 놓은 상태입니다.

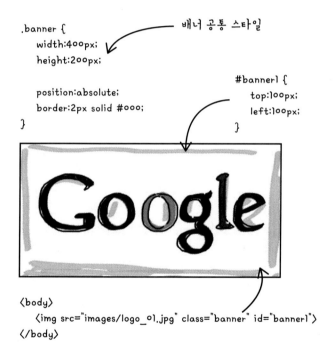

```
.banner {
        width:400px;
        height:200px;

        position:absolute;
        border:2px solid #000;
}
```

배너 공통 스타일

```
#banner1 {
        top:100px;
        left:100px;
}
```

```
<body>
        <img src="images/logo_01.jpg" class="banner" id="banner1">
</body>
```

04 _ 풀이 전 코드

소스 _ 03부/01장/lesson03/01_complete/m03/00.html

```
<html>
    <head>
    <meta http-equiv="Content-Type" content="text/html; charset=UTF-8">
    <title>배너</title>
```

```
<style>
    *{
        margin:0;
        padding:0;
    }
    .banner {
        width:400px;
        height:200px;

        position:absolute;
        border:2px solid #000;
    }

    #banner1 {
        top:100px;
        left:100px;
    }

</style>
<script src="../../../libs/jquery-1.11.0.min.js"></script>
<script>
    $(document).ready(function(){
        var currentIndex=1;
        var imgList = ["logo_01.jpg","logo_02.jpg","logo_03.jpg","logo_04.jpg","logo_05.jpg"];
        var $banner = $(".banner");

        // 여기에 풀이를 입력해 주세요.

    })
</script>
</head>

<body>
    <img src="images/logo_01.jpg" class="banner" id="banner1">
</body>
</html>
```

힌트 _ 이미지 변경 방법

```
$image.attr("src", 이미지이름);
```

여기까지 이번 미션 설명입니다. 그럼 지금부터 책을 덮고 여러분 스스로 미션을 풀어보세요. 만약 미션을 스스로 풀기 어려운 분이라면 필자를 따라 풀이를 진행하면 됩니다.

05 _구현하기

이번 미션의 핵심은 다음에 출력할 이미지가 들어있는 배열의 인덱스 값을 구하는 것입니다. 예를 들어 배열의 개수가 4개라면 다음과 같이 배열의 인덱스 값을 만들 수 있어야 합니다.

배열 인덱스 값
1
2
3
0
1
2
3
....

배열의 인덱스 값을 구한 후 다음 작업은 아주 간단합니다. 배열에서 인덱스에 해당하는 이미지를 가져와 출력만 하면 됩니다. 지금까지 설명을 코드로 표현하면 다음과 같습니다. 코드는 소스 설명 순서대로 입력하면 됩니다.

풀이: 소스 _ 03부/01장/lesson03/01_complete/m03/01.html

```
$(document).ready(function(){
    var currentIndex=0;
    var imgList = ["logo_01.jpg","logo_02.jpg","logo_03.jpg","logo_04.jpg","logo_05.jpg"];
    var $banner = $(".banner");

    // 여기에 풀이를 입력해 주세요.
    // 1초에 한 번씩 함수 호출
    setInterval(function(){ ❶

        // 다음에 등장할 배너 인덱스 값 구하기 ❷
        currentIndex++;
        if(currentIndex>=imgList.length)
            currentIndex = 0;
```

```
        // 다음 이미지 이름 구하기
        var imgName = imgList[currentIndex]; ❸
        // 다음 이미지 출력
        $banner.attr("src", "./images/"+imgName); ❹
    },1000);
})
```

설명

❶ 먼저 타이머를 활용해 익명함수를 1초에 한 번씩 호출할 수 있게 만들어 줍니다.

❷ 익명함수 내부에 다음으로 출력할 이미지의 배열 인덱스 값을 구합니다.

❸ 인덱스 값에 해당하는 이미지 이름을 구합니다.

❹ 이미지를 화면에 출력합니다.

코드를 모두 입력했다면 실행해보죠. 1초에 한 번씩 이미지가 변경되는 것을 확인할 수 있을 겁니다.

전체 소스 코드는 다음과 같습니다.

소스 _ 03부/01장/lesson03/01_complete/m03/01.html

```
<html>
<head>
    <meta http-equiv="Content-Type" content="text/html; charset=UTF-8">
    <title>배너</title>
    <style>
        *{
            margin:0;
            padding:0;
        }
        .banner {
            width:400px;
            height:200px;

            position:absolute;
            border:2px solid #000;
        }
        #banner1 {
            top:100px;
```

```
                    left:100px;
                }

        </style>
        <script src="../../../libs/jquery-1.11.0.min.js"></script>
        <script>
            $(document).ready(function(){
                var currentIndex=1;
                var imgList = ["logo_01.jpg","logo_02.jpg","logo_03.jpg","logo_04.jpg","logo_05.jpg"];
                var $banner = $(".banner");

                // 여기에 풀이를 입력해 주세요.
                // 1초에 한 번씩 함수 호출
                setInterval(function(){
                    // 다음에 등장할 배너 인덱스 값 구하기
                    currentIndex++;
                    if(currentIndex>=imgList.length)
                    currentIndex = 0;

                    // 다음 이미지 이름 구하기
                    var imgName = imgList[currentIndex];
                    // 다음 이미지 출력
                    $banner.attr("src", "./images/"+imgName);
                },1000)
            })
        </script>
</head>

<body>
    <img src="images/logo_01.jpg" class="banner" id="banner1">
</body>
</html>
```

미션 04 · 심플 이미지 배너 만들기 ver 2.0

01 _ 미션 소개 및 미리 보기

이번 미션에서는 미션 01 풀이를 확장해 좀더 멋진 이미지 배너를 만들어 보겠습니다. 시작에 앞서 이번 미션에서 만들 내용을 미리 살펴보죠. 풀이가 완성돼 있는 다음 파일을 웹 브라우저에서 실행해 주세요.

- 소스 _ 03부/01장/lesson03/01_complete/m04/step04.html

실행화면

실행화면을 보면 크기가 다른 두 개의 배너가 있습니다. 첫 번째 배너는 1초에 한 번씩 배너가 전환되며 두 번째 배너는 3초에 한 번씩 배너가 전환되는 것을 확인할 수 있을 것입니다.

02 _ 요구사항

이번 미션의 요구사항을 정리하면 다음과 같습니다.

01. 일정한 시간에 한 번씩 배열에 들어있는 이미지를 순차적으로 전환시켜 주세요.

02. 전환 시간을 설정할 수 있게 만들어 주세요.

03. 이미지가 계속해서 무한 롤링되게 만들어 주세요. 즉, 마지막 번째 이미지가 출력된 상태에서 0번째 이미지가 출력돼야 합니다.

04. 함수를 활용해 하나의 함수로 두 개의 배너가 동작할 수 있게 만들어 주세요.

03 _ 화면 구성

화면은 필자가 미리 다음과 같이 만들어 놨습니다.

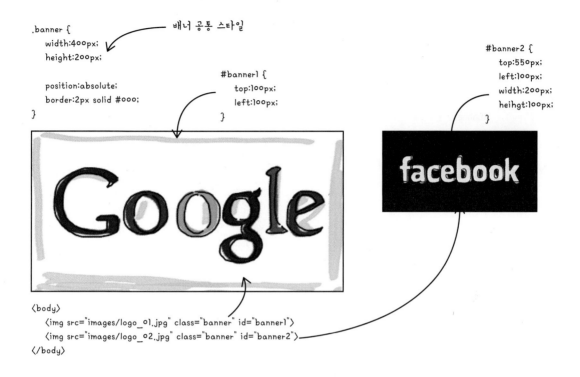

```
.banner {                                         배너 공통 스타일                              #banner2 {
    width:400px;                                                                                  top:550px;
    height:200px;                                                                                 left:100px;
                                        #banner1 {                                                width:200px;
    position:absolute;                      top:100px;                                            heihgt:100px;
    border:2px solid #000;                  left:100px;                                       }
}                                       }

<body>
    <img src="images/logo_01.jpg" class="banner" id="banner1">
    <img src="images/logo_02.jpg" class="banner" id="banner2">
</body>
```

04 _ 풀이 전 코드

소스 _ 03부/01장/lesson03/01_complete/m04/step00.html

```html
<html>
<head>
    <meta http-equiv="Content-Type" content="text/html; charset=UTF-8">
    <title> </title>
    <style>
        * {
            margin: 0;
            padding: 0;
        }
        .banner {
            width: 400px;
            height: 200px;
            position: absolute;
            border: 2px solid #000;
        }
```

```
    #banner1 {
        top: 100px;
        left: 100px;
    }

    #banner2 {
        left: 550px;
        top: 100px;
        width: 200px;
        height: 100px;
    }
</style>
<script src="../../../libs/jquery-1.11.0.min.js"></script>
<script>
    $(document).ready(function() {
        var currentIndex = 1;
        var imgList1 = ["logo_01.jpg", "logo_02.jpg", "logo_03.jpg", "logo_04.jpg", "logo_05.
jpg"];
        var imgList2 = ["logo_02.jpg", "logo_05.jpg", "logo_03.jpg", "logo_04.jpg", "logo_01.
jpg"];

        var $banner = $(".banner");

        // 1초에 한 번씩 함수 호출
        setInterval(function() {
            // 다음에 등장할 배너 인덱스 값 구하기
            currentIndex++;
            if (currentIndex >= imgList1.length)
                currentIndex = 0;

            // 다음 이미지 이름 구하기
            var imgName = imgList1[currentIndex];
            // 다음 이미지 출력
            $banner.attr("src", "./images/" + imgName);
        }, 1000)
    })
</script>

</head>
<body>
```

```
        <img src="images/logo_01.jpg" class="banner" id="banner1">
        <img src="images/logo_02.jpg" class="banner" id="banner2">
    </body>
</html>
```

여기까지 이번 미션 설명이었습니다. 그럼 지금부터 책을 덮고 여러분 스스로 미션을 풀어보세요. 만약 미션을 스스로 풀기 어려운 분이라면 필자를 따라 풀이를 진행하면 됩니다.

05 _ 구현하기

이번 미션의 핵심은 이미지를 전환하는 로직 부분을 함수로 포장해 재사용하는 것입니다. 함수를 제대로 이해하고 있다면 어렵지 않게 풀 수 있을 것입니다. 이해를 돕기 위해 이번 미션풀이는 총 4단계로 나눠 구현하겠습니다.

단계 01: 함수 만들기

단계 02: 이미지 전환 기능을 함수에 포장하기

단계 03: 매개변수 만들기

단계 04: 함수 호출

단계 01 _ 함수 만들기

소스 _ 03부/01장/lesson03/01_complete/m04/step01.html

```
<script>
    $(document).ready(function(){
        var currentIndex=1;
        var imgList1 = ["logo_01.jpg","logo_02.jpg","logo_03.jpg","logo_04.jpg","logo_05.jpg"];
        var imgList2 = ["logo_02.jpg","logo_05.jpg","logo_03.jpg","logo_04.jpg","logo_01.jpg"];
        var $banner = $(".banner");

        // 1초에 한 번씩 함수 호출
        setInterval(function(){
            // 다음에 등장할 배너 인덱스 값 구하기
            currentIndex++;
            if(currentIndex>=imgList1.length)
                currentIndex = 0;
```

```
                // 다음 이미지 이름 구하기
                var imgName = imgList1[currentIndex];
                // 다음 이미지 출력
                $banner.attr("src", "./images/"+imgName);
            },1000)
        })

        // 배너
        function banner(){ ❶


        }

</script>
```

설명

❶ 먼저 이미지 전환 기능을 담을 함수를 코드 마지막 부분에 추가해 줍니다. 여기에서는 banner라는 전역함수로 만들겠습니다. 물론 시작 부분에 해당하는 ready() 내부의 중첩 함수로 만들어도 되지만 ready() 내부에는 가급적 함수를 만들지 않는 것이 좋습니다.

단계 02 _ 이미지 전환 기능을 함수에 포장하기

일단 무조건 이미지 전환 기능을 함수로 이동시켜 줍니다.

풀이: 소스 _ 03부/01장/lesson03/01_complete/m04/step02.html

설명

ready()에 있던 이미지 전환 코드를 그대로 오려서 banner() 함수에 넣어 줍니다.

코드를 모두 입력했다면 정상적으로 동작하는지 실행해보죠. 정상적이라면 미션 01과 동일한 실행화면을 볼 수 있을 것입니다.

단계 03 _ 매개변수 만들기

이제 우리가 할 일은 함수 하나로 여러 개의 배너가 독립적으로 동작할 수 있게 만드는 것입니다. 이 작업을 위해서 맨 먼저 함수 내부 코드를 살핀 후 변경되는 부분과 변경되지 않는 부분으로 나누는 작업을 해야 합니다. 여기에서 변경되는 부분이 바로 외부에서 데이터를 받기 위해 사용하는 매개변수가 됩니다.

변경되는 부분은 다음과 같습니다.

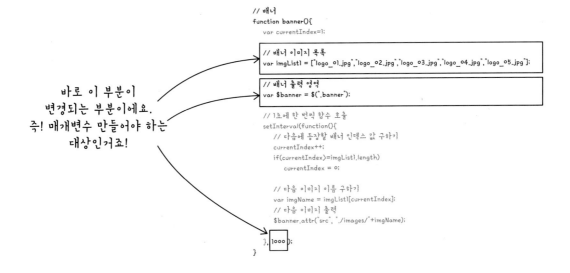

자! 그럼 변경되는 부분을 매개변수로 만들어 주죠.

풀이: 소스 _ 03부/01장/lesson03/01_complete/m04/step03.html

```
// 배너
function banner( selector, imgList, speed ){
    var currentIndex=1;

    var $banner = $( selector );

    // 1초에 한번씩 함수 호출
    setInterval(function(){
        // 다음에 등장할 배너 인덱스 값 구하기
        currentIndex++;
        if(currentIndex)= imgList.length
            currentIndex = o;

        // 다음 이미지 이름 구하기
        var imgName = imgList[currentIndex];
        // 다음 이미지 출력
        $banner.attr("src", "./images/"+imgName);
    }, speed )
}
```

설명

banner() 함수에서 첫 번째 매개변수는 배너를 출력할 요소를 나타내는 선택자입니다.

두 번째 매개변수는 배너 이미지 목록이 담긴 배열 정보입니다.

세 번째 매개변수는 배너 전환 시간 값입니다.

기존 코드 내용 중에서 앞에서 체크한 변경되는 부분에 해당하는 곳에 매개변수 값을 각각 넣어 주세요.

단계 04 _ **함수 호출**

미션 풀이 마지막 단계입니다. 앞 단계에서 만든 banner() 함수를 호출해 두 개의 배너가 독립적으로 동작하게 만들어 주죠.

풀이: 소스 _ 03부/01장/lesson03/01_complete/m04/step04.html

```
$(document).ready(function(){
    var imgList1 = ["logo_01.jpg","logo_02.jpg","logo_03.jpg","logo_04.jpg","logo_05.jpg"];
    var imgList2 = ["logo_02.jpg","logo_05.jpg","logo_03.jpg","logo_04.jpg","logo_01.jpg"];
```

```
    // 첫 번째 배너
    banner("#banner1", imgList1, 1000); ❶

    // 두 번째 배너
    banner("#banner2", imgList2, 3000); ❷
})
```

설명

❶, ❷ ready()에 banner() 함수를 각각 호출해 줍니다.

코드를 모두 입력했다면 입력한 코드가 정상적으로 동작하는지 실행해보죠. 첫 번째 배너는 1초에 한 번씩 배너 이미지가 전환되며 두 번째 배너는 3초에 한 번씩 배너 이미지가 전환되는 것을 확인할 수 있을 겁니다.

전체 소스는 다음과 같습니다.

소스 _ 03부/01장/lesson03/01_complete/m04/step04.html

```
<html>
<head>
    <meta http-equiv="Content-Type" content="text/html; charset=UTF-8">
    <title>배너</title>
    <style>
        * {
            margin: 0;
            padding: 0;
        }
        .banner {
            width: 400px;
            height: 200px;
            position: absolute;
            border: 2px solid #000;
        }
        #banner1 {
            top: 100px;
            left: 100px;
        }
        #banner2 {
            left: 550px;
```

```
        top: 100px;
        width: 200px;
        height: 100px;
    }
</style>
<script src="../../../libs/jquery-1.11.0.min.js"></script>

<script>
    $(document).ready(function() {
        var imgList1 = ["logo_01.jpg", "logo_02.jpg", "logo_03.jpg", "logo_04.jpg", "logo_05.
jpg"];

        var imgList2 = ["logo_02.jpg", "logo_05.jpg", "logo_03.jpg", "logo_04.jpg", "logo_01.
jpg"];

        // 첫 번째 배너
        banner("#banner1", imgList1, 1000);

        // 두 번째 배너
        banner("#banner2", imgList2, 3000);
    })
    // 배너
    function banner(selector, imgList, speed) {
        var currentIndex = 1;
        var $banner = $(selector);

        // 1초에 한 번씩 함수 호출
        setInterval(function() {
            // 다음에 등장할 배너 인덱스 값 구하기
            currentIndex++;
            if (currentIndex >= imgList.length)
                currentIndex = 0;

            // 다음 이미지 이름 구하기
            var imgName = imgList[currentIndex];
            // 다음 이미지 출력
            $banner.attr("src", "./images/" + imgName);
        }, speed)
    }
```

```
        </script>
    </head>

    <body>
        <img src="images/logo_01.jpg" class="banner" id="banner1">
        <img src="images/logo_02.jpg" class="banner" id="banner2">
    </body>
</html>
```

CHAPTER 02

Math 클래스

공지:
원의 크기는 난이도를 나타냅니다.
앞으로 갈수록 조금씩 어려워지니 차근차근 따라오세요.

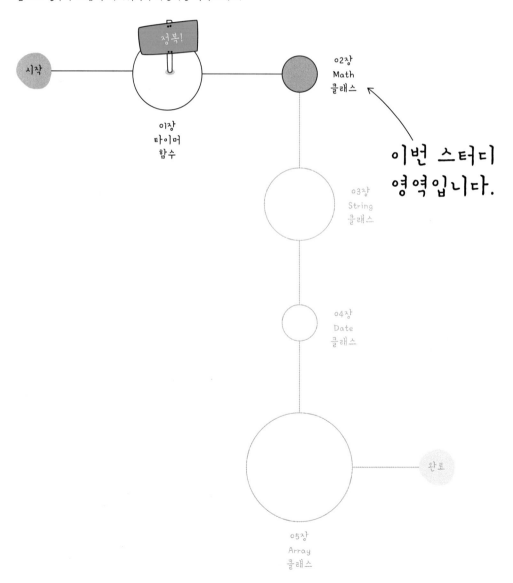

들어가며

Math 클래스에서 알 수 있는 것처럼 Math 클래스에는 숫자와 관련된 유용한 기능이 가득 담겨 있습니다. 예를 들어 배너 제작 시 배너 이미지를 랜덤하게 출력하는 기능을 구현할 때 숫자를 랜덤하게 생성하는 random() 메서드를 사용합니다. 또, 게시판 제작 시 페이지 크기를 알아낼 때 올림값을 구하는 ceil() 메서드를 사용합니다.

이번 장에서 다룰 내용은 다음과 같습니다.

Lesson 01 / Math 클래스 소개

Math 클래스 역시 실무를 진행하기 위해 반드시 알고 있어야 하는 핵심 라이브러리 요소 중 하나입니다. 이번 레슨에서는 Math 클래스의 주요 기능을 살펴봅니다.

01 _ Math 클래스란?

Math 클래스에는 숫자를 랜덤하게 생성하는 기능부터 학창 시절에 배웠던 사인(sin) 및 코사인(cos)과 같은 수학 관련 기능이 담겨 있습니다.

Math 클래스는 실무에서 다음과 같은 경우에 많이 사용합니다.

- 배너나 이미지 슬라이더의 콘텐츠를 랜덤하게 보여줄 때 Math.random() 메서드를 사용합니다.

- 콘텐츠의 위치를 무작위로 설정할 때도 Math.random() 메서드를 사용합니다.

- 게시판의 페이지 수를 구할 때 Math.ceil() 메서드를 이용하면 쉽게 구할 수 있습니다.

- 이미지 갤러리 제작 시 이미지를 곡선을 따라 나열하고 싶을 때 Math.sin() 메서드를 사용합니다.

02 _ 주요 기능

Math 클래스의 대표적인 기능은 다음과 같습니다.

프로퍼티 목록

프로퍼티	설명
PI	원주율 값

메서드 목록

메서드	설명
abs()	숫자의 절댓값을 반환
acos()	숫자의 아크코사인 값을 반환
asin()	숫자의 아크사인 값을 반환
atan()	숫자의 아크탄젠트 값을 반환
atan2()	x축과 주어진 점이 이루는 각도를 라디안 값으로 반환
ceil()	숫자의 올림값을 반환
cos()	숫자의 코사인 값을 반환
floor()	숫자의 내림값을 반환
log()	숫자의 자연로그 값을 반환
max()	주어진 두 수 중 큰 값을 반환
min()	주어진 두 수 중 작은 값을 반환
random()	0과 1사이의 난수 값을 반환
round()	숫자와 가장 가까운 정수로 반올림하거나 반내림한 값을 반환
sin()	숫자의 사인 값을 반환
sqrt()	숫자의 제곱근을 반환
tan()	숫자의 탄젠트 값을 반환

Math 클래스는 다른 자바스크립트 코어 클래스와 달리 대부분의 기능이 클래스 메서드로 구성되어 있어서 인스턴스 생성 없이 즉시 사용할 수 있습니다. 즉, 다음과 같이 기능을 바로 호출해서 사용하면 됩니다.

```
Math.기능();
```

> **메모 _** 메서드는 인스턴스를 생성해야 사용할 수 있는 인스턴스 메서드와 인스턴스 생성 없이 사용할 수 있는 클래스 메서드가 있습니다. 이 내용은 5부 2장 클래스 중급 편에서 자세히 다룹니다.

Lesson

02 / 핵심 내용

이번 레슨에서는 Math 클래스와 관련한 수많은 내용 중 실무를 진행하기 위해 반드시 알고 있어야 하는 내용을 선별해 다룹니다.

실무에서는 Math 클래스를 활용해 다음과 같은 기능을 구현할 수 있어야 합니다.

핵심 01: 랜덤 숫자 만들기

핵심 02: 작은 값, 큰 값 알아내기

핵심 03: 숫자 내림값, 올림값 구하기

핵심 01 _ 랜덤 숫자 만들기

Math에서 제공하는 random() 메서드를 이용하면 랜덤 숫자를 쉽게 만들 수 있습니다.

먼저 random() 메서드 사용법부터 알아보죠.

사용법	`var value = Math.random()*원하는 수`

매개변수

없음

리턴값

0에서 1사이의 소수값을 리턴해 줍니다.

설명

Math.random() 메서드는 0에서 1사이의 소수값을 랜덤하게 리턴해 줍니다. 좀더 자세히 설명하면 0과1을 포함하지 않는 0에서 0.999999999 사이의 숫자 값을 무작위로 만들어 냅니다. 이에 따라 이 값에 특정 숫자를 곱하면 0에서 특정 숫자 사이의 랜덤 값을 구할 수 있습니다. 예를 들어 random() 메서드가 0.5432 이라는 숫자를 리턴했다고 해보죠. 여기에 10을 곱하면 5.432이 됩니다. 이와 같은 원리를 이용해 0에서 100사이의 정수값을 구하고 싶다면 다음과 같이 코드를 작성하면 됩니다.

```
var result = parseInt(Math.random()*100);
alert("값 = "+result);
```

예제 01 **0.5초에 한 번씩 50에서 100 사이의 숫자(정수)를 #info에 출력해 주세요.**

풀이 전 코드: 소스 _ 03부/02장/lesson02/01_complete/01_00.html

```
<script>
    var $info= null;
    $(document).ready(function(){
        $info = $("#info");
        // 여기에 코드를 입력해 주세요.


    })

</script>
```

풀이: 소스 _ 03부/02장/lesson02/01_complete/01_01.html

```
<script>
    var $info= null;
    $(document).ready(function(){
        $info = $("#info");
        // 여기에 코드를 입력해 주세요.

        showRandom();                ❷
        setInterval(showRandom,500);  ❸
    })

    // 50에서 100 사이 랜덤 숫자 출력
    function showRandom(){            ❶
        var value = parseInt(Math.random()*50)+50;
        $info.html(value);
    }
</script>
```

설명

❶ 먼저 showRandom() 함수를 만들어 랜덤숫자를 생성한 후 #info에 출력 기능을 구현합니다.

Math.random()*50을 실행하면 0에서 49.999999 까지의 소수값을 구할 수 있습니다.

이 값을 parseInt() 함수를 활용해 소수에서 정수로 만들어 줍니다. 그럼 0에서 49까지의 정수값을 구할 수 있습니다.

이 값에 50을 더하면 비로소 50에서 100 사이의 정수값을 구할 수 있게 됩니다.

이렇게 구한 값을 #info 요소에 출력해 줍니다.

❷ 시작하자마자 랜덤숫자를 출력하기 위해 showRandom() 함수를 호출합니다.

❸ 마지막으로 랜덤숫자가 0.5초에 한 번씩 출력될 수 있게 setInterval() 함수를 이용해 showRandom() 함수를 호출해 줍니다.

코드를 모두 입력했다면 0.5에 한 번씩 50에서 100 사이의 숫자 값이 출력되는지 실행해 보세요.

핵심 02 _ 작은 값, 큰 값 알아내기

Math.min(), Math.max()를 이용하면 특정 값보다 작거나 큰 값을 쉽게 구할 수 있습니다.

1 _ Math.min() 메서드

```
사용법    var value = Math.min(minValue, userValue);
```

매개변수

    minvalue   : 최솟값
    userValue : 비교값

리턴값

userValue 값과 minValue 값을 비교해 작은 값을 리턴해 줍니다.

2 _ Math.max() 메서드

```
사용법    var value = Math.max(maxValue, userValue);
```

매개변수

  maxValue : 최댓값

  userValue : 비교값

리턴값

  userValue 값과 maxValue 값을 비교해 큰 값을 리턴해 줍니다.

예제 02 **10에서 100 사이의 값 입력 받기**

다음 코드는 하나의 수를 입력받아 10에서 100 사이의 값이면 입력받은 숫자 값을 출력하고 10보다 작은 경우 10을, 100보다 큰 경우 100으로 출력해주는 예제입니다. 이 예제를 Math.min()과 Math.max()를 이용해 간결하게 표현해 주세요.

실행 예

입력값	출력값
5	10
10	10
55	55
88	88
105	100

풀이 전 코드 – if를 이용한 풀이 소스 _ 03부/02장/lesson02/01_complete/02_00.html

```
<script>
    var value = window.prompt("숫자를 입력해 주세요.", 0);

    if(value<10)
     value =10;

    if(value>100)
        value=100;

    alert(value);
</script>
```

풀이: 소스 _ 03부/02장/lesson02/01_complete/02_01.html

```
<script>
    var value = window.prompt("숫자를 입력해 주세요.", 0);

    value = Math.min(100,Math.max(10,value));
    alert(value);
</script>
```

설명

min()과 max()를 이용하면 풀이 코드와 같이 단일 if를 간결하게 표현할 수 있습니다.

핵심 03 _ 숫자 내림값, 올림값 구하기

Math.floor() 메서드와 Math.ceil() 메서드를 이용하면 내림값과 올림값을 쉽게 구할 수 있습니다.

1 _ Math.floor() 메서드

사용법	`var result = Math.floor(num);`

매개변수

num: 실수값

리턴값

입력값이 실수인 경우 내림한 정수값

예

```
var num = Math.floor(10.2);
alert(num)  // 10 출력
var num = Math.floor(10.9);
alert(num)  // 10 출력
```

2 _ Math.ceil() 메서드

사용법	`var result = Math.ceil(num);`

매개변수

num : 실수값

리턴값

입력값이 실수인 경우 올림한 정수값

예

```
var num = Math.ceil(10.2);
alert(num)  // 11 출력
var num = Math.ceil(10.9);
alert(num)  // 11 출력
```

예제 03 페이지 수 구하기

다음에 등장하는 풀이 전 코드는 게시물에 따른 페이지수를 구하는 예제입니다. 예를 들어 총 게시물이 105개이고 한 페이지에 10개씩 출력된다고 해보죠. 이때 페이지 수는 11페이지가 출력됩니다.

여러분이 할 일은 Math.ceil() 메서드 또는 Math.floor() 메서드를 활용해 코드를 좀더 간결하게 만드는 작업입니다.

풀이 전 코드 – if를 이용한 풀이 소스 _ 03부/02장/lesson02/01_complete/03_00.html

```
<script>
    var itemCount = 105;
    var pages = parseInt(itemCount/10);
    if(itemCount%10)
        pages++;

    alert("전체 페이지 수는  = "+pages);   // 결과 11
</script>
```

풀이: 소스 _ 03부/02장/lesson02/01_complete/03_01.html

```
<script>
    var itemCount = 105;
    var pages = Math.ceil(itemCount/10);

    alert("전체 페이지 수는  = "+pages);   // 결과 11
</script>
```

설명

10으로 나눈 결과값을 ceil() 메서드를 이용해 올림하면 좀더 쉽게 페이지 수를 구할 수 있습니다.

코드가 정확히 동작하는지 증명을 한번 해보죠.

만약 아이템 개수가 5개라면 페이지수가 1이 되어야겠죠?

Math.ceil(5/10)의 경우 5/10은 0.5가 되고 Math.ceil() 메서드에 의해 1이 됩니다.

하나 더 증명을 해보죠. 아이템 개수가 21개라면 페이지수가 3페이지여야 합니다.

Math.ceil(21/10)의 경우 21/10은 2.1이 되고 Math.ceil() 메서드에 의해 3이 됩니다.

여기까지 Math 클래스를 실무에서 사용하기 위해 반드시 할 줄 알아야 하는 핵심내용에 대해 자세히 알아봤습니다. 바로 이어서 미션 풀이에 도전해보죠.

Lesson 03 / 미션

이번에도 지금까지 학습한 Math 클래스 내용을 테스트해보는 시간을 가져 보겠습니다.

미션 01   랜덤으로 배경이미지 변경하기

01 _ 미션 소개 및 미리 보기

이번 미션은 "01장, 미션 04. 심플 이미지 배너 만들기 ver 2.0" 내용 중 이미지 변경 방법을 약간 변경해 보는 미션입니다. 먼저 이번 미션을 정확히 파악하기 위해 미션 풀이가 완료된 파일을 웹 브라우저에서 실행해 주세요.

- **소스** _ 03부/02장/lesson03/01_complete/m01/01.html

실행화면

실행화면을 보면 기존 이미지 배너와 동일한 것처럼 보이지만 사실 큰 차이점이 있습니다. 기존 이미지 배너의 경우 순차적으로 이미지가 전환된 반면 이번 미션은 이미지가 랜덤하게 전환된다는 것입니다.

02 _ 요구사항

이번 미션의 요구사항을 정리하면 다음과 같습니다.

- 기존 코드를 수정해 1초에 한 번씩 배열에 들어 있는 이미지를 랜덤 순으로 전환되게 만들어 주세요.

03 _ 화면 구성

화면 구성은 "01장, 미션 04. 심플 이미지 배너 만들기 ver 2.0" 내용과 동일합니다.

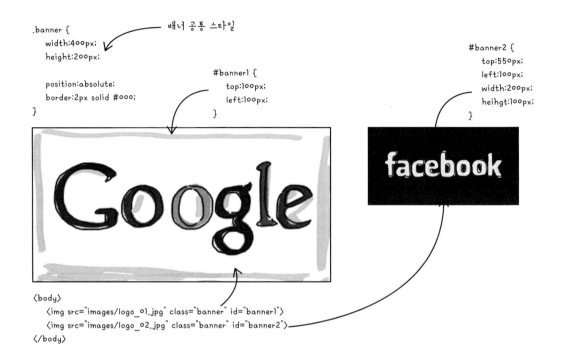

```
.banner {
    width:400px;
    height:200px;

    position:absolute;
    border:2px solid #000;
}
```

배너 공통 스타일

```
#banner1 {
    top:100px;
    left:100px;
}
```

```
#banner2 {
    top:550px;
    left:100px;
    width:200px;
    heihgt:100px;
}
```

```
<body>
    <img src="images/logo_01.jpg" class="banner" id="banner1">
    <img src="images/logo_02.jpg" class="banner" id="banner2">
</body>
```

04 _ 풀이 전 코드

소스 _ 03부/02장/lesson03/01_complete/m01/00.html

```
$(document).ready(function(){
    var imgList1 = ["logo_01.jpg","logo_02.jpg","logo_03.jpg","logo_04.jpg","logo_05.jpg"];
    var imgList2 = ["logo_02.jpg","logo_05.jpg","logo_03.jpg","logo_04.jpg","logo_01.jpg"];

    // 첫 번째 배너
    banner("#banner1", imgList1, 1000);
    banner("#banner2", imgList2, 3000);
})

// 배너
function banner(selector, imgList, speed){
    var currentIndex=1;
```

```
        var $banner = $(selector);

        // 1초에 한 번씩 함수 호출
        setInterval(function(){
            // 다음에 등장할 배너 인덱스 값 구하기
            currentIndex++;
            if(currentIndex>=imgList.length)
                currentIndex = 0;

            // 다음 이미지 이름 구하기
            var imgName = imgList[currentIndex];
            // 다음 이미지 출력
            $banner.attr("src", "./images/"+imgName);
        },speed)
    }
```

여기까지 이번 미션 설명입니다. 그럼 지금부터 책을 덮고 요구사항에 맞게 여러분 스스로 미션을 풀어보세요. 만약 미션을 스스로 풀기 어려운 분이라면 지금부터 필자를 따라 풀이를 진행하면 됩니다.

05 _ 구현하기

이번 미션의 핵심은 이미지가 순차적으로 전환되는 부분을 랜덤하게 변경하는 것입니다. random() 메서드를 활용해 기존 소스를 다음과 같이 변경해 줍니다.

소스 _ 03부/02장/lesson03/01_complete/m01/01.html

```
// 배너
function banner(selector, imgList, speed){
    var currentIndex=1;   ❶
    var $banner = $(selector);

    // 1초에 한 번씩 함수 호출
    setInterval(function(){
        // 다음에 등장할 배너 인덱스 값 구하기
        currentIndex++;   ❷
        if(currentIndex>=imgList.length)
            currentIndex = 0;
```

```
        // 다음 이미지 이름 구하기
```

```
        // 0에서 이미지 개수까지의 랜덤 인덱스 값 구하기
        var currentIndex =Math.floor(Math.random()*imgList.length);
```
❸

```
        var imgName = imgList[currentIndex];
        // 다음 이미지 출력
        $banner.attr("src", "./images/"+imgName);
    },speed)
}
```

설명

❶, ❷ 순차적으로 이미지 인덱스 값을 만들기 위해 사용한 코드를 모두 제거해 줍니다.

❸ Math.random() 함수를 활용해 이미지 개수만큼 랜덤 숫자를 만든 후 Math.floor()을 활용해 정수로 만들어 줍니다. 그럼 0부터 이미지 개수−1 까지의 랜덤 숫자를 구할 수 있게 됩니다. 여기서 Math.floor() 메서드를 사용했는데요. 만약 Math.ceil()을 사용하는 경우 0 인덱스가 만들어지지 않거나 이미지 개수와 동일한 인덱스가 만들어져 배열 인덱스 크기를 벗어나게 되는 문제점이 발생하게 됩니다.

코드를 모두 입력했다면 정상적으로 동작하는지 실행해 보세요. 랜덤하게 이미지가 출력되는 것을 볼 수 있을 겁니다.

소스 _ 03부/02장/lesson03/01_complete/m01/01.html

```
<html>
<head>
    <meta http-equiv="Content-Type" content="text/html; charset=UTF-8">
    <title>심플 배너</title>
    <style>
        *{
            margin:0;
            padding:0;
        }
        .banner {
            width:400px;
            height:200px;

            position:absolute;
```

```
        border:2px solid #000;
    }

    #banner1 {
        top:100px;
        left:100px;
    }

    #banner2 {
        left:550px;
        top:100px;
        width:200px;
        height:100px;
    }
</style>
<script src="../../../libs/jquery-1.11.0.min.js"></script>

<script>
    $(document).ready(function(){
        var imgList1 = ["logo_01.jpg","logo_02.jpg","logo_03.jpg","logo_04.jpg","logo_05.jpg"];
        var imgList2 = ["logo_02.jpg","logo_05.jpg","logo_03.jpg","logo_04.jpg","logo_01.jpg"];

        // 첫 번째 배너
        banner("#banner1", imgList1, 1000);
        banner("#banner2", imgList2, 3000);
    })

    // 배너 함수
    function banner(selector, imgList, speed){
        var $banner = $(selector);

        // 1초에 한 번씩 함수 호출
        setInterval(function(){
            // 0에서 이미지 개수까지의 랜덤 인덱스 값 구하기
            var currentIndex =Math.floor(Math.random()*imgList.length);

            // 다음 이미지 이름 구하기
            var imgName = imgList[currentIndex];

            // 다음 이미지 출력
            $banner.attr("src", "./images/"+imgName);
        },speed)
```

```
        }
    </script>
</head>

<body>
    <img src="images/logo_01.jpg" class="banner" id="banner1">
    <img src="images/logo_02.jpg" class="banner" id="banner2">
</body>
</html>
```

미션 02   물고기 잡기 게임 만들기 ver 2.0

01 _ 미션 소개 및 미리 보기

01장에서 예고한 대로 이번에는 01장 타이머 함수편의 미션에서 만들었던 물고기 게임을 좀더 업그레이드시켜 보겠습니다.

> **메모 _** 미리 예고하자면 물고기 잡기 게임은 Array() 클래스를 다룰 때 최종 버전을 다시 한 번 만나게 됩니다..

먼저 이번 미션을 정확히 파악하기 위해 미션 풀이가 완료된 파일을 웹 브라우저에서 실행해 주세요.

- 소스 _ 03부/02장/lesson03/01_complete/m02/step05.html

실행화면

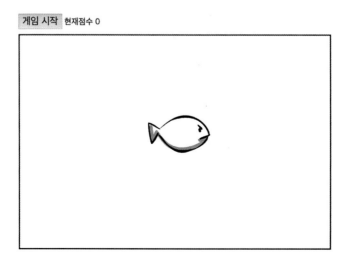

게임은 기존 버전과 달리 게임 시작 버튼을 눌러야 실행됩니다. 게임 시작 버튼을 눌러 보세요. 그럼 물고기가 랜덤하게 움직이기 시작합니다. 단 물고기는 패널 밖으로 나가지는 않습니다. 이 기능 역시 이번 버전에 새롭게 추가된 기능입니다. 이때 물고기를 클릭하면 기존과 동일하게 점수가 올라 갑니다. 게임은 10초 후 "게임 종료"라는 메시지를 출력하며 끝났습니다. 이후 물고기를 클릭해도 점수가 올라가지 않습니다.

02 _ 요구사항

이번 미션의 요구사항을 정리하면 다음과 같습니다.

01. 일정 시간 동안 누가 많이 물고기를 클릭하는지 알아보는 간단한 게임입니다.

02. 물고기 클릭 시 점수를 1점 증가시킨 후 화면에 출력해 주세요.

03. 물고기 위치를 0.5초마다 한 번씩 랜덤하게 움직이도록 해주세요(핵심).

04. 10초 후 게임이 종료되게 만들어 주세요.

05. 가능하면 함수를 활용해 코드를 구조화해 주세요.

03 _ 화면 구성

화면은 다음과 같이 구성돼 있습니다.

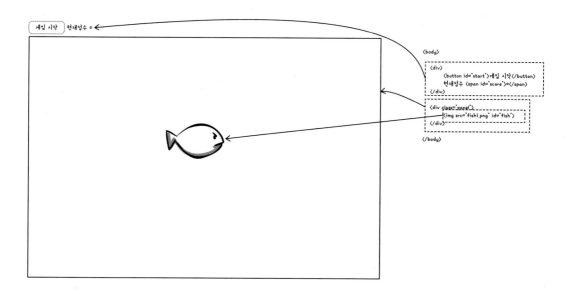

04 _ 풀이 전 코드

소스 _ 03부/02장/lesson03/01_complete/m02/step00.html

```javascript
$(document).ready(function(){
    // 점수 변수
    var count=0;

    // 점수를 출력할 요소
    var $score = $("#score");

    // 여기에 코드를 입력해 주세요.
    // 게임 진행 유무 판단 변수
    var playing=true;
    // 물고기에 클릭 이벤트 등록
    $("#fish").click(function(){
        if(playing==true){
            // 점수 증가
            count++;
            $score.html(count);
        }
    });

    // 게임을 10초 후에 종료시켜 줍니다.
    setTimeout(function(){
        playing=false;
        alert("게임이 종료되었습니다.")
    },10000)
});
```

메모 _ 물고기 움직이는 방법

```javascript
$fish.css({
    left:x축으로 물고기 위치,
    top:y축으로 물고기 위치
});
```

여기까지 이번 미션 설명입니다. 그럼 지금부터 책을 덮고 미션을 풀어 주세요. 미션을 스스로 풀기 어려운 분들은 필자를 따라 지금부터 풀이를 진행하면 됩니다.

05 _ 구현하기

이해를 돕기 위해 구현은 다음과 같이 다섯 단계로 나눠 진행하겠습니다.

단계 01: 요소 초기화

단계 02: 랜덤하게 물고기 움직이기

단계 03: 시작 버튼 클릭 시 게임 시작하기

단계 04: 물고기 클릭 시 점수 증가 처리

단계 05: 게임 종료 처리

첫 번째 단계부터 진행해보죠.

단계 01 _ **요소 초기화**

이번 단계에서 구현할 내용은 기존 코드의 ready()에 들어있는 변수를 전역변수로 만들고 초기화하는 작업입니다. 설명 순서에 따라 풀이 코드를 입력해 주세요.

소스 _ 03부/02장/lesson03/01_complete/m02/step01.html

```
var count =0; ❶
var $score = null;
var playing= false;
var $fish = null;  ❷

$(document).ready(function(){
    // 요소 초기화
    init(); ❹
});

// 전역에서 사용할 요소 초기화.
function init(){ ❸
    $score = $("#score");
    $fish = $("#fish");
}
```

설명

반복해서 언급하지만 ready()는 메인에 해당하기 때문에 이 영역에 변수를 만들거나 특정 구문을 직접 작성하는 것은 좋지 않습니다. 이에 따라 먼저 ready()에 들어 있던 내용을 모두 지워줍니다. 단, 기존 코드의 내용 중 일부분은 재사용할 것이기 므로 완전히 지우지 말고 메모장 같은 곳에 따로 보관해 두세요.

❶ 먼저 ready() 들어있던 변수를 전역 변수로 만들어 줍니다.

❷ 추가로 물고기 요소를 담을 변수도 추가해 줍니다.

❸ init() 함수를 신규로 만든 후 전역에서 사용할 요소를 찾아 변수에 담아 줍니다.

❹ 마지막으로 init() 메서드를 ready()에서 호출해 줍니다.

코드를 모두 입력했다면 입력한 코드에 에러가 없는지 실행해보죠.

단계 02 _ 랜덤하게 물고기 움직이기

이번 구현 단계는 이번 미션의 핵심입니다. 물고기를 패널영역(.panel) 안에서 랜덤하게 움직이게 만들 어주죠.

소스 _ 03부/02장/lesson03/01_complete/m02/step02.html

```
. . . .
var playing= false;
var timerID=0; ❺
$(document).ready(function(){
    // 요소 초기화
    init();
    // 게임 시작
    startGame(); ❼
});

// 물고기 움직이기
function moveFish(){ ❶
    /*
        물고기 크기 120*70
        패널 크기 600*400
        물고기 x 이동 영역 0~ 480 (600-120)
        물고기 y 이동 영역 0~ 330 (400-70)
    */
```

```
    var x = Math.floor(Math.random()*480); ❷
    var y = Math.floor(Math.random()*330);

    $fish.css({ ❸
        left:x,
        top:y
    })
}

// 게임 시작
function startGame(){ ❹
    timerID = setInterval(function(){ ❻
        // 물고기 움직이기
        moveFish();
    }, 500)
}
```

설명

❶ 물고기를 랜덤하게 움직이는 코드를 구현할 moveFish()라는 함수를 신규로 만들어 줍니다.

❷ Math.random() 함수를 활용해 물고기의 위치 값을 랜덤하게 구합니다.

이때 물고기가 움직이는 영역은 다음과 같이 구하면 됩니다.

    X축 최대 위치 = 패널너비-물고기 너비
    Y축 최대 위치 = 패널높이-물고기 높이

❸ jQuery의 css() 기능을 활용해 물고기 위치를 설정해 줍니다.

❹ 게임 시작을 의미하는 startGame()이라는 함수를 신규로 만들고 내부에 0.5초마다 물고기를 랜덤하게 움직일 수 있게 setInterval() 함수를 활용해 moveFish() 함수를 호출해 줍니다.

❺, ❻ 물고기를 움직이는 타이머를 멈출 때 사용할 타이머 아이디 값을 저장하기 위해 timerID라는 변수를 신규로 추가한 후 이 변수에 setInterval()에서 리턴하는 타이머 값을 저장해 줍니다.

❼ 테스트를 위해 ready() 영역에 startGame() 함수를 호출해 줍니다.

코드를 모두 입력했다면 물고기가 0.5초마다 한 번씩 움직이는지 실행해 보세요.

단계 03 _ 시작 버튼 클릭 시 게임 시작하기

이번 단계에서는 시작 버튼이 클릭되면 게임을 시작하는 기능을 구현해 보겠습니다.

소스 _ 03부/02장/lesson03/01_complete/m02/step03.html

```javascript
$(document).ready(function(){
    // 요소 초기화
    init();
    //startGame(); ❸
    initEvent(); ❹
});

. . . .

function initEvent(){ ❶
    $("#start").click(function(){
        startGame();
    })
}

// 게임 시작
function startGame(){
    // 게임이 시작하지 않은 경우에만 동작할 수 있게 처리
    if(playing==false){ ❷
        playing=true;
        timerID = setInterval(function(){
            // 물고기 움직이기
            moveFish();
        }, 500)
    }
}
```

설명

❶ 신규로 initEvent() 함수를 만든 후 시작 버튼(#start)을 눌러 게임이 시작될 수 있게 클릭 이벤트를 등록한 후 startGame() 함수를 호출해 줍니다.

❷ setInterval() 함수가 여러 번 실행되는 것을 방지하기 위해 setInterval() 함수 호출을 조건문으로 감싸 줍니다.

❸ ready()에서 호출할 startGame() 함수 호출을 제거해 줍니다.

❹ 시작 버튼에 클릭 이벤트가 등록될 수 있게 initEvent()를 호출해 줍니다.

코드를 모두 입력했다면 입력한 코드가 정상적으로 동작하는지 실행해보죠. 실행 후 시작 버튼을 누르면 물고기가 움직이기 시작할 것입니다. 시작 버튼을 여러 번 눌러 타이머 함수가 오직 한 번만 실행되는지 확인해 보세요.

단계 04 _ 물고기 클릭 시 점수 증가 처리

이번에는 물고기를 클릭하는 경우 점수를 1점씩 얻을 수 있게 만들어주죠.

소스 _ 03부/02장/lesson03/01_complete/m02/step04.html

```
function initEvent(){
    $("#start").click(function(){
        startGame();
    })

    $("#fish").click(function(){ ❷
        addScore();
    });
}

// 점수 증가 처리
function addScore(){ ❶
    if(playing==true){
        // 점수 증가
        count++;
        $score.html(count);
    }
}
```

설명

❶ 먼저 점수 증가 처리를 전문으로 담당할 addScore()라는 함수를 만든 후 코드를 구현해 줍니다.

❷ initEvent() 함수에 물고기 요소(#fish)에 클릭 이벤트 리스너를 추가한 후, 리스너 내부에 addScore()를 호출해 점수가 증가될 수 있게 만들어 줍니다.

단계 05 _ 게임 종료

마지막 단계입니다. 이번 단계에서는 10초 후 게임이 종료되는 기능을 구현해 보겠습니다.

소스 _ 03부/02장/lesson03/01_complete/m02/step05.html

```
// 게임 시작
function startGame(){
    // 게임이 시작하지 않은 경우에만 동작할 수 있게 처리
    if(playing==false){
        // 게임 종료 체크하기
        checkEndGame(); ❸

        playing=true;
        timerID = setInterval(function(){
            // 물고기 움직이기
            moveFish();
        }, 500)
    }
}

// 게임 종료 유무 처리하기
function checkEndGame(){ ❶
    // 게임을 10초 후에 종료시켜 줍니다.
    setTimeout(function(){
        playing=false;

        // 물고기 움직이는 타이머 제거
        clearInterval(timerID); ❷
        alert("게임이 종료되었습니다.")
    },10000)
}
```

설명

❶ 게임 종료를 전문으로 처리하는 checkEndGame() 함수를 신규로 만든 후 코드를 구현해 줍니다.

❷ 게임 종료 처리 시 물고기를 랜덤하게 움직이는 타이머를 반드시 제거해 줘야 합니다.

❸ 게임 시작 시 checkEndGame() 함수를 호출해 10초 후 게임이 종료될 수 있게 만들어 줍니다.

코드를 모두 입력했다면 정상적으로 동작하는지 실행해보죠. 이처럼 타이머 함수와 Math 클래스 기능을
활용하면 재미있는 콘텐츠를 제작할 수 있습니다.

전체 소스는 다음과 같습니다.

소스 _ 03부/02장/lesson03/01_complete/m02/step05.html

```
var count =0;
var $score = null;
var $fish = null;
var playing= false;
var timerID=0;

$(document).ready(function(){
    // 요소 초기화
    init();
    //startGame();
    initEvent();
});

// 전역에서 사용할 요소 초기화.
function init(){
    $score = $("#score");
    $fish = $("#fish");
}

// 물고기 움직이기
function moveFish(){
    /*
        물고기 크기 120*70
        패널 크기 600*400
        물고기 x 이동 영역 0~ 480 (600-120)
        물고기 y 이동 영역 0~ 330 (400-70)
    */
    var x = Math.floor(Math.random()*480);
    var y = Math.floor(Math.random()*330);

    $fish.css({
        left:x,
```

```
            top:y
        })
}


// 게임 시작
function startGame(){
    // 게임이 시작하지 않은 경우에만 동작할 수 있게 처리
    if(playing==false){
        // 게임 종료 체크하기
        checkEndGame();

        playing=true;
        timerID = setInterval(function(){
            // 물고기 움직이기
            moveFish();
        }, 500)
    }
}


function initEvent(){
    $("#start").click(function(){
        startGame();
    })

    $("#fish").click(function(){
        addScore();
    })
}


// 점수 증가 처리
function addScore(){
    if(playing==true){
        // 점수 증가
        count++;
        $score.html(count);
    }
}


// 게임 종료 유무 처리하기
function checkEndGame(){
```

```
    // 게임을 10초 후에 종료시켜 줍니다.
    setTimeout(function(){
        playing=false;

        // 물고기 움직이는 타이머 제거
        clearInterval(timerID);
        alert("게임이 종료되었습니다.");
    },10000)
}
```

공지:
원의 크기는 난이도를 나타냅니다.
앞으로 갈수록 조금씩 어려워지니 차근차근 따라오세요.

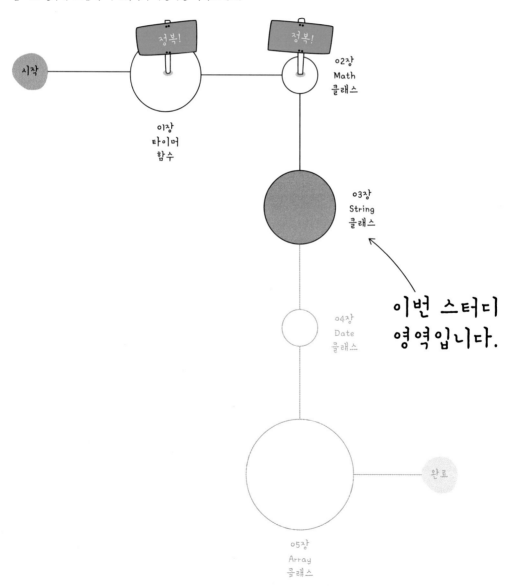

들어가며

String 클래스 역시 실무에서 가장 많이 사용하는 라이브러리 중에 하나입니다. String 클래스에는 문자열의 길이를 알아내는 기능이라든지, 문자열을 자르고 찾는 기능 등 문자열과 관련된 다양한 기능이 들어 있습니다.

이번 장에서 배울 내용은 다음과 같습니다.

Lesson 01 / String 클래스 소개

지금까지 문자열 처리를 문자열 리터럴("문자열")로 많이 사용했기 때문에 잘 모르겠지만 사실 문자열 리터럴은 자동으로 문자열(String) 클래스로 변환돼 사용됩니다. 이번 레슨에서는 String 클래스의 주요 기능을 살펴봅니다.

01 _ String 클래스란?

String 클래스에는 문자열을 생성하는 기능을 시작으로 문자열과 관련된 유용한 기능이 담겨 있습니다. String 클래스는 실무에서 다음과 같은 경우에 유용하게 사용됩니다.

- 사이트 로그인 페이지 제작 시 입력받은 아이디와 패스워드 좌우 공백을 없애주는 기능을 만들 때 사용합니다.

- 게시판 제작 시 게시물의 특정 문자열을 다른 문자열로 치환하거나 삭제할 때도 사용합니다.

02 _ 주요 기능

String 클래스에서 자주 사용하는 프로퍼티와 메서드는 다음과 같습니다.

프로퍼티 목록

프로퍼티	설명
length	문자열 개수

메서드 목록

메서드	설명
charAt(n)	n번째 문자 구하기
charCodeAt(n)	n번째 문자의 코드 값 구하기
concat(str)	문자열 뒤쪽에 str을 연결해 새로운 문자열 만들기

indexOf(substr)	substr 문자열이 위치한 위치값 구하기, 앞에서부터 검색 시작
lastIndexOf(substr)	substr 문자열이 위치한 위치값 구하기, 뒤에서부터 검색 시작
match(reg)	정규표현식(reg)을 활용한 문자열 검색
replace(reg,rep)	정규표현식을 활용한 문자열 교체
search(reg)	정규표현식을 활용한 문자열 위치 검색
slice(start,end)	start번째부터 end번째 문자열 추출
split(str)	문자열을 str로 분할해 배열로 생성해줌
substr(start[,count])	start번째부터 count개수만큼 문자열 추출
toLowerCase()	모든 문자열을 소문자로 변환
toUpperCase()	모든 문자열을 대문자로 변환
trim()	좌우 공백 제거

Lesson 02 / 핵심 내용

이번 레슨에서는 String 클래스와 관련된 수많은 내용 중에서 실무를 진행하기 위해 반드시 알고 있어야 하는 내용을 선별해 다룹니다.

실무에서는 String 클래스를 활용해 다음과 같은 기능을 구현할 수 있어야 합니다.

핵심 01: 문자열 만들기

핵심 02: 문자열 길이 알아내기

핵심 03: 특정 위치의 문자 구하기

핵심 04: 문자(열) 위치 찾기

핵심 05: 특정 위치에 문자 추가

핵심 06: 특정 위치의 문자를 다른 문자로 변경하기

핵심 07: 특정 위치에 문자 제거

핵심 01 _ 문자열 만들기

문자열 만드는 방법은 2가지가 있습니다.

방법 1: 리터럴 방식

```
var str = "Hello";
```

방법 2: String 클래스의 객체를 생성해 이용하는 방식

```
var str= new String("Hello");
```

여기서 주의깊게 살펴볼 부분이 있는데요. 일단 다음 내용을 봐주세요.

```
alert("Hello".length); // 실행결과 5
alert("Hello".charAt(0)); //  실행 결과 H
```

위의 내용을 실행하면 정상적으로 동작하는 것을 확인할 수 있습니다. 그럼 실행될 수 있는 이유는 뭘까요? 바로 문자열 리터럴 방식 구문은 자바스크립트에 의해 해석될 때 String 클래스의 객체를 생성해 이용하는 방식으로 변환돼 실행되기 때문입니다. 즉, 다음과 같이 변환됩니다.

```
"Hello".length;        => new String("Hello").length;
"Hello".charAt(0);     => new String("Hello").charAt(0);
```

핵심 02 _ 문자열 길이 알아내기

문자열의 길이를 알아낼 때는 length 프로퍼티를 사용합니다.

예제 01 **입력받은 문자열의 길이를 출력하기**

소스 _ 03부/03장/lesson02/01_complete/01.html

```
var str  = window.prompt("문자를 입력해 주세요");
alert("문자열길이는 = "+str.length);
```

핵심 03 _ 특정 위치의 문자 구하기

charAt()을 이용하면 특정 위치의 문자를 구할 수 있습니다.

사용법 `var ch = 문자열.charAt(index);`

매개변수

  index: 문자열 위치 인덱스 값, 인덱스는 0부터 시작

리턴값

index 위치의 문자

설명

문자열에서 문자 위치는 다음과 같습니다. index 값이 0부터 시작한다는 점을 잊지 마세요.

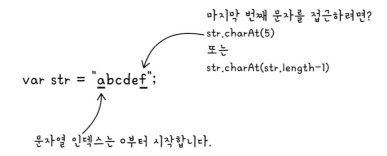

마지막 번째 문자를 접근하려면?
str.charAt(5)
또는
str.charAt(str.length-1)

var str = "abcdef";

문자열 인덱스는 0부터 시작합니다.

예제 02 입력받은 문자열을 1초마다 한 문자씩 출력하기

입력받은 문자열을 1초에 한 문자씩 #output에 출력해 주세요. 모든 문자를 출력하면 "종료됐습니다." 라는 알림메시지를 출력한 후 타이머를 정지시켜 주세요.

화면구성

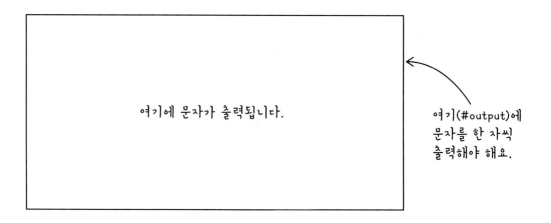

여기에 문자가 출력됩니다.

여기(#output)에
문자를 한 자씩
출력해야 해요.

풀이 전 코드: 소스 _ 03부/03장/lesson02/01_complete/02_step00.html

```
$(document).ready(function(){
    var str = window.prompt("문자를 입력해 주세요.");

    var $output = $("#output");
    // 여기에 풀이를 입력해 주세요.
})
```

> **힌트 _ #output에 문자를 출력하는 방법**
>
> $output.text(출력하고 싶은 문자);

풀이

풀이는 이해를 돕기 위해 다음과 같이 2단계로 나눠 진행하겠습니다.

단계 01: 타이머 함수 만들기

단계 02: 인덱스에 해당하는 문자 출력

단계 01 _ 타이머 함수 만들기

첫 번째 단계에서는 1초마다 한 번씩 실행되는 타이머 함수를 만들어 줍니다.

풀이: 소스 _ 03부/03장/lesson02/01_complete/02_step01.html

```javascript
$(document).ready(function(){
    var str = window.prompt("문자를 입력해 주세요.");
    var $output = $("#output");

    // 여기에 풀이를 입력해 주세요.
    var timerID = setInterval(function(){
        console.log("여기에 문자를 출력하는 구문을 작성할 거예요");

    },1000);
})
```

설명

먼저 타이머 함수인 setInterval()를 활용해 1초에 한 번씩 익명함수를 실행시켜 줍니다. 실행한 타이머는 문자를 모두 출력한 후 정지시켜야 하기 때문에 타이머 아이디를 변수에 담아 둡니다.

코드를 입력한 후 타이머가 정상적으로 작동하는지 실행해 보세요.

단계 02 _ 인덱스에 해당하는 문자 출력

이제 익명함수 내부에 인덱스에 해당하는 문자를 출력해보죠.

풀이: 소스 _ 03부/03장/lesson02/01_complete/02_step02.html

```
$(document).ready(function(){
    var str = window.prompt("문자를 입력해 주세요.");
    var $output = $("#output");
    // 여기에 풀이를 입력해 주세요.
    var index =0; ❶

    var timerID = setInterval(function(){
        // index에 해당하는 문자 구하기
        var ch = str.charAt(index); ❷

        // 문자 출력
        $output.text(ch); ❸

        // 다음 문자 인덱스 구하기
        index++; ❹
        // 만약 모든 문자를 출력했다면 타이머 정지
        if(index>=str.length){ ❺
            clearInterval(timerID);
            alert("종료됐습니다.");
        }
    },1000);
})
```

설명

❶ 출력할 문자의 인덱스 값을 저장할 변수(index)를 만든 후 초깃값으로 0을 입력해 줍니다.

❷ 다음으로 문자열에서 index 변숫값에 해당하는 문자를 구해 줍니다.

❸ 구한 문자를 #output에 출력해 줍니다.

❹ 문자 위치를 나타내는 인덱스 값을 1 증가시켜 줍니다.

❺ 조건문을 활용해 모든 문자가 출력됐는지 확인합니다. 만약 모든 문자가 출력됐다면 타이머를 정지시키고 alert() 함수를 이용해 종료 메시지를 출력해 줍니다.

코드를 모두 입력했다면 1초에 한 번씩 입력받은 문자가 출력되는지 실행해 보세요.

핵심 04 _ 문자(열) 위치 찾기

indexOf() 메서드를 이용하면 특정 문자 또는 문자열이 위치하고 있는 위치 값을 쉽게 구할 수 있습니다.

> **사용법**　`var ch = 문자열.indexOf(searchvalue,start);`

매개변수

searchvalue: 찾는 문자열
start: 시작 위치, 기본값은 0

리턴값

찾는 문자열의 위치 값 . 만약 찾지 못할 경우 –1

예제 03　문자열 위치 알아내기

문자열을 입력받아 입력받은 문자열에 sample이라는 문자가 포함돼 있는지 판단한 후 만약 존재한다면 몇 번째 위치에 있는지 출력해 주세요. 존재하지 않는 경우 "문자가 존재하지 않습니다."라는 메시지를 출력해 주세요.

풀이: 소스 _ 03부/03장/lesson02/01_complete/03.html

```
var data = window.prompt("문자를 입력해 주세요.");
var index = data.indexOf("sample");
if(index>=0)
    alert(index+"번째 위치에 있습니다.");
else
    alert("문자가 존재하지 않습니다.");
```

설명

이처럼 indexOf() 메서드를 활용하면 특정 문자열에 원하는 문자가 포함돼 있는지 쉽게 알 수 있습니다.

핵심 05 _ 특정 위치에 문자 추가

특정 위치에 문자를 추가하는 기능은 존재하지 않습니다. 그렇기 때문에 여러 문자열 메서드를 활용해 직접 만들어야 합니다. 이때 slice() 메서드와 substr() 메서드를 이용하면 문자열을 추가하는 기능을 만들수 있습니다.

1 _ slice() 메서드

> **사용법** `var 결과 = 문자열.slice(start,end);`

매개변수

   start: 문자열 시작 위치
   end: 문자열 끝 위치

리턴값

지정한 문자열

설명

slice() 메서드는 매개변수 첫 번째 값인 시작 인덱스 위치에서부터 두 번째 매개변수 값인 마지막 인덱스 전 단계까지의 문자열을 복사합니다. slice 단어 때문에 원본을 잘라내는 것처럼 보이는데요. 원본 문자열은 전혀 변경되지 않습니다. 즉, 잘라낸다는 의미보다 복사한다는 의미가 더 맞습니다.

예제 04 문자열 자르기 1

slice() 메서드를 활용해 str 변수에 들어 있는 문자에서 두 번째에서부터 네 번째까지의 문자열을 잘라 주세요.

소스 _ 03부/03장/lesson02/01_complete/04.html

```
var str="abcdef";
var str2 = str.slice(2,4);
console.log(str);      <-- 실행결과 abcdef
console.log(str2);     <-- 실행결과 cd
```

실행 결과를 보면 알 수 있는 것처럼 원본 문자열은 그대로입니다.

2 _ substr() 메서드

사용법	`var 결과 = 문자열.substr(start, length);`

매개변수

   start: 문자열 시작 위치

   length: 문자열 개수

리턴값

지정한 문자열

설명

substr() 메서드 역시 특정 위치의 문자열을 복사할 때 사용하는 메서드입니다. slice() 메서드와 차이점은 두 번째 매개변수 값이 마지막 위치의 인덱스 값이 아니라 길이 값이라는 점만 다를 뿐 기능은 동일합니다.

예제 05 **문자열 자르기 2**

substr() 메서드를 활용해 str 변수에 들어 있는 문자에서 두 번째에서부터 네 번째까지의 문자열을 잘라 주세요.

예제: 소스 _ 03부/03장/lesson02/01_complete/05.html

```
var str="abcdef";
var str2 = str.substr(2,2);
console.log(str);      <-- 실행결과 abcdef
console.log(str2);     <-- 실행결과 cd
```

자, 그럼 slice()와 substr() 메서드를 활용해 문자열을 추가해 보겠습니다.

예제 06 **특정 위치에 문자 추가하기**

String 클래스에서 제공하는 기능을 활용해 실행결과처럼 출력될 수 있게 풀이 전 코드를 수정해 주세요.

실행결과

  닉네임-딴동네

풀이 전 코드: 소스 _ 03부/03장/lesson02/01_complete/06_00.html

```
var data="닉네임딴동네";
var result = ?   <-- 이 코드를 완성해주세요.
alert(result);
```

방법 1 - slice() 메서드를 활용하는 방법

소스 _ 03부/03장/lesson02/01_complete/06_01.html

```
var data="닉네임딴동네";
var result = data.slice(0, 3)+"-"+data.slice(3,data.length);
alert(result);
```

설명

다소 거추장스럽긴 하지만 slice()를 활용해 data 변수에 들어 있는 앞의 3자와 나머지 문자를 자른 후 이 사이에 원하는 문자를 추가해 줍니다.

방법 2 - substr() 메서드를 활용하는 방법

소스 _ 03부/03장/lesson02/01_complete/06_02.html

```
var data="닉네임딴동네";
var result = data.substr(0, 3)+"-"+data.substr(3,data.length-3);
alert(result);
```

설명

해결 방법은 방법1과 거의 동일합니다. slice() 메서드 대신 substr() 메서드를 사용해 앞뒤 문자열을 자른 후 이 사이에 원하는 문자를 넣어 줍니다.

핵심 06 _ 특정 위치의 문자를 다른 문자로 변경하기

String 클래스 기능 중 replace()를 이용하면 특정 위치의 문자를 다른 문자로 쉽게 변경할 수 있습니다.

사용법   `var result = 문자열.replace(searchvalue, newvalue);`

매개변수

　searchvalue: 찾는 문자

　newvalue: 교체 문자

리턴값

찾는 문자를 교체 문자로 변경한 문자열을 리턴해 줍니다.

예제 07　풀이 전 코드에서 data의 문자열에 ?를 여러분의 이름으로 변경해 주세요.

풀 이 전 코 드 : 소 스 _ 03부/03장/lesson02/01_complete/07_00.html

```
var data="안녕하세요 ?님 자바스크립트에 온 걸 환영합니다.";
var result = ?
alert(result);
```

풀이: 소스 _ 03부/03장/lesson02/01_complete/07_01.html

```
var data="안녕하세요 ?님 자바스크립트에 온 걸 환영합니다.";
var result = data.replace("?", "딴동네");
alert(result);
```

설명

이처럼 replace() 메서드를 활용하면 특정 문자를 원하는 문자로 쉽게 변경할 수 있습니다.

핵심 07 _ 특정 위치에 문자 제거

특정 위치에 문자를 제거하는 기능은 따로 없습니다. 여러 문자열 메서드를 이용해 만들어야 합니다. 특정 위치의 문자 제거 역시 문자 추가와 동일한 방법으로 slice() 메서드와 substr() 메서드를 이용합니다. 이 두 가지 메서드 설명은 앞에서 이미 했기 때문에 생략하고 바로 예제를 다뤄보겠습니다.

예제 08　풀이 전 코드에서 data에 들어 있는 − 문자를 제거해 주세요.

풀 이 전 코 드 : 소 스 _ 03부/03장/lesson02/01_complete/08_00.html

```
var data= "닉네임-딴동네";
var result = ?     <-- 여기에 코드를 작성해 주세요.
alert(data) ;
```

풀이: 소스 _ **03부/03장/lesson02/01_complete/08_01.html**

```
var data= "닉네임-딴동네";
var result = data.slice(0,3)+data.slice(4,data.length);
alert(result);
```

설명

방법은 간단합니다. slice() 메서드 또는 substr() 메서드를 활용해 원하는 문자열만을 복사해 다시 재결합 해줍니다.

Lesson

03 / 미션

이번 레슨에서는 총 4개의 미션을 다룰 텐데요. 앞의 3개는 다음과 같이 좌우 문자열에 붙은 공백 문자를 제거하는 미션입니다.

미션 01: 문자열의 왼쪽 공백 제거

미션 02: 문자열의 오른쪽 공백 제거

미션 03: 문자열의 왼쪽과 오른쪽 공백 제거

공백 문자 제거 기능은 개발자라면 한 번쯤 만들게 되는 주제이며 거의 모든 프로그래밍 언어에서 기본 라이브러리로 제공합니다. 자바스크립트 역시 String 클래스에서 trim()이라는 이름으로 제공하고 있습니다. 이에 따라 이번 미션을 통해 공백 문자 제거 기능을 직접 만들어 보겠습니다. 참고로 이번 미션 풀이에서는 공백 문자 표현에 문제가 많기 때문에 "_"를 공백 문자라는 가정하에 사용하겠습니다.

미션 01 　 왼쪽 공백 없애기 함수로 만들기

01 _ 미션 소개 및 미리 보기

이번 미션은 문자열 왼쪽에 포함된 공백 문자를 제거하는 기능을 함수로 구현하는 것입니다. 정확한 미션 파악을 위해 풀이가 완료된 다음 파일을 웹 브라우저에서 실행해 주세요.

- **소스** _ 03부/03장/lesson03/01_complete/m01/01.html

실행화면

실행하면 위의 실행화면을 볼 수 있을 것입니다. 입력박스에 "__웹동네" 라고 입력한 후 확인 버튼을 클릭해 보세요. 그럼 "웹동네"라고 왼쪽에 있던 공백 문자가 제거된 문자열이 출력된 것을 볼 수 있을 것입니다.

02 _ 요구사항

이번 미션의 요구사항을 정리하면 다음과 같이 문자열 왼쪽에 위치하는 공백 문자를 제거하는 기능을 함수로 만드는 것입니다.

실행 전	실행 후
"__웹동네"	"웹동네"
"웹__동네"	"웹__동네"
"웹동네__"	"웹동네__"
"__"	""

03 _ 화면 구성

화면은 다음과 같이 구성돼 있습니다.

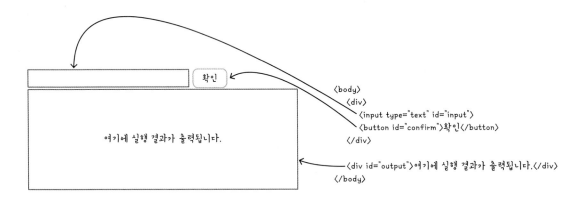

04 _ 풀이 전 코드

소스 _ 03부/03장/lesson03/01_complete/m01/00.html

```javascript
$(document).ready(function(){
    var $output = $("#output");
```

```
    var $input = $("#input");

    $("#confirm").click(function(){
        // 입력값 알아내기
        var value = $input.val();

        var result = ltrim(value);
        $output.html(value+" ⇒ "+result);
    })
});

// 왼쪽 공백문자를 제거하는 함수
function ltrim(str){
    // 여기에 소스를 입력해 주세요.

}
```

여기까지 이번 미션 설명입니다. 그럼 지금부터 책을 덮고 요구사항에 맞게 여러분 스스로 미션을 풀어보세요. 만약 미션을 스스로 풀기 어려운 분이라면 지금부터 필자를 따라 풀이를 진행하면 됩니다.

05 _ 구현하기

풀이를 진행하기 전에 어떻게 처리해야 할 것인지 로직부터 세워보죠. 먼저 문자열의 첫 번째 글자가 공백인지 아닌지 확인해야 합니다. 만약 공백이 아니라면 더 이상 공백 검사를 하지 않고 입력받은 매개변수 값을 그대로 리턴하면 됩니다. 예를 들어 입력값이 "웹동네___"라면 이 값을 바로 리턴하면 된다는 의미입니다.

이와 달리 만약 첫 번째 글자가 공백이라면 연속해서 공백 문자가 있을 수 있으니 다음 문자가 공백 문자가 아닌 위치 값을 찾아야 합니다. 이 값을 공백 종료 위치라고 부르겠습니다. 이후 남은 작업은 마지막 종료 위치 이후부터 마지막 글자 위치까지 문자를 slice() 메서드나 substr()을 활용해 잘라내는 것입니다. 여기서는 정보가 모두 인덱스 값이니 slice()를 활용하는 게 더 효과적입니다.

예를 들어 입력값이 "_웹동네"와 같이 공백문자가 하나인 경우 마지막 공백 위치는 1이 됩니다. 이때 slice() 메서드를 다음과 같이 호출해주면 됩니다.

```
slice(1,입력값.length);
```

지금까지 내용을 정리하면 다음과 같이 코드로 표현할 수 있습니다.

소스 _ 03부/03장/lesson03/01_complete/m01/01.html

```javascript
$(document).ready(function(){
    var $output = $("#output");
    var $input = $("#input");

    $("#confirm").click(function(){
        // 입력값 알아내기
        var value = $input.val();

        // 앞쪽 공백 문자 제거
        var result = ltrim(value);
        $output.html(value+" ==> "+result);
    })
});

// 앞쪽 공백 문자를 제거하는 함수
function ltrim(str){
    // 여기에 소스를 입력해 주세요.

    // 문자열 값이 없는 경우 ❶
    if(str.length<=0)
        return "";

    // 첫 번째 문자가 공백이 아니라면 검사할 필요 없이 입력값을 그대로 리턴
    var firstCh= str.charAt(0); ❷
    if(firstCh!="_"){
        return str;
    }

    // 공백이 끝나는 위치 찾기
    for(var index=1;index<str.length;index++){ ❸
        // 공백 문자가 아닐 때까지 찾기
        var ch = str.charAt(index);
        if(ch!="_"){
            break;
        }
    }
```

```
        //index 위치에서 마지막 위치까지의 문자열 잘라내기
        var result = str.slice(index, str.length); ❹
        return result;
    }
```

설명

❶ 먼저 매개변수로 받은 문자열 값이 빈 문자열인 경우 빈 문자열을 그대로 리턴해 줍니다.

❷ 다음으로 첫 번째 문자가 공백인지 아닌지 판단하죠. 만약 공백 문자가 아니라면 공백 문자를 자를 필요 없이 매개변수 값을 그대로 리턴해주면 됩니다.

❸ 이곳은 마지막 공백 문자가 끝나는 위치를 찾는 코드입니다. 방법은 간단합니다. 문자열 길이 만큼 루프를 돌며 공백 문자가 아닌 것을 찾는 거죠. 이때 찾게 되면 루프를 벗어 납니다. 그리고 이때 index 값이 마지막 공백 위치 값이 됩니다.

❹ 마지막으로 slice() 메서드를 활용해 공백을 제외한 부분을 잘라내어 리턴해 줍니다.

코드를 모두 입력했다면 정상적으로 동작하는지 실행해보죠. 테스트를 위해 요구사항에 나와 있는 문자열을 순차적으로 입력해 보세요. 어떤가요? 정상적으로 동작하죠?!

미션 02 　오른쪽 공백 없애기 함수로 만들기

01 _ 미션 소개 및 미리 보기

이번 미션은 문자열의 오른쪽 공백을 없애는 기능을 함수로 만드는 것입니다. 정확한 미션 파악을 위해 풀이가 완료된 파일을 웹 브라우저에서 실행해 주세요.

- 소스 _ 03부/03장/lesson03/01_complete/m02/01.html

실행화면

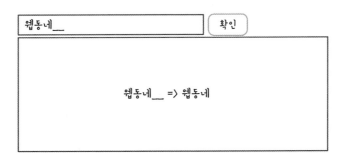

실행화면은 미션 01과 동일합니다. 입력박스에 "웹동네___"라고 입력한 후 확인 버튼을 클릭해 보세요. 그럼 "웹동네"라고 오른쪽에 있었던 공백문자가 제거된 문자열이 출력되는 것을 볼 수 있을 것입니다.

02 _ 요구사항

이번 미션의 요구사항을 정리하면 다음과 같이 문자열 오른쪽에 위치하는 공백 문자를 제거하는 기능을 함수로 만드는 것입니다.

실행 전	실행 후
"웹동네___"	"웹동네"
"웹___동네"	"웹___동네"
"___웹동네"	"___웹동네"
"　　"	""

03 _ 풀이 전 코드

소스 _ 03부/03장/lesson03/01_complete/m02/00.html

```
$(document).ready(function(){
    var $output = $("#output");
    var $input = $("#input");

    $("#confirm").click(function(){
        // 입력값 알아내기
        var value = $input.val();

        var result = rtrim(value);
        $output.html(value+" ⇒ "+result);
    })
});

// 왼쪽 공백문자를 제거하는 함수
function rtrim(str){
    // 여기에 소스를 입력해 주세요.

}
```

여기까지 이번 미션 설명입니다. 그럼 지금부터 책을 덮고 요구사항에 맞게 여러분 스스로 미션을 풀어보세요. 만약 미션을 스스로 풀기 어려운 분이라면 지금부터 필자를 따라 풀이를 진행하면 됩니다.

04 _ 구현하기

이번 미션 풀이는 미션 01과 반대로 생각하면 됩니다. 먼저 문자열의 마지막 글자가 공백인지 아닌지 확인하는 거죠. 만약 공백이 아니라면 공백 검사를 할 필요가 없기 때문에 입력받은 매개변수 값을 그대로 리턴해 줍니다. 예를 들어 입력값이 "＿＿웹동네"라면 이 값이 그대로 리턴됩니다.

만약 마지막 번째 글자가 공백이라면 뒤쪽에서 앞쪽으로 이동하며 마지막 공백 문자의 위치를 찾습니다. 이후 slice()를 활용해 공백 문자를 제외한 문자열만 잘라내는 것이죠. 이때 slice() 메서드는 다음과 같이 호출해주면 됩니다.

    slice(0, 마지막 공백문자위치-1)

지금까지 내용을 정리하면 다음과 같이 코드로 표현할 수 있습니다.

소스 _ 03부/03장/lesson03/01_complete/m02/01.html

```
// 오른쪽 공백 문자를 제거하는 함수
function rtrim(str){
    // 여기에 소스를 입력해 주세요.

    // 문자열 값이 없는 경우
    if(str.length<=0) ❶
        return "";

    // 마지막 번째 문자가 공백이 아니라면 검사할 필요 없이 입력값을 그대로 리턴
    var firstCh= str.charAt(str.length-1); ❷
    if(firstCh!="_"){
        return str;
    }

    // 공백이 끝나는 위치 찾기
    for(var index=str.length-1;index>=0;index--){ ❸
        // 공백 문자가 아닐 때까지 찾기
        var ch = str.charAt(index);
        if(ch!="_"){
            index++;
```

```
            break;
        }
    }

    //0에서 index 위치까지의 문자열 잘라내기
    var result = str.slice(0, index); ❹
    return result;
}
```

설명

❶ 먼저 매개변수로 받은 문자열 값이 빈 문자열인 경우 빈 문자열을 그대로 리턴해 줍니다.

❷ 다음으로 마지막 번째 문자가 공백인지 아닌지 판단하죠. 만약 공백 문자가 아니라면 공백 문자를 자를 필요 없이 매개변수 값을 그대로 리턴해 주면 됩니다.

❸ 이곳은 뒤쪽에서 앞쪽으로 이동하며 공백문자가 끝나는 위치를 찾는 코드 입니다. 문자열 길이만큼 루프를 돌며 공백 문자가 아닌 것을 찾는 거죠. 이때 찾게 되면 루프를 벗어납니다. 단, 이때 slice를 사용할 것이기 때문에 index에 1을 더해줘야 합니다.

❹ 마지막으로 slice() 메서드를 활용해 공백을 제외한 부분을 잘라내어 리턴해 줍니다.

코드를 모두 입력했다면 정상적으로 동작하는지 실행해보죠. 테스트를 위해 요구사항에 나와 있는 문자열을 순차적으로 입력해 보세요. 어떤가요? 정상적으로 동작하죠?!

미션 03   양쪽 공백 제거하기

01 _ 미션 소개

공백 제거 마지막 미션이군요. 미션 01과 미션 02에서 만든 두 개의 함수를 활용해 요구사항에 맞게 동작하는 함수를 만들어 주세요.

요구사항

실행 전	실행 후
"__웹__동네"	"웹__동네"
"__웹동네"	"웹동네"
"__웹동네__"	"웹동네"

02 _ 구현하기

방법은 정말 간단합니다. 미션 01과 미션 02에서 만든 ltrim() 함수와 rtrim() 함수를 재사용하면 됩니다.

풀이: 소스 _ 03부/03장/lesson03/01_complete/m03/01.html

```
// 오른쪽 공백 문자를 제거하는 함수
function rtrim(str){ ❶
    . . . .
}
// 왼쪽 공백 문자를 제거하는 함수
function ltrim(str){ ❷
    . . . .
}

// 양쪽 공백 문자를 제거하는 함수
function trim(str){
    var result = ltrim(str); ❸
    result = rtrim(result); ❹

    return result; ❺
}
```

설명

❶, ❷ 먼저 미션 01과 미션 02풀이에서 ltrim() 함수와 rtrim() 함수를 복사해 줍니다.

❸ 먼저 미션 01에서 만든 ltrim() 함수를 활용해 왼쪽 공백 문자를 제거해 줍니다.

❹ 미션 02에서 만든 rtrim() 함수를 활용해 오른쪽 공백 문자를 제거해 줍니다.

❺ 최종 결과를 리턴해 줍니다.

코드를 모두 입력했다면 실행 후 양쪽 공백이 정상적으로 제거되는지 실행해 보세요.

미션 04 　 세 자릿수마다 콤마(,) 추가하기

01 _ 미션 소개 및 미리 보기

이번 미션은 세 자릿수마다 콤마를 추가하는 기능을 구현하는 것입니다. 정확한 미션 파악을 위해 풀이가 완료된 다음 파일을 웹 브라우저에서 실행해 주세요.

■ 소스 _ 03부/03장/lesson03/01_complete/m04/01.html

실행 후 입력박스에 1234567을 입력한 후 확인 버튼을 눌러 보세요. 그럼 실행화면처럼 세 자릿수마다 콤마가 추가된 화면을 볼 수 있을 것입니다.

실행화면

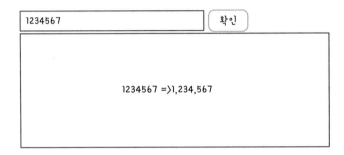

02 _ 요구사항

이번 미션의 요구사항을 정리하면 다음과 같이 세 자릿수마다 콤마를 추가하는 기능을 함수로 만드는 것입니다.

실행 전	실행 후
123	123
12345	12,345
123456	123,456
1234567890	1,234,567,890

03 _ 화면 구성

화면은 앞의 미션과 동일하게 구성돼 있습니다.

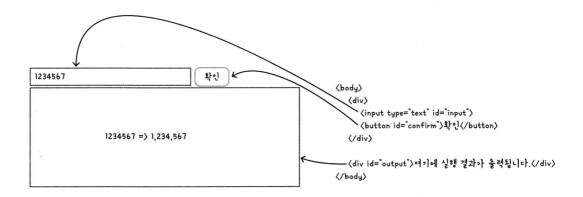

04 _ 풀이 전 코드

소스 _ 03부/03장/lesson03/01_complete/m04/00.html

```
$(document).ready(function(){
    var $output = $("#output");
    var $input = $("#input");

    $("#confirm").click(function(){
        // 입력값 알아내기
        var value = $input.val();

        //3자릿수마다 콤마(,) 추가
        var result = won(value);

        // 결과 출력
        $output.html(value+" ⇒ "+result);
    })
});

//3자릿수마다 콤마(,) 추가
// 예) 1234567 -> 1,234,567
function won(value){
    // 여기에 소스를 입력해 주세요.

}
```

여기까지 이번 미션 설명입니다. 그럼 지금부터 책을 덮고 요구사항에 맞게 여러분 스스로 미션을 풀어보세요. 만약 미션을 스스로 풀기 어려운 분이라면 지금부터 필자를 따라 풀이를 진행하면 됩니다.

05 _ 구현하기

구현 전 미리 언급하자면 이번 미션 풀이는 필자가 소개할 풀이 방법 이외에도 더 쉽고 효과적인 풀이 방법이 있을 수 있음을 알려드립니다. 풀이를 진행하기 전에 어떻게 처리해야 할 것인지 로직부터 세워보죠. 우리는 요구사항에서 확인한 것처럼 3자릿수마다 콤마를 추가해야 합니다.

실행 전	실행 후
123	123
12345	12,345
123456	123,456
1234567890	1,234,567,890

먼저 입력받은 문자 길이가 3보다 작은 경우를 생각해보죠. 이 경우는 콤마를 추가하지 않아도 되기 때문에 입력받은 값을 바로 리턴하면 됩니다.

입력받은 문자 길이가 3보다 큰 경우 3자릿수마다 콤마를 추가해 줍니다. 콤마를 추가하는 방법은 여러 가지가 있겠지만 필자는 입력받은 문자를 3개씩 잘라 콤마와 함께 이어 붙이는 방식을 사용하겠습니다. 구현순서는 다음과 같습니다.

순서 1 _ 반복횟수 구하기

입력받은 문자열 길이를 3으로 나눠 반복횟수를 알아냅니다.

```
Math.floor(( 입력받은 문자열 길이-1)/3)
```

예를 들어 입력값이 "12345678"이라고 해보죠. 그럼 반복횟수 값은 2가 됩니다. 이때 반드시 문자열 길이에서 1을 빼줘야 합니다.

순서 2 _ 루프 돌며 콤마 추가하기

순서 1에서 구한 반복횟수만큼 루프를 돌며 입력받은 문자열의 뒤쪽에서 붙여 앞쪽으로 3개의 문자열을 잘라낸 후 콤마를 추가해 새로운 문자열을 만들어 냅니다. 이 과정을 간단하게 코드로 표현하면 다음과 같습니다.

시작

```
var 최종결과 ="";
```

시작 시 최종결과를 저장할 변수를 빈 값으로 초기화해 줍니다.

반복

```
for(var i=0;i<반복횟수;i++){
    var 잘라낸값 = 입력값 뒷쪽에서 3개의 문자열 잘라내기;
    입력값   = 입력값 뒤쪽에서 3개의 문자열을 잘라낸 나머지 값;
    최종결과 = ","+잘라낸값+최종결과;
}
```

루프가 실행되면 각 변수에는 다음과 같이 결과값들이 만들어집니다. 여기서 핵심은 입력값을 루프를 돌 때마다 입력값 뒤쪽에서3개의 문자열을 잘라낸 나머지 값으로 갱신된다는 점입니다.

반복	실행 전 입력값(value)	잘라낸 값(cutStr)	실행 후 입력값(value)	최종결과(result)
반복1	"12345678"	"678"	"12345"	",678"
반복2	"12345"	"345"	"12"	",345,678"

순서 3 _ 잔여 입력값 처리

루프 실행이 완료되면 입력값에는 "12"가 남게 됩니다. 이 값을 최종결과값 앞에 더해 줍니다. 즉, 최종결과값은 우리가 원하는 값이 만들어집니다.

```
최종결과 = 실행후입력값 + 최종결과 => "12"+",345,678"  => "12,345,678"
```

그럼 마지막으로 지금까지 만든 로직이 정상적으로 동작할 것인지 검증을 해보겠습니다. 예를 들어 입력값이 "123456"인 경우 결과는 "123,456,789"으로 나와야 합니다.

순서 1 _ 반복횟수 구하기

다음 구문이 실행되면 반복횟수는 1이 됩니다.

```
Math.floor((입력값.length-1)/3)     => 2
```

순서 2 _ 루프 돌며 콤마 추가하기

루프가 실행되면 다음 표와 같이 결과값을 만들어 줍니다.

반복	실행 전 입력값(value)	잘라낸 값(cutStr)	실행 후 입력값(value)	최종결과(result)
반복1	"123456789"	"789"	"123456"	",789"
반복2	"123456"	"456"	"123"	",456,789"

순서 3 _ 잔여 입력값 처리

최종결과 = 실행 후 입력값 + 최종결과 => "123"+",456,789"

마지막으로 최종결과는 위의 구문에 의해 "123,456,789"이 됩니다. 이렇게 로직 검증 작업까지 마무리했으니 지금까지 내용을 코드로 구현해 보겠습니다.

소스 _ 03부/03장/lesson03/01_complete/m04/01.html

```
// 세 자릿수마다 콤마(,) 추가하는 기능
function won(value){
    // 여기에 소스를 입력해 주세요.

    // 문자열 길이가 3과 같거나 작은 경우 입력값을 그대로 리턴
    if(value.length<=3){ ❶
        return value;
    }

    // 3단어씩 자를 반복 횟수 구하기
    var count = Math.floor((value.length-1)/3); ❷

    // 결과값을 저정할 변수
    var result = "";

    // 문자 뒤쪽에서 3개를 자르며 콤마(,) 추가
    for(var i=0;i<count;i++){ ❸

        // 마지막 문자-3에서 마지막 문자 자르기
        var length =  value.length;
        var strCut= value.substr(length-3, length); ❸-❶
```

```
        // 콤마(,) + 신규로 자른 문자열 + 기존 결과값
        result = ","+strCut+result; ❸-❷

        // 입력값 뒷쪽에서 3개의 문자열을 잘라낸 나머지 값으로 입력값 갱신
        value = value.slice(0, length-3); ❸-❸
    }

    // 마지막으로 루프를 돌고 남아 있을 입력값을 최종결과 앞에 추가
    result = value +result; ❹

    // 최종값 리턴
    return result; ❺
}
```

설명

❶ 먼저 입력받은 문자열의 길이가 3보다 같거나 작은 경우 콤마를 추가해주지 않아도 되기 때문에 입력값을 그대로 리턴해 줍니다.

❷ 콤마를 추가하기 위한 반복횟수를 구해 줍니다.

❸ 콤마를 추가하는 반복문을 실행해 줍니다.

❸-❶ 입력값 뒤쪽에서 3개의 문자열을 잘라냅니다.

❸-❷ 최종결과값에 ","와 잘라낸 문자열을 더해 줍니다.

❸-❸ 입력값을 ❸-❶에서 잘라낸 문자열을 제외한 입력값으로 갱신해 줍니다.

❹ 마지막으로 남아있는 루프를 돌고 남아있는 입력값을 최종결과 앞에 추가해 줍니다.

❺ 최종결과를 리턴해 줍니다.

코드를 모두 입력했다면 정상적으로 동작하는지 실행해보죠. 먼저 코드에 "123"을 입력한 후 실행버튼을 눌러보세요. "123"이 나와야 합니다. 이와 같은 방법으로 요구사항 표에 나열돼 있는 값을 입력해 정상적으로 실행되는지 확인해 보세요.

여기까지 String 클래스에 대해 자세히 알아봤습니다.

CHAPTER 04

Date 클래스

공지:
원의 크기는 난이도를 나타냅니다.
앞으로 갈수록 조금씩 어려워지니 차근차근 따라오세요.

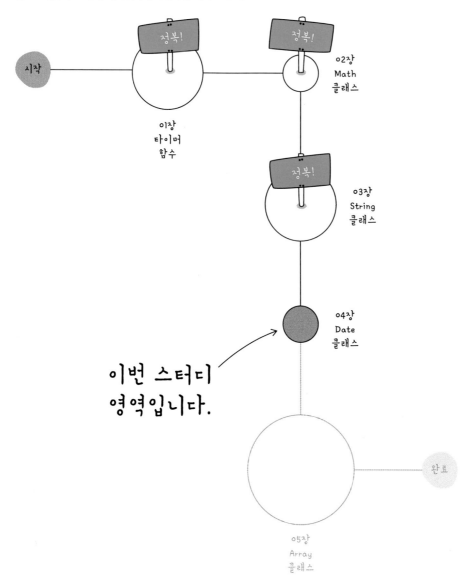

들어가며

Date 클래스는 날짜 및 시간과 관련된 다양한 기능을 제공합니다. Date 클래스는 다른 자바스크립트 코어 클래스만큼 많이 사용하진 않지만 기본적인 클래스인 만큼 한 번 정도는 살펴봐야 합니다.

이번 장에서 배울 내용은 다음과 같습니다.

다른 클래스만큼은 아니지만 Date 클래스 역시 실무를 진행하기 위해 반드시 알고 있어야 하는 핵심 라이브러리 요소 중 하나입니다. 이번 레슨에서는 Date 클래스의 주요 기능을 살펴봅니다.

01 _ Date 클래스란?

Date 클래스에는 날짜 및 시간과 관련된 유용한 기능이 담겨 있습니다. Date 클래스는 실무에서 다음과 같은 경우에 유용하게 사용됩니다.

- 다이어리 같은 프로젝트에서 달력을 만들 때 Date 클래스를 사용합니다.

- 현재 시간을 출력하는 시계를 만들 때에도 사용합니다.

- 슈팅 게임을 만드는 경우 플레이 경과 시간을 알아낼 때에도 사용합니다.

- D–Day를 출력할 때에도 사용합니다.

02 _ 주요 기능

Date 클래스에서 자주 사용하는 기능은 다음과 같습니다.

메서드 목록

메서드	설명
getDate()	로컬시간을 사용하여 일(월 기준)을 반환
getDay()	로컬시간을 사용하여 일(주 기준, 즉 요일)을 반환
getFullYear()	로컬시간을 사용하여 연도를 반환
getHours()	로컬시간을 사용하여 시간을 반환
getMilliseconds()	로컬시간을 사용하여 밀리초를 반환
getMinutes()	로컬시간을 사용하여 분을 반환
getMonth()	로컬시간을 사용하여 월을 반환

메서드	설명
getSeconds()	로컬시간을 사용하여 초를 반환
getTime()	1970년 1월 1일 00:00:00부터 현재시간 까지 경과한 시간을 밀리초로 반환
getYear()	로컬시간을 사용하여 연도 값을 반환. getFullYear() 사용을 권장
setDate()	로컬시간을 사용하여 일(월 기준)을 설정
setFullYear()	로컬시간을 사용하여 연도를 설정
setHours()	로컬시간을 사용하여 시간을 설정
setMilliseconds()	로컬시간을 사용하여 밀리초를 설정
setMinutes()	로컬시간을 사용하여 분을 설정
setMonth()	로컬시간을 사용하여 월을 설정
setSeconds()	로컬시간을 사용하여 초를 설정
setTime()	날짜와 시간 값을 설정
setYear()	로컬시간을 사용하여 연도 값을 설정. setFullYear() 사용을 권장

Lesson 02 / 핵심 내용

이번 레슨에서는 Date 클래스와 관련된 수많은 내용 중에서 실무를 진행하기 위해 반드시 알고 있어야 하는 내용을 선별해 다룹니다. 실무에서는 Date 클래스를 활용해 다음과 같은 기능을 구현할 수 있어야 합니다.

핵심 01: 시간, 분, 초, 밀리초 알아내기

핵심 02: 년, 월, 일, 요일 알아내기

핵심 01 _ 시간, 분, 초, 밀리초 알아내기

Date의 getHours(), getMinutes(), getSeconds(), getMilliseconds()를 이용하면 시간, 분, 초, 밀리초를 알아낼 수 있습니다.

1 _ getHours() 메서드

사용법	`var hours = Date인스턴스.getHours();`

매개변수

없음

리턴값

0부터 23까지의 정수

2 _ getMinutes() 메서드

사용법	`var minutes = Date인스턴스.getMinutes();`

매개변수

없음

리턴값

0부터 59까지의 정수

3 _ getSeconds() 메서드

사용법	`var seconds = Date인스턴스.getSeconds();`

매개변수

없음

리턴값

0부터 59까지의 정수

4 _ getMilliseconds() 메서드

사용법	`var mSeconds = Date인스턴스. getMilliseconds();`

매개변수

없음

리턴값

0부터 999까지의 정수값

예제 01 현재 시간 출력하기

현재 시간의 시간, 분, 초, 밀리초를 #output에 출력해 주세요.

풀이 전 코드: 소스 _ 03부/04장/lesson02/01_complete/01_00.html

```
$(document).ready(function(){
    var $output = $("#output");
    // 여기에 풀이를 입력해 주세요.

})
```

풀이: 소스 _ 03부/04장/lesson02/01_complete/01_01.html

```
$(document).ready(function(){
    var $output = $("#output");

    // 여기에 풀이를 입력해 주세요.
    var objDate = new Date(); ❶
    var hours = objDate.getHours(); ❷
    var minutes = objDate.getMinutes(); ❸
    var seconds = objDate.getSeconds(); ❹
    var millseconds = objDate.getMilliseconds();❺

    $output.html(hours+":"+minutes+":"+seconds+"."+millseconds); ❻
})
```

설명

❶ 먼저 Date() 클래스의 인스턴스를 생성한 후

❷, ❸, ❹, ❺ 시간, 분, 초, 밀리초를 알아낼 수 있는 메서드를 각각 호출해 줍니다.

❻ 그리고 이들의 값을 모두 더해 #output에 출력해 줍니다.

Date() 객체 사용 시 주의해야 할 사항이 있는데요. Date() 클래스의 인스턴스 생성 시 생성한 시점에 시간 정보와 날짜 정보가 담긴다는 것입니다. 이 때문에 만약 객체를 생성하고 나서 5초 후에 getSeconds()와 같은 메서드를 활용해 초 정보를 출력하는 경우, getSeconds()를 호출할 때의 시간이 아니라 5초 전의 시간 정보가 출력됩니다. 그러므로 현재 시간을 출력하려면 반드시 시간을 구할 때마다 Date 클래스의 인스턴스를 생성해서 사용해야 합니다.

핵심 02 _ 년, 월, 일, 요일 알아내기

Date의 getFullYear(), getMonth(), getDate(), getDay()를 이용하면 년, 월, 일, 요일을 알아낼 수 있습니다.

1 _ getFullYear() 메서드

사용법   var year = Date인스턴스.getFullYear();

매개변수

없음

리턴값

네 자리 숫자로 된 연도 값

2 _ getMonth() 메서드

| 사용법 | `var month = Date인스턴스.getMonth();` |

매개변수

없음

리턴값

0(1월)부터 11(12월)까지의 정수값

3 _ getDate() 메서드

| 사용법 | `var date = Date인스턴스.getDate();` |

매개변수

없음

리턴값

날짜(일)를 나타내는 1에서 31까지의 정수

4 _ getDay() 메서드

| 사용법 | `var day = Date인스턴스.getDay();` |

매개변수:

없음

리턴값:

0(일)부터 6(토)까지의 정수값

예제 02 **오늘 날짜 출력하기**

년, 월, 일, 요일을 실행화면처럼 #output에 출력해 주세요.

실행화면:

2015년 6월 22일 월요일

#output

풀이 전 코드: 소스 _ 03부/04장/lesson02/01_complete/02_00.html

```
$(document).ready(function(){
    var $output = $("#output");
    // 여기에 풀이를 입력해 주세요.
})
```

풀이: 소스 _ 03부/04장/lesson02/01_complete/02_01.html

```
$(document).ready(function(){
    var $output = $("#output");
    // 여기에 풀이를 입력해 주세요.
    var objDate = new Date(); ❶

    // 년 구하기
    var year = objDate.getFullYear(); ❷
    // 월 구하기
    var month = objDate.getMonth(); ❸

    // 일 구하기
    var date = objDate.getDate(); ❹
```

```
    // 요일 구하기
    var day = objDate.getDay(); ❺
    var aryDay = ["일","월","화","수","목","금","토"];

    // 년, 월, 일, 요일 출력
    $output.html(year+"년 "+(month+1)+"월 "+date+"일 "+ aryDay[day]+"요일"); ❻
})
```

설명:

❶ 먼저 Date() 클래스의 인스턴스를 생성한 후

❷, ❸, ❹, ❺ 년, 월, 일, 요일을 구할 수 있는 메서드를 각각 호출해 줍니다.

❻ 그리고 이들의 값을 모두 더해 #output에 출력해 줍니다.

<table>
<tr><td>Lesson
03</td><td>미션</td></tr>
</table>

이번에도 지금까지 학습한 Date 클래스 내용을 테스트해보는 시간을 가져 보겠습니다.

미션 01　시계 만들기 ver 1.0

01 _ 미션 소개 및 미리 보기

이번 미션은 전자 시계를 만드는 것입니다. 미션을 정확히 파악하기 위해 풀이 완료 파일을 웹 브라우저에서 실행해 주세요.

- 소스 _ 03부/04장/lesson03/01_complete/m01/step02.html

실행화면

```
13:15:3
```

실행화면을 살펴보면 현재 시간이 계속해서 업데이트되며 출력되는 것을 볼 수 있을 것입니다.

02 _ 요구사항

이번 미션의 요구사항을 정리하면 다음과 같습니다.

요구사항

- 현재 시간을 시: 분: 초로 출력해 주세요.

- 시간은 #clock에 출력해 주세요.

- 기능은 clock이라는 함수에 구현해 주세요.

03 _ 화면구성

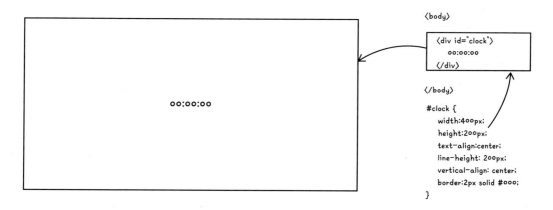

04 _ 풀이 전 코드

소스 _ 03부/04장/lesson03/01_complete/m01/step00.html

```
var $clock = null;
$(document).ready(function(){
    $clock = $("#clock");

    // 시간 출력 함수 호출
    clock();
});


function clock(){
    // 여기에 풀이를 입력해 주세요.


}
```

여기까지 이번 미션 설명입니다. 그럼 지금부터 책을 덮고 요구사항에 맞게 여러분 스스로 미션을 풀어보세요. 만약 미션을 스스로 풀기 어려운 분이라면 필자를 따라 풀이를 진행하면 됩니다.

05 _ 구현하기

이해를 돕기 위해 미션 구현은 두 단계로 나눠 진행하겠습니다.

단계 01: 현재 시간 출력

단계 02: 0.5초 후에 현재 시간이 출력되는 문제점 해결

단계 01 _ 현재 시간 출력

풀이: 소스 _ 03부/04장/lesson03/01_complete/m01/step01.html

```
var $clock = null;
$(document).ready(function(){
    $clock = $("#clock");

    // 시간 출력 함수 호출
    clock();

});

function clock(){
    // 여기에 풀이를 입력해 주세요.

    // 0.5초마다 시간 출력
    setInterval(function(){ ❶

        var objDate = new Date(); ❷
        var hours = objDate.getHours();
        var minutes = objDate.getMinutes();
        var seconds = objDate.getSeconds();

        var time = hours+":"+minutes+":"+seconds; ❸
        $clock.html(time);

    },500)
}
```

설명

❶ 타이머 함수를 활용해 0.5초마다 익명함수를 호출해 줍니다. 여기서 1초(1000밀리초)가 아닌 0.5초로 한 이유는 정확히 setinterval() 함수는 약간의 오차가 발생하기 때문에 실행하다 보면 약간의 오차가 생겨 한 번에 2초씩 출력되는 경우가 발생하게 됩니다. 이를 처리하기 위해 0.5초에 한 번씩 익명함수를 호출해 줍니다.

❷ Date() 객체를 생성한 후 시간, 분, 초를 구합니다.

❸ ❷에서 구한 시간, 분, 초를 하나의 문자열로 만든 후 #output에 출력합니다.

코드를 모두 입력했다면 정상적으로 동작하는지 실행합니다. 현재 시간이 출력되는 것을 확인할 수 있을 것입니다. 하지만 아쉽게도 미션 풀이에는 약간의 문제점이 있습니다. 실행 후 바로 현재 시간이 출력되는 것이 아니라 0.5초가 지난 후에 출력된다는 것입니다. 다음 단계에서 이 문제점을 해결해보죠.

단계 02 _ 0.5초 후에 현재 시간이 출력되는 문제점 해결

해결 방법은 간단합니다. 익명 함수에 구현돼 있는 시간 출력 기능을 독립된 함수로 만들어 주는 것입니다.

단계01 소스 _ 03부/04장/lesson03/01_complete/m01/step01.html	단계02 소스 _ 03부/04장/lesson03/01_complete/m01/step02.html

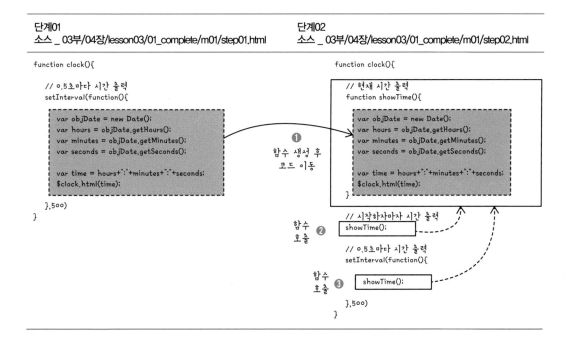

설명

❶ 먼저 시간 출력 기능 구문을 showTime() 함수에 포장해 독립시켜 줍니다. 여기서 showTime() 함수는 clock() 내부에서만 사용할 것이기 때문에 중첩 함수로 만들어 줍니다.

❷ 시작하자마자 시간이 출력될 수 있게 showTime() 함수를 호출해 줍니다.

❸ 타이머 함수 내부에서도 showTime() 함수를 호출해 줍니다.

코드를 모두 입력했다면 정상적으로 동작하는지 실행해보죠. 시작하자마자 현재 시간이 출력되는 것을 확인할 수 있을 겁니다.

미션 02 시계 만들기 ver 2.0

01 _ 미션 소개 및 미리 보기

이번 미션은 미션 01에서 만든 시계를 다음 실행화면처럼 출력되게 만드는 것입니다.

미션 01 실행화면

미션 02 실행화면

예를 들어 2시 3분 5초인 경우 미션 01에서는 2:3:5초로 출력됐는데요. 이를 02:03:05처럼 출력되게 만들어 주면 됩니다.

02 _ 구현하기

소스 _ 03부/04장/lesson03/01_complete/m02/01.html

```
function clock(){
    // 숫자 값을 00 문자로 변환
    function addZero(value){ ❶
        //10보다 작은 경우에만 00 문자로 변환
        if(value<10){
```

```
            value= "0"+value;
        }

        return value;
    }

    // 현재 시간 출력
    function showTime(){
        var objDate = new Date();
        var hours = addZero( objDate.getHours()); ❷
        var minutes = addZero(objDate.getMinutes()); ❸
        var seconds = addZero(objDate.getSeconds()); ❹

        var time = hours+":"+minutes+":"+seconds;
        $clock.html(time);
    }

    // 시작하자마자 시간 출력
    showTime();

    // 0.5초마다 시간 출력
    setInterval(function(){
        showTime();
    },500)
}
```

설명

❶ 기존 코드에 addZero()라는 함수를 만들어 10보다 작은 숫자인 경우만 앞에 "0" 문자를 추가해 줍니다.

❷, ❸, ❹ showTime() 함수의 시간, 분, 초 값을 addZero() 함수를 이용해서 "0"+ 숫자 식의 문자로 만들어 줍니다.

코드를 모두 입력했다면 정상적으로 동작하는지 실행해보죠.

자! 이렇게 해서 Date클래스도 정복했습니다. 이어서 Array 클래스에 대해 알아보죠.

CHAPTER 05

Array 클래스

공지:
원의 크기는 난이도를 나타냅니다.
앞으로 갈수록 조금씩 어려워지니 차근차근 따라오세요.

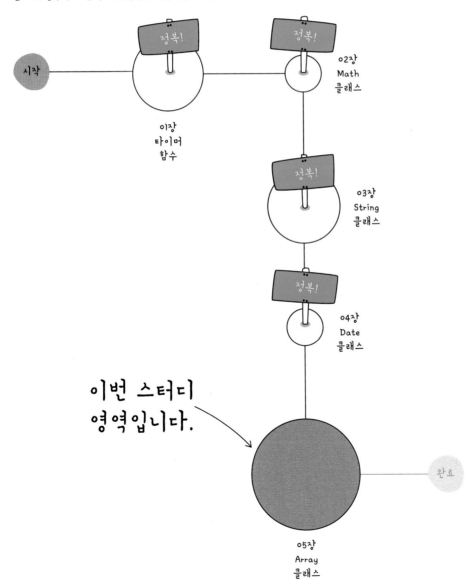

들어가며

Array 클래스에는 배열 요소의 개수를 알아내는 기능이라든지 배열 요소의 추가, 삭제, 찾기 등 배열과 관련된 다양한 기능이 가득 담겨 있습니다. Array 클래스는 사용빈도가 가장 높은 라이브러리입니다. 게시판 제작 시 화면에 출력하는 게시물 리스트를 담을 때 배열을 사용하고, 이미지 슬라이더와 사진첩 제작 시 출력되는 이미지 목록을 다룰 때에도 배열이 사용됩니다.

이번 장에서 배울 내용은 다음과 같습니다.

Lesson 01 **Array 클래스 소개**
Lesson 02 **핵심 내용**
Lesson 03 **미션**

Lesson 01 / Array 클래스 소개

배열 역시 배열 리터럴(["데이터1","데이터2",....])로 많이 사용했기 때문에 잘 모르겠지만 사실 배열 리터 럴은 자동으로 배열(Array) 클래스로 변환돼 사용됩니다. 또, 배열(Array) 클래스는 자바스크립트 코어 라이브러리 중 사용 빈도가 가장 높은 클래스 중 하나입니다. 이번 레슨에서는 Array 클래스의 주요 기능 을 살펴봅니다.

01 _ Array 클래스란?

Array 클래스에는 배열을 만드는 기능부터, 추가, 삭제, 찾기 등의 유용한 기능이 담겨 있습니다. Array 클래스는 실무에서 다음과 같은 경우에 유용하게 사용됩니다.

- 게시판에서 게시물 리스트를 출력할 때 배열이 사용됩니다.
- 갤러리에서 이미지 리스트를 출력할 때 배열이 사용됩니다.
- 웹 사이트의 메뉴를 만들 때 메뉴 항목을 출력할 때에도 배열을 사용합니다.

02 _ 주요 기능

Array 클래스에서 자주 사용하는 프로퍼티와 메서드는 다음과 같습니다.

프로퍼티 목록

프로퍼티	설명
length	배열의 크기(개수)를 알 수 있습니다.

메서드 목록

메서드	설명
concat()	배열에 다른 배열이나 값을 연결해 새 배열을 만들어 반환
indexOf()	배열 요소의 인덱스 값을 반환, 배열 요소가 없는 경우 −1을 반환
join()	지정된 구분 문자열로 배열 요소들을 이어 붙여서 문자열로 만듦

메서드	설명
pop()	마지막 배열 요소를 반환
push()	새로운 배열 요소를 마지막 배열 위치에 추가
reverse()	배열 요소의 순서를 반대로 바꿈
shift()	배열에서 첫 번째 요소를 제거한 후 배열을 반환
slice()	배열의 일부분을 반환
sort()	배열 요소를 내림차순 또는 오름차순으로 정렬
splice()	배열 요소를 추가, 삭제, 교체
unshift()	배열 맨 앞에 배열 요소를 삽입

Lesson 02 / 핵심 내용

이번 레슨에서는 Array 클래스와 관련된 수많은 내용 중에서 실무를 진행하기 위해 반드시 알고 있어야 하는 내용을 선별해 다룹니다. 실무에서는 Array 클래스를 활용해 다음과 같은 기능을 구현할 수 있어야 합니다.

핵심 01: 배열 만들기

핵심 02: 배열 요소 개수 알아내기

핵심 03: 특정 위치의 배열 요소 접근하기

핵심 04: 배열을 문자열로 만들기

핵심 05: 문자열을 배열로 만들기

핵심 06: 특정 위치에 배열 요소 추가

핵심 07: 특정 위치의 배열 요소 삭제

핵심 08: 정렬하기

핵심 01 _ 배열 만들기

배열 만드는 방법은 2가지가 있습니다.

방법 1 _ 배열 리터럴 방식

```
var menus= ["menu1","menu2","menu3","menu4"];
```

방법 2 _ 배열 클래스 방식

```
var users = new Array("menu1","menu2","menu3","menu4");
```

두 방법이 다른 것처럼 보이지만 '방법 1-배열 리터럴 방식'이 자바스크립트에 의해 실행되면 '방법 2-배열 클래스 방식'으로 변환돼 실행됩니다. 그렇기 때문에 실무에서는 좀더 간결한 배열 리터럴 방식을 이용해 배열을 생성합니다.

핵심 02 _ 배열 요소 개수 알아내기

length 프로퍼티를 이용하면 배열 요소 개수를 쉽게 알아낼 수 있습니다.

예제 01 users 배열 요소 개수 알아내기

풀이: 소스 _ 03부/05장/lesson02/01_complete/01.html

```
var users = ["user1","user2","user3","uer4"];
alert(users.length);    // 실행결과 : 4
```

핵심 03 _ 특정 위치의 배열 요소 접근하기

배열의 N번째 배열 요소에 접근하는 기능은 다음과 같이 [ ] 내부에 접근하고자 하는 인덱스 값을 넣으면 됩니다.

사용법   var 변수 = 배열변수[인덱스]

예제 02 풀이 전 코드에서 menuItems의 배열 요소를 실행화면과 같이 출력해 주세요.

실행화면

    0 = menu1
    1 = menu2
    2 = menu3
    3 = menu4

풀이 전 코드: 소스 _ 03부/05장/lesson02/01_complete/02_00.html

```
var menuItems = ["menu1", "menu2", "menu3", "menu4"];
```

풀이: 소스 _ 03부/05장/lesson02/01_complete/02_01.html

```
var menuItems = ["menu1", "menu2", "menu3", "menu4"];
// 여기에 풀이를 입력해 주세요.
for(var i=0;i<menuItems.length;i++){ ❶
    // 배열 요소 접근
    var menuItem = menuItems[i]; ❷
```

```
    // 배열 요소 출력
    document.write(i+" = "+menuItem, "<br>"); ❸
  }
```

설명

❶ 먼저 menuItems 배열 개수만큼 루프를 돌게 만들어 줍니다.

❷ i 번째에 해당하는 배열 요소를 가져옵니다.

❸ ❷에서 구한 배열 요소를 화면에 출력합니다.

핵심 04 _ 배열을 문자열로 만들기

종종 배열을 문자열로 만들어야 하는 경우가 있습니다. 이때 join() 메서드를 이용하면 됩니다.

사용법 `var menus = 배열.join([separator]);`

매개변수

separator: 선택 사항이며, 배열 요소를 구분하기 위해 사용하는 문자열입니다. 생략하면 쉼표(,)가 구분자로 사용됩니다.

리턴값

지정된 구분자로 배열 요소들을 이어 붙여서 만들어진 문자열

예제 03 menuItems의 배열 요소를 문자열로 만들어 실행화면처럼 출력해 주세요.

실행결과

"menu1-menu2-menu3-menu4"

풀이 전 코드: 소스 _ 03부/05장/lesson02/01_complete/03_00.html

```
var menuItems = ["menu1", "menu2", "menu3", "menu4"];
```

풀이: 소스 _ 03부/05장/lesson02/01_complete/03_01.html

```
var menuItems = ["menu1", "menu2", "menu3", "menu4"];
var result = menuItems.join("-");
console.log(result);
```

설명

구분자를 "-"으로 join() 메서드를 호출해 배열 요소를 문자열로 만들어 줍니다.

핵심 05 _ 문자열을 배열로 만들기

문자열을 배열로 만들 때는 Array 클래스에서 제공하는 split() 메서드를 이용하면 됩니다. 이 기능은 실무에서 많이 사용하는 기능 중 하나입니다.

사용법	`var aryData = 문자열.split(separator);`

매개변수

separator: 구분자로 사용할 문자열입니다.

리턴값

구분자로 나눠 만들어진 배열

예제 04 문자열로 된 메뉴 항목을 동적으로 추가하기

풀이 전 코드에서 변수 menuItemData에는 메뉴 아이템 정보가 문자열로 들어 있습니다(메뉴 구분은 콤마). 이 정보를 배열로 만들어 배열 개수만큼 #menu에 메뉴 항목을 동적으로 추가해 주세요.

화면정의

```
<body>
    <ul class="menu">
        <li>메뉴1</li>
        <!-- 여기에 메뉴를 추가해 주세요 -->
    </ul>
</body>
```

```css
ul.menu {
    list-style: none;
    border: 1px solid #000;
    height: 40px;
    padding: 20px;
}

ul.menu li {
    display: block;
    float: left;
    padding: 10px;
    border: 1px solid #000;
    margin-right: 10px;
}
```

> **힌트 _ 메뉴추가 방법**
>
> `$menu.append("<li>메뉴항목</li>");`

풀이 전 코드: 소스 _ 03부/05장/lesson02/01_complete/04_00.html

```html
<html>
<head>
    <meta http-equiv="Content-Type" content="text/html; charset=UTF-8">
    <title> </title>
    <style>
        ul.menu {
            list-style: none;
            border: 1px solid #000;
            height: 40px;
            padding: 20px;
        }

        ul.menu li {
            display: block;
            float: left;
            padding: 10px;
            border: 1px solid #000;
            margin-right: 10px;
        }
    </style>

    <script src="../../libs/jquery-1.11.0.min.js"></script>
    <script>
        $(document).ready(function() {
            var $menu = $(".menu");
            var menuData = "menu1,menu2,menu3,menu4";
            // 여기에 풀이를 입력해 주세요.

        })
    </script>
</head>
<body>
    <ul class="menu">
        <li>메뉴1</li>
```

```
        <!-- 여기에 메뉴를 추가해 주세요 -->
    </ul>
</body>
</html>
```

풀이: 소스 _ 03부/05장/lesson02/01_complete/04_01.html

```
$(document).ready(function(){
    var $menu = $(".menu");
    var menuData = "menu1,menu2,menu3,menu4";
    // 여기에 풀이를 입력해 주세요.

    // 문자열 메뉴 아이템 정보를 배열 메뉴 아이템 정보로 변경
    var menuItems = menuData.split(",");  ❶

    // 메뉴 개수만큼 루프 돌기 =
    for(var i=0;i<menuItems.length;i++){  ❷
        // i번째 배열 요소를 메뉴 아이템으로 만들기
        var newMenuItem ="<li>"+menuItems[i]+"</li>";  ❸
        // 동적으로 메뉴 아이템 추가
        $menu.append(newMenuItem);  ❹
    }
})
```

설명

❶ 먼저 메뉴 아이템 정보가 들어 있는 문자열을 split() 메서드를 활용해 배열로 만들어 줍니다.

❷ menuItems 배열 개수만큼 루프를 돌게 만들어 줍니다.

❸ i번째에 해당하는 배열 요소에 접근해 메뉴 항목을 문자열로 만들어 줍니다.

❹ jQuery의 append() 메서드를 활용해 메뉴 항목을 동적으로 추가해 줍니다.

코드를 모두 입력했다면 실행해 보세요. 다음과 같은 실행화면을 볼 수 있을 것입니다.

실행화면

| 메뉴 1 | munu 1 | munu 2 | munu 3 | munu 4 |

핵심 06 _ 특정 위치에 배열 요소 추가

실무 작업을 진행하기 위해서는 원하는 요소에 배열 요소를 추가할 수 있어야 합니다. 마지막, 첫 번째, n번째 위치로 나눠 배열 요소를 추가하는 방법에 대해 알아보겠습니다.

1 _ 배열 마지막 위치에 배열 요소 추가하기

push() 메서드를 이용하면 마지막 위치에 배열 요소를 쉽게 추가할 수 있습니다.

```
사용법    var result = 배열.push(element[,element]);
```

매개변수

　element: 배열 마지막 위치에 추가할 배열 요소입니다.

리턴값

신규 배열 요소를 추가한 배열을 리턴

예제 05　menuItems 배열 마지막에 "new"를 추가해 주세요.

풀이 전 코드: 소스 _ 03부/05장/lesson02/01_complete/05_00.html

```
var menuItems = ["menu1","menu2","menu3","menu4"];
console.log("실행 전 : "+ menuItems.join(","));
```

풀이: 소스 _ 03부/05장/lesson02/01_complete/05_01.html

```
var menuItems = ["menu1","menu2","menu3","menu4"];
console.log("실행 전 : "+ menuItems.join(","));
menuItems.push("new");
console.log("실행 후 : "+ menuItems.join(","));
```

실행결과

　실행 전: menu1,menu2,menu3,menu4
　실행 후: menu1,menu2,menu3,menu4,new

2 _ 배열 첫 번째 위치에 배열 요소 추가하기

unshift() 메서드를 이용하면 첫 번째 위치에 배열 요소를 쉽게 추가할 수 있습니다.

> 사용법   `var result = 배열.unshift(element[,element]);`

매개변수

element: 추가 요소

리턴값

추가 후 배열의 크기

예제 06 menuItems 배열 첫 번째 위치에 "new"를 신규로 추가해 주세요.

풀이 전 코드: 소스 _ 03부/05장/lesson02/01_complete/06_00.html

```
var menuItems = ["menu1","menu2","menu3","menu4"];
console.log("실행 전 : "+ menuItems.join(","));
```

풀이: 소스 _ 03부/05장/lesson02/01_complete/06_01.html

```
var menuItems = ["menu1","menu2","menu3","menu4"];
console.log("실행 전 : "+ menuItems.join(","));
menuItems.unshift("new");
console.log("실행 후 : "+ menuItems.join(","));
```

실행결과

실행 전: menu1,menu2,menu3,menu4
실행 후: new,menu1,menu2,menu3,menu4

3 _ 배열 N번째 위치에 배열 요소 추가하기

splice()를 이용하면 배열 특정 위치의 배열 요소를 추가하거나 삭제할 수 있습니다. 먼저 splice()를 활용한 배열 요소 추가 방법을 배운 후 이어서 배열 요소 삭제 방법을 배워 보겠습니다.

> 사용법   `var result = 배열.splice(start, deleteCount [,element]);`

매개변수

   start: 추가 또는 삭제할 배열 요소의 시작 위치
   deleteCount: start부터 시작하여 삭제할 배열 요소의 개수, 요소를 추가할 때는 0을 적용
   element: 추가 요소

리턴값

삭제한 배열 요소들의 배열, 배열 요소를 추가할 경우는 리턴값이 없음.

예제 07 menuItems 배열 2번째 위치에 "new"를 신규로 추가해 주세요.

풀이 전 코드: 소스 _ 03부/05장/lesson02/01_complete/07_00.html

```
var menuItems = ["menu1","menu2","menu3","menu4"];
console.log("실행 전 : "+ menuItems.join(","));
```

풀이: 소스 _ 03부/05장/lesson02/01_complete/07_01.html

```
var menuItems = ["menu1","menu2","menu3","menu4"];
console.log("실행 전 : "+ menuItems.join(","));
menuItems.splice(2,0,"new");
console.log("실행 후 : "+ menuItems.join(","));
```

실행결과

   실행 전: menu1,menu2,menu3,menu4
   실행 후: menu1,menu2,new,menu3,menu4

핵심 07 _ 특정 위치의 배열 요소 삭제

1 _ 첫 번째 요소 삭제하기

shift()를 이용하면 첫 번째 요소를 쉽게 삭제할 수 있습니다.

사용법 `var result = 배열.shift();`

원본 배열에서 첫 번째 배열 요소가 삭제되며 삭제된 요소가 리턴됩니다.

매개변수

없음

리턴값

삭제된 배열 요소

예제 08 menuItems 배열 첫 번째 요소를 삭제해 주세요.

풀이 전 코드: 소스 _ 03부/05장/lesson02/01_complete/08_00.html

```
var menuItems = ["menu1","menu2","menu3","menu4"];
console.log("실행 전 : "+ menuItems.join(","));
```

풀이: 소스 _ 03부/05장/lesson02/01_complete/08_01.html

```
var menuItems = ["menu1","menu2","menu3","menu4"];
console.log("실행 전 : "+ menuItems.join(","));
menuItems.shift();
console.log("실행 후 : "+ menuItems.join(","));
```

실행결과

실행 전: menu1,menu2,menu3,menu4
실행 후: menu2,menu3,menu4

2 _ 마지막 번째 요소 삭제하기

pop()을 이용하면 배열의 마지막 번째 요소를 쉽게 삭제할 수 있습니다. pop()은 push()와 반대되는 개념으로 push()가 배열 요소를 마지막에 추가하는 기능이라면 pop()은 마지막 요소를 빼내는 기능입니다.

사용법 `var result = 배열.pop();`

배열의 마지막 번째 배열 요소를 빼냅니다.

매개변수

없음.

리턴값

빼낸 마지막 번째 배열 요소

`예제 09` **menuItems의 배열 마지막 번째 요소를 삭제해 주세요.**

풀이전 코드: 소스 _ 03부/05장/lesson02/01_complete/09_00.html

```
var menuItems = ["menu1","menu2","menu3","menu4"];
console.log("실행 전 : "+ menuItems.join(","));
```

풀이: 소스 _ 03부/05장/lesson02/01_complete/09_01.html

```
var menuItems = ["menu1","menu2","menu3","menu4"];
console.log("실행 전 : "+ menuItems.join(","));
menuItems.pop();
console.log("실행 후 : "+ menuItems.join(","));
```

실행결과

    실행 전: menu1,menu2,menu3,menu4
    실행 후: menu1,menu2,menu3

3 _ N번째 배열 요소 삭제하기

splice() 메서드를 활용하면 N번째 배열 요소를 쉽게 삭제할 수 있습니다.

`예제 10` **menuItems 배열에서 2번째(인덱스 값을 의미) 요소를 삭제해 주세요.**

풀이 전 코드: 소스 _ 03부/05장/lesson02/01_complete/10_00.html

```
var menuItems = ["menu1","menu2","menu3","menu4"];
console.log("실행 전 : "+ menuItems.join(","));
```

풀이: 소스 _ 03부/05장/lesson02/01_complete/10_01.html

```
var menuItems = ["menu1","menu2","menu3","menu4"];
console.log("실행 전 : "+ menuItems.join(","));
menuItems.splice(2,1);
console.log("실행 후 : "+ menuItems.join(","));
```

실행결과

실행 전: menu1,menu2,menu3,menu4

실행 후: menu1,menu2,menu4

핵심 08 _ 정렬하기

배열 클래스에는 정렬 기능을 하는 sort() 메서드를 제공합니다.

1 _ sort() 메서드

> **사용법** `var result = 배열.sort([compareFunction]);`

배열 요소를 오름차순 또는 내림차순으로 정렬해 줍니다.

매개변수

compareFunction: 정렬 순서를 정의하는 함수입니다. 생략 시 문자를 오름 차순으로 처리합니다. 매개변수 사용법은 바로 이어서 예제와 함께 설명하겠습니다.

리턴값

정렬이 완료된 결과값. 정렬에 사용한 원본도 변경됩니다.

2 _ 문자 오름차순 정렬

오름차순은 작은 것부터 큰 순서대로의 정렬을 의미합니다. sort()를 이용해 오름차순으로 문자를 정렬하고 싶으면 compareFunction을 다음과 같이 만들어 줍니다.

> **사용법**
> ```
> 배열.sort(function(a,b){
>     return a-b;
> })
> ```

예제 11 userNames 배열을 ㄱ, ㄴ 순으로 정렬해 주세요.

풀 이 전 코 드: 소스 _ 03부/05장/lesson02/01_complete/11_00.html

```
var userNames=["영희","철수","미자","진수","딴동네"];
console.log("실행 전 : "+ userNames.join(","));
```

풀이: 소스 _ 03부/05장/lesson02/01_complete/11_01.html

```
var userNames=["영희","철수","미자","진수","딴동네"];
console.log("실행 전 : "+ userNames.join(","));
userNames.sort();
console.log("실행 후 : "+ userNames.join(","));
```

실행결과

실행 전: 영희,철수,미자,진수,딴동네
실행 후: 진수,딴동네,미자,영희,철수

2 _ 문자를 내림차순 정렬

내림차순은 큰 것부터 작은 순서대로의 정렬을 의미합니다. sort()를 이용해 내림차순으로 처리하려면 compareFunction을 다음과 같이 만들어 줍니다.

사용법	`var result=배열.sort(function(a,b){`
	`    return b>a;`
	`})`

예제 12 userNames 배열 요소를 ㄱ, ㄴ 역순으로 정렬해 주세요.

풀이 전 코드: 소스 _ 03부/05장/lesson02/01_complete/12_00.html

```
var userNames=["영희","철수","미자","진수","딴동네"];
console.log("실행 전 : "+ userNames.join(","));
```

풀이: 소스 _ 03부/05장/lesson02/01_complete/12_01.html

```
var userNames=["영희","철수","미자","진수","딴동네"];
console.log("실행 전 : "+ userNames.join(","));
userNames.sort(function(a,b){ return b>a; });
console.log("실행 후 : "+ userNames.join(","));
```

실행결과

실행 전: 영희,철수,미자,진수,딴동네
실행 후: 철수,영희,미자,딴동네,진수

3 _ 숫자 정렬하기

sort() 메서드 사용 시 주의해야 할 사항이 있는데요. sort()는 기본적으로 문자열 정렬 기능이기 때문에 숫자도 문자열로 처리해 버립니다. 이 때문에 sort()를 이용해서 숫자 값이 담긴 배열을 정렬하면 정상적으로 처리되지 않게 됩니다.

예제를 통해 살펴보죠.

예제 13 aryData 배열에 들어있는 숫자 값을 오름차순으로 정렬해주세요.

소스 _ 03부/05장/lesson02/01_complete/13_01.html

```
var aryData = [5,2,8,9,3,6,4,1,77];
console.log("실행 전 : " + aryData.join(","))
aryData.sort();
console.log("실행 후 : " + aryData.join(","))
```

실행결과

```
실행 전: 5,2,8,9,3,6,4,1,77
실행 후: 1,2,4,5,6,77,8,9
```

설명

실행결과를 보면 1,2,3,4,5,6,8,9,77이 출력돼야 하는데 이상한 값이 출력되는 것을 볼 수 있습니다. 이를 처리하기 위해서는 compareFunction 함수를 활용해야 합니다.

소스 _ 03부/05장/lesson02/01_complete/13_02.html

```
var aryData = [5,2,8,9,3,6,4,1,77];
console.log("실행 전 : " + aryData.join(","));
aryData.sort(function(a,b){ return a-b; });
console.log("실행 후 : " + aryData.join(","));
```

실행결과

```
실행 전: 5,2,8,9,3,6,4,1,77
실행 후: 1,2,4,5,6,8,9,77
```

여기까지 실무를 진행하기 위해 반드시 알고 있어야 하는 Array 클래스에 대한 핵심 내용을 모두 알아봤습니다.

Lesson
03 / 미션

이번에는 지금까지 학습한 Array 클래스 내용을 테스트해보는 시간을 가져 보겠습니다.

미션 01 배열의 총 합 구하기

먼저 간단한 미션부터 풀어보죠. 배열 aryData에 들어 있는 값을 모두 더한 후 화면에 출력해 주세요.

풀이 전 코드: 소스 _ 03부/05장/lesson03/01_complete/m01/00.html

```
<script>
    var aryData = [5,2,8,9,3,6,4,1,77];

    // 소스를 여기에 입력해 주세요.

</script>
```

풀이: 소스 _ 03부/05장/lesson03/01_complete/m01/01.html

```
<script>
    var aryData = [5,2,8,9,3,6,4,1,77];

    // 소스를 여기에 입력해 주세요.
    // 배열의 총 합 구하기
    var result = 0;
    for(var i=0;i<aryData.length;i++){
     result+=aryData[i];
    }

    // 총합 출력
    alert("총합 = "+ result);
</script>
```

설명

풀이 코드는 배열과 반복문의 가장 전형적인 사용 방식입니다. 배열 개수만큼 루프를 돌며 배열 요소 값을 계속해서 더해 주는 거죠.

미션 02   심플 이미지 배너 만들기

01 _ 미션 소개

이번 미션은 풀이 전 코드를 보면서 설명하겠습니다. 풀이 전 코드를 봐주세요.

풀이 전 코드: 소스 _ 03부/05장/lesson03/01_complete/m02/00.html

```
$(document).ready(function(){
    var currentIndex=1;
    var $banner = $(".banner");

    /*
     * 이미지는 images/logo_01.jpg부터 logo_08.jpg까지 8개가 있습니다.
     */
    // 1초에 한 번씩 함수 호출
    setInterval(function(){
        // 다음에 등장할 배너 인덱스 값 구하기
        currentIndex++;
        if(currentIndex>8)
            currentIndex = 1;

        // 다음 이미지 이름 구하기
        var imgName ="logo_0"+currentIndex+".jpg";
        // 다음 이미지 출력
        $banner.attr("src", "./images/"+imgName);
    },1000);
})
```

위의 코드를 살펴보면 다음 이미지 파일들을 순차적으로 출력하는 심플 이미지 배너입니다.

logo_01.jpg ~ logo_08.jpg

하지만 아쉽게도 이 코드는 출력할 수 있는 이미지가 반드시 logo_0으로 시작해야 하며 이미지를 순차적으로 출력할 수밖에 없는 치명적인 단점을 가지고 있습니다. 이번 미션은 바로 이런 단점을 가진 코드 배열을 활용해 좀더 유지보수하기 쉽게 변경하는 것입니다.

02 _ 화면 구성

화면은 다음과 같은 구조로 만들어져 있습니다.

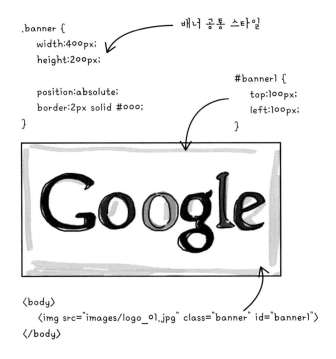

여기까지 이번 미션 설명입니다. 그럼 지금부터 책을 덮고 여러분 스스로 미션을 풀어보세요. 만약 미션을 스스로 풀기 어려운 분이라면 필자를 따라 풀이를 진행하면 됩니다.

03 _ 구현하기

이번 미션 풀이의 핵심은 출력할 이미지 파일 이름을 배열로 만들어 사용하는 것입니다. 이를 위해 우선 출력할 이미지 파일 이름을 배열로 만든 후 배열 정보를 사용할 수 있게 기존 코드를 수정해줘야 합니다. 설명 순서에 따라 코드를 변경해 줍니다.

풀이 전 코드
소스 _ 03부/05장/lesson03/01_complete/m02/00.html

풀이 후 코드
소스 _ 03부/05장/lesson03/01_complete/m02/01.html

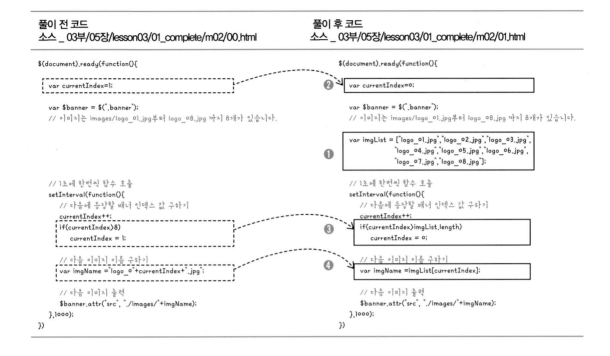

설명

❶ logo_01.jpg에서 logo_02.jpg까지의 이미지 파일 이름 정보를 담은 배열을 만들어 줍니다.

❷ 배열 정보를 사용할 것이므로 currentIndex를 0으로 초기화해 줍니다.

❸ 이미지 최대 개수인 8 대신 자동으로 이미지 개수를 계산할 수 있게 imgList.length로 변경해 줍니다. 조건식도 〉에서 〉=
으로 변경해 줍니다.

❹ 이미지 이름을 배열 요소에서 가져옵니다.

코드를 모두 입력했다면 정상적으로 동작하는지 실행해보죠. 기존과 동일하게 동작하는 배너를 볼 수 있
을 것입니다. 이처럼 배열을 활용하면 좀더 쉽게 데이터를 처리할 수 있습니다.

물고기 경주 게임

01 _ 미션 소개 및 미리 보기

우리는 01장 타이머 함수와 02장 Math 클래스에서 간단한 물고기 잡기 게임을 만들어 봤습니다. 이번에는 난이도를 좀더 높여 물고기 경주 게임을 만들어 보겠습니다. 먼저 미션을 정확하게 파악하기 위해 미션 풀이가 완료된 다음 파일을 웹 브라우저에서 실행해 주세요.

- 소스 _ 03부/05장/lesson03/01_complete/m03/step06.html

실행하면 다음과 같은 실행화면을 볼 수 있을 겁니다.

실행화면

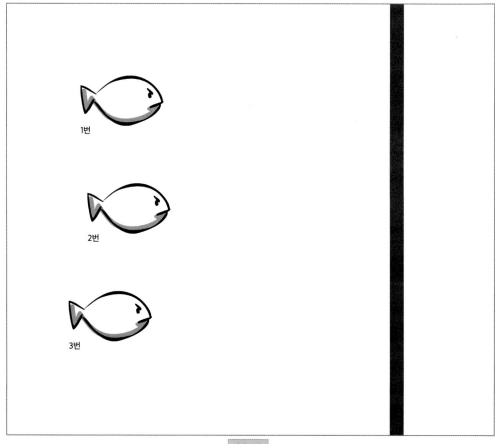

게임 시작!
fish 0=106
fish 1=116
fish 2=89

게임은 시작 버튼을 눌러야 실행됩니다. 시작 버튼을 눌러보죠. 그럼 물고기들이 랜덤하게 움직이기 시작하며 물고기가 골인 지점에 도착하면 몇 번째 물고기가 우승했는지 알려주고 게임은 끝나게 됩니다.

02 _ 요구사항

이번 미션은 물고기 경주 게임입니다. 요구사항을 정리하면 다음과 같습니다.

- 시작 버튼을 누르면 경기가 시작해야 합니다.

- 물고기는 실제 경주 게임처럼 어떤 물고기가 1등이 될 것인지 예측할 수 없게 만들어 주세요.

- 물고기가 골인 지점을 통과하면 몇 번째 물고기가 우승했는지 알려주고 게임을 종료시켜 주세요.

03 _ 화면 정의

화면은 다음과 같이 구성돼 있습니다.

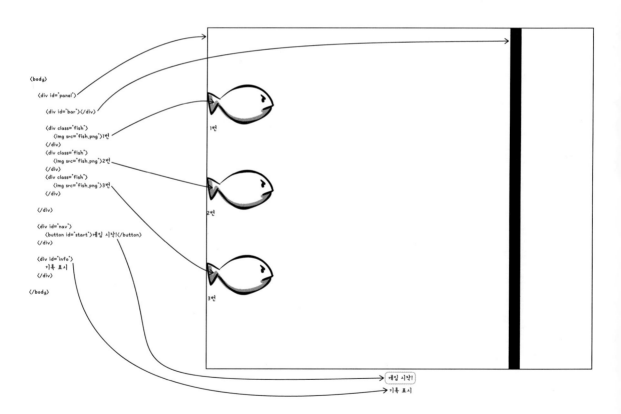

04 _ 풀이 전 코드

소스 _ 03부/05장/lesson03/01_complete/m03/step00.html

```
<script>
    var $fishList = null;
    $(document).ready(function(){
        $fishList = $(".fish");

        // 물고기 배열하기
        for(var i=0;i<$fishList.length;i++){
            var $fish =$fishList.eq(i);
            // 물고기 위치는 100부터 시작
            $fish.css({
                left:0,
                top:100+(i*150)
            })
        }
    })
</script>
```

> **힌트 _ 물고기를 x축으로 움직이는 방법**
>
> `$물고기.css("left" ,위치값);`
>
> **물고기 left 위치 알아내기**
>
> `$물고기.position().left;`

여기까지 이번 미션 설명입니다. 그럼 지금부터 책을 덮고 여러분 스스로 미션을 풀어보세요. 만약 미션을 스스로 풀기 어려운 분이라면 필자를 따라 풀이를 진행하면 됩니다.

05 _ 구현하기

이해를 돕기 위해 미션 풀이는 다음과 같이 6단계로 나눠 구현하겠습니다.

단계 01: 함수 단위로 초기화 작업 만들기

단계 02: 게임 구조 잡기

단계 03: 물고기를 랜덤하게 움직이기

단계 04: 물고기 위치 출력

단계 05: 골인 물고기 검사

단계 06: 골인 물고기 위치 정렬하기

첫 번째 단계부터 진행해보죠.

단계 01 _ 함수 단위로 초기화 작업 만들기

앞에서도 여러 번 언급한 것처럼 ready() 내부에 직접 구문을 작성하는 것은 그리 좋지 않습니다. 이번 단계에서는 ready() 내부에 만들어진 코드를 다음과 같이 함수를 활용하여 정리해 줍니다.

풀이 전 코드
소스 _ 03부/05장/lesson03/01_complete/m03/step00.html

단계 01 코드
소스 _ 03부/05장/lesson03/01_complete/m03/step01.html

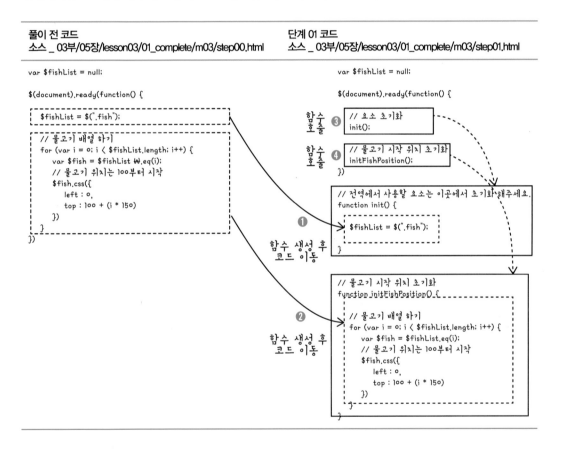

설명

❶ 먼저 전역에서 사용할 요소들의 초기화 역할을 담당할 init() 함수를 만든 후 물고기 찾는 구문을 옮겨 줍니다.

❷ initFishPosition() 함수를 만든 후 물고기 시작 위치를 초기화하는 구문을 옮겨 줍니다.

❸ 요소 초기화 함수를 호출해 줍니다.

❹ 물고기 위치 초기화 함수를 호출해 줍니다.

코드를 모두 입력했다면 정상적으로 동작하는지 실행해보죠. 기존과 동일하게 실행되는 화면을 볼 수 있을 겁니다.

단계 02 - 게임 구조 잡기

경주할 물고기가 준비됐으니 실제 물고기를 움직이게 해봐야겠죠?! 그 전에 게임에 전체적인 윤곽을 먼저 잡아야 합니다. 물고기 게임의 전체적인 구조를 우선 간단하게 설명하겠습니다.

시작 버튼을 클릭하면,

01. 물고기는 0.2초마다 랜덤하게 움직이게 되며

02. 테스트를 위해 3마리의 위치 정보는 #info에 출력할 것입니다.

03. 마지막으로 물고기를 움직이고 나서 골인 지점인지 아닌지 판단하게 됩니다.

04. 골인 지점을 통과할 때까지 1번에서 3번을 계속해서 반복하게 됩니다.

이번 단계에서는 위에서 설명한 내용을 모두 작성하는 것이 아니라 구조만 잡아보겠습니다. 실제 구현은 구조를 잡고 난 후 하나씩 코드를 작성해 보겠습니다.

먼저 다음 코드를 입력해 주세요.

풀이: 소스 _ 03부/05장/lesson03/01_complete/m03/step02.html

```
var $fishList = null;
var timerID=-1;
$(document).ready(function(){
    // 요소 초기화
    init();

    // 물고기 시작 위치 초기화
    initFishPosition();
})
· · · ·

// 이벤트 등록 처리 함수
```

```
function initEvent(){ ❶

}

// 물고기 게임 시작
function startGame(){ ❷

}

// 물고기 위치 움직이기
function updateFishPosition(){ ❸
    console.log("1. 물고기를 랜덤으로 움직이기");
}

// 물고기 위치 정보 출력
function displayFishPositionInfo(){ ❹
    console.log("2. 물고기 정보 출력");
}

// 물고기 중 골인 지점을 통과한 물고기가 있는지 판단하기
function checkGoalFish(){ ❺
    console.log("3. 물고기 골인 지점 체크");
}

// 게임 종료
function endGame(){ ❻
    console.log("4. 게임 종료 처리");
}
```

설명

❶ 먼저 이벤트 처리를 담당할 initEvent() 함수를 신규로 추가해 줍니다.

❷ 게임 시작을 담당할 startGame() 함수를 신규로 추가해 줍니다.

❸ 물고기를 움직이게 할 updateFishPosition() 함수를 신규로 추가해 줍니다.

❹ 물고기 위치 정보를 출력할 displayFishPositionInfo() 함수를 신규로 추가해 줍니다.

❺ 물고기가 골인 지점을 지났는지 체크할 checkGoalFish() 함수를 신규로 추가해 줍니다.

❻ 게임 종료를 담당할 endGame() 함수를 신규로 추가해 줍니다.

코드를 모두 입력했다면 이어서 다음 내용을 입력해 주세요.

풀이: 소스 _ 03부/05장/lesson03/01_complete/m03/step02.html

```javascript
var $fishList = null;
var timerID=-1;
$(document).ready(function(){
    // 요소 초기화
    init();
    // 물고기 시작 위치 초기화

    initFishPosition();

    // 이벤트 초기화 함수 호출
    initEvent();   ❶
})


. . . .

// 이벤트 등록 처리 함수
function initEvent(){
    $("#start").click(function(){ ❷
        startGame();
    });
}

// 물고기 게임 시작
function startGame(){
    if(timerID==-1){
        timerID = setInterval(function(){❸
            // 물고기 위치 움직이기
            updateFishPosition(); ❹

            // 물고기 위치 정보 출력
            displayFishPositionInfo(); ❺
```

```
                // 물고기 골인 지점 체크
                checkGoalFish(); ❻
        },200);
    }
}

// 물고기 위치 움직이기
function updateFishPosition(){
    console.log("1. 물고기를 랜덤으로 움직이기");
}

// 물고기 위치 정보 출력
function displayFishPositionInfo(){
    console.log("2. 물고기 정보 출력");
}

// 물고기 중 골인 지점을 통과한 물고기가 있는지 판단하기
function checkGoalFish(){
    console.log("3. 물고기 골인 지점 체크");
    // 골인한 물고기가 있는 경우
    // 게임 종료
    // endGame(); ❼
}

// 게임 종료
function endGame(){
    console.log("4. 게임 종료 처리");
}
```

설명

❶ 먼저 시작 시 이벤트가 등록될 수 있게 init() 함수를 호출해 줍니다.

❷ 시작 버튼(#start) 클릭 시 게임 시작을 처리하는 startGame() 함수를 호출해 줍니다.

❸ startGame() 내부에 0.2초에 한 번씩 동작하는 타이머를 추가해 줍니다.

❹ 물고기 위치를 랜덤하게 움직이는 기능을 담당하는 updateFishPosition() 함수를 호출해 줍니다.

❺ 물고기 위치 정보의 출력을 담당하는 displayFishPositionInfo() 함수를 호출해 줍니다.

❻ 물고기 골인 지점 체크를 담당하는 checkGoalFish() 함수를 호출해 줍니다.

❼ checkGoalFish() 함수 내부에 골인한 물고기가 있는 경우 게임을 종료시키기 위해 endGame() 함수를 호출해 줍니다. 이 부분은 일단 주석 처리해 줍니다.

코드를 모두 입력했다면 정상적으로 동작하는지 실행해보죠. 크롬 브라우저의 인스펙터 창을 열고 시작 버튼을 눌러보세요. 0.2초마다 한 번씩 실행화면과 같이 정보가 출력되는 것을 확인할 수 있을 것입니다.

실행화면

```
1. 물고기를 랜덤으로 움직이기
2. 물고기 정보 출력
3. 물고기 골인 지점 체크
1. 물고기를 랜덤으로 움직이기
2. 물고기 정보 출력
3. 물고기 골인 지점 체크
. . . .
```

이렇게 해서 기본 게임 구조가 완성됐습니다. 이제 남은 작업은 각각의 함수 기능을 구현해주는 것입니다.

단계 03 _ 물고기를 랜덤하게 움직이기

이번 단계에서는 updateFishPosition() 함수에 물고기를 랜덤하게 움직이게 하는 기능을 구현해 보겠습니다. 물고기를 랜덤하게 움직이는 방법은 '02장 Math 클래스'에 알아본 것처럼 Math.random() 메서드를 활용하면 됩니다. 여기에서는 0에서 30만큼 랜덤하게 움직이게 만들어 보겠습니다.

정리하면 현재 물고기 위치에 랜덤 이동 값을 더해 주면 됩니다. 코드로 표현하면 다음과 같습니다.

```
var 이동값 = Math.ceil(Math.random()*30);
var 신규물고기위치 = $fish.position().left+이동값;
$물고기.css("left", 신규물고기위치);
```

참고로 현재 물고기 위치 값은 $fish.css("left")로 구할 수도 있습니다. 하지만 이 경우 위치 단위까지 포함된 문자열 값이기 때문에 다시 parseInt()와 같은 함수로 형변환을 해줘야 합니다. 이와 달리 jQuery에서 제공하는 position()은 단위가 포함되지 않은 정수값을 제공해 줍니다. 바로 이런 이유 때문에 position()을 사용했습니다.

이제 물고기를 움직이게 코딩을 해보죠. 일단 골인 지점을 생각하지 말고 무조건 물고기를 랜덤하게 움직여보죠.

풀이: 소스 _ 03부/05장/lesson03/01_complete/m03/step03.html

```
// 물고기 위치 움직이기
function updateFishPosition(){
    console.log("1. 물고기를 랜덤으로 움직이기");

    for(var i=0;i<$fishList.length;i++){ ❶
        // 현재 물고기
        var $fish = $fishList.eq(i); ❷
        // 물고기 이동 크기, 0~30 사이의 랜덤 값
        var step =Math.ceil(Math.random()*30); ❸
        // 신규 물고기 위치
        var newLeft = $fish.position().left+step; ❹

        // 물고기 이동시키기
        $fish.css("left", newLeft); ❺
    }
}
```

설명

❶ for문을 활용해 물고기 숫자만큼 루프를 돌립니다.

❷ 물고기 목록에서 i번째 물고기에 접근합니다.

❸ Math.random() 메서드를 활용해 0에서 30사이의 랜덤 이동 값을 구합니다.

❹ 물고기의 현재 위치 값에 ❸에서 구현 물고기 랜덤 이동 값을 더해 신규 물고기 위치 값을 구합니다.

❺ jQuery의 css() 메서드를 활용해 물고기를 움직여 줍니다.

코드를 모두 입력했다면 정상적으로 동작하는지 실행해보죠. 실행 후 시작버튼을 눌러보세요. 물고기가 랜덤하게 움직이는 것을 확인할 수 있을 겁니다.

단계 04 _ 물고기 위치 출력

이번 단계에서는 현재 물고기들의 위치를 출력하는 기능을 구현해 보겠습니다. 이 기능은 실제 게임 실행과는 전혀 상관없는 기능입니다. 그저 게임이 정상적으로 동작하는지 확인하기 위한 기능입니다.

특히 물고기들이 골인 지점을 비슷하게 통과하는 경우 1등을 구분할 때 유용하게 사용됩니다. 자! 그럼 물고기 개수만큼 루프를 돌며 물고기 정보를 문자열을 만든 후 #info에 출력해보죠.

풀이: 소스 _ 03부/05장/lesson03/01_complete/m03/step04.html

```
var $fishList = null;
var timerID=-1;
var $info = null; ❶


    . . . .


// 전역에서 사용할 요소는 이곳에서 초기화해 주세요.
function init(){
    $fishList = $(".fish");
    $info = $("#info"); ❷
}

// 물고기 위치 정보 출력
function displayFishPositionInfo(){
    console.log("2. 물고기 정보 출력");

    // 물고기 위치 정보를 담을 변수
    var info ="";

    for(var i=0;i<$fishList.length;i++){ ❸
        // 현재 물고기
        var $fish = $fishList.eq(i);

        // 테스트를 물고기 위치 정보 담기
        info +="fish "+i+"="+$fish.position().left+"<br> ";
    }

    // 테스트를 물고기 위치 정보 출력
    $info.html(info); ❹

}
```

설명

❶ 먼저 물고기 위치를 출력할 영역인 #info를 담은 변수를 만들어 줍니다. jQuery의 인스턴스가 담길 변수이기 때문에 jQuery의 변수라는 의미로 앞에 $를 붙여 줍니다.

❷ init() 함수에서 #info를 찾아 $info변수에 담아 줍니다.

❸ displayFIshPositionInfo( ) 함수 내부에 물고기 정보를 구하는 구문을 작성합니다.

❹ ❸에서 구한 물고기 정보를 #info에 출력해 줍니다.

코드를 모두 입력했다면 정상적으로 동작하는지 실행해보죠. 실행화면처럼 0.2초마다 물고기 정보가 #info에 출력되는 것을 확인할 수 있을 겁니다.

실행화면

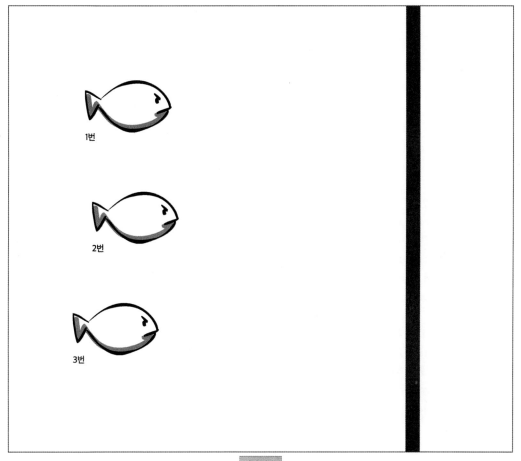

단계 05 _ 골인 물고기 검사

이번 단계에서는 골인한 물고기가 있는지 검사한 후 만약 골인한 물고기가 있는 경우 몇 번째 물고기가 골인했는지 메시지를 띄운 후 게임을 종료시키는 기능을 구현해 보겠습니다.

풀이: 소스 _ 03부/05장/lesson03/01_complete/m03/step05.html

```
var goalEndPosition=0; ❶

  .  .  .  .

// 전역에서 사용할 요소는 이곳에서 초기화해 주세요.
function init(){
    $fishList = $(".fish");
    $info = $("#info");

    // 골인 지점 구하기, 골인 지점 = #bar 위치 - 물고기 크기(120)
    goalEndPosition = $("#bar").position().left - 120; ❷
}

// 물고기 중 골인 지점을 통과한 물고기가 있는지 판단하기
function checkGoalFish(){
    console.log("3. 물고기 골인 지점 체크");
    for(var i=0;i<$fishList.length;i++){ ❸
        // i번째 물고기 위치 구하기
        var position = $fishList.eq(i).position().left;

        //골인 지점 체크
        if(position >=goalEndPosition){
            // 골인 하는 경우 골인 물고기 리턴하기
            alert("우승 ="+(i+1)+ "물고기"); ❹
            endGame(); ❺
        }
    }
}

// 게임 종료
function endGame(){
    console.log("4. 게임 종료 처리");
    clearInterval(timerID); ❻
```

```
      timerID=-1;
   }
}
```

설명

❶ 먼저 골인 지점을 저장할 goalEndPosition 변수를 만들어 줍니다.

❷ init() 함수에 골인 지점을 계산해 goalEndPosition 변수에 넣어 줍니다. 골인 지점은 #bar의 위치에서 물고기 크기를 빼면 구할 수 있습니다.

❸ checkGoalFish() 함수에 루프를 돌며 물고기가 골인 지점을 통과하는지 체크하는 구문을 작성해 줍니다.

❹ 만약 골인 지점을 통과하는 물고기가 발견되는 경우 우승 물고기를 메시지 창으로 띄워 줍니다.

❺ 이어서 게임을 종료하기 위해 endGame() 메서드를 호출해 줍니다.

❻ endGame()에는 게임이 더 이상 실행되지 않게 타이머를 멈춰주는 구문을 작성해 줍니다.

코드를 모두 입력했다면 정상적으로 동작하는지 실행해보죠. 게임 실행 후 물고기가 골인 지점을 통과하면 골인 지점을 통과한 물고기 번호가 출력되며 게임이 종료되는 것을 확인할 수 있을 것입니다.

단계 06 _ 물고기 위치 정렬하기

단계 05까지 구현 내용엔 아무런 문제 없이 정상적으로 동작하는 것처럼 보입니다. 하지만 아쉽게도 앞에서 만든 코드에는 치명적인 문제점을 가지고 있습니다. 예를 들어 3마리의 물고기가 다음과 같이 골인 지점을 통과했다고 해보죠.

```
골인 지점 : 500
물고기1 : 510
물고기2 : 520
물고기3 : 530
```

이때 모두 골인 지점을 통과했기 때문에 3마리 모두 동시 우승이 돼야 합니다. 동시 우승은 좀 그러니 골인 지점보다 더 많이 앞으로 이동한 물고기를 우승 물고기로 선정하기로 하죠.

그럼 일등은 물고기3이 돼야 합니다. 하지만 앞에서 구현한 루틴은 물고기1부터 골인 유무를 판단하기 때문에 물고기1이 골인 지점을 통과하는 경우 물고기2, 물고기3의 위치와는 상관없이 무조건 물고기1이 우승 물고기가 돼 버립니다.

이를 해결하는 방법은 동시에 물고기가 골인했는지 판단한 후 이 물고기들에서 다시 1등을 선별해야 합니다. 지금까지 내용을 코드로 표현하면 다음과 같습니다.

풀이: 소스 _ 03부/05장/lesson03/01_complete/m03/step06.html

```
// 물고기 중 골인 지점을 통과한 물고기가 있는지 판단하기
function checkGoalFish(){
    console.log("3. 물고기 골인 지점 체크");

    var goalFishList = []; ❶
    for(var i=0;i<$fishList.length;i++){
        // i번째 물고기 위치 구하기
        var position = $fishList.eq(i).position().left;

        //골인 지점 체크
        if(position >=goalEndPosition){
            // alert("우승 ="+(i+1)+ "물고기"); ❷
            // endGame();
            goalFishList.push({ ❸
                index:(i+1), position:position
            });
        }
    }

    // 골인 물고기가 있는 경우
    if(goalFishList.length>0){
        // 순위 처리를 위해 골인 지점을 내림차순으로 정렬
        // 즉 가장 많이 이동한 물고기를 우승 물고기로 만들기
        goalFishList.sort(function(a,b){ ❹
            return b.position-a.position;
        });

        // 게임 끝내기
        endGame();
        alert("우승 = "+goalFishList[0].index+"물고기");
    }
}
```

설명

❶ 골인한 물고기 목록을 저장하기 위해 goalFishList라는 배열을 만들어 줍니다.

❷ 기존 코드에서 우승 물고기를 메시지 창으로 띄워주는 구문과 게임을 끝내는 endGame() 함수 호출을 지워줍니다.

❸ 골인한 물고기가 있는 경우 goalFishList 배열에 물고기 인덱스 값과 물고기 위치 값을 저장해 줍니다.

❹ 골인 물고기가 있는지 판단한 후 Array 클래스에서 제공하는 sort() 메서드를 활용해 position 값을 가지고 내림차순으로 정렬시켜 줍니다. 이때 정렬 후 배열 값의 0번째 들어 있는 물고기가 항상 골인 지점에서 가장 멀리 이동한 물고기가 돼 우승 물고기가 됩니다.

코드를 모두 입력했다면 정상적으로 동작하는지 실행해보죠. 다만 물고기가 골인 지점을 동시에 통과하는 경우는 찾기가 힘들 것입니다. 실행하다 보면 이 경우가 발생하니 꼭 테스트해보길 바랍니다.

이렇게 해서 미션을 모두 마무리했습니다.

소스 _ 03부/05장/lesson03/01_complete/m03/step06.html

```html
<html>
<head>
    <meta http-equiv="Content-Type" content="text/html; charset=UTF-8">
    <title>물고기 경주 게임</title>
    <style>
        body{
            font-size:9pt;
            font-family: "굴림";
        }
        #panel{
            width:700px;
            height:600px;
            border:1px solid #999;
            position:relative;
        }

        #bar{
            position:absolute;
            left:550px;
            top:0px;
            width:20px;
            height:600px;

            background:#F30;
        }
        .fish {
            position: absolute;
            left:0;
            top:0;
        }
```

```
    #nav{
        text-align:center;
        width:700px;
     }
    #info{
        text-align:center;
        width:700px;
     }
  </style>
<html>
<head>
  <script src="../../../libs/jquery-1.11.0.min.js"></script>
  <script>
      var $fishList = null;
      var timerID=-1;
      var $info = null;
      var goalEndPosition=0;

      $(document).ready(function(){
          // 요소 초기화
          init();
          // 물고기 시작 위치 초기화
          initFishPosition();
          // 이벤트 초기화 함수 호출
          initEvent();
      })

      // 전역에서 사용할 요소는 이곳에서 초기화해 주세요.
      function init(){
          $fishList = $(".fish");
          $info = $("#info");

          // 골인 지점 구하기, 골인 지점 = #bar 위치 - 물고기 크기(120)
          goalEndPosition = $("#bar").position().left - 120;
      }

      // 물고기 시작 위치 초기화
      function initFishPosition(){
          // 물고기 배열하기
          for(var i=0;i<$fishList.length;i++){
              var $fish = $fishList.eq(i);
              // 물고기 위치는 100부터 시작
              $fish.css({
                  left:0,
```

```
                    top:100+(i*150)
            });
        }
}

// 이벤트 등록 처리 함수
function initEvent(){
    $("#start").click(function(){
        startGame();
    });
}

// 물고기 게임 시작
function startGame(){
    if(timerID==-1){
        timerID = setInterval(function(){
            // 물고기 위치 움직이기
            updateFishPosition();

            // 물고기 위치 정보 출력
            displayFishPositionInfo();

            // 물고기 골인 지점 체크
            checkGoalFish();
        },200);
    }
}

// 물고기 위치 움직이기
function updateFishPosition(){
    console.log("1. 물고기를 랜덤으로 움직이기");

    for(var i=0;i<$fishList.length;i++){
        // 현재 물고기
        var $fish = $fishList.eq(i);
        // 물고기 이동 크기, 0~30 사이의 랜덤 값
        var step =Math.ceil(Math.random()*30);
        // 신규 물고기 위치
        var newLeft = $fish.position().left+step;

        // 물고기 이동시키기
        $fish.css("left", newLeft);
    }
}
```

```
// 물고기 위치 정보 출력
function displayFishPositionInfo(){
    console.log("2. 물고기 정보 출력");
     // 물고기 위치 정보를 담을 변수
    var info ="";

    for(var i=0;i<$fishList.length;i++){
        // 현재 물고기
        var $fish = $fishList.eq(i);

        // 테스트를 위한 물고기 위치 정보 담기
        info +="fish "+i+"="+$fish.position().left+"<br>";

    }
    // 테스트를 위한 물고기 위치 정보 출력
    $info.html(info);
}

// 물고기 중 골인 지점을 통과한 물고기가 있는지 판단하기
function checkGoalFish(){
    console.log("3. 물고기 골인 지점 체크");

    var goalFishList = [];
    for(var i=0;i<$fishList.length;i++){
        // i번째 물고기 위치 구하기
        var position = $fishList.eq(i).position().left;

        // 골인 지점 체크
        if(position >= goalEndPosition){
            // 골인하는 경우 골인 물고기 리턴하기
            // alert("골인 물고기! "+(i+1));
            // return i+1;
            goalFishList.push({
                index:(i+1), position:position
            });
        }
    }

    // 골인 물고기가 있는 경우
    if(goalFishList.length>0){
        // 순위 처리를 위해 골인 지점을 내림차순으로 정렬
        // 즉 가장 많이 이동한 물고기를 우승 물고기로 만들기
        goalFishList.sort(function(a,b){
```

```
                        return b.position= a.position;
                    });

                    // 게임 끝내기
                    endGame();
                    alert("우승 = "+goalFishList[0].index+"물고기");
                }
            }

            // 게임 종료
            function endGame(){
                console.log("4. 게임 종료 처리");
                clearInterval(timerID);
                timerID=-1;
            }
        </script>
</head>

<body>
    <div id="panel">
        <div id="bar"> </div>
        <div class="fish">
            <img src="fish.png">1번
        </div>
        <div class="fish">
            <img src="fish.png">2번
        </div>
        <div class="fish">
            <img src="fish.png">3번
        </div>
    </div>

    <div id="nav">
        <button id="start">게임 시작!</button>
    </div>
    <div id="info">
        기록 표시
    </div>
</body>
</html>
```

2권